中国海上丝绸之路研究
年鉴
（2019）

主编：王力军

宁波博物馆
NINGBO MUSEUM
ZHEJIANG UNIVERSITY PRESS
浙江大学出版社

图书在版编目(CIP)数据

中国海上丝绸之路研究年鉴. 2019 / 王力军主编
. —杭州:浙江大学出版社,2020. 12
ISBN 978-7-308-20792-8

Ⅰ. ①中… Ⅱ. ①王… Ⅲ. ①海上运输—丝绸之路—中国—2019—年鉴 Ⅳ. ①K203-54

中国版本图书馆 CIP 数据核字(2020)第 224407 号

中国海上丝绸之路研究年鉴(2019)
王力军 主编

责任编辑 蔡圆圆
责任校对 许艺涛 宁 檬
封面设计 周 灵
出版发行 浙江大学出版社
(杭州市天目山路 148 号 邮政编码 310007)
(网址:http://www.zjupress.com)
排 版 浙江时代出版服务有限公司
印 刷 广东虎彩云印刷有限公司绍兴分公司
开 本 787mm×1092mm 1/16
印 张 21.75
字 数 323 千
版 印 次 2020 年 12 月第 1 版 2020 年 12 月第 1 次印刷
书 号 ISBN 978-7-308-20792-8
定 价 69.00 元

浙江大学出版社市场运营中心联系方式 (0571)88925591;http://zjdxcbs.tmall.com

目 录

第一章　21世纪海上丝绸之路研究

2013年9月和10月，国家主席习近平在哈萨克斯坦和印度尼西亚先后提出共建“丝绸之路经济带”和“21世纪海上丝绸之路”的重大倡议，简称“一带一路”倡议。“一带一路”倡议实施6年来，秉持“共商共建共享”原则，秉持和平合作、开放包容、互学互鉴、互利共赢的丝路精神，以政策沟通、设施联通、贸易畅通、资金融通、民心相通为重点，已经从理念转化为行动，从愿景转化为现实，从倡议转化为全球广受欢迎的公共产品，取得了丰硕成果。

一、21世纪海上丝绸之路阶段性的成果

2019年，共建“一带一路”从总体布局的“大写意”开始转入精雕细刻的“工笔画”，是向高质量发展转变之年，各方面工作更细、更深、更实。回顾发展的6年，共建“一带一路”倡议及其核心理念已写入联合国、二十国集团、亚太经济合作组织以及其他区域组织等有关文件中，越来越深入人心，也越来越富有魅力。2019年，国家主席习近平先后7次出访，足迹遍布欧、亚、拉美13国；参与6场国际会议；主持4次主场外交，开门迎接来自五洲的老友新朋。从领导人交往到国与国合作，从双边互动到多边舞台，国际社会对共建“一带一路”倡议的认同感和参与度不断增强。

2019年，中国相继举办了4场规模宏大的主场外交活动，即第二届“一带一路”国际合作高峰论坛、2019年中国北京世界园艺博览会、亚洲文明对

话大会、第二届中国国际进口博览会。同时习近平主席等党和国家领导人出访多国，出席二十国集团领导人峰会、金砖国家领导人会晤、亚信峰会、上海合作组织峰会、东亚合作领导人系列会议、中欧领导人会晤、中日韩领导人会晤等重大活动，积极参与全球治理体系建设和改革，推动构建人类命运共同体。

2019 年，“一带一路”朋友圈再扩容，好伙伴越来越多。意大利、卢森堡、秘鲁、瑞士、马里等国相继加入。意大利成为首个加入“一带一路”倡议的 G7（七国集团）成员国，“一带一路”建设的朋友圈在西欧方向得到积极拓展。2019 年共有 16 个国家和国际组织同中国签署共建“一带一路”合作文件，使相关文件总数升至 199 份。到 2019 年底，中国已同 138 个国家签订了“一带一路”合作文件，合作项目超过 2000 个，更多的合作领域实现突破，“一带一路”项目在更多国家落地生根，让共建“一带一路”成果更好惠及全体人民，做出实实在在的贡献。

21 世纪海上丝绸之路倡议是“一带一路”的重要组成部分，是中国推进海上对外经贸合作的宏伟构想。2019 年，一系列政策、方案、规划等出台，从顶层设计到行业倡议，从国际合作到地方规划，推动着 21 世纪海上丝绸之路建设更加走深走实。2019 年，第二届高峰论坛的成功召开，促进了高峰论坛机制化，更好地在“一带一路”建设中发挥引领作用，为推进合作进程提供最为权威的平台；顶层设计文件《共建“一带一路”倡议：进展、贡献与展望》的发表，对下一步高质量发展提出了意见和建议；《中国—东盟关于“一带一路”倡议同〈东盟互联互通总体规划 2025〉对接合作的联合声明》发布，欧洲议会“一带一路”政策沟通委员会成立，“一带一路”税收征管合作机制建立和以“税收信息化”为主题的多边磋商会召开，“一带一路”绿色发展国际联盟、“一带一路”新闻合作联盟、“一带一路”律师联盟、数字丝绸之路国际科技联盟、“一带一路”国际智库合作委员会成立，最高人民法院《关于人民法院进一步为“一带一路”建设提供司法服务和保障的意见》和 6 个涉“一带一路”建设指导性案例发布等等，以及我国 2019 年新设的山东、江苏、广西、河北、云南、黑龙江 6 个自贸试验区陆续揭牌，这些平台从不同角度为推动“一带一路”建设发挥了积极作用，并日益朝着专业化、精细化方向发展，标志着21世纪海上丝绸之路合作机制化水平在稳步提高，迈上了新台阶。

2019年，一方面，中国继续加快推进“一带一路”建设；另一方面，学术界的研究十分踊跃，进入了一个新的发展阶段。

二、地方政府与“一带一路”建设

“一带一路”倡议提出后，各省区市结合自身优势制订切实可行的参与计划，推动地方参与“一带一路”建设的角色定位变得更加科学和精准。沿海地区更紧紧抓住千载难逢的发展机遇，努力加强自身建设以参与和融入21世纪海上丝绸之路建设，拓展对外开放的广度和深度；同时21世纪海上丝绸之路的建设进一步推进了我国沿海地区的发展。因此，2019年，理论界对沿海地区如何更好参与21世纪海上丝绸之路建设进行了深入的探讨，丰富和完善了相关理论体系。

（一）关于广西壮族自治区参与“一带一路”建设问题的研究概况

广西作为古代海上丝绸之路的起点，也是21世纪海上丝绸之路的主要门户，其在海上丝绸之路经济带建设中发挥的作用不言而喻。2019年，按照国务院新设自由贸易试验区总体方案，广西加入了中国自由贸易试验区新方阵，进一步明确了广西自由贸易试验区的战略定位。广西紧紧抓住建设21世纪海上丝绸之路的机遇，继续全面落实中央赋予广西的“三大定位”新使命，加快构建“南向、北联、东融、西合”全方位开放发展格局，大力推进港口、国际物流等领域发展。2019年，有关广西如何参与21世纪海上丝绸之路建设的研究也取得了很大进展。

张家寿先后发表了3篇有关广西如何参与21世纪海上丝绸之路建设的文章。其中在《广西参与推进“一带一路”建设研究》(《桂海论丛》2019年第1期)中就广西应该怎样充分发挥特有优势，积极参与推进“一带一路”建设进行探讨。文章具体分析了广西参与推进“一带一路”建设的特有优势：深厚的历史文化底蕴、海陆兼备的特殊区位、广西与东南亚国家联盟(简称“东盟”)开放合作的良好态势、战略支点建设增强了广西综合实力。接着文章剖析了广西参与推进"一带一路"建设所取得的成就：突出建强"两会"等服务平台，有力促进了政策沟通；突出推进"一道两港"等项目建设，有力促进了设施联通；突出加强"两国双园"等国际合作园区和推动商贸物流合作，有力促进了贸易畅通；突出沿边金融改革创新，有力促进了资金融通；突出推进全方位人文交流，有力促进了民心相通。同时指出广西虽然在上述的"五通"建设方面取得了显著成就，但也面临诸多困难，主要困难有：自身经济规模小，综合实力不强；基础设施不完善，互联互通能力不强；外向型经济发展不足，开放的广度深度不够；高层次产业人才短缺，创新能力不强。对此作者有针对性地提出广西参与推进"一带一路"建设的对策，主要包括：增强中国—东盟博览会平台功能，提升政策沟通能力；加强通道设施互联互通，提升设施联通能力；增强贸易便利化功能，提升贸易畅通能力；增强金融服务功能，促进资金融通。张家寿在《广西参与"一带一路"建设的未来规划思考》(《广西经济》2019 年第 5 期)中对广西参与"一带一路"建设的成效进行总结评估，提出了一些未来规划构想。作者认为广西应规划好未来蓝图，为推进"一带一路"倡议走深走实、高质量发展贡献"广西智慧"和"广西方案"。主要思路有：创新开放平台载体，进一步提升"政策沟通"能力；突破互联互通瓶颈，进一步提升"设施联通"能力；探索建设自由贸易试验区，进一步提升"贸易畅通"能力；打造金融开放门户，进一步提升"资金融通"能力；打造文化交流枢纽，进一步提升"民心相通"能力。在《打造西部陆海新通道提升广西服务"一带一路"能力研究》(《桂海论坛》2019 年第 6 期)一文中作者指出："依托西部陆海新通道建设，广西有望成为引领西部地区开放与经济增长的新引擎，加快建成'一带一路'有机衔接的重要门户。"文章首先论证了打造西部陆海新通道，对于提升广西服务"一带一路"能力的重大意义：发挥广西作为西南出海大通道的作用，使中国与东盟合作成为区域大联动的典范，使广西成为中国与新加坡乃至中南半岛互联互通的综合大枢纽，助推西部内陆地区成为经济新旧动能转换的重要引擎。接着文章指出广西建设西部陆海新通道具备的良好基础有：各级政府高度重视，已经制定出台了相关措施及优惠政策；交通、物流和信息的枢纽地位日渐突出；面向东盟国际大通道的"南宁渠道"作用凸显；先进制造业、现代服务业体系基本建立；

全面对内对外开放格局基本形成；跨行政区域、跨部门、跨领域合作进一步深化。但同时文章也分析了所面临的问题与挑战。在此分析的基础上作者认为打造西部陆海新通道，提升广西服务“一带一路”能力的路径选择包括：强化基础设施支撑（构建对外立体交通基础设施体系，强化信息等软基础设施建设）；充分发挥开放引领作用，建设开放高地（增强开放平台引领作用，推进西部陆海新通道项目高标准建设，发挥开放的要素集聚与引领作用）；以项目和平台为依托构建面向东盟的国际物流大通道（发挥广西重要物流节点作用，构建多式联运智慧物流体系；进一步优化现有物流通道；做好对重点物流园区服务工作）；进一步优化并形成广西现代产业体系（建设面向西南、中南，辐射东南亚的区域性现代制造业基地，创新广西现代服务业发展方式，继续提升广西现代农业发展水平）；构建有利于人才集聚的立体化人才体系（加强西部陆海新通道各类人才引进，推动多样化人才培训与交流，加强创新型人才培养）。

东盟是 21 世纪海上丝绸之路建设中我国重点开放合作的区域。广西作为我国与东盟开放合作的前沿和窗口，与东盟之间的合作是建设 21 世纪海上丝绸之路的重要内容。因此广西正在加大发挥作为连接中国与东盟国际大通道的作用。2019 年对广西与东盟不同合作方面展开研究的文章比较多。黄伟新《“一带一路”建设中广西国际物流大通道建设探析》（《钦州学院学报》2019 年第 2 期）一文就是研究广西的国际物流大通道建设。文章从陆路、水路和航空三个方面梳理“一带一路”建设中广西构建面向东盟区域国际物流大通道的现状，发现“一带一路”建设中面向东盟的广西国际物流大通道建设存在的主要问题有：国际物流基础设施相对落后，国际物流供需规模和层次均不理想，国际物流通道组织与管理体系不够完善。针对建设的现状以及出现的问题，文章最后提出的“一带一路”建设中完善面向东盟的广西国际物流大通道建设的对策建议有：加强通道建设规划，有机衔接“一带一路”物流新通道；改善通道节点服务功能，打造“一带一路”通道上的坚强堡垒；推进通道标准化信息化建设，打造面向东盟的线上通道；提升通道货运组织水平，吸引更多货源，利用面向东盟的国际通道；完善会商沟通机制，强化通道运行协同管理。

广西壮族自治区东南亚经济与政治研究院课题组在《广西与东盟产业合作创新研究》(《改革与战略》2019年第1期)一文中对广西与东盟产业合作创新进行了详细探讨。文章强调加强广西与东盟的产业合作,创新合作方式、扩大合作范围、突出合作重点、把握合作原则、谋划合作新方向是广西深度参与"一带一路"建设的必然选择。作者在介绍广西与东盟产业合作的机制与平台的基础上,强调基础设施、海洋经济、能源合作是广西与东盟产业合作的重点所在。接着作者分析认为广西与东盟产业合作存在的主要问题是:政策机制不健全;产业合作模式单一,合作的稳定性差;产业合作规模小,合作层次不高;产业合作不平衡,投资结构不合理;产业同质化严重,产业转移落地困难。同时也分析了广西与东盟产业合作面临的主要制约因素:广西经济发展水平不高;在与东盟国家的合作中,周边省份与广西激烈竞争;东盟各国经济发展差异大,产业合作难协调;基础设施滞后,互联互通不畅;投资法律风险加大。针对对问题和制约因素等的分析,文章提出广西与东盟产业合作创新的原则有:突出重点与统筹推进相结合原则,差异化需求战略原则,政府调控与市场配置相结合原则。最后,文章认为广西与东盟产业合作创新的对策和建议有:建立健全广西与东盟产业合作创新的保障机制(优化广西与东盟通关程序改革机制,构建区内全面协调、衔接有效的体制机制,探索联动组团式协作合作机制,组建和完善共商共建共享机制);探索和创新广西与东盟产业合作的模式(增强产业合作的灵活性和实用性,构建"四位一体"产业合作联盟);提高广西与东盟产业合作层次;拓宽广西与东盟产业合作平台(创新广西与东盟跨境电子商务产业合作平台,拓宽广西与东盟产业的互动合作平台);增强广西与东盟产业合作的金融支撑(拓宽广西与东盟产业合作融资渠道,加强广西与东盟金融的精准定位合作,建立广西与东盟互利共赢一体化的金融发展模式);构建广西与东盟产业合作互联互通的新格局。

傅远佳的《广西全面参与建设21世纪海上丝绸之路的战略研究》(《产业创新研究》2019年第5期)一文重点指出广西与东盟合作是建设21世纪海上丝绸之路的重要内容。文章强调指出,"广西应全面参与21世纪海上丝绸之路建设,把广西打造成面向东盟的国际产业集聚与合作示范区、'一带一路’衔接的国际商贸物流中心、互联互通与产业融合发展的引领地、西南中南现代产业合作新高地”。文章分析了广西全面参与建设21世纪海上丝绸之路的基础：广西与东盟交通网络完善，广西与东盟经济贸易发达，广西与东盟产业园区合作，广西与东盟跨境金融合作，广西与东盟国际旅游文化合作。作者认为广西参与21世纪海上丝绸之路建设还存在的问题有：港口综合实力较弱，工业化水平较低，开放园区作用发挥不足。文章提出广西全面参与建设21世纪海上丝绸之路的思路应是：找准广西融入“一带一路”的定位；突出通道、门户与支点的作用，建设区域经济发展新高地；整合提升开放区域功能，构建跨国产业带；拓宽开放合作领域，开拓海上丝绸之路沿线国际市场。最后作者提出广西参与建设21世纪海上丝绸之路的路径：加快建设区域性国际航运和国际贸易中心；做好各类开放平台的整合和开放开发项目的统一规划；创新开放平台的发展模式，提高通关效率；深化海上合作，推动海洋资源的保护与开发；建立民间和教育交流平台，加强国际海洋文化交流。

陈立生在《“一带一路”视域下文化“走出去”的逻辑理路——基于广西文化“走东盟”的实践思考》（《学术论坛》2019年第6期）一文中，在剖析基于广西文化“走东盟”的实践基础上，认为广西对照“一带一路”建设需要补齐的文化“走出去”短板有：对相关文化项目或品牌的定位及设计不足，影响了文化“走出去”的格局；对“多元聚合，和而不同”的客体分析不足，影响了文化“走出去”的效果；文化传播的形式单调，影响了文化“走出去”的广度；忽略了深层次文化价值观念的传播，影响了文化“走出去”的深度。因此作者认为要使广西文化真正“走出去”，并且走得更好、更长久，就必须深刻领会并认真对照国家实施文化“走出去”的战略意图，加强顶层设计和整体规划，充分挖掘、整合各方力量与资源，不断创新“走出去”路径，全面提升广西文化“走出去”的能力与实效。作者认为具体做法是：站在推动中国文化“走出去”的战略高度，用全球视野和国际眼光讲好中国故事；加快打造“中国风格、国际气派、现代气息”的优势特色文化品牌；根据不同国家的国情精准选择文化“走出去”的路径和方式，提高实效性；发挥教育沟通民心的独特优势，加强与各国开展教育和人文交流合作；发挥智库在文化互鉴中的重要作用，为文化“走出去”提供智慧合力。

潘金娥在《广西建设自由贸易试验区背景下的中越跨境经济合作：机遇、挑战与对策》(《东南亚纵横》2019 年第 6 期)一文中，就广西建设自由贸易试验区这一机遇，具体探讨如何推动中国与越南之间的跨境经济合作顺利开展。作者认为：“由于中越两国边境地区的地理位置优势凸显、发展目标一致，加上两国高层的引领和企业的积极参与等多重积极因素推动，两国边境地区的经贸合作一向较为活跃。”同时作者在具体实践和发展分析基础上，提出中越跨境经济合作面临的主要问题有：从边境贸易来看，存在边境贸易本身的问题以及边境贸易优惠政策而引致的问题；从跨境经济合作区建设来看，涉及合作双方在机制、政策、法律和产业等各个方面的对接与协调，实施起来需要协调，存在一定的难度；跨境经济合作区建设还面临一些具体问题(中越双方进度不一，政策措施不匹配；越方对于推进中越边境地区合作受到地缘政治的影响，行动较为谨慎；越方基础设施条件较差，道路、仓储等条件未能满足要求，且资金缺乏，各项建设进展不顺畅；各跨境经济合作区定位功能大同小异，没有特色，容易形成重复建设或恶性竞争；部分口岸的管理体制尚未明确，行政隶属关系有待进一步明晰)。作者的对策建议有：继续发挥中越两国高层的引领作用，加强学术交流，同时加强民间沟通并积极引导舆论导向，奠定民意基础和增强政治互信；化解建设跨境经济合作区的各种思想障碍和机制障碍，积极推进中越两国跨境经济合作；加强顶层设计，理顺关系，统筹协调各部门、地方和口岸的职能、功能、利益关系；加强两国对口单位的交流和沟通，在法律文件、行政管理体制融通方面加强合作探索。

北部湾是发展 21 世纪海上丝绸之路重要的合作平台。陈柄臣的《“一带一路”下的广西北部湾经济区：机遇、风险及其法律对策》(《沿海企业与科技》2019 年第 5 期)针对“一带一路”下的广西北部湾经济区将面临怎样的机遇和挑战，以及如何应对进行了探讨。文章首先提出“一带一路”下的北部湾经济区面临的机遇有：机遇叠加造就了双重优惠；出现了新的经济发展“催化剂”；广西开始与全国联动，与世界互动。但文章也指出“一带一路”下北部湾经济区所面临的风险有：管理体制方面的法律制度不完善，社会组织方面的法律规制缺失，环境保护立法缺位。最后作者认为“一带一路”下北部湾经济区需要继续加强立法、执法、司法的建设，为未来经济区顺利发展提供法制建设保障。

2019 年有关广西如何参与 21 世纪海上丝绸之路建设的文章还有：李萍的《“一带一路”倡议视野下推动广西文化“走出去”的对策》(《沿海企业与科技》2019 年第 2 期)，汪瑾、吴晨漪的《“一带一路”对广西开放型经济发展的影响研究》(《调研世界》2019 年第 11 期)，赵霞、王桥丽的《促进广西对东盟国家农产品进出口对策研究》(《全国流通经济》2019 年第 16 期)，张原天的《广西在“一带一路”倡议中的优势及发展途径探讨》(《财经界》2019 年第 1 期)，石依禾的《基于“一带一路”倡议的广西向海经济高质量发展的对策研究》(《广西经济管理干部学院学报》2019 年第 1 期)，刘娴的《建设西部陆海新通道：中国广西的现状、问题及对策》(《东南亚纵横》2019 年第 6 期)，徐晓红、白蓝和李端生等的《中国西南民族文化“海上丝绸之路”传播刍论——以广西“海上丝绸之路”和区内民族文化关联性为要》(《文化与传播》2019 年第 6 期)，苏楠的《“海丝”背景下广西古码头与区域形象建构》(《传媒论坛》2019 年第 10 期)，许珍的《“海丝之路”背景下广西北部湾城市群国际形象传播策略研究》(《国际公关》2019 年第 7 期)，沈继松的《“一带一路”倡议下提升广西对外文化贸易竞争力研究》(《改革与战略》2019 年第 7 期)，杨柳的《广西与海上丝绸之路沿线民族音乐文化比较》(《戏剧之家》2019 年第 13 期)，李湘君、钟明容的《广西与“一带一路”主要国家(地区)贸易竞争性与互补性分析》(《对外经贸》2019 年第 9 期)，等等。

(二)关于海南参与“一带一路”建设问题的研究概况

海南拥有良好的港口资源，独特且鲜明的地理特征决定了其成为“一带一路”的重要战略支点。2018 年 4 月，中央明确支持海南全岛建设自由贸易试验区，并逐步探索、稳步推进中国特色自由贸易港的规划建设，这是海南打造对外开放新高地，更好地服务“一带一路”建设的重要措施与战略部署。迟福林在《海南探索建设中国特色自由贸易港的初步设想》(《新东方》2019 年第 2 期)中鲜明写道，“探索建设中国特色自由贸易港，要适应经济全球化的新形势和我国扩大开放的新要求，按照中央赋予的‘三区一中心’的战略定位，把海南打造成为我国最高水平的开放平台、面向太平洋和印度洋的重要对外开放门户、面向全球的国际服务贸易中心、21 世纪海上丝绸之路重要战略支点，推动海南与‘一带一路’沿线国家和地区开展更加务实高效的合作”。文章在明确海南打造中国特色自由贸易港的战略目标、重大任务和总体要求的基础上，探索建设中国特色自由贸易港的政策需求：服务业市场全面开放的产业政策需求（进一步拓展医疗健康等具有发展基础的服务业市场开放政策，争取电信等特定服务业市场开放的政策突破，有序推进金融业市场开放的政策创新）；服务业市场全面开放的财税政策需求（全面实行零关税；在现代服务业领域实行低税率，大幅降低个人所得税，实行高新技术企业发展的财税优惠政策）；服务贸易自由化便利化的政策需求（全面实施服务贸易投资自由化政策；对标国际性管理标准，降低服务贸易边境内壁垒；实行服务贸易项下货物进出口自由化便利化政策；实行人员自由流动政策）。文章认为海南为加快推进自由贸易试验区走向自由贸易港的进程，需要尽快制订未来几年从区到港的行动方案，尽快在改善营商环境上取得重大突破，加快实行服务业项下的自由贸易政策，在提高资源利用效益上取得明显成效，加大海南自由贸易港建设起步阶段的财税金融支持，加快形成引才用才的独特优势。

傅晋华在《新时代海南自贸区（港）区域创新发展的 SWOT 分析及战略判断》（《科技中国》2019 年第 8 期）一文中采用 SWOT（态势分析法）战略分析框架对当前海南自贸区（港）区域创新发展的内外部条件开展深入分析的基础上提出了新时代海南自贸区（港）区域创新发展的若干战略判断。文章对海南自贸区（港）区域创新发展的分析包括优势分析（制度创新优势、生态环境优势、区位优势）；弱势分析（区域科技创新水平在全国处于落后位置，省内高等教育资源薄弱）；机会分析（“发展更高层次的开放型经济”是新时代中国面对全球一体化的重大战略选择，海南只有通过创新驱动发展才能履行好国家在开放型经济建设中赋予其的重任；“一带一路”建设是我国当前国际合作重大发展战略，为海南开展国际科技合作、融入全球创新体系提供了战略机遇；建设海洋强国是国家发展重大战略之一，海南的区位和资源优势决定了其在海洋科技创新领域将发挥重要作用；军民融合发展上升为国家战略，为海南在军民融合创新领域提供了重要发展机遇）；威胁分析（面临着竞争激烈的周边环境）。在上述全面分析的基础上，作者从相应的4个方面提出新时代海南自贸区（港）区域创新发展的若干战略判断：充分发挥优势，努力挖掘创新驱动发展的机遇；尽力补齐"短板"，打造区域创新"比较优势"领域；利用优势资源加强区域科技创新合作，变竞争威胁为合作"红利"；苦练"内功"，下大力气提升自身区域创新能力，避免区域创新水平差距进一步扩大。

2019年，关于海南参与21世纪海上丝绸之路建设的文章还有：曲智、王鹏薇的《"一带一路"背景下海南省"一区一港"的建设与探索》（《新西部》2019年第33期），郝全洪、龚毓烨的《基于SWOT分析的海南自贸区建设策略研究》（《全球化》2019年第1期），李贺的《"一带一路"倡议背景下海南全域旅游新业态发展模式构想》（《中国市场》2019年第2期），李明的《"一带一路"倡议下海南对外文化交流的路径》（《传播力研究》2019年第33期），阿丽米热、杨烁和王秋怡等的《"一带一路"战略给海南经济发展带来的机遇》（《广西质量监督导报》2019年第7期），崔文全的《"一带一路"倡议下海南港口竞争力提升策略研究》（《现代商贸工业》2019年第16期），王毅武的《海南自贸港建设的题中应有之义》（《新东方》2019年第6期），宋迪涛的《"一带一路"建设下海南环岛高铁闭环通车对休闲体育旅游产业的发展研究》（《广西科技师范学院学报》2019年第1期），陈林、杨国胜和杨光的《海南与"一带一路"国家的协同合作》（《现代营销（经营版）》2019年第1期），惠青、陈松的《海上丝绸之路战略背景下海南省海洋经济可持续发展路径研究》（《现代商业》2019年第31期），等等。

（三）关于广东参与"一带一路"建设问题的研究概况

广东地处丝绸之路经济带和21世纪海上丝绸之路的重要连接点，是"一带一路"的战略枢纽、经贸合作中心和重要引擎。2019年，探讨广东如何更好参与21世纪海上丝绸建设的文章主要有：蔡立辉、梁钢华的《"一带一路"与广东东盟经贸合作的深化研究》（《学术研究》2019年第6期）和

《“一带一路”与广东地缘经济功能重塑》(《暨南学报(哲学社会科学版)》2019年第6期),蔡伟莹、邵贝贝的《“一带一路”战略背景下广东省旅游业发展现状及前景分析》(《度假旅游》2019年第1期),谭菲的《广东海上丝绸之路研究论述》(《国际公关》2019年第6期),吕淑仪的《“一带一路”背景下冼夫人文化资源整合研究》(《广东石油化工学院学报》2019年第6期),梁育民、黎紫涵的《广东省在“一带一路”上的科技创新合作》(《广东经济》2019年第8期),杜军、林燕飞的《“一带一路”建设背景下广东省与东盟国家建立海洋文化交流与合作机制研究》(《东南亚纵横》2019年第3期),陈坚雄、冼绍祥和刘小斌的《岭南医学与海上丝绸之路的历史回顾与思考》(《中医杂志》2019年第22期),马建春、徐虹的《文化互动与广东“21世纪海上丝绸之路”建设》(《暨南学报(哲学社会科学版)》2019年第5期),季士强的《“一带一路”中的岭南文化传播:优势与阻力》(《五邑大学学报(社会科学版)》2019年第3期),张晓斌、郑君雷的《广东海上丝绸之路史迹的类型及其文化遗产价值》(《文化遗产》2019年第3期),等等。

在这些文章中,蔡立辉、梁钢华的《“一带一路”与广东东盟经贸合作的深化研究》和《“一带一路”与广东地缘经济功能重塑》这两篇文章针对性强,很有现实意义。在《“一带一路”与广东东盟经贸合作的深化研究》中,作者对现有研究成果进行回顾梳理,聚焦“一带一路”与广东东盟深化经贸合作,进行了深入探讨。文章首先分析“一带一路”背景下广东东盟经贸合作面临的新机遇:“一带一路”实施下中央政府进一步授权压担的新机遇,“一带一路”实施下东盟凸显“海丝支点”特殊区位的新机遇,“一带一路”实施下东盟凸显广东经济“南下战略”桥头堡特殊功能的新机遇,“一带一路”实施下广东东盟传统合作优势焕发生机的新机遇。接着作者归纳了广东东盟经贸合作在以下几方面取得的阶段性成果:国际产能合作取得积极进展,吸收东盟投资趋稳,贸易合作成效显著,与东盟重点国家合作不断深入,交通和航线互联互通取得积极进展,民生与社会事业发展及省际交流合作加强。但作者同时指出,广东深化与东盟的合作还面临一些需要研究解决的问题:与东盟国家经贸合作的层次有待提升,企业“走出去”的动力和能力还不足,科学规避投资风险手段不足,“走出去”政策支撑体系有待进一步完善。最后,作者提出了广东东盟经贸合作的发展方向与对策建议：要推动更多重大项目平台纳入国家总体盘子，要加强组织化程度，要突出合作重点，要大力构建服务保障体系，要发挥华侨华人的助推作用。《“一带一路”与广东地缘经济功能重塑》一文从世界体系论关于“中心—半边缘—边缘”的研究视角，从聚焦“一带一路”与广东地缘经济功能高度关联的方面进行深入分析。作者从世界体系论视角认为广东地缘经济功能重塑的新机遇有：凸显广东成长为世界经济“中心区域”的新机遇，具备对外带动辐射的世界级财富功能；凸显广东在“一带一路”中具有汇合性独特区位优势的新机遇，在世界地缘经济格局中具有举足轻重的地位；凸显港澳得到欧美阵营重新倚重的新机遇，粤港澳极化发展效应可望进一步强化；凸显广东对外开放优势在传承中弘扬光大的新机遇，承载着新的历史使命。作者认为在以下方面取得了阶段性进展：助力其全球交通枢纽功能稳步提升，助力其“走出去”战略稳步实施，助力其打造对外经贸“深拓版图”，助力其重大开放平台建设更高、更远。但同时也面临一些亟须进一步应对解决的结构性问题：一是掌控力还不够，特别是对香港存在“依赖症”的局面还没有根本扭转过来；二是主动谋划、主动争取国家重大项目、核心资源的力度和效果还不够；三是自主性全球经贸网络体系的构建还有待加强；四是“走出去”的服务保障还不够有力；五是风险防控机制还亟须完善。最后，作者提出了新时代推进广东地缘经济功能重塑的路径与对策：持续增强珠三角“内核辐射力”，推动更多重点骨干项目纳入国家总体盘子，加快构建自主性对外经贸服务体系，大力构建服务保障体系，发挥华侨华人众多的独特优势。

马建春、徐虹的《文化互动与广东“21世纪海上丝绸之路”建设》是从文化角度，探讨如何通过文化引领，促进沿线国家发展21世纪海上丝绸之路建设的。文章认为广东在21世纪海上丝绸之路中的定位是：中国改革开放最早的实验区、市场经济强省、“21世纪海上丝绸之路”的旗舰，是航线内的桥头堡、枢纽港、核心地和主力军。为此，作者提出广东要深刻理解21世纪海上丝绸之路之“文化互鉴”“民心相通”的深意，发挥文化引领的作用，以此赢取沿线国家人们的认同、信任和尊重，进而助推中国与沿线国家多层次、多渠道的互动与交往。具体而言，广东需适时做到：建设文化创新区，打造旅游新品牌(建设 21 世纪海上丝绸之路文化创新区与数据库,打造海上丝绸之路国际文化旅游新品牌);推出海上丝绸之路文艺精品,举办文化产品博览会(推出海上丝绸之路文艺精品,组织举办展演活动;举办沿线国家文化产品博览会);鼓励粤媒体与沿线国家同行间的合作交流;发挥粤地高校作用,调动华侨华人积极参与(发挥高校在沿线文化交流中的作用,调动华侨华人积极参与文化交流);承继广东海洋文明,启动广船远航交流;推进沿线联合申遗,加强港口文化交流(继续推进沿线国家联合申遗工作,加强沿线港口城市间的文化交流)。

季士强的《"一带一路"中的岭南文化传播:优势与阻力》(《五邑大学学报(社会科学版)》2019 年第 3 期)一文中把"一带一路"倡议背景下岭南文化传播作为研究对象进行探讨。文章认为岭南文化传播具有六大优势:地理优势、历史优势、经济优势、政治优势、语言优势和价值优势。但同时指出在岭南文化的海外传播中,面临的阻力有"硬阻力"和"软阻力",具体包括三个方面:宗教和意识形态的阻力、语言文字的阻力和社会制度方面的阻力。对此作者认为岭南文化传播应该五措并举:传播内容的取舍、传播语言的选择、传播媒介的整合、传播形式的创新和传播主体的扩展。

2019 年,还有些文章专题研究广东各城市如何参与 21 世纪海上丝绸之路建设问题的,主要有:年猛的《21 世纪海上丝绸之路建设:广州的地位、发展思路与战略定位》(《城市》2019 年第 11 期),陈政禹的《从历史到现实:对惠州"一带一路"建设的思考》(《惠州学院学报》2019 年第 2 期),吴思康、黄虎城的《关于深圳参与"冰上丝绸之路"建设的几点思考》(《北方经济》2019 年第 12 期),叶珊珊、叶晓慧的《海外华商在广州 21 世纪海上丝绸之路建设中的参与效果及对策研究》(《时代经贸》2019 年第 13 期),迟贻丹的《"一带一路"政策下对当地旅游发展的影响分析——以广州市为例》(《旅游纵览(下半月)》2019 年第 10 期),刘珊的《"一带一路"背景下广州打造国际会展中心城市现状分析》(《科技经济导刊》2019 年第 24 期),白国强、葛志专的《广州打造高水平对外开放门户枢纽的策略思考》(《城市观察》2019 年第 3 期),陈松洲、陈腾鹏的《汕头建设"21 世纪海上丝绸之路"重要门户的路径选择》(《东莞理工学院学报》2019 年第 2 期),谭菲的《"海上丝绸之路"

建设中的产业人才作用机理分析与实证预测——以珠海市为例》(《特区经济》2019年第10期)和《“海上丝绸之路”背景下的人才供给问题研究——以珠海市为例》(《河北企业》2019年第10期),李迎旭的《潮州对“一带一路”亚洲沿线国家贸易发展潜力分析》(《经济研究导刊》2019年第27期),王保前、黄剑坚和黄冰的《“一带一路”对湛江中小型企业出口贸易的影响及对策》(《决策与信息》2019年第4期),薛灿的《“一带一路”视野下海外潮人与汕头“文化侨乡”构建关系研究》(《产业与科技论坛》2019年第16期),陈腾鹏、陈松洲的《汕头华侨试验区发展生产性服务业策略研究——基于打造21世纪“海丝”重要门户的视角》(《肇庆学院学报》2019年第3期),等等。

上面这些文章研究的角度各不相同,各有特色。年猛的《21世纪海上丝绸之路建设:广州的地位、发展思路与战略定位》一文通过对参与我国21世纪海上丝绸之路建设的15个重点沿海港口城市,从经济总体实力、对外经济水平、港口实力、科技创新优势和综合交通能力等5个方面进行比较研究,以科学评估广州在21世纪海上丝绸之路中的战略地位,并在此基础上提出广州参与建设21世纪海上丝绸之路的总体发展思路与战略定位。作者通过翔实的数据进行科学比较分析,评估广州在21世纪海上丝绸之路倡议中的地位:广州在总体经济实力、对外经济水平、港口功能和科技创新领域4个方面在15个沿海主要港口城市中排名都处于前4位,而在综合交通运输能力方面则具有绝对优势,交通枢纽地位突出。综合总体经济实力、对外经济水平、港口功能、综合交通运输能力和科技创新实力,作者认为其在15个沿海主要港口城市中处于第一梯队,也就是在21世纪海上丝绸之路的定位为全国性战略枢纽。对此作者结合国家有关总体框架思路和战略部署,提出广州参与21世纪海上丝绸之路建设的总体思路:按照党中央、国务院关于“一带一路”建设的决策部署,充分发挥广州在“一带一路”尤其是21世纪海上丝绸之路的地理区位、历史文化、对外交往、交通枢纽和科技创新等比较优势,遵循扩大开放与深化合作、市场主导与政府引领、优势互补与互利共赢的基本原则,围绕政策沟通、设施联通、贸易畅通、资金融通和民心相通的基本要求,坚持“引进来”与“走出去”双向互动,用好海内、海外“两种资源”以及国内、国际“两个市场”,以畅通对外通道为基础,扩大经贸投资,强化平台建设为支撑，深化人文交流为纽带，联手深港澳和周边区域，协同推进与沿线重点地区和重点国家合作，将广州建设成为开放型经济体制机制改革先行区、科技创新引领区、世界级交通枢纽和国际区域合作新模式试验区，凸显广州在21世纪海上丝绸之路建设中的战略枢纽地位。并对此提出了战略定位设想：开放型经济体制机制改革先行区、国际区域合作新模式试验区、科技创新引领区和世界级交通枢纽。最后文章提出广州建设海上丝绸之路战略枢纽的政策建议：加强组织实施（强化组织领导，促进项目落实，抓好督查评估，加强国际宣传推介）；创新开放型体制机制（创新外商投资管理体制，建立促进“走出去”战略新体制；构建外贸可持续发展新机制，开展开放型经济法治建设先行先试）；完善保障体系（建立风险防控体系，完善信息服务体系，健全中介服务体系，优化政务服务体系，构建国际化人才培养政策体系，强化金融支撑体系）。

陈松洲、陈腾鹏的《汕头建设“21世纪海上丝绸之路”重要门户的路径选择》探讨了汕头建设21世纪海上丝绸之路重要门户的路径。文章首先介绍了21世纪海上丝绸之路的经贸定位：保障贸易自由化的基本功能，联结亚、非、欧各国贸易的经济纽带功能，加强制度建设和经济治理功能，中国开放型经济体系的平衡器功能。接着文章介绍了汕头建设21世纪海上丝绸之路重要门户的实践探索和战略选择：充分发挥特区和侨乡优势，把建设华侨经济文化合作试验区融入国家共建“一带一路”倡议中去。最后作者认为汕头建设21世纪海上丝绸之路重要门户的路径是：引进侨资与引进侨智相结合，创新创业与创客创意相结合，内涵提质与外延发展相结合，壮大实体经济与发展虚拟经济相结合等。

潮州是海丝之路的重要节点城市，其在21世纪海上丝绸之路建设中意义重大。李迎旭在《潮州对“一带一路”亚洲沿线国家贸易发展潜力分析》一文中提出潮州经贸发展如何深度融入“一带一路”的建设。文章指出潮州具有融入“一带一路”得天独厚的战略位置及优势：潮州紧邻国家第一批特区城市汕头，地处广东、福建两个自贸区结合点；潮州特色经济发展较好，比较优势突出，产业基础厚实，具备相当的规模，产业链完整，产业配套能力强，已形成了以陶瓷、服装、食品、电子、五金不锈钢、婚纱晚礼服、印刷包装、皮塑制鞋为支柱产业的特色工业体系；潮州市外向型经济特征十分明显，陶瓷、不锈钢、机电产品、婚纱、茶叶、休闲食品等支柱产品多年畅销海外。接着文章通过文献和实证分析了潮州在贸易规模增长、优化出口结构、拓展和深耕市场、加大出口扶持力度，以及促进贸易融入等方面具有较大发展潜力。对此，作者对深度融入“一带一路”加速潮州经贸发展的建议有：面向市场加大开放力度，重视贸易的引领作用；区域发展多维融合，打通商贸融入海丝之路；集聚优化要素配置，促进出口产业价值链增值；打造品牌突出特色，提升产品国际竞争力。

（四）关于福建省参与“一带一路”建设问题的研究

福建是21世纪海上丝绸之路建设的核心区。2019年，中央要求福建省“发挥经济特区、自由贸易试验区、综合实验区、21世纪海上丝绸之路核心区等多区叠加优势，不断探索新路，吸引优质生产要素集中集聚，全面提升福建产业竞争力，力争在建设开放型经济新体制上走在前头”。因此，理论界关于福建如何参与21世纪海上丝绸之路的研究成果最多，涉及的领域最广。

王海峰的《新时期福建21世纪海上丝绸之路核心区建设思路探析》（《国际贸易》2019年第5期）就是围绕新时期背景下如何建设21世纪海上丝绸之路核心区展开的。文章认为福建海丝核心区建设面临的新要求有：国际环境深刻变化对福建海丝核心区建设提出新要求，国内经济高质量发展对福建海丝核心区建设提出新要求，祖国和平统一大业对福建海丝核心区建设提出新要求，实现“两个百年”目标对福建核心区建设提出新要求。作者分析认为福建海丝核心区建设的新使命有：建设民心相通的特殊纽带、蓝色经济的重要载体、民营企业的创新家园、地方政府的创新平台。文章认为福建海丝核心区建设虽然机遇和挑战并存，机遇大于挑战，但还存在很多问题：政策相互叠加尚未形成合力，国家重视尚未转化为制度创新优势，两岸关系步入低谷尚未转化为福建海丝核心区机遇，与周边省市竞争尚未转化为福建海丝核心区建设内在动力，国家有关部门在福建海丝核心区建设方面用力不足。文章同时认为新时期福建海丝核心区建设思路有：找准定位，服务“一带一路”倡议；突出特点，塑造“一带一路”建设优势；找准核心，拓展海洋合作战略空间；抓住重点，发挥民营经济的主动性、创造力；上下一心，突破体制机制障碍；防范风险，确保不出大的问题。最后提出相关的对策建议思考：加强顶层设计，尽快研究制定《深化福建核心区建设的指导意见》；提升特色，塑造“一带一路”建设优势；聚焦海洋合作，做好一批示范精品；用好用足现有政策，找准政策突破口；深耕中国东盟合作，找好政策着力点；做实做细两岸合作，深化两岸合作；发挥民营经济优势，积极承担社会责任；提升综合服务能力，构建风险防范体系；加强组织机制建设，提升核心区组织协调能力。

黄驰在《福州加快建设海丝战略支点城市路径研究——基于海上合作视域》（《福建商学院学报》2019 年第 6 期）一文中指出，“海上合作是 21 世纪海上丝绸之路建设的重要内容，也是福州建设海丝战略支点城市的重要方向”。文章首先梳理了福州建设海丝战略支点城市的成效：设施联通加速推进，海丝战略支点作用显现；政策效应逐渐发挥，蓝色经济产业向好发展；对外经贸交流迈向纵深，海上合作日益深化；搭建多元化交流平台，人文合作成效显著。同时指出福州建设海丝战略支点城市面临的主要问题有：海洋产业价值链不完备，海洋科技创新短板较为突出，海洋渔业产业格局不够合理，城市整体竞争力存在不足。对此作者也分析了福州建设海丝战略支点城市的基础优势：地理区位优越、历史文化渊源深厚和海洋优势明显。最后文章认为海上合作视域下福州加快建设海丝战略支点城市的主要路径有：强化涉海基础设施建设，提升海丝枢纽功能（加快港口公共服务设施建设，完善港口配套设施建设，加强海陆空网联动发展）；调整优化港区功能布局，培育壮大港口经济圈（推动临港产业链升级，健全港口互动合作机制）；完善现代海洋渔业体系，深度拓展渔业合作（大力扶持远洋渔业，促进养殖与水产品精深加工高效发展，推进渔业品牌共建）；加强海洋科研教育服务，提高海洋经济合作层次（拓展深化海洋科教交流合作，着力推进海洋新兴产业协作，加快推动涉海金融服务创新）；充分发挥侨乡优势，加强经贸人文交流（促进经贸往来与合作，深化人文交流载体构建，加快构建海丝旅游经济圈）。

福建是侨务大省，海外华侨华人是海丝核心区建设重要的参与者、建设者和推动者。因此有些文章从海外华侨华人参与海上丝绸之路建设的视角进行探讨。廖萌的《海外华侨华人与“海丝”核心区互动研究》(《经济视角》2019年第1期)是在跨国主义理论指导下，从海外华侨华人与中国经济如何互动视角来分析的。文章在考察大量文献综述的基础上提出：“跨国主义理论认为当代的移民群体已经建立起跨越原有的祖籍国和住在国之间的互动场，拥有更加广阔的并且交融着的政治、经济、文化资源，进而推动经济社会发展。”接着文章写道，“海外华侨华人人数众多、分布广泛，实力雄厚、人才辈出，热爱桑梓、乐善好施，他们是‘海丝’核心区建设重要的参与者、建设者、推动者，是福建融入‘一带一路’建设的巨大优势”。具体有：数量优势、经济优势、政治优势、科技优势、社团优势和文化优势。接着作者阐述了海外华侨华人是连接中国与住在国的“天然桥梁和纽带”，他们可以在“五通”方面与“海丝”核心区积极互动：在政策沟通中互动(营造良好的国际环境，通过民间机构增信释疑，构建政策双向沟通机制)；在设施联通中互动；在贸易畅通中互动(推动产业合作，深化经贸合作，助力福建企业“走出去”)；在资金融通中互动(提供资金支持，推动人民币区域化，建立侨商银行)；在民心相通中互动(推进侨务公共外交，促进文化交流，搭建文化平台)。但同时文章也指出海外华侨华人与“海丝”核心区互动存在的问题有：海外宣传不够，对新侨情了解不够，海外华侨华人融入住在国不够。在上述分析的基础上，文章认为随着“海丝”核心区建设的深入和不断拓展，海外华侨华人的优势与作用日益凸显，要将他们的资金优势、智力优势、人脉优势和人文优势转化为“海丝”核心区建设优势，相关的对策建议有：营造良好的营商环境，拓展涉侨合作广度和深度，充分利用侨智，搭建海外华商“二代”沟通交流平台，深化人文融合交流等。

闫兴的《人类命运共同体视阈下闽籍华人华侨参与海丝核心区建设研究》(《中共福建省委党校学报》2019年第4期)和《推进华侨华人参与海丝核心区建设研究》(《亚太经济》2019年第3期)两篇文章是从华侨华人如何更好参与海丝核心区建设的角度探讨的。闫兴在《推进华侨华人参与海丝核心区建设研究》中从华侨华人参与海丝核心区建设的独特视角进行了分析。文章指出,“福建是华侨华人的重要祖籍地,华侨华人聚集在‘一带一路’沿线国家和地区,将对海丝核心区建设发挥重要作用”。文章认为华侨华人参与海丝核心区建设具有如下的独特优势:情感基础牢固,资本基础雄厚,人才资源充足。接着文章分析华侨华人应该发挥自身优势,在海丝核心区建设中发挥积极作用:熟悉当地市场,促进相互投资;掌握法规差异,规避投资风险;熟知多国文化,提供有效服务;推动文明互鉴,增进民心相通;发展数字经济,促进产业升级。最后文章提出了推动华侨华人参与海丝核心区建设的建议:完善市场条件,改善营商环境;强化港口建设,促进互通互联;完善发展网络,凝聚发展合力;创新合作机制,实现深度对接;搭建载体平台,拓展发展空间。《人类命运共同体视阈下闽籍华人华侨参与海丝核心区建设研究》写道,“在人类命运共同体构建过程中,华人华侨作为一支不可替代的独特力量,发挥着至关重要的作用。闽籍华人华侨群体人数众多、优势明显,是海丝核心区建设的有力支撑”。文章首先认证了人类命运共同体的构建与华侨华人利益息息相关,海丝沿线国家和地区的发展,离不开华侨华人助力。接着分析华侨华人参与“一带一路”建设的独特优势:跨文化优势,流动性较强,促进深度融合,推动全球协作。作者认为华侨华人在人类命运共同体构建中的作用有:践行合作理念,促进文化沟通,结成发展伙伴,参与“一带一路”建设。文章最后指出,福建是著名的侨乡,福建的侨力资源是海丝核心区融入海丝建设的重要优势,充分发挥这一优势,可以有效与沿线国家和地区对接,实现福建与海丝沿线国家和地区文化、经济和社会的联动发展。具体建议是:挖掘侨智,促进同海丝沿线国家和地区的融合发展;借助侨力,推动福建产品迅速打入当地市场;依靠侨资,与海丝沿线国家和地区企业合作共赢;调动侨胞,发挥民间外交的优势和作用。

泉州被福建省选为21世纪海上丝绸之路建设的领头雁。因此一些文章专门探讨如何提升泉州发展。周建标的《提高“海丝泉州”旅游品牌知名度的路径选择》(《经济视角》2019年第4期)是从如何提升“海丝泉州”旅游品牌知名度出发研究的。文章写道:“旅游品牌是文化精神与旅游设施、旅游产业高度融合的产物。因此,提升‘海丝泉州’旅游品牌知名度是一个系统工程,既要展示海丝文化精神体现‘海丝泉州’旅游灵魂,又要建设旅游设施夯实‘海丝泉州’旅游基础，还要完善旅游产业链凝聚‘海丝泉州’品牌核心竞争力。”文章梳理分析了提升“海丝泉州”旅游品牌知名度的基本条件：泉州海丝文化遗存丰富（航海基础设施完备，具有海神信仰宫庙体系，是中国文化和外来文化交融的成果）；泉州拥有4个国际名片（海上丝绸之路起点城市、世界多元文化展示中心、国际花园城市、东亚文化之都）；泉州文化影响力波及世界各地（泉州文化外交基础良好，泉州积极履行文化外交使命）；泉州经济文化贸易影响力不断增强。文章提出了提升“海丝泉州”旅游品牌知名度的路径：成立“海丝泉州”旅游品牌建设领导机构，规划建设方案；引导建设海丝旅游设施，展示“海丝泉州”文化精神（引导保护海丝文化遗存，展示“海丝泉州”文化精神；引导新建旅游设施，物化“海丝泉州”文化精神）；升级创新“海丝泉州”旅游产品（串联泉州物质性海丝文化遗存，规划海丝文化旅游线路；保护传承泉州海丝非物质文化遗产，体现海丝文化旅游灵魂；建立游客集散中心；完善海丝旅游产业链，为“海丝泉州”旅游品牌凝聚核心竞争力）；发展以海丝文化为核心的创意产业；加强媒体宣传传播（鼓励使用“海丝泉州”Logo（标志）商标；集中力量打响“海上丝绸之路国际艺术节”品牌；鼓励企业品牌与“海丝泉州”城市品牌互动传播；建立企业品牌与“海丝泉州”旅游品牌关联链接；建设“海丝泉州”城市形象网络识别系统；建设完善“海丝泉州”旅游信息化平台）。廖钟源、余嘉容的《海丝文化的阐释与表现：重塑泉州城市国际形象》（《福建江夏学院学报》2019年第6期）一文探讨如何用海丝文化独特的身份识别开辟一条有泉州特色的“海丝”城市文化发展道路。文章写道，“海丝城市拥有独特的地缘和历史文化，与‘一带一路’沿线国家关系密切，有效的文化传播策略能重塑海丝城市的国际形象”。文章梳理了泉州海丝文化对外传播存在的问题：国际开放度不足（城市对外宣传中的译语与本土报道呈现不一致；泉州海丝城市文化对外传播的进度与国家战略步调失衡，语言文化对外传播的国际化水平有待提高；品牌影响力利用不足）；品牌识别度不高（符号身份标识识别系统不完善，出现刻意模仿国际知名城市品牌的状况；泉州工贸港口城市的定位，与国内沿海城市存在文化同质性，加上缺乏文化个性和文化差异的体现，使泉州城市形象的跨文化传播受到阻碍；城市文脉的保护、开发、利用处于相对滞后的状态);受众关注度低。对此作者认为提高泉州城市形象与海丝文化对外传播效率的策略有:明确传播内容,传播海丝精神;激活文化体验,强化公众外交;整合媒介资源,构筑传播网络;发挥地缘优势,增进文化交流;挖掘文化资源,打造城市品牌。

除了上面这些文章外,2019 年关于福建省参与 21 世纪海上丝绸之路建设的文章还有:莒萍的《"一带一路"背景下福建纺织服装业出口竞争力研究》(《发展研究》2019 年第 11 期),陈艺的《"一带一路"背景下福建省区域经济发展研究》(《科技创新与生产力》2019 年第 11 期),卢文雯的《"一带一路"框架下拓展中国东南沿海省份与东盟海洋经济合作研究——以福建省为例》(《科技和产业》2019 年第 11 期),郭瑜的《浅析"一带一路"背景下福建对外贸易转化升级》(《企业科技与发展》2019 年第 9 期),何文贤、徐品晶的《福建参与"一带一路"建设的语言需求与服务对策》(《福建商学院学报》2019 年第 4 期),陈宇的《"一带一路"建设与福建新一轮对外开放路径研究》(《西部财会》2019 年第 8 期),黄荔梅的《深化"海丝"核心区建设的科技合作》(《时代金融》2019 年第 33 期),吴洁的《"一带一路"背景下漳州月港海丝文化的传播策略》(《漳州职业技术学院学报》2019 年第 2 期),何军明的《充分发挥厦门作用 推进福建省海上丝绸之路"核心区"建设》(《大陆桥视野》2019 年第 6 期),林澜的《"一带一路"背景下福建对外传播策略探究》(《新闻研究导刊》2019 年第 1 期),陈洁君的《"21 世纪海上丝绸之路"建设中地方高校的角色定位——以福建泉州高校为例》(《湖北经济学院学报(人文社会科学版)》2019 年第 7 期),陈春玲的《福州新区构建"一带一路"战略支点研究》(《北京航空航天大学学报(社会科学版)》2019 年第 4 期),郑木香的《海丝文化视域下泉州香文化旅游发展路径研究》(《乐山师范学院学报》2019 年第 10 期),金欣的《泉州在"海上丝绸之路"扮演的角色及其发展》(《经济研究导刊》2019 年第 28 期),黄保霖的《融入海上丝绸之路核心区经济发展的路径思考分析——以福州为例》(《科技经济市场》2019 年第 7 期),陈菁的《发展福建省"丝路经济"核心区的思考》(《管理观察》2019 年第 1 期),张菁菁的《新时期泉州港融入"海上丝绸之路"建设的分析及建议》(《现代商业》2019 年第 13 期),郑静玉的《融入 21 世纪海上丝绸之路:闽南文化的传承与创新》(《长沙理工大学学报(社会科学版)》2019年第3期),王承娜的《海上丝绸之路核心区轴辐式区域物流网络构建》(《武夷学院学报》2019年第2期),雷宏、张凯阳的《福建“湾区经济”发展战略研究——基于“21世纪海上丝绸之路核心区”建设视角》(《当代经济》2019年第5期),卞梁、连晨曦的《妈祖传播与泉州海上丝绸之路枢纽作用的联动——基于双核心驱动模式的视角》(《妈祖文化研究》2019年第2期),林颖的《“海丝”建设给福建海运带来的机遇与挑战》(《广西民族师范学院学报》2019年第4期),方旭红、朱梦影和李群群的《基于协同理论的福建省“海丝”旅游发展研究》(《合肥工业大学学报(社会科学版)》2019年第1期),包则庆、林继扬和庄灵习的《“一带一路”背景下闽台科技产业融合发展的机制与对策研究》(《发展研究》2019年第12期),李慧芬的《以“重要侨务论述”为指导 助推“海丝核心区”建设》(《政协天地》2019年第8期),孙佳佳的《海丝核心区建设背景下福州音乐产业发展研究》(《内蒙古财经大学学报》2019年第1期),李元、高海隆的《基于城市流强度下海丝核心区制鞋业经济的影响力》(《泉州师范学院学报》2019年第4期),黄荔梅的《推进“海丝”核心区创新发展》(《经济研究导刊》2019年第33期),王泽海、黄保霖和曹祯的《海上丝绸之路背景下福州经济发展路径探究》(《度假旅游》2019年第4期),叶扬秋的《基于“互联网+”视阈的情境可视化应用研究——以福州海上丝绸之路史迹为例》(《遗产与保护研究》2019年第3期),周秀杰、彭雨晴的《海上丝绸之路的闽南语出版物:溯源、传承、流播》(《出版发行研究》2019年第7期),黄明波的《新媒体语境下泉州对海上丝绸之路沿线东南亚城市跨文化传播策略研究》(《西南交通大学学报(社会科学版)》2019年第5期),陈冬梅的《海丝路上的沧海遗珠——泉州文化产业研究》(《中国民族博览》2019年第1期),李建武、臧艺兵的《鼓浪屿音乐文化与海上丝绸之路》(《集美大学学报(哲学社会科学版)》2019年第2期),沈玉婷、王念龙的《福建海丝传统体育文化遗产的保护发展——从遗产廊道视角》(《体育科学研究》2019年第6期),刘素芬、陈曦的《寻梦“海丝”:多元参与助推漳州市古窑址保护策略探析》(《城市管理与科技》2019年第4期),马重奇的《海上丝绸之路与汉语闽南方言在东南亚一带的传播——新加坡和马来西亚闽南方言音系个案研究》(《西南民族大学学报(人文社科版)》2019 年第 1 期),戴冠青的《石狮姑嫂塔在海丝文化中的意义》(《盐城师范学院学报(人文社会科学版)》2019 年第 1 期),蔡永辉的《海丝视野中的闽南艺术公共化实践与研究》(《泉州师范学院学报》2019 年第 3 期),徐琪、吴晶晶的《国家形象视域下的外宣翻译研究——以福建"海丝文化"翻译为例》(《武夷学院学报》2019 年第 7 期),等等。

(五)关于浙江参与"一带一路"建设问题的研究概况

6 年来,浙江主动参与和服务"一带一路"倡议实施,努力打造"一带一路"重要枢纽,争当新时代全面扩大开放的排头兵,并取得了很好成效。陈甬军的《"一带一路"与浙江发展》(《中共宁波市委党校学报》2019 年第 1 期)指出,"'一带一路'是关系中国发展和世界进步而顶层设计的国家战略,其本质是遵循共建共享共赢的原则,通过创新开放合作,形成海内外联动、东西双向互济的开放格局以及推动构建人类命运共同体"。文章首先梳理了自 2013 年 9 月习近平总书记首次提出"一带一路"倡议构想以来,经历了初步试水、深化实施、创新定位三个阶段的发展。在此基础上作者总结了"一带一路"倡议已取得的 6 个初步成效:"一带一路"国际合作高峰论坛成功举办,战略对接和政策沟通不断强化,基础设施互联互通建设加快推进,经贸投资合作成效明显,民心相通不断深入,金融服务体系不断完善。接着作者运用相关理论对"一带一路"的经济属性进行分析,认为浙江是全国对外开放先行地,已经基本具备以"一带一路"倡议引领经济社会高质量发展的现实基础:外贸进出口贡献水平全国领先,中国(浙江)自由贸易试验区加快推进,义甬舟开发大通道建设成效显著,跨境电商形成全国示范效应。作者通过对浙江"与"字形开放战略的分析,结合"一带一路"的新定位、中国对外开放的演进历程以及浙江未来的开放格局,认为从浙江省开放强省战略看,第一个节点的杭州湾经济区,第二个鱼钩横竖结合处的宁波舟山方向和收钩处的温州,都对全省进一步开放有重大带动作用,应重点在宁波舟山探索建设自由贸易港上寻求突破,全面构建对外开放新格局。

许钧的《浙江文化"走出去"源流及新时期对外传播路径剖析》(《湖南

科技大学学报(社会科学版)》2019 年第 6 期)专门探讨浙江文化“走出去”的实现路径。文章写道,“浙江作为中国古代文明的发祥地之一,充满浓郁的人文气息,享有‘文化之邦’的盛名。在当下‘一带一路’倡议和中国文化走出去的时代背景下,有必要从全球视野出发,重视审视浙江文化,挖掘其核心价值以助力浙江文化焕发出更大的活力,参与新时期的国际对话”。作者通过结合历史和现实分析了浙江文化的开放传统及其自信底蕴,认为浙江文化应当充分利用自身文化资源与区位优势,抓住新时代背景下的诸多机遇。浙江省“走出去”的路径选择包括:利用文化资源禀赋,打造特色文化品牌;发挥人力资源优势,建设对外传播队伍;融合优质媒介平台,拓展对外传播渠道。

钱晨的《科教能否增进“一带一路”国家城市经济联系?——基于浙江及其国际友城数据的实证分析》(《浙江学刊》2019 年第 5 期)这篇文章视角独特,很有新意。文章针对“一带一路”沿线国家城市特点,探索发展中国家城市网络理论;运用浙江与“一带一路”沿线重点国家友城数据,构建优化模型并论证了发展中国家城市中科教与经济之间的机制关系,得出结论:“一带一路”沿线重点国家城市的经济发展程度与浙江省许多城市相仿,国际友城在文化认同、民间往来、经济互通等方面具有天然优势,借助国际友城这一现实载体,我们可以发挥好重点国家国际友城对周边国家的扩散效应,缔结浙江省与“一带一路”沿线更大范围内的城市网络,参与世界城市网络的竞争与合作,获取更多国际资源。为此,文章提出三方面的建议:第一,浙江省与“一带一路”沿线国家之间的经济合作,可以首先考虑具有较高经济隶属度且具备国际友城的国家,如波兰、匈牙利和菲律宾。罗马尼亚和捷克对其周边区域有较强的经济影响,值得我们通过建立更多国际友城等方式,加深与两者之间的城市关系。中欧班列对城市网络缔结的影响不可忽视。第二,科教是文化输出的重要渠道,文化认同是经济合作的关键基础,科技教育与经济一直是浙江的关注点,两者之间可以互相借力、打好“组合拳”。第三,国际友城是文化传递与认同的良好载体,现实中我们应该重视友城对科教和经济等城市联系缔结的贡献。

曾绍龙在《浙江与江苏“一带一路”建设比较分析》(《南通大学学报(社

会科学版)》2019 年第 4 期)中以浙江、江苏比较的角度来分析。文章写道:"浙江和江苏两省在'一带一路'建设中具备开放经济发展先发优势,是长江经济带高质量发展区域。这为两省全面、协同参与'一带一路'建设奠定了良好的基础。"文章根据相关的理论以及江苏、浙江层面的观点和认识,得出结论:在"一带一路"实际建设过程中,浙江和江苏在通道建设、对外贸易、区域合作等方面呈现出一定的差异,各具特色。对此文章对浙江与江苏"一带一路"建设差异原因进行了分析,包括:内在因素(经营主体、产业和商品结构、自然禀赋和人才资本);外在原因(政策支持、合作国家)。最后提出对策建议:加强通道建设,构建立体网络;进行资源整合,加快产业升级;加强规划协调,区域协同发展。

宁波是古代海上丝绸之路的重要发源地之一,也是"一带一路"综合试验区、"一带一路"枢纽城市。因此对宁波进行研究的文章比较多,各有侧重点。宁波市发展规划研究院课题组的《全力建设"一带一路"战略枢纽城市》(《浙江经济》2019 年第 10 期)认为,宁波有条件、有基础、有潜力建设成为国家"一带一路"倡议枢纽城市。坚持发挥通江达海的区位优势,加快推进海港、陆港、空港、信息港建设,着力打造服务"一带一路"的国际交通枢纽城市(建设海上大通道,建设陆上大通道,建设空中大通道,建设网上大通道);坚持发挥国际开放门户优势,加快转变贸易发展方式,着力打造新型国际贸易中心城市[扩大与"一带一路"沿线国家贸易规模,推进浙江自贸区扩区(到宁波),高水平建设"16＋1"经贸合作示范区,谋划建设"一带一路"中国—意大利(宁波)园区,建设全国重要的进口贸易中心];坚持"引进来"与"走出去"相结合,加快推进国际产业合作与交流,着力打造国际产业科技合作引领区(加快制造业国际合作步伐,建设一批产能合作示范园区,提高双向开放的国际投资服务水平,加强国际科技合作与成果转移);坚持文化引领和民心融通,加强社会文化合作交流,着力打造"一带一路"人文交流门户区(重点做强文化交流平台载体,深化国际教育合作,扩大旅游市场开放);坚持优化存量和引导增量相结合,不断提高对外开放的承载力,着力加快两个示范承载区建设。

刘利民、王敏杰在《建设宁波自由贸易港服务"一带一路"的对策研究》

(《物流科技》2019年第4期)中指出,“宁波建设自由贸易港,有利于在更高水平上发挥宁波在港口资源、开放型经济、制度创新等方面的优势,有利于加速推进‘一带一路’综试区建设,成为宁波融入‘一带一路’建设的重要抓手”。文章认为宁波建设“一带一路”自由贸易港基础扎实,但与国内其他先进城市相比,宁波要建设自由贸易港,还有诸多差距:对外开放程度有待提高,贸易发展质量需进一步提升,贸易流通方式较为落后,贸易投资主体能级不高。作者认为要对标全球高水平自由贸易港,建设“一带一路”倡议枢纽就要:规划建设高能级开放平台(以规划建设宁波梅山新区为龙头,引领推进宁波全方位开放;建设港口经济圈,全面提升开放能级;扩大与“一带一路”沿线国家全方位合作,全面提升开放水平);探索高水平制度创新(加快特殊监管区整合,为自由港区建设创造条件;创新口岸管理制度,推进区域通关一体化;拓展“一带一路”和长江经济带口岸合作;推动贸易投资便利化制度);建立高效率工作推进机制。

何炳华的《“一带一路”背景下宁波港口物流波兰腹地拓展策略研究》(《浙江工商职业技术学院学报》2019年第3期)分析了如何结合宁波产业及港口物流的优势,拓展波兰广阔腹地,很有现实意义。文章认为宁波拓展中东欧物流腹地的基础条件有:宁波具有“一带一路”的战略优势,宁波的经济与产业发展良好,宁波的港口物流不断优化。波兰对接宁波港口物流所需的基础条件有:经济与产业、贸易与投资、区位与交通。宁波港口物流与波兰腹地的互补性分析包括:稳定的战略合作关系、坚实的双边贸易基础、互补的贸易产品结构、多元的物流合作渠道。文章提出了宁波拓展波兰腹地的策略:加强政府协作与政策协同,加大产业及贸易互利合作,构筑多通道综合物流网络,促进通关服务高效和便利,搭建多元化人文交流平台。

宁波舟山港是全球首个“10亿吨”大港,处于21世纪海上丝绸之路交汇枢纽位置,因此对其的研究和关注也较多。王军锋、戴媛的《宁波舟山港打造国际强港的机遇与对策》(《宁波经济·三江论坛》2019年第4期)一文研究宁波舟山港如何充分借助宁波设立“一带一路”建设综合试验区和长三角一体化上升为国家战略的有利时机,打造国际强港。文章介绍了宁波舟山港打造国际强港面临的挑战:资源环境约束的倒逼机制,顺应产业转移的新态势，培育战略性新兴产业。接着分析了宁波舟山港打造国际强港面临的问题：集装箱吞吐量不足，港口综合服务水平不高，科技投入及配套政策短板明显，高端航运服务业发展滞后。最后提出了宁波舟山港打造国际强港的对策：强化功能，扩大港口物流业开发开放；完善体制机制，改善港口物流发展环境；适应港口物流新趋势，构建多式联运体系；引进培育港口物流企业，完善疏港交通网络体系；建设港口配套服务设施，培养引进港口物流专业人才。

除了上述这些文章之外，2019 年有关浙江省参与 21 世纪海上丝绸之路建设的文章主要还有：王俊的《宁波舟山港国际航运服务基地建设模式与策略研究》(《中国水运》2019 年第 9 期)，盛晓涵的《基于层次分析法的可持续港口战略要素评价——以宁波舟山港为例》(《浙江万里学院学报》2019 年第 5 期)，薛书杰的《宁波—舟山港江海联运对区域经济发展影响分析》，胡新建的《宁波高校新型智库建设与能力提升研究——基于服务"一带一路"视角》(《宁波经济 · 三江论坛》2019 年第 12 期)，宁波市委宣传部课题组的《宁波，在探索城市品牌之路上前行》(《宁波通讯》2019 年第 11 期)，张洁的《宁波"海上丝绸之路"研究综述》(《浙江理工大学学报(社会科学版)》2019 年第 4 期)，黄燕的《宁波与"一带一路"沿线国家贸易效率及贸易潜力分析》(《市场研究》2019 年第 11 期)，邱璐轶、华忆迪的《"一带一路"倡议背景下宁波与中东欧国家产教协同实践研究》(《宁波经济 · 三江论坛》2019 年第 7 期)，龙力见、闫国庆和殷军杰等的《宁波以一带一路综试区为基础争创自贸港对策研究》(《浙江万里学院学报》2019 年第 4 期)，严玲晶、童琦的《"一带一路"倡议下宁波会展业发展对策研究》(《商场现代化》2019 年第 12 期)，陈建娜的《"一带一路"背景下宁波城市旅游形象的定位和提升》(《浙江工商职业技术学院学报》2019 年第 1 期)，严泽民的《"一带一路"倡议背景下宁波与中欧七国贸易发展分析》(《改革与开放》2019 年第 5 期)，李岩、朱宗的《龙泉青瓷参与开拓古代"海上丝绸之路"史迹探寻》(《丽水学院学报》2019 年第 3 期)，龚群超、吴德尧和施雯琪的《"一带一路"倡议提升并改善浙江省产能利用率的实证研究》(《特区经济》2019 年第 8 期)，等等。

（六）关于其他省市参与“一带一路”建设问题的研究概况

2019年，上海服务国家“一带一路”桥头堡建设加快推进，有关其参与“一带一路”建设问题的研究主要有：黄峰的《发挥桥头堡作用，加快“一带一路”沿线电子口岸互联互通》（《科学发展》2019年第10期），韩璐的《上海合作组织与“一带一路”的协同发展》（《国际问题研究》2019年第2期），刘隽婕的《“一带一路”背景下的上海邮轮产业发展浅析》（《中国集体经济》2019年第20期），秦焕梅的《上海国际金融中心建设与“一带一路”倡议》（《科学发展》2019年第1期），张建华的《上海自贸区服务“一带一路”倡议：基于国情的制度创新》（《上海对外经贸大学学报》2019年第5期），尹晨的《上海自由贸易港功能与“一带一路”建设联动发展研究》（《科学发展》2019年第8期），等等。

尹晨在《上海自由贸易港功能与“一带一路”建设联动发展研究》一文中写道：“以上海自由贸易港功能导向建设‘一带一路’资源配置中心，要聚焦资本、战略性大宗商品、技术、数据和信息等最核心资源，打造资源的配置能力。”具体地说，上海要吸引跨国公司总部、跨国金融机构、全球性生产服务公司、全球研发机构以及国际组织等全球资源配置功能性机构集聚；要大力建设“一带一路”人民币国际债券市场、“一带一路”战略性大宗商品人民币国际期货市场、“一带一路”技术转移平台以及“一带一路”航运要素配置平台等资源配置平台。文章同时提出，要以上海自由贸易港功能导向建设“一带一路”综合网络枢纽：大力推进上海港国际航运枢纽建设（进一步加强基础设施建设；打通梗阻，促进国际中转集拼业务常态化；打造航运服务产业链，建设高端航运服务及要素市场，提升航运服务全球话语权；推进长三角港口群的区域分工与合作）；大力推进上海国际航空枢纽建设（加强基础设施建设，加强区域航空机场群联动，提高国际中转率，增加国际航线网络的宽度和厚度，提升空港运营效率）；大力推进上海自由贸易区数据和信息中心建设；大力推进上海自由贸易区立体网络建设；大力推进网络连接机制创新（松散型的连接机制、紧密型的连接机制）。文章认为应以上海自由贸易港功能为导向建设“一带一路”经贸规则辐射源：“一带一路”建设需要制度性公共产品的保障；上海自由贸易港功能在贸易规则方面应做出贡献；上海自由贸易港功能在投资规则方面应做出贡献；以上海自由贸易港功能在纠纷解决规则方面应做出贡献。最后提出以上海自由贸易港功能导向建设“一带一路”专业服务中心：对标香港，吸引和培育专业服务业集团，提高“一带一路”公共服务平台的专业水平和公信力，率先建设国家级“一带一路”海外投资风险管理中心。

秦焕梅在《上海国际金融中心建设与“一带一路”倡议》中探讨上海金融中心建设如何推动“一带一路”。文章首先论证了“一带一路”建设对上海国际金融中心的需求：上海国际金融中心成为推动中国企业“走出去”，参与“一带一路”建设的主体市场（推动上海优势产业企业“走出去”，参与“一带一路”建设；推动上海金融业“走出去”，为“一带一路”建设提供可持续性融资；不断拓宽“一带一路”沿线国家融资渠道并创新融资方式）；把上海国际金融中心建设成为支持和服务“一带一路”建设的投融资中心（“一带一路”建设对上海国际金融中心的融资需求；发挥上海自贸试验区“先行先试”功能，使其成为“一带一路”投融资中心）；对上海国际金融中心推动人民币国际化的需求；对上海国际金融中心提供公允国际信用评级体系的需求。文章接着阐述了上海国际金融中心支持“一带一路”建设方面的现状与取得的成效：推动了“一带一路”沿线对外直接投资的发展，推动了国内企业对外投资向更高水平发展，建立了宏观审慎的跨境融资制度以降低企业融资成本，扩大跨境人民币使用范围并推进人民币国际化，推进国际金融交易平台的建设和发展以提升金融市场对外开放水平。同时指出了上海国际金融中心支持“一带一路”建设方面存在的主要瓶颈与不足：“一带一路”建设资金需求量大，投资回报期长；跨境金融合作层次较低，集中度较高；“一带一路”建设金融需求迫切，须考虑融资的长期可持续性。最后文章提出上海国际金融中心服务“一带一路”建设的实施路径和对策建议：将上海国际金融中心建设成为支持“一带一路”倡议的投融资中心（培育和运用开发性金融，支持“一带一路”基础设施和基础产业；建设强有力的直接融资中心，支持“一带一路”可持续性投融资需求；积极拓展上海国内金融机构跨境业务，应对“一带一路”投融资需求）；推进上海金融机构和金融服务在“一带一路”沿线重点国家网络化布局(促进上海国际金融机构与“一带一路”沿线各国资本市场互联互通;推动金融科技在“一带一路”沿线国家或地区的发展;推进上海金融机构“走出去”,深入“一带一路”沿线重点国家,开展金融合作业务);推动“一带一路”沿线各国或地区人民币国际化(跨境电子商务以人民币计价结算;推进人民币跨境支付系统在“一带一路”沿线各国使用;扩大上海自贸试验区成功经验在“一带一路”重点领域的应用范围;建设上海大宗商品区域定价中心,为“一带一路”大宗商品以人民币定价创造有利条件);推进“一带一路”沿线对外开放和加强利用外资的营商环境建设(积极扩大上海自贸试验区对“一带一路”沿线开放的辐射功能;加强上海国际金融中心引进外资的营商环境建设);监管与防范“一带一路”沿线跨境风险(“一带一路”沿线跨境合作涉及的主要风险,上海中资银行在“一带一路”沿线面临的主要风险及应对措施)。

江苏处于丝绸之路经济带和21世纪海上丝绸之路的交汇点上。2019年一些文章专门探讨关于江苏作为“一带一路”交汇点的问题。宣昌勇在《以“一带一路”节点城市群建设为引领协力推进江苏“一带一路”交汇点建设》(《大陆桥视野》2019年第12期)中认为,江苏“一带一路”交汇点建设取得了成绩,但也出现了江苏在“一带一路”建设中的优势和作用并没有得到充分发挥和体现的问题:各地在“一带一路”建设中一定程度上存在着定位雷同、恶性竞争的情况;有的地方一味跟风,不顾自身条件,盲目对外投资;在争建国家自由贸易试验区、跨境电子商务试验区等高水平开放载体上相互竞争,造成整体受损。作者列举了连云港、徐州、南通和南京4个城市,在参与“一带一路”建设中它们各自的表现也不尽如人意。在上述分析的基础上,作者得出结论:从在“一带一路”倡议中所处的区位优势和应发挥作用的角度来看,上述4个节点城市的功能定位有所不同。连云港是“一带一路”倡议支点城市,徐州是“一带一路”重要节点城市,南通是“一带一路”新的重要出海门户,南京是“一带一路”重要枢纽城市。最后文章针对4个城市提出打造“一带一路”节点城市群的关键举措。连云港建设“一带一路”倡议支点城市的关键举措有:一是要继续加大以港口为中心的集海、陆、空、河和管道于一体的综合运输体系建设;加快高铁网络建设,形成快捷舒适的对外交通通道;加快"一带一路"物流信息化建设等。二是要高起点加快东部城区建设,将其建设成为现代化的海滨城区(江苏的外滩),成为区域性的商务中心、金融中心和国际文化交流中心,尽可能将市行政中心牵至东部城区。三是要以中哈(连云港)国际物流基地、上合组织(连云港)国际物流园、国家东中西区域合作示范区等为载体申报中国江苏(连云港)自由贸易区(港),打造与战略支点相匹配的高水平开放平台。四是要大力发展以石化产业为核心的临港产业,壮大战略支点城市的经济实力。五是要东西联手,打造陆海联运通道。六是要打亮"一带一路"会展和论坛品牌,提升战略支点的国际知名度影响力。徐州建设"一带一路"重要节点城市的关键举措有:一是要继续提高徐州的交通枢纽地位,形成全方位立体化综合交通网络体系。二是要以发展枢纽经济为引领,打造"一带一路"高水平产业集聚区。三是要以打造内陆自由贸易港为目标,建设区域性多式联运中心。四是要稳定中欧班列运营,整合省内中欧(亚)班列,使之成为中欧(亚)班列集散中心。五是要发挥工程机械制造优势,推进国际产能合作,支持徐工巴西工业园申报省级境外产业合作集聚区。南通建设"一带一路"交汇点新出海门户的关键举措有:一是要把通州湾建设上升为省级发展战略,打造高能级湾区经济。二是要以长江经济带战略支点和上海大都市北翼门户城市为目标,加快构建空铁、江海联运港口等集疏运体系,发展枢纽经济。三是要积极对接上海大都市圈空间协同规划,尽快融入大上海经济圈。四是要加强北沿江城市的联系。五是复制推广上海自贸区的体制机制创新经验,建设高水平开放园区。南京建设"一带一路"重要枢纽城市的关键举措有:一是要全面提升自身的城市功能和首位度,特别是在江苏的影响度、在都市圈的辐射度、在长三角的中心度。二是要扎实推动和提升南京对外开放水平和国际化程度。三是要争取在江北新区设立中国(江苏)自由贸易试验区南京片区。四是要争取成为国际消费城市试点,打造国际消费名城。五是要提升城市功能品质,加快建设"美丽古都",使南京成为世界旅游名城和文化名城。

张远鹏、汪红薇和房爱坤在《江苏借力港澳平台参与"一带一路"建设的思考》(《港澳研究》2019 年第 3 期)中提出,借力港澳参与"一带一路"建设,是江苏高质量推进"一带一路"交汇点建设的重要举措,也是促进苏港澳三地融合发展的现实需要。江苏借力港澳平台参与“一带一路”建设的前期合作基础有：借助直接投资，打造开放型经济发展的强劲引擎；借取市场渠道，企业知名度和品牌美誉度不断彰显；借用金融平台，企业“走出去”步伐加快、范围拓宽；借力商贸促进机构，构建高层次开放合作平台；借重人脉资源，率先出台切实保障港澳同胞权益的法规措施。文章分析了苏港澳三地携手参与“一带一路”建设的优势：开放合作先发优势、国际企业营运平台优势、产业和要素互补优势、专业服务业发展优势、科教发展优势。江苏借力港澳平台参与“一带一路”建设存在的主要问题是：港澳地区专业服务业服务江苏的能力有待进一步提升；金融合作支持“一带一路”建设的空间亟待拓展；港澳地区“一带一路”桥头堡地位亟待增强；区域合作安排相互交错，极易出现“面条碗”现象。在上述分析的基础上，作者提出了江苏借力港澳平台参与“一带一路”建设的对策建议：苏港澳三地携手共同开拓“一带一路”市场；共同发掘“一带一路”产业合作空间；加快合作园区等开放载体建设；深化科教合作，探索建立苏港澳教育合作长效机制；深化文化交流，促进三地民心相通。江苏借力港澳优势参与“一带一路”建设需要完善的政策与保障有：加强顶层设计，构建务实高效的协调与合作机制；完善人才政策，优化创新创业的生态环境；支持江苏有关智库、机构与香港贸发局合作，设立“一带一路”综合信息服务平台；发挥商会、协会作用，引导社会组织助力“一带一路”建设；创新法律服务，提升跨境商事调解仲裁效率和水平。

连云港是“一带一路”倡议支点城市，也是江苏的唯一海港城市，是新亚欧大陆桥的东桥头堡。刘成文在《以改革开放为引擎打造连云港“一带一路”强支点战略研究》(《大陆桥视野》2019年第12期)中写道：“2018年江苏省委书记在连云港调研时，提出要连云港致力打造有影响的区域发展中心、重点产业中心、综合枢纽中心，努力成为‘一带一路’交汇点建设的‘强支点’。”作者首先界定强支点也就是“一带一路”的关键节点，连云港也就是强支点城市，认为“一带一路”强支点城市应该具有以下几个特征：国际贸易规模较大，区域优势非常明显，贸易环境非常出色，产业结构非常完善，国际吸引力非常强。接着文章概括了连云港建设“一带一路”强支点城市的重大意义：“强支点”是履行中央和江苏省委省政府赋予连云港的历史使命的迫切需要,"强支点"是促进东中西区域共同发展的迫切需要,"强支点"是构筑江苏沿海开发新优势的迫切需要,强支点建设是连云港"高质发展、后发先至"的迫切需要。对此作者梳理了连云港建设"一带一路"强支点城市的现实基础:以港口为核心的综合交通基础建设日新月异,新亚欧大陆桥运输业务态势良好,"两基地"建设在陆桥沿线成为关键节点,"两基型"临港产业项目落地成群,海滨城市形象逐步显现。最后提出了连云港建设"一带一路"强支点城市的思路举措:进一步深化改革,催生经济发展新动能(深化供给侧改革,推进"放管服"改革,加快国企国资改革);进一步建设载体,昂起城市崛起新龙头(加快连云港自贸试验区建设,实施开发区"二次创业"工程,建成国家东中西区域合作示范区);进一步狠抓招商,开创对外开放新局面(要明确招商方向,要突出招商重点,要创新招商方式);进一步加强合作,打造"一带一路"新中心(打造海州湾城市群,提升区域发展的带动力;加强东中西文化交流,传播新时代连云港声音;打造山海旅游品牌,建设"西游东渡"国际旅游门户)。

孙军的《"一带一路"倡议下的连云港自由贸易片区建设路径探析》(《大陆桥视野》2019 年第 9 期)是以"一带一路"和自由贸易试验区互相促进展开分析的。文章首先论证分析道,"'一带一路'和自由贸易试验区建设是我国新时期构建全方位对外开放新格局的重要内容,两者相互促进,互为补充"。"'一带一路'建设指引了自由贸易试验区的发展方向,自由贸易试验区建设的发展助推了'一带一路'倡议。"在此基础上,文章重点提出"一带一路"助推连云港自由贸易片区建设的路径选择:改善营商环境,加快制度建设步伐;加快投资自由化、贸易市场化步伐;推动建设亚欧重要国际交通枢纽;构筑区域产业合作高地;加快发展新兴贸易业态;探索发展离岸金融服务;全力发展东部城区。

2019 年,关于江苏建设 21 世纪海上丝绸之路研究的文章还有:周志莹的《"一带一路"背景下江苏加快文化"走出去"的现状与路径研究》(《江苏商论》2019 年第 5 期),李海南的《"一带一路"背景下的连云港海洋文化研究》(《淮海工学院学报(人文社会科学版)》2019 年第 12 期),江苏省工商联课题组的《"一带一路"背景下江苏民营企业国际化现状、问题及对策建议》

(《江苏省社会主义学院学报》2019 年第 3 期)，程欣的《“一带一路”背景下提升江苏开放型经济水平的策略》(《江苏经贸职业技术学院学报》2019 年第 3 期)，朴正实的《“一带一路”倡议下的连云港市自由贸易片区建设路径探析》(《城市建筑》2019 年第 11 期)，易爱军、余开超和陈海燕等的《“一带一路”倡议下江苏海洋科技国际合作路径及对策研究》(《大陆桥视野》2019 年第 9 期)，古璇、古龙高的《“一带一路”交汇点建设中江苏沿海开发的新诉求、新作为、新路径研究》(《大陆桥视野》2019 年第 6 期)，赵鸣、王丹和刘芳的《海上丝绸之路文化保护与旅游产业发展研究——以江苏为例》(《东北亚经济研究》2019 年第 3 期)，刘增涛、汤强勇的《宁波、舟山、福州、泉州、深圳建设经验对连云港“一带一路”强支点建设的启示》(《大陆桥视野》2019 年第 12 期)，费晓丹的《“一带一路”背景下太仓港口竞争力研究》(《海峡科技与产业》2019 年第 8 期)，等等。

2019 年，关于山东参与 21 世纪海上丝绸之路建设的文章总体不多，主要有：张宁宁的《“海上丝绸之路”倡议下山东与台湾贸易潜力研究》(《华东经济管理》2019 年第 9 期)，薛广平的《文物考古视野下的青岛“海上丝绸之路”文化遗产》(《中国港口》2019 年第 1 期)，孙健的《“一带一路”倡议下山东海洋文化传播路径的构建》(《大众文艺》2019 年第 24 期)，张立光的《山东参与“一带一路”经贸合作的绿色投资风险及政策建议》(《金融发展研究》2019 年第 12 期)，刘岐涛、王磊的《青岛全面打造“一带一路”国际合作新平台》(《中国国情国力》2019 年第 11 期)，代洪磊的《“一带一路”战略背景下山东省沿海地区对外贸易发展的对策研究》(《知识经济》2019 年第 28 期)，石建国、曹静文的《“一带一路”建设背景下青岛外向型经济发展研究》(《青岛科技大学学报(社会科学版)》2019 年第 2 期)，等等。

其中，石建国、曹静文的《“一带一路”建设背景下青岛外向型经济发展研究》主要关注“一带一路”建设背景下青岛外向型经济如何实现新突破。文章写道，“青岛是新亚欧大陆桥经济走廊主要节点城市，在‘一带一路’建设背景下，青岛的进出口贸易、投资和旅游文化发展都呈现整体上升趋势”。但同时外向型经济发展面临的挑战有：青岛内联外通的交通网络建设相对滞后(青岛港发展存在不足，国际航空港发展滞后，南联北上东出西通打造

"一带一路"交通运输枢纽的任务紧迫);青岛外向型经济总体发展质量有待提高(结构重、转型慢、布局不合理问题比较突出,能源消耗和环境污染问题突出);青岛对外投资存在问题(对外投资明显不足;对外投资合作的国家较为单一;境外投资存在一定风险性,跨境融资困难)。"一带一路"建设背景下青岛外向型经济发展的建议有:加强青岛对外交通运输网络立体化建设,增强青岛与境外的互联互通能力;大力拓展对外投资规模,保障对外投资人员安全;鼓励企业与"一带一路"沿线国家和地区开展合作;积极推进产业创新升级,推动外向型经济高质量发展。

此外,还有文章探讨了2019年其他省区市如何参与21世纪海上丝绸之路的建设问题,主要有李娜的《关于天津市参与国家"一带一路"建设并发挥重要作用的建议》(《经济研究导刊》2019年第11期),郑宇的《天津市融入"一带一路"建设推进国际产能合作研究》(《产业创新研究》2019年第6期),王坤岩、臧学英的《"一带一路"与京津冀区域对外开放新路径》(《产业创新研究》2019年第7期),孙才志、刘天宝的《东北地区深度融入共建"一带一路"的多重背景、核心目标与行动策略》(《经济纵横》2019年第9期),刘凤霞的《融入"一带一路"建设开放合作新高地——以辽宁为例》(《党政干部学刊》2019年第3期),李焱、海燕的《如何把辽宁打造成面向东北亚开放的"大门户"》(《东北亚经济研究》2019年第5期),刘家国、韩宇的《大连自由贸易港建设:意义、路径和模式》(《大连海事大学学报(社会科学版)》2019年第3期),宗艳霞的《大连加强与"海上丝路"沿线国家贸易合作的政策建议——基于中美贸易摩擦升级背景》(《大连海事大学学报(社会科学版)》2019年第5期),等等。

郑宇的《天津市融入"一带一路"建设推进国际产能合作研究》分析了天津市融入"一带一路"建设、推进国际产能合作的优势和基础。优势为:产业技术优势、园区建设运营优势、区位和通道优势、融资优势。基础为:国际产能合作形成以"一带一路"沿线国家和地区为重点的全球布局态势;产能合作发展较快,已形成较大规模。天津国际产能合作在境外产业集聚区建设、农业和能矿资源开发、传统优势产能转移、高端产能和技术合作、工程承包市场取得显著进展,形成了有效的拓展模式,并积累了一定经验。主要经验有:功能完善的载体平台是提升产能合作成效的支撑条件,产业链建设是产能合作拓展深化的重要路径,政府扶持是促进产能合作的必要保障,制度创新是促进产能合作的有效动力。天津市融入“一带一路”建设、推进国际产能合作的主要任务有:提升区域合作水平,强化项目引导,加强产能合作服务能力建设,完善金融财税支持政策,健全“走出去”风险防控体系。

宗艳霞在《大连加强与“海上丝路”沿线国家贸易合作的政策建议——基于中美贸易摩擦升级背景》中提到,随着中美贸易摩擦的不断升级,大连部分企业为避开高额关税,选择向海上丝路沿线国家进行贸易投资的转移策略。文章分析了大连努力拓展与海上丝路国家贸易合作的重要意义:与“一带一路”沿线国家贸易合作是中国外贸发展的新动力,辽宁与海上丝路国家贸易往来数据彰显了其重要地位,大连与海上丝路国家贸易额有较大增长。文章对此分析了大连企业寻求与海上丝路国家贸易合作的几个重点问题:深度融入共建“一带一路”存在掣肘(城市自身发展使其在融入共建“一带一路”中存在短板;参与国际产能合作不充分;民营企业参与度不高,方向不明;城市营商环境排名相对靠后);对外投资急需综合环境风险评估;对美国反规避调查风险认识不足;缺乏服务企业“走出去”的金融业务平台与政策性金融支持。最后文章提出大连加强与海上丝路沿线重点国家贸易合作的政策建议:深入挖掘融入共建“一带一路”的途径,加大海上丝路沿线重点国家投资环境综合服务平台建设,多措并举助力企业提升反规避风险能力,创新金融服务方式助力企业“走出去”。

(七)关于港澳台地区参与“一带一路”建设问题的研究概况

香港、澳门特别行政区发挥独特优势作用,积极参与和助力“一带一路”建设。2019年,学者从不同的领域对香港和澳门参与“一带一路”建设进行了研究,主要有陈广汉的《“一带一路”建设中香港和澳门的独特优势》(《人民论坛》2019年第4期),周平、李泽的《“一带一路”背景下澳门城市品牌的重塑》(《青年记者》2019年第7期),潘圆圆的《澳门对接“一带一路”和粤港澳大湾区的机遇及建议》(《宏观经济管理》2019年第10期),陈和、李立城的《基于“一带一路”视角的澳门经济高质量发展》(《中国发展》2019年第5

期)，张作文的《粤港澳大湾区建设：澳门面对的机遇、挑战及其策略》(《港澳研究》2019 年第 2 期)，等等。

陈广汉在《“一带一路”建设中香港和澳门的独特优势》一文中就充分探讨了“一带一路”不仅为港澳两地提供了潜力空间，也为两地提供了整合资源的机会。文章认为香港方面可依托香港国际金融中心的优势，为“一带一路”提供金融支持(推动香港成为“一带一路”建设的投融资中心；强化香港全球离岸人民币业务枢纽地位；继续深化香港在境内资金“走出去”的窗口作用；利用香港完善的资本市场，发行“一带一路”建设债券)；利用香港专业服务业和国际商业网络，打造“一带一路”的国际营运平台(香港具有现代服务业产业体系和熟悉国际规则的人才；香港具有与国际接轨的商法制度，可以打造“一带一路”仲裁中心，建设“一带一路”国际门户枢纽；发挥“一国两制”优势，内地和香港企业联手开拓“一带一路”市场；借鉴香港的公私合营投资和运营经验，参与“一带一路”基础设施建设)。作者认为澳门方面可充分发挥澳门在“一带一路”建设中的潜力(澳门在“一带一路”建设中的文化交流作用，澳门在“一带一路”建设中的商贸服务功能)，全面提升服务功能，将经贸合作服务功能做强，切实推进体制和技术创新，将经贸服务能力做强；集合澳门产业优势，建设“一带一路”旅游休闲中心(开展全方位和多层次的旅游合作，拓展“一带一路”旅游市场；加快旅游业和其他产业的融合，促进产业适度多元化发展；加快现代科技与旅游业融合，建设国际“智慧旅游”城市；倡导绿色和低碳发展理念，实现旅游业可持续发展)。文章最后也指出粤港澳大湾区建设为港澳参与“一带一路”提供了新机遇：建设大湾区国际机场群和港口群，打造 21 世纪海上丝绸之路的国家门户；港澳服务与珠三角制造联手，建设“一带一路”沿线经贸产业园；发挥金融整合优势，推进与“一带一路”的金融合作；建设国际科技创新中心，推动与“一带一路”国家科技合作。

潘圆圆在《澳门对接“一带一路”和粤港澳大湾区的机遇及建议》一文中指出：当前澳门发展有两个重要的背景，即“一带一路”倡议和粤港澳大湾区战略。澳门将如何发挥独特优势，对接这两大规划，以提升自身在国家经济社会发展和对外开放中的地位和功能，并服务国家所需？对此作者在分析了澳门的区位条件和发展战略的基础上，认为大湾区战略与澳门的机遇有：具有吸引创新人才的优势和机会；大力吸引和培育人才，为大湾区建设提供了人力资源支撑；完善的政策机制，密切了与中央政府和湾区内其他城市政府的联系；能展开城市合作，拓展发展空间；可以打造中华文化和多元文化交流合作中心。文章也指出“一带一路”倡议和澳门的机遇有：充分发挥“一国两制”的法律和经济优势；服务我国和全球企业投资的需求，为内地企业走出去提供资金融通，为内地和全球资本提供投资中介服务；有效利用投资基金，积极参与“一带一路”基础设施建设和产业升级。

陈和、李立城在《基于“一带一路”视角的澳门经济高质量发展》中写道：自回归以来，澳门已在经济社会等诸多领域取得巨大发展成就，但澳门经济发展也出现了困境，诸如制造业萎缩、博彩业独大的产业单一化等问题。在国家全面推进“一带一路”倡议的大背景下，澳门迎来重大经济转型机遇。作者认为澳门应找准自身在“一带一路”建设中的位置，发挥在“五通”上的相对优势，做好“一带一路”倡议支点，实现澳门经济转型高质量发展：发挥政策沟通的优势，发挥设施联通的优势，发挥贸易畅通的优势，发挥资金融通的优势，发挥民心相通的优势。文章对此提出相应的对策建议：充分对接内外“一带一路”沿线国家政策战略；建立健全设施联通合作机制；加强内外经贸交流与合作；大力发展金融，建设特色金融中心；强化葡语系、东南亚国家文化交流网络。

建设粤港澳大湾区也是国家“一带一路”建设的重要内容。2019 年《粤港澳大湾区规划纲要》提出，要将粤港澳大湾区建成充满活力的世界级城市群、国际科技创新中心，将其定位为“一带一路”建设的重要支撑，并且明确了香港、澳门和广东的发展定位。有关粤港澳大湾区 21 世纪海上丝绸之路建设的文章主要有：裴普、朱晴雯的《“一带一路”背景下粤港澳大湾区的定位与走向》（《人民法治》2019 年第 11 期），李磊、顾辰影的《“一带一路”倡议下粤港澳大湾区的文化传输：建构主义视角》（《城市发展研究》2019 年第 11 期），余淼杰、梁庆丰的《全面开放新格局中的粤港澳大湾区建设研究》（《国际贸易》2019 年第 1 期），黄群慧、王健的《粤港澳大湾区 ：对接“一带一路”的全球科技创新中心》（《经济体制改革》2019 年第 1 期），侯瑞萍、黎翔的

《粤港澳大湾区对接海上丝绸之路的旅游合作机制研究》(《产业与科技论坛》2019 年第 6 期),等等。

在以上的文章中,黄群慧、王健在《粤港澳大湾区 :对接“一带一路”的全球科技创新中心》一文中基于创新生态系统理论来探究如何将粤港澳大湾区构建成全球科技创新中心。文章先探讨中国构建全球科技创新中心的战略意义:新工业革命下中国需要推进全球科技创新中心的建设,构建全球科技创新中心是推动中国经济高质量发展的必然要求。接着文章从三个方面比较了粤港澳大湾区构建全球科技创新中心的可行性:国内比较(粤港澳大湾区与京津冀和长江三角洲)、国际比较(粤港澳大湾区与世界三大湾区)、湾区内比较(湾区内科技创新的优劣势分析)。在上述分析的基础上,作者提出了粤港澳大湾区构建对接“一带一路”全球科技创新中心的对策建议:创新生态系统视角下粤港澳大湾区全球科技创新中心的构建。创新生态系统下粤港澳大湾区构建全球科技创新中心的建议包括:依靠企业—企业创新生态链,打造“母工厂”;政府树立奋发有为的意识,破除政策性束缚;打造高校/研究所—企业创新链,形成粤港澳协同创新网,提高科技成果转化率;打造服务机构—企业创新链,为企业创新活动提供资源支撑;着力构建开放包容的创新创业文化;借力和助力“一带一路”,整合全球创新资源,不断提高国际化水平。

2019 年,关于台湾地区参与“一带一路”建设问题的文章有:王晨光的《台湾参与“一带一路”:内外环境与优化路径》(《中国海洋大学学报》2019 年第 1 期),郭甄薇的《“一带一路”背景下两岸经贸关系演进的新格局》(《中国市场》2019 年第 9 期),周红云、刘琦的《“一带一路”背景下台湾外贸依存度的测度与分析》(《中国市场》2019 年第 12 期),余丹丹、宋秀琚的《台湾学界对“一带一路”倡议的研究综述》(《现代台湾研究》2019 年第 1 期),等等。

王晨光在《台湾参与“一带一路”:内外环境与优化路径》一文中指出:“一带一路”是中国统筹国际国内两个大局、深化改革开放的重大战略部署,对两岸关系发展影响深远。文章提出了“一带一路”对两岸关系发展的意义:“一带一路”有利于深化两岸经济合作,“一带一路”有利于增强两岸政治互信,“一带一路”有利于推动“两岸命运共同体”发展。接着文章分析指出台湾地区参与“一带一路”的内外环境比较复杂:其商界、学界以及政界面对这一历史机遇不乏理性声音,这是内部驱力;蔡英文上台后大肆推行“台独”政策,这是内部阻力;大陆对台湾的参与表示欢迎并已有所安排,这是外部拉力;美日对两岸关系接近一直予以阻挠,这是外部压力。受这四方面力量的影响,台湾当局在这一问题上一直首鼠两端,踌躇不前。因此,作者认为两岸应有针对性地从调动内部驱力、抑制内部阻力、增强外部拉力和缓解外部压力等方面入手,优化台湾参与“一带一路”的内外环境。

此外,华侨华人是推动21世纪海上丝绸之路建设的重要力量。2019年关于海外华侨参与21世纪海上丝绸之路建设的文章有:秦善进的《华人华侨与牙买加经济发展》(《唐山学院学报》2019年第2期),李猛的《“一带一路”倡议下华侨华人海外投资权益的法律保障问题研究》(《深圳社会科学》2019年第2期),刘政、任芳妤和蔡宏波的《“一带一路”沿线国家和地区华人移民对中国对外贸易的影响研究》(《经济纵横》2019年第4期),王睿欣的《从交往理性的维度看马来西亚华人在“21世纪海上丝绸之路”构建中的角色》(《榆林学院学报》2019年第3期),甘振军的《浅论当代非洲华商的现状、特点和机遇》(《八桂侨刊》2019年第2期),张秀明的《华侨华人与“一带一路”视野下的跨文化交流》(《西北工业大学学报(社会科学版)》2019年第2期)和《华侨华人参与“一带一路”建设的优势与路径》(《中央社会主义学院学报》2019年第4期),王华的《发挥侨务资源优势 助力“一带一路”交汇点建设》(《江苏政协》2019年第8期),马海龙的《中亚华人、互惠实践与“一带一路”建设——以吉尔吉斯斯坦的东干人为例》(《青海民族研究》2019年第3期),程萍的《发挥华侨优势,助力“一带一路”》(《小康》2019年第15期),等等。

张秀明在《华侨华人参与“一带一路”建设的优势与路径》一文中就华侨华人参与“一带一路”建设的独特优势、路径方式等进行了分析。文章指出,“华侨华人作为融通中外的桥梁与纽带,在‘一带一路’建设中被视为独特资源,‘一带一路’实施方案对海外侨胞参与‘一带一路’建设进行了明确定位”。文章写道:“‘一带一路’建设旨在实现政策沟通、设施联通、贸易畅通、资金融通、民心相通,具有融通中外天然优势的华侨华人是‘一带一路’建设的参与者、推动者、贡献者。"接着文章分析了华侨华人参与"一带一路"建设的资源优势："一带一路"沿线华侨华人人数多、分布广；华侨华人是历史上丝绸之路和海上丝绸之路的开拓者与建设者；华侨华人为所在地经济社会发展做出了巨大贡献，特别是在东南亚等地，经过世代繁衍，他们已经深深融入当地，成为当地民族的组成部分；华侨华人从商者比例高，华商经济实力雄厚。为此，文章写道，"一方面，华侨华人自身就是中国文化和中国国家形象的象征符号，是当地人认识和了解中国的最直接的载体；另一方面，他们也是进行跨文化交流的主体，是传播中华文化的重要力量"。华侨华人参与"一带一路"建设的路径和方式包括：发展华社"三宝"（华文教育、华文媒体、海外华人社团）；宣扬文化符号（中餐、中医、春节），文化内核，"文化中国"理念。最后文章也提到，"一带一路"作为构建人类命运共同体的伟大实践前所未有，属于"边设计边施工"，因此，还存在一些需要思考的问题。从华侨华人视角来看，主要有以下两个方面的问题需要关注：正确认识并广泛宣传"一带一路"合作共赢的理念；客观认识华侨华人的作用，重视他们参与"一带一路"建设面临的问题与挑战（发挥华侨华人在"一带一路"建设中的独特作用更多的还是愿景，其优势资源还未得到充分发挥；除了华侨华人参与"一带一路"建设，为"一带一路"建设做贡献外，"一带一路"为华侨华人自身事业的发展提供了怎样的机遇，政府部门特别是侨务部门如何为华侨华人参与"一带一路"建设提供服务和帮助，都应该引起我们更多的关注与探讨；"一带一路"建设对华侨华人的生存发展所带来的影响，也应该引起关注）。

三、21世纪海上丝绸之路与世界发展

共建"一带一路"倡议源自中国，更属于世界；重点面向亚欧非大陆，更向所有伙伴开放。建设21世纪海上丝绸之路，是新时代中国外交战略和地缘新战略的重要组成部分，目的在于加强和拓展中国与东盟、南亚、南太平洋岛国以及非洲等国家的多层次海上合作，共同打造人类命运共同体。

（一）中国与东南亚国家的关系

东南亚地区自古以来就是海上丝绸之路的重要枢纽，也是中国提出共

建 21 世纪海上丝绸之路的首要地区和关键节点，其扮演着愈加重要的角色。21 世纪海上丝绸之路倡议将会为中国与东盟打造更高水平的战略伙伴关系。因此，2019 年学术界从多个视角探讨中国与东南亚国家共建 21 世纪海上丝绸之路的问题。文章主要有：陈盼盼的《“21 世纪海上丝绸之路”背景下中国—东盟渔业合作法律机制的构建》(《中华海洋法学评论》2019 年第 2 期)，陈秀莲的《“21 世纪海上丝绸之路”背景下中国与东盟国家发展船舶贸易的对策》(《对外经贸实务》2019 年第 2 期)和《“一带一路”倡议下中国与东盟经贸合作模式新构的研究》(《国际贸易》2019 年第 7 期)，陶斌智的《“一带一路”倡议背景下中国与东盟贸易发展研究》(《河南社会科学》2019 年第 4 期)，金丹的《“一带一路”倡议下推进中国—东盟合作的政治外交策略研究》(《和平与发展》2019 年第 2 期)，云倩的《“一带一路”倡议下中国—东盟金融合作的路径探析》(《亚太经济》2019 年第 5 期)，韦倩青、李怡凡和苏宣云的《“一带一路”倡议下中国—东盟信息化合作研究》(《改革发展》2019 年第 10 期)，高璇雨、孟玉和贾丹丹等的《“一带一路”倡议下中国对东盟研究的智力支持》(《世界地理研究》2019 年第 4 期)，赵洪的《“一带一路”倡议与中国—东盟关系》(《边界与海洋研究》2019 年第 1 期)，李铭的《中国—东盟在教育文化领域合作机制建设探究——基于“21 世纪海上丝绸之路”研究视角》(《太原城市职业技术学院学报》2019 年第 7 期)，李明江、李倩如的《“一带一路”倡议在东南亚的进程与展望》(《边界与海洋研究》2019 年第 2 期)，吴海文、张少雪和刘梦影的《“一带一路”视角下中国与东盟贸易竞争力研究——基于改进的显性比较优势指数的分析》(《国际经济合作》2019 年第 6 期)，张彦的《中国与东盟共建区域价值链问题探讨》(《国际展望》2019 年第 6 期)，郭延军的《中国东盟“一带一路”合作：主要进展、多元认知及推进路径》(《当代世界》2019 年第 9 期)，薛桂芳的《“一带一路”视阈下中国—东盟南海海洋环境保护合作机制的构建》(《政法论丛》2019 年第 6 期)，郭延军的《中国东盟“一带一路”合作 ：主要进展、多元认知及推进路径》(《当代世界》2019 年第 9 期)，乔小明的《我国南海丝绸之路对区域经济社会的影响作用——以东南亚地区经济社会为例》(《科技经济导刊》2019 年第 17 期)，苏李杰的《海上新丝路背景下的马六甲海峡通道安全研究》(《学理论》2019 年第 4 期),章远的《21 世纪海上丝绸之路与中国化宗教外交构建——以中国佛教对东南亚地区交流为例》(《国际展望》2019 年第 2 期),李璐玲、张柯的《"一带一路"下中国与东盟国际多式联运承运人责任形式研究》(《辽宁大学学报(哲学社会科学版)》2019 年第 2 期),曹梦晗、许能锐和邹文涛的《"一带一路"背景下我国与东盟国家天然橡胶产业的竞争与合作分析》(《中国热带农业》2019 年第 1 期),等等。

还有一些学者是专门从农产品角度进行关注的。文章主要有:张懿的《21 世纪海上丝绸之路背景下中国对东盟水产品出口贸易研究》(《农业工程》2019 年第 6 期),吕玲丽、邓覃宇的《"一带一路"背景下中国—东盟农业技术合作调研报告——基于东盟国家需求视角》(《世界农业》2019 年第 3 期),姜晔、茹蕾等的《"一带一路"倡议下中国与东盟农业投资合作特点与展望》(《世界农业》2019 年第 6 期),等等。

在上述文章中,杨晓杰的《东南亚在 21 世纪海上丝绸之路建设中的特殊战略地位总体分析》一文重点抓住东南亚在 21 世纪海上丝绸之路建设中特殊战略地位展开分析。文章中指出,建设 21 世纪海上丝绸之路,是新时代中国地缘新战略的重要组成部分。东南亚地区是我国周边外交的优先方向之一,也是我国 21 世纪海上丝绸之路倡议沿线国的重要集结地区和最可能突破的区域。为此文章论证分析了东南亚为推进 21 世纪海上丝绸之路建设提供了强有力的战略支撑:东南亚具有重要的地缘战略位置,是我国新时代大国外交四位一体总体布局的重点,并为我国"一带一路"倡议全方位实施创造样板;东南亚可助我国在该地区构建大国关系,成为破局"印太战略"的突破口;东南亚是我国新时代构建新亚洲安全秩序的重要支点,可以为 21 世纪海上丝绸之路建设创造制度环境。文章认为东南亚地区是推进 21 世纪海上丝绸之路倡议的特殊着力点:东南亚是新时代我国建设 21 世纪海上丝绸之路的基础和重点;21 世纪海上丝绸之路在东南亚的实施,将为我国经济转型和全方位布局提供新动力;东南亚是 21 世纪海上丝绸之路倡议最有可能首先实施的区域,可为我国 21 世纪海上丝绸之路合作起到示范作用。作者认为,建设 21 世纪海上丝绸之路是一个复杂的系统工程,不可能一蹴而就,必须充分认识到其所面临的困难、风险和挑战,具体有:东盟国家自身内部环境的不确定性为21世纪海上丝绸之路的实施带来不确定性和负面影响;中国与部分东盟国家间的南海主权争议,在一定程度上破坏了彼此的政治互信基础,降低了相互深化合作的意愿;以美国为首的西方大国对东南亚事务的全方位介入,给我国实施21世纪海上丝绸之路带来严峻挑战。在上述分析的基础上,文章提出了积极运筹对东南亚战略的相关对策:经济合作上充分考虑东南亚国家利益需求,实现利益对接;深化与东盟国家的安全合作,建立战略互信;加强与21世纪海上丝绸之路相配套的软力量建设,创造有利的舆论环境;积极稳妥处理海洋争端,构建和谐海洋合作局面。

陶斌智在《"一带一路"倡议背景下中国与东盟贸易发展研究》一文中指出,"中国与东盟关系正从'黄金十年'跨入'钻石十年','一带一路'倡议将为中国与东盟贸易发展提供新机遇、新动力"。文章梳理了近几年"一带一路"建设与中国—东盟经贸发展的现状,得出结论:"一带一路"建设有助于提升双边经贸合作水平,"一带一路"建设有助于提高双边互联互通水平,"一带一路"建设有利于巩固双边合作的社会根基,"一带一路"建设有利于对接东盟发展战略。接着作者运用SWOT分析了"一带一路"建设背景下中国与东盟的贸易发展:优势分析(自贸区发展态势良好,基础设施日益完善,要素资源充足);劣势分析(贸易结构尚待优化,金融服务体系相对落后,缺乏对自贸区规则的系统性研究);机遇分析(东盟共同体基本建成,自贸区完成升级谈判,互联互通建设稳步推进);威胁分析(同质化竞争不止,内部整合不足,外部规则竞争压力大,贸易环境有待改善)。最后文章认为中国与东盟顺应"一带一路"建设的贸易发展策略有:力促产业转型升级,推动贸易结构优化(转移劳动密集型产业,发展高附加值产业,培育生产型服务业);拓展贸易金融,构建贸易融资平台(拓展贸易金融服务,区域内推进人民币国际化);加大开放力度,降低贸易成本(完善原产地规则,通关便利化改革,开放服务贸易领域);重构价值链,壮大产业内贸易(整合产业链,拉长价值链;推进产能合作,培育内部市场);打造数字丝路,升级跨境电商(数字丝路建设应重在解决互联互通问题,升级跨境电商重在提升平台的综合服务能力,统一跨境电子商务规则)。

姜晔、茹蕾和杨光等在《“一带一路”倡议下中国与东盟农业投资合作特点与展望》一文中基于近5年对东盟农业投资企业的持续跟踪，首次从宏观层面系统分析中国对东盟农业投资合作的总体趋势与产业结构特点，从而探讨未来深化中国与东盟农业投资合作的对策建议。文章认为中国与东盟农业投资合作的优势基础有：区位优势明显（山水相连、文化相通），合作诉求强烈（优势互补、互利共赢）；投资环境优越（关系稳定、基础良好）。从而得出中国对东盟农业投资的现状特点有：区域总体投资规模和所占比例相对较大；企业数量多，但普遍规模小且分散；合作领域和产业链广泛，集中在粮食、热带经济作物等种植业；对带动当地农业和经济发展成效显著。接着文章认为“一带一路”倡议下中国与东盟农业投资合作的发展趋势是：从政府间合作模式来看，正在从援助、技术合作引导向战略顶层进行对接的全面拓展阶段过渡；从企业投资合作模式来看，开始从对带动农业发展影响不大的小企业独立经营模式向对农业发展提升影响较大的园区模式转型。最后文章提出了下一步合作方式：从战略层面，建议加强战略对接与顶层设计合作，充分利用各类多、双边机制推动重大项目落地；从产业层面，建议加强水稻、热带作物等优势农产品全产业链合作；从模式层面，建议创新合作模式，共建农业园区，为促进双方投资合作搭建平台；从平台层面，建议发挥技术交流合作先导作用，搭建技术促进投资平台；从政策层面，建议双方政府共同支持，营造良好的国际合作环境。

另外，一些文章关注中国与某个具体国家的合作，其中涉及中国与印尼合作的文章最多，主要有：吴崇伯、张媛的《“一带一路”对接“全球海洋支点”——新时代中国与印度尼西亚合作进展及前景透视》（《厦门大学学报（哲学社会科学版）》2019年第5期），宋睿、俞演名的《“一带一路”背景下印度尼西亚港航投资潜力分析》（《中国水运》2019年第11期），耿伟伟、宋秀琚的《中国—印度尼西亚能源合作：进展、动因及挑战》（《东南亚纵横》2019年第3期），刘胜、胡安琪的《印尼外资政策变化及其对“一带一路”建设的影响》（《东南亚研究》2019年第2期），钟帅、邱华盛和沈镭的《关于中国和印度尼西亚在资源环境领域开展重点合作的建议》（《中国科学院》2019年第1期），等等。

吴崇伯、张媛在《“一带一路”对接“全球海洋支点”——新时代中国与印度尼西亚合作进展及前景透视》一文中指出，2013年习近平主席在访问印度尼西亚时提出建设21世纪海上丝绸之路的倡议，此后不久上任的印尼总统佐科·维多多则提出了建设“海洋强国”战略。5年来，双方积极对接发展战略，全面深化合作，取得了丰硕成果：中国企业完成了一些重大民生基础设施建设的合作并实现技术转让；传统产业稳扎稳打，产能合作不断升温；新兴产业大力开拓，合作新动能不断涌现；中国企业密集投资产业园，提升当地的产业集中度和整体工业化水平；资金融通为印尼基础设施建设和产业发展提供保障；文化、教育和旅游合作交流日益加强，助推两国经济合作不断取得新进展。但同时文章强调，“一带一路”框架下中国与印尼双边经济关系仍面对诸多挑战，存在许多困难与问题：对华贸易持续逆差，印尼希望扭转贸易失衡状态；贸易摩擦时有发生，印尼成为中国出口产品遭受反倾销的“重灾区”；中国对印尼投资规模不大，印尼希望中国增加直接投资。在以上分析的基础上，作者认为中国和印尼两国目前要积极落实“一带一路”倡议与“全球海洋支点”战略对接工作，使经贸合作展现良好前景。两国高层交往不断，政治互信加强，成为战略对接的重要推动力；放松管制，锐意改革，吸引更多外资进入印尼；营造更好的投资环境，加大对华招商力度；两国政府和企业都在积极努力，为“一带一路”与“全球海洋支点”对接以及两国经济合作缔造良好的氛围。

关于中国与越南方面的研究主要有：张氏明贞的《“一带一路”背景下中越跨境物流研究》(《物流科技》2019年第11期)，蒋柳红的《“一带一路”背景下中越跨境电商贸易现状分析——以凭祥口岸水果贸易为例》(《知识经济》2019年第33期)，金丹、杜方鑫的《中国—东盟自贸区背景下中国企业对越南投资研究》(《国际贸易》2019年第10期)，覃艳娟、韩书争的《“一带一路”背景下中越高等教育合作的成就、挑战与对策》(《民族教育研究》2019年第5期)，刘昊、祝志勇的《“一带一路”背景下中越农产品贸易的三元边际分析》(《世界农业》2019年第9期)，温国泉、韦幂和陈格的《一带一路”背景下中越农业科技合作探析》(《南方农业学报》2019年第1期)，金丹、杜方鑫的《中国—东盟自贸区背景下中国企业对越南投资研究》(《国际贸易》2019

年第10期)，施扬慧、杨山鸽的《“一带一路”背景下的中越经贸合作:优势、挑战与对策》(《东北亚经济研究》2019年第1期)，田莉的《“一带一路”倡议背景下的中越关系》(《学理论》2019年第5期)，等等。

施扬慧、杨山鸽在《“一带一路”背景下的中越经贸合作:优势、挑战与对策》中通过聚焦“一带一路”背景下的中越经贸合作展开探讨。文章开门见山提出，“中国推进‘一带一路’建设不能绕开越南，如果中越能发挥两国经贸合作的优势，积极应对各种挑战，将有利于两国经贸合作的进一步深化”。文章首先分析了中越经贸合作的优势:海陆复合的地缘优势;经济战略基础良好(中国—东盟合作框架奠定经济基础，“两廊一圈”战略合作已取得一些成就);政治环境友好(政府高层会晤及党际交流促进有效沟通，新任越共领导人对华态度友好);文化交流频繁(传统革命友谊的新拓展，中越间留学、旅游、婚嫁成为热潮)。接着文章提出中越经贸合作面临的挑战有:公共政策的合作程度低;配套设施不到位、贸易不平衡;围绕南海的地缘争端复杂化。促进中越经贸合作的对策有:增强战略互信，构建“中越命运共同体”(加强高层交流，寻求共同利益;发挥民间外交、经济外交的作用);重视经济战略的对接，开展双边、多边合作(抓住有利经济政策，促进战略对接;多边合作与双边合作齐头并进);健全配套设施，落实双边协调机制(完善相关基础设施，加快互联互通;建设跨境合作区，落实双边协调机制);搁置争议，共同开发(妥善协商处理南海争端，开展海上合作;搁置政治冲突，着眼经济发展)。

关于中国与东盟具体国家合作方面的其他研究主要还有:裴长洪的《海上丝绸之路亮点:中国柬埔寨经济贸易关系发展分析》(《财经智库》2019年第4期)，洪梅、高正飞和曾文华的《“海上丝绸之路”沿岸国家海洋综合风险分析与量化评估——以菲律宾为例》(《海洋通报》2019年第3期)，刘光辉的《“一带一路”发展下中国和新加坡区域经济合作新格局》(《对外经贸实务》2019年第7期)，李晨阳、孟姿君和罗圣荣的《“一带一路”框架下的中缅经济走廊建设:主要内容、面临挑战与推进路径》(《南亚研究》2019年第4期)，周方冶的《中泰合作对接“一带一路”的机遇与挑战》(《当代世界》2019年第7期)，吴爱萍的《“一带一路”中泰跨境生鲜电商物流发展研究》(《知与行》2019年第5期)，缪苗、刘晃和宿墨的《一带一路背景下中泰渔业合作前景探析》(《农学学报》2019年第9期)，王睿欣的《从交往理性的维度看马来西亚华人在“21世纪海上丝绸之路”构建中的角色》(《榆林学院学报》2019年第3期)，等等。

裴长洪的《海上丝绸之路亮点：中国柬埔寨经济贸易关系发展分析》观点明确，有一定的现实意义。文章明确指出，“作为东盟国家中与我国关系最为友好的国家之一，柬埔寨将是我国实施‘一带一路’建设最具有商业前景的国家”。文章首先对中国和柬埔寨的经济贸易关系进行了历史回顾，在仔细梳理发展现状的基础上，认为中国已经成为柬埔寨最重要的经济贸易合作伙伴：中国是柬埔寨最大外资来源国和第一大贸易伙伴；中国对柬埔寨投资产业主要分布在水电站、电网、通信、服务业、纺织业、农业、医药、能源等领域；中国是柬埔寨大米的最大进口国。文章分析得出发展中柬经贸关系的有利条件有：两国政治与外交关系密切，柬埔寨经济处于高速增长阶段；出现人口红利与城镇化浪潮；土地等资产价格上升空间大；具有区位优势；投资政策优惠。对此，作者提出未来柬埔寨具有重大价值与投资潜力的十大行业是：金边、西港房产行业，基建行业，金融业，矿产业，旅游业，农业，商业零售业，医疗服务业，珠宝行业，媒体和通信行业。

周方冶在《中泰合作对接“一带一路”的机遇与挑战》一文中在首先梳理了中泰合作取得“五通”显著成效的基础上，认为中泰合作对接“一带一路”迎来了发展新机遇：泰国发展规划积极对接“一带一路”，第三方市场合作”助力中日泰三方合作，中泰合作对接“一带一路”助推次区域与区域合作。然而，作者认为泰国大选后的政局调适以及美国“印太战略”的负面影响，有可能对中泰合作对接“一带一路”形成挑战。因此，为在新形势下更好促进中泰合作对接“一带一路”，有效化解泰国政局调整以及美国“印太战略”引发的负面影响，作者提出可以考虑以下应对举措：提升高层交往水平，巩固政治互信，适时促成泰国国王拉玛十世访华；加强政党外交，深化民间交往，不断夯实合作共识；拓宽外宣渠道，着眼新兴媒体，积极推进“智库＋外宣”工作方式。

（二）中国与南亚国家的关系

南亚地处“一带一路”海陆交汇之处，是推进“一带一路”建设的重要地区和合作伙伴。2019 年，对中国与南亚合作方面进行探讨的文章主要有：赵蕾、王国梁的《“一带一路”背景下中国在南亚的贸易格局分析》（《世界地理研究》2019 年第 5 期），陈敬贵、曾兴的《“一带一路”背景下中国与南亚国家文化产品贸易合作》（《南亚研究季刊》2019 年第 4 期），丁菱、黄凤志的《南亚“一带一路”建设的地缘政治第三方掣肘因素》（《国际研究参考》2019 年第 1 期），等等。

其中，丁菱、黄凤志的《南亚“一带一路”建设的地缘政治第三方掣肘因素》是从受地缘政治第三方掣肘因素（印度）的影响着手探讨分析的。文章认为影响当前南亚“一带一路”建设的地缘政治第三方掣肘因素，具体主要包括三个方面：从地缘政治结构来看，意图维持地区主导权的印度对“一带一路”在南亚的推进怀有天然的战略戒心，对中巴经济走廊和中孟印经济走廊建设等予以了多方抵制与掣肘；从国际体系结构来看，美国和日本出于制衡中国、联印遏华的印太战略因素，对“一带一路”在南亚地区的建设形成了竞争与某种压制；从国际舆论环境来看，历来戴着有色眼镜看待中国的西方主流舆论也成为南亚地区“一带一路”建设的干扰因素。地缘政治第三方掣肘因素必然会给南亚“一带一路”建设带来相应的挑战：加大南亚中小国家对印度不满的战略顾虑，降低“一带一路”倡议的合作层次或拖累实施进程；加剧南亚地区合作倡议的竞争、碎片化，甚至导致合作机制低效、过剩；触发相关国家待价而沽的心理，增加南亚“一带一路”建设的额外成本；引发相关国家对中国的戒心和误解。鉴于上面的分析，作者认为中国克服地缘政治第三方掣肘因素的路径选择有：优化目标定位，确定重点、严控风险，避免急于求成；努力扩大参与国家的利益受惠面和增加民众获得感；大力扩展合作项目的第三方国际参与范围；“一带一路”应坚持共商共建共享原则；改进舆论宣传，积极构建国际话语权。

其他对中国与南亚合作方面进行探讨的文章有：李涛、秦卫娜的《“一带一路”倡议下中印制造业产能合作——基于价值链与比较优势视角》（《南亚研究季刊》2019 年第 4 期)，张根海的《印度“大周边”战略及其对“一带一路”倡议的影响》(《当代世界与社会主义》2019 年第 6 期)，孟亮的《“一带一路”倡议在印度洋核心岛国的进展及阻力》(《和平与发展》2019 年第 2 期)，宋周莺、韩梦瑶的《“一带一路”背景下的中印贸易关系分析》(《世界地理研究》2019 年第 5 期)，屠希亮、于鑫洋的《“一带一路”背景下斯里兰卡投资现状、问题及对策》(《南亚研究季刊》2019 年第 2 期)，刘黎明、庾永波的《“一带一路”倡议下的宗教因素风险研究——以斯里兰卡为例》(《河北公安警察职业学院学报》2019 年第 3 期)，等等。

宋周莺、韩梦瑶的《“一带一路”背景下的中印贸易关系分析》这篇文章从商品贸易角度入手，深入剖析中印贸易关系的发展历程及其演变态势，基于投入产出方法探讨中印贸易对两国经济发展的带动作用，以期为推动“一带一路”贸易合作、扩展我国经济增长空间、应对中印关系恶化问题提供支撑。研究发现:(1)2001—2017 年中国与印度的贸易规模迅速扩大，但印度在中国的贸易地位提升较慢;(2)东部沿海省份与印度的贸易联系较紧密，西部地区大部分省份与印度的贸易联系相对较弱;(3)中、印双方均未能识别出明显的敏感行业，中国从印度进口的主要商品为资源密集型和劳动密集型商品，而中国出口印度的商品逐渐转为技术密集型商品;(4)机械设备、化学制品业的出口拉动对中国的经济发展贡献相对较多，而非金属矿物制品、矿物的出口拉动对印度的经济发展贡献相对较多;(5)出口印度对东部沿海贸易大省的经济拉动比较明显，对于印度比邻的西藏、新疆两个自治区的拉动也相对较大。

斯里兰卡是中国 21 世纪海上丝绸之路在印度洋上的重要支点国家。屠希亮、于鑫洋在《“一带一路”背景下斯里兰卡投资现状、问题及对策》一文中，首先介绍了中国对斯里兰卡投资现状，说明两国经贸合作快速发展，前景看好。同时也指出中国对斯里兰卡的投资和经贸合作尽管获得了快速发展，但也存在着一些主要问题:直接投资项目类型较为单一;投资主体以国有企业为主，民营企业资本较少，所占比重较小;缺乏对斯里兰卡国内情况的全面调研致使投资风险增加。文章对此认为，“‘一带一路’倡议想要落到实处，必须秉承与沿线各国‘共商共享共建’的原则”。具体对斯里兰卡投资的对策建议是:实现投资主体多元化;强化中国与斯里兰卡双边交流,共同搭建多种形式的沟通及合作渠道;注重提升中国投资与斯里兰卡国内产业的紧密整合,实现双方产业发展水平的同步提升。

(三)中国与非洲国家的关系

非洲从"一带一路"倡议的非传统沿线地区,转变为共建"一带一路"的"关键伙伴"和"重要参与方"。2018 年中非合作论坛北京峰会宣言强调,要将"一带一路"同非洲各个层面的发展战略全面对接,推动中非"一带一路"建设再升级。2019 年有关 21 世纪海上丝绸之路中国与非洲合作的文章有:姚桂梅、许蔓的《中非合作与"一带一路"建设战略对接:现状与前景》(《国际经济合作》2019 年第 3 期),黄玉沛的《中非共建"数字丝绸之路":机遇、挑战与路径选择》(《国际问题研究》2019 年第 4 期),万明的《中国与非洲海上丝绸之路的故事——伊本·白图泰与郑和的航海记忆》(《海交史研究》2019 年第 3 期),赵晨光的《"一带一路"建设与中非合作:互构进程、合作路径及关注重点》(《辽宁大学学报(哲学社会科学版)》2019 年第 5 期),涂明辉的《"一带一路"建设框架下中非经贸合作的机遇与挑战》(《中阿科技论坛(中英阿文)》2019 年第 4 期),贺鉴、工雪的《全球海洋治理视野下中非"蓝色伙伴关系"的建构》(《太平洋学报》2019 年第 2 期),贺鉴、堵泽西的《新时期中埃蓝色伙伴关系构建——基于 SWOT-APH 分析法》(《中国海洋大学学报》2019 年第 4 期),周嘉希的《埃塞俄比亚的国家发展与"一带一路"实践》(《和平与发展》2019 年第 5 期),李安山的《丝绸之路与华侨华人:以非洲为例》(《中央社会主义学报》2019 年第 4 期),等等。

赵晨光在《"一带一路"建设与中非合作:互构进程、合作路径及关注重点》中主要探讨"一带一路"建设过程中中非合作的重点,以及如何在国际"一带一路"合作中继续保持特色和优势。文章指出,"'一带一路'框架下的中非合作是国际共建'一带一路'合作中的亮点。这不仅体现在中非合作所取得的巨大成就上,而且体现在中非共建'一带一路'的互构进程、合作路径等方面"。文章首先根据"一带一路"与中非合作之间关系的变化、演进,重点说明中非合作与"一带一路"的互构关系。接着文章认为中非之间特色鲜明、切实可行的合作路径包括：高层规划引领“政策沟通”，路网建设支撑“设施联通”，园区合作推进“贸易畅通”，多措并举推动“资金融通”，以心相交实现“民心相通”。为此，作者提出中非共建“一带一路”要进一步走深走实，继续保住优势、特色和亮点，应在宏观上重点关注以下几个方面：重视中非合作论坛的战略价值（营造政策环境，规划战略定位，构建合作框架）；找准中非发展战略对接的方向（坚持对非合作重点，确定战略对接范围，明确战略对接原则）；关注印太地缘战略安排的影响（在对非合作领域上，“亚非增长走廊”凸显竞争之意；在对非合作话语建构上，“亚非增长走廊”挑动规则之争；在地缘政治博弈上，印日对非战略调整暗含制衡之虑）。最后文章还指出，“未来，中非共建‘一带一路’应进一步用好优势、找准方向、化解风险，通过对接双方发展战略推进‘五通’建设，在国际共绘‘一带一路’工笔画的进程中继续发挥先锋作用”。

埃及是非洲大陆地区的大国，在非洲大陆有着领头羊的地位，因此贺鉴和堵泽西的《新时期中埃蓝色伙伴关系构建——基于 SWOT-APH 分析法》这篇文章就是围绕中埃如何构建蓝色伙伴关系展开的。文章运用 SWOT 模型下中埃蓝色伙伴关系构建的宏观环境分析了以下方面：中埃蓝色伙伴关系构建的优势（经济上巨大的互补性，政治上良好的政治互信，文化上两国交往密切，两国具有高度的战略契合点）；中埃蓝色伙伴关系构建的不足（埃及政治形势不稳定，埃及经济不景气和市场机制不健全，埃及基础设施不完善）；构建中埃蓝色伙伴关系的机遇（非盟《2063 年议程》便于中埃展开广泛的合作，中非合作论坛为中埃蓝色伙伴关系提供了新的契机，21 世纪海上丝绸之路行动愿景为中埃蓝色伙伴关系打下基础）；中埃蓝色伙伴关系构建面临的威胁（西方国家对海上丝绸之路倡议的质疑，非传统安全所带来的海上通道威胁）。同时引入 APH 分析法（层次分析法）对 SWOT 中的各个因素进行权重的确定，并得到全体权重的总排序，方便选择中埃蓝色伙伴关系的实施路径。文章得出结论，在新时期中埃两国建设蓝色伙伴关系应当主要采取 SO 型战略，即增长型战略。根据这个结论，文章认为中埃蓝色伙伴关系的实施路径是：结合双方战略契合点，建立双方高层政策的沟通平台；以“一带一路”倡议为依托，加强中埃双方的海洋合作；结合时代发展，不断拓宽中埃两国相互沟通的渠道;维护海上通道安全,强化打击海盗等海上非传统安全的合作;发挥公共外交作用,打造良好的舆论环境。

(四)中国与大洋洲国家合作关系

南太平洋地区是海上丝绸之路的南部延伸,成为21世纪海上丝绸之路的重点方向之一,也是海上丝绸之路自然延伸到拉美的最短海道和航线。2019年,关于中国与大洋洲国家合作相关文章主要有:殷淑芬、黎瑛的《"一带一路"背景下新西兰孔子学院的建设路径探析》(《世界教育信息》2019年第24期),金英姬的《"21世纪海上丝绸之路"——中国在南太平洋地区的合作共赢之道》(《中国远洋海运》2019年第4期),张颖的《试论"一带一路"倡议在南太平洋岛国的实施路径》(《太平洋学报》2019年第1期),吴敏超的《新西兰华人与海上丝绸之路——以陈达枝为中心的探讨》(《广东社会科学》2019年第2期),梁源的《海上丝绸之路背景下中国与太平洋岛国合作的前景》(《南海学刊》2019年第4期),赵业新的《论海上丝绸之路背景下中国与太平洋岛国深海采矿合作》(《太平洋学报》2019年第10期),等等。

其中梁源的《海上丝绸之路背景下中国与太平洋岛国合作的前景》立意新颖。这篇文章从国际法基本原则的角度,指出了以往发达国家对太平洋岛国的援助目的在于践踏太平洋岛国国家主权、附加各种政治条件,中国要摒弃这种以邻为壑的援助模式,将海上丝绸之路合作背景下的南太地区作为实践中国外交新理念的示范区,在国际社会中展现中国政府的道义担当与中国人民的亲诚友善。文章首先梳理、论述了中国与南太地区合作的历史基础,以此分析了现阶段存在的两个方面挑战:南太区域国家对中国"一带一路"倡议的疑虑(作为二战之后世界主要强国进行高频核武器试验的地区,太平洋岛国在和平与安全方面有着远超其他国家的愿望,世界主要大国的介入都有谋求某种军事利益的目的,使得太平洋岛国对中国也存在同样的疑虑;太平洋岛国是面临全球气候变化威胁最大的地区,全球变暖带来了两极冰川融化,造成海平面上升,直接威胁了太平洋岛国的国土面积;华侨华人在当地的存在也增加了南太岛国对华侨华人谋求更大政治权力的担忧;新西兰和澳大利亚对"一带一路"倡议的不同态度,也使太平洋岛国对

“一带一路”倡议存有顾虑);外部力量的干涉(偶发性事件的过度解读,西方发达国家的核利益,日本对太平洋岛国的政治倚重)。在上面分析的基础上,提出了中国在南太地区推进海上丝绸之路建设的传统路径与中国特色路径。传统路径主要建立在西方主要发达国家对南太地区援助的经验之上,强调要注意以下5个问题:加强与域外大国沟通与协调;建立中国与太平洋岛国地区领导人会晤机制;深化双方经贸合作;树立负责任大国形象,适时向经济滞后的太平洋岛国地区提供各种援助;拓展同太平洋岛国地区组织之间的合作。中国特色路径则立足于中国对太平洋岛国在南南合作框架内进行援助的历史过程,从外交理念、合作机制、风险控制三个层面推进中国与太平洋岛国地区合作的特色路径。

张颖的《试论“一带一路”倡议在南太平洋岛国的实施路径》试图通过分析南太平洋岛国自身的特殊性及该地区博弈态势,探讨“一带一路”在南太平洋地区的实施路径。文章在现实分析的基础上,指出南太平洋地区作为小岛屿发展中国家和南太平洋岛国的特殊性:南太平洋地区是小岛屿发展中国家集中的地区之一,大部分南太平洋岛国是发展中国家;南太平洋岛国自然环境极为脆弱,对环境问题有特别强烈的诉求;南太平洋岛国普遍依附地区大国或霸权大国。接着文章分析了南太平洋地区的博弈态势与“一带一路”倡议面临的挑战:中美“权力转移”带来的结构性矛盾加剧,澳大利亚一直力图维护在次区域的领导地位,台湾地区希望巩固“邦交”。文章最后认为中国与南太平洋岛国的合作路径有:充分发挥多边外交和首脑外交的作用;重视援助效果评估,实现精准援助;加强人文交流,开展公共外交;促进海洋与环境合作,共建蓝色伙伴关系。

赵业新的《论海上丝绸之路背景下中国与太平洋岛国深海采矿合作》以深海采矿为视角,重点考察为什么要加强中国与太平洋岛国在深海采矿领域的合作及合作存在哪些风险和挑战,以及如何与太平洋岛国有效开展深海采矿合作。文章首先分析加强中国与太平洋岛国深海采矿合作的原因:它是21世纪海上丝绸之路建设的战略选项(拓展海上丝绸之路的新领域,促进中国大洋事业走出去,增加关键原材料的供应渠道);太平洋岛国发展蓝色经济的现实需求(太平洋岛国拥有丰富的深海矿物资源,深海采矿被视为未来蓝色经济增长点，太平洋岛国普遍缺乏深海采矿的资金和技术）；发展中国家需要联合自强，共同应对气候变化（南南合作新领域）；对冲美国的"印太战略"。接着文章提出中国与太平洋岛国深海采矿合作面临的挑战有：海洋科学认识面临的挑战，深海采矿技术面临的挑战，经济风险方面的挑战，环境责任方面的挑战，环境治理面临的挑战，地缘政治的挑战。最后文章认为中国与太平洋岛国深海采矿合作的策略有：加强中太高层交往，夯实深海采矿合作的双边政经基础；突破大国零和博弈，构建深海采矿蓝色多边伙伴关系；开展广泛科研合作，掌握深海采矿环境治理的科学技术；积极参与环境治理，争取民众支持深海采矿合作；善用国际法律机制，防范深海采矿合作中的风险。

另外，2017 年中俄两国首次提出了共同打造"冰上丝绸之路"的伟大构想，"冰上丝绸之路"是我国"一带一路"倡议的深化与延展，也是新时期"一带一路"海上合作的方向之一。对此理论界对"冰上丝绸之路"的研究呈直线上升趋势，是关注的热点问题。2019 年，关于这方面研究的文章有：费帆的《建构"冰上丝绸之路"——国家"一带一路"倡议的深化与延展》（《湖北社会科学》2019 年第 5 期），翟丽的《"冰上丝绸之路"研究状况与热点分析》（《云南社会主义学院学报》2019 年第 3 期），易鑫磊的《中俄共建"冰上丝绸之路"：概念、目标、原则与路径》（《欧亚经济》2019 年第 4 期），肖洋在《中欧共建"冰上丝绸之路"：机遇、挑战与路径》（《德国研究》2019 年第 3 期），赵先进、黄靖兹的《中国参与共建"冰上丝绸之路"的动力、制约与路径选择》（《对外经贸实务》2019 年第 11 期），等等。

费帆在《建构"冰上丝绸之路"——国家"一带一路"倡议的深化与延展》一文中围绕着"冰上丝绸之路"与"一带一路"的关系，探讨如何建构"冰上丝绸之路"。文章指出，"建构'冰上丝绸之路'是中国参与北极治理的重要举措。它与'一带一路'共同构成了中国优化国际关系、强化责任担当的主要外交行为方式。与'一带一路'相似，'冰上丝绸之路'不仅仅是为了促进北极航道的开发与建设，更是为了实现北冰洋海域内的物资流通、协作发展、民心相通、共享共荣"。文章首先深入理解并梳理了"一带一路"倡议的内涵：从全球贸易的层面来看，"一带一路"有助于经济互通、贸易发展；从地区安全的层面来看,“一带一路”有助于沿途国家之间同心同力同发展,弥合分歧;从国家战略的层面来看,“一带一路”有助于中国国家形象的塑造,为中国在国际事务中话语权的提升提供了契机。在此基础上,文章认为“一带一路”符合人类发展趋势下国际合作共赢的价值理念,提出“冰上丝绸之路”与“一带一路”的关系是:“冰上丝绸之路”不仅与“一带一路”有相似的价值理念,两者间更具有横向层面的互补性和纵向层面的连续性。最后,文章提出建构“冰上丝绸之路”的主要路径是:以经贸交往为基石促进北极航道的共同开发,将“一带一路”倡议的内涵引入北极治理中,为北极地区“人类命运共同体”意识的培育提供助力。

易鑫磊的《中俄共建“冰上丝绸之路”:概念、目标、原则与路径》在对“冰上丝绸之路”概念做出基本界定的基础上,探求中俄共建“冰上丝绸之路”的原则和路径。文章指出,“建设‘冰上丝绸之路’是中国开发和利用北极的主要方式和平台,共建‘冰上丝绸之路’是中俄两国对开展北极合作的认识不断磨合、目标逐渐契合、并最终达成的政治共识”。文章首先对“冰上丝绸之路”概念做出基本界定,分析了中俄“冰上丝绸之路”合作的基础,认为“中俄共建‘冰上丝绸之路’的核心是北方海航道。中俄两国的北极战略或政策,两国元首达成的政治共识以及以亚马尔液化天然气项目为代表的务实合作项目,都为中俄开展‘冰上丝绸之路’合作,利用北方海航道奠定了坚实的政治和经济基础”。从而文章在梳理中俄两国各自的政策目标及其差异的基础上,探求中俄共建“冰上丝绸之路”的路径:政府合作、科技合作、装备合作、旅游合作、能源合作和安全合作。

肖洋在《中欧共建“冰上丝绸之路”:机遇、挑战与路径》中评析了“冰上丝绸之路”的务实化拓展问题。文章以中国参与北极经济开发与中欧经贸合作为视角,探讨中欧务实推进“冰上丝绸之路”的路径创新。文章指出,“‘冰上丝绸之路’标志着中国正式将北极地区纳入‘一带一路’倡议规划的战略视野。存在共同身份劣势和实力掣肘的中欧,都希望通过经济性参与北极事务的方式,重塑美俄强权政治语境下的北极地缘经济图景。随着英国脱欧进程的不确定性增多,欧洲大陆的经济重心开始从德法意‘三驾马车’向‘环波罗的海经济圈’逐渐偏移,北极航道将成为第二条中欧物流大通道，这使得兼具欧洲国家和北极国家双重身份优势的北欧国家，成为中欧共建'冰上丝绸之路'的示范区"。文章首先理清了中欧共建"冰上丝绸之路"的历史机遇：北欧国家积极参与"冰上丝绸之路"倡议，"冰上丝绸之路"倡议与欧盟《连接欧洲和亚洲：对欧盟战略的设想》在欧亚联通领域高度契合，中欧北极战略的契合度与互补型贸易模式提升了"冰上丝绸之路"的合作成效。同时文章指出中欧在推进"冰上丝绸之路"的建设过程中，还面临着一系列挑战，主要包括以下 4 个方面：北极航运搜救能力薄弱，北极航运补给设施匮乏，北极海陆联运物流网络不畅，俄欧北极地缘竞争压力渐增。在此分析的基础上，文章认为中欧共建"冰上丝绸之路"是一个循序渐进的过程，应该从 4 个方面综合考量其路径选择：以物流基础设施联通作为中欧共建"冰上丝绸之路"的优先领域，重点推进"冰上丝绸之路"航运基础设施与陆海联运保障体系建设；以贸易畅通作为中欧共建"冰上丝绸之路"的重要内容，加速推进中欧的产业互补与自贸区建设；以双边和区域政策协调作为中欧共建"冰上丝绸之路"的制度保障，提升中俄欧北极政策沟通的有效性；以标志性投资项目建设作为"冰上丝绸之路"国际合作的成功典范，提升中欧北极合作的扩散效应。

四、学术界对"一带一路"的探讨

21 世纪海上丝绸之路重要倡议提出 6 年以来，海上丝绸之路研究一直获得学术界高度关注和热烈的探讨。2019 年，在"中国知网"以"21 世纪海上丝绸之路"为关键词检索，共检索到已经发表的与海上丝绸之路相关的学术性论文成果 404 篇，这些成果从多学科、多视角、多方法对 21 世纪海上丝绸之路建设展开了探讨。系统地梳理与总结这些文章的主题观点，大体可以分为：(1)对 21 世纪海上丝绸之路进行综合性的探讨；(2)从文化角度对 21 世纪海上丝绸之路进行探讨；(3)从经济学的视角进行的探讨；(4)关于海洋、港口问题的探讨；(5)关于 21 世纪海上丝绸之路建设所面临的各种风险及法律的探讨。

(一)对21世纪海上丝绸之路进行综合性的探讨

2019年,围绕21世纪海上丝绸之路概念、背景和特点等方面进行综合性探讨的文章主要有:杨晓杰的《建设21世纪“海上丝绸之路”:时代背景、突出特点及战略价值》(《探求》2019年第6期),丁云宝的《“一带一路”视域下的新地缘经济观》(《同济大学学报(社会科学版)》2019年第2期),王茹芹的《海上丝绸之路》(《时代经贸》2019年第10期),滕文生的《丝绸之路的历史与人类命运共同体》(《国际汉学》2019年第4期),殷军杰的《参与21世纪海上丝绸之路建设的地方探索与实践》(《国际商贸》2019年第6期),王超的《中国古代丝绸之路的概念、特点及其对“一带一路”建设的启示》(《华北电力大学学报(社会科学版)》2019年第1期),陈燕的《“丝绸之路”的历史回顾与“一带一路”新发展》(《长春大学学报》2019年第5期),王丽、肖琳和郑征的《海上信息丝绸之路建设构想》(《中国信息化》2019年第8期),于莹、刘大海和安晨星的《21世纪海上丝绸之路合作评价体系构建与应用——基于中国与海丝路沿线国家指数分析》(《南海学刊》2019年第2期),魏景赋、金瑞的《多维距离对中国企业OFDI区位选择的影响——基于“海上丝绸之路”沿线国家的实证分析》(《江汉大学学报(社会科学版)》2019年第3期),曲金良的《再论古代“丝绸之路”的主体内涵及其历史定位》(《中国海洋大学》2019年第2期),全毅、高军行的《“一带一路”倡议与中国沿海开放发展新战略》(《福建论坛(人文社会科学版)》2019年第12期),胡宗山、聂锐的《“一带一路”倡议:成就、挑战与未来创新》(《社会主义研究》2019年第6期),吴浩的《从丝绸之路到“一带一路”——对中国丝绸之路研究思想史意义的考察》(《学术界》2019年第3期),郑文韬的《基于dea-malmquist模型的“21世纪海上丝绸之路”沿线地区创新效率实证分析》(《科技和产业》2019年第10期),等等。

杨晓杰在《建设21世纪“海上丝绸之路”:时代背景、突出特点及战略价值》一文中指出,“建设21世纪‘海上丝绸之路’,是新时代中国外交战略和地缘新战略的重要组成部分,目的在于加强中国与东盟、南亚、西亚以及非洲的多层次海上合作”。文章认真梳理了建设21世纪海上丝绸之路的时代背景：从国内来看，我国正处于实现“中国梦”和中华民族伟大复兴的历史使命的关键阶段，国家海外利益正面临不法侵害这一严峻挑战；从国际上看，经济全球化在多个领域将世界连接成相互依存不可分割的有机整体，世界在多极化的道路上曲折前行，单极霸权格局虽面临激荡冲击但未受到重创。在此基础上，作者概括出21世纪海上丝绸之路建设的突出特点：大空间、多领域是基本形态；冲击与反击相统一是基本表现；协商、合作、共赢是基本途径。最后作者认为建设21世纪海上丝绸之路的战略价值有：对冲美国的“印太战略”，展现大国崛起战略自信，同时构建和平稳定的周边环境；提供共同发展平台，共创人类美好未来；丰富海洋强国战略，强力助推中国梦。

于莹、刘大海和安晨星在《21世纪海上丝绸之路合作评价体系构建与应用——基于中国与海丝路沿线国家指数分析》中通过研究国际合作评价体系与“一带一路”创新合作的模式，运用“五通”理论构建中国与21世纪海上丝绸之路沿线国家合作评价指标体系，测算了中国与21世纪海上丝绸之路周边33个沿海国家2005—2016年合作指数得分，并从时序波动、梯次划分和领域分析3个角度开展分析讨论。研究结果显示，不同国家“海丝路”合作指数排名变化趋势差别较大，新加坡、俄罗斯两国稳定领先，与其他国家差距明显；东盟国家整体得分较高，南亚国家次之，西亚与中东欧国家得分较低；发展对外海洋合作旨在追求政策、设施、经贸、资金和民心等全方位合作，各国在不同领域表现有所差异。针对以上分析结果，作者对我国“海丝路”合作和指数构建工作提出以下对策建议：第一，我国未来海洋合作方向应坚持“把握优势，坚守基础，抓住机遇，拓展伙伴”的原则；第二，我国应针对不同层面开展全面、切实的合作规划与计划，以经贸合作为导向，以金融合作为支撑，夯实政策合作成果，突出基建设施优势，加强民间合作交流；第三，加强“海丝路”合作评价工作。

全毅、高军行的《“一带一路”倡议与中国沿海开放发展新战略》一文围绕“一带一路”背景下沿海地区如何继续深化对外开放格局，提升对外开放水平进行论述。文章指出，“海上丝绸之路是中国对外物质文化交流的重要通道。新航路开辟以来，人类的生产与经济活动就向沿海地区集中，中国的改革开放顺应了世界经济发展规律，抓住了亚太地区产业转移的发展机遇，创造了中国经济增长奇迹”。沿海经济发展战略及其开放实践的模式创新，对中国改革开放发挥引领示范作用。文章提出在当前发展21世纪海上丝绸之路的背景下，对沿海地区对外开放提出更高的要求，通过自由贸易试验区、自由贸易港以及粤港澳大湾区、长江三角洲一体化发展、京津冀协同发展打造沿海地区对外开放新高地，探索实验国际经贸新规则，发挥其对内对外辐射作用。

曹忠祥的《对海上丝绸之路国内沿海区域布局的思考》一文主要是围绕着海上丝绸之路建设背景下的沿海地区布局这个主题进行探究的。文章首先解析了海上丝绸之路背景下国内沿海地区的功能：沿海地区是“一带”和“一路”的战略交汇地带，沿海地区是我国参与海上丝绸之路建设的主体，沿海地区是内陆地区参与海上丝绸之路建设的桥梁。基于以上对沿海地区在海上丝绸之路建设中的区域功能分析，文章认为未来沿海地区空间布局及其建设重点的确定，要重点围绕以下3个方面展开：因地制宜，提升沿海不同区域参与海上丝绸之路建设的基础能力；突出优势，提升不同区域与海上丝绸之路沿线国家的开放合作水平；陆海统筹，加强沿海与内陆区域的联动开放。最后提出海上丝绸之路国内沿海区域布局的总体构想：“一核”引领，发挥海上合作综合平台服务功能；“三区”支撑，对接南北海上合作走廊建设（以贸易畅通为重点，提升珠三角地区战略支撑能力；以资金融通、设施联通和区域合作为重点，提升长三角地区战略支撑能力；以政策沟通、设施联通和东北亚区域合作为重点，提升环渤海地区战略支撑能力）；“湾”“岛”联动，提升西南海上合作走廊和南海海上经济合作区强化基础支撑的能力（以设施联通和贸易畅通为重点，提升北部湾地区参与面向印度洋海上经济合作走廊建设基础设施的能力；以海洋合作和海上城市建设为重点，提升海南岛经略海洋国土和推动南海海上经济合作区建设的能力）。

还有相当一部分文章是从历史、考古角度进行考察的，主要有：毛敏的《“海上丝绸之路”传入的异域珍宝》（《大众考古》2019年第5期），李海珍的《海上丝绸之路与徐闻的历史渊源探讨》（《文物鉴定与鉴赏》2019年第6期），栗建安的《海上丝绸之路的中国水下考古概述》（《文物保护与考古科学》2019年第4期），王跃萍的《世界经济大动脉——丝绸之路古今谈》（《江西电力职业技术学院学报》2019年第10期)，赵红艳、胡荒静琳和郭可潍等的《海上丝绸之路视域下中国南路棉花传播研究》(《丝绸》2019年第8期)，许大海的《运河输送视野下“海上丝绸之路”手工艺传播路径》(《美术与设计》2019年第6期)，姚华舟、李建星和吕鹏瑞等的《海上丝绸之路沿线陆域地质演化与成矿》(《华南地质与矿产》2019年第1期)等。还有李晨、耿坤的《如何讲好“海丝”故事:关于“海上丝绸之路”主题展览叙事方法的研究——以“无界——海上丝绸之路的故事”为例》(《中国博物馆》2019年第3期)专门关注和研究如何依托多种多样的文物收藏、精彩纷呈的展览叙事，真正达到讲好“海丝”故事，传承“海丝”精神的作用。江亚的《汇聚与深化:“一带一路”背景下的图书馆海丝文献工作——基于海丝相关区域的考察》(《图书馆界》2019年第1期)专门探讨如何做好海丝文献工作。还有从人力资源层面比较分析的，如王陕菊的《新海上丝绸之路典型国家人力资本发展水平比较》(《会计之友》2019年第1期)等。

(二) 从文化角度对21世纪海上丝绸之路进行探讨

文化在建设21世纪海上丝绸之路过程中有其独特魅力和现实价值。而妈祖文化精神是海丝文化精神的典型代表，因此，2019年探讨妈祖文化如何发挥在海上丝绸之路建设中的文化纽带作用成为学术界继续关注的热点，主要文章有:王志习的《海上丝绸之路视野下妈祖文化的历史作用和现实作用》(《文物鉴定与鉴赏》2019年第7期)，林晶的《互动与共生:妈祖文化在海上丝绸之路沿线国家的传播》(《黄河科技学院学报》2019年第6期)，黄少强的《论妈祖文化对漕运影响及在“海上新丝路”建设中的价值》(《妈祖文化研究》2019年第3期)，谢瑞隆的《妈祖传说在海上丝绸之路的传衍、变异及其海洋文化质素》(《妈祖文化研究》2019年第3期)，陈祖芬的《论建设“妈祖海洋文化”的重要意义》(《妈祖文化研究》2019年第1期)，曾伟的《“海丝”视野下的妈祖信俗研究新探——第二届贤良港妈祖文化论坛综述》(《世界宗教研究》2019年第1期)，杨鸣的《妈祖音乐的“海丝”意境营造》(《妈祖文化研究》2019年第1期)，吉峰的《回溯、演进与展望——海丝之路之上的妈祖文化传播考察》(《妈祖文化研究》2019年第1期)，等等。

陈祖芬的《论建设“妈祖海洋文化”的重要意义》专门阐述妈祖海洋文化的重要意义。文章明确指出，“将妈祖文化与中华海洋文化的有机结合形成的‘妈祖海洋文化’，成为实现‘两个百年’目标的重要举措。妈祖海洋文化是实施海洋强国战略核心文化力量，是联结21世纪海上丝绸之路沿线国家的文化纽带”。文章认为建设“妈祖海洋文化”的重要意义在于：妈祖文化是中华优秀传统文化的重要组成部分，妈祖精神是中华民族走向海洋文明的原动力，妈祖文化是中华海洋文化的优秀代表（体现和谐共享的海洋理念、开放包容的海洋精神、开拓进取的海洋行为），妈祖海洋文化是推进海洋强国战略的核心文化力量（为海洋和平提供思想基础，为海洋治理提供行为借鉴，为海洋维权提供有力证据），妈祖海洋文化是21世纪海上丝绸之路的重要文化纽带（是“海丝”沿线贸易畅通的合作纽带，是“海丝”沿线民心相通的思想纽带，是“海丝”精神的传承和延续）。黄少强在其《论妈祖文化对漕运影响及在“海上新丝路”建设中的价值》一文中基于详细历史资料，说明在中国元、明、清朝漕运发展的过程中，妈祖信仰功能显著，从而论证了妈祖精神与河海漕运的商贸发展相得益彰，相辅相成，得出结论妈祖信仰对河海漕运商贸的影响主要在3个方面：妈祖精神是妈祖文化能在漕运中传播的重要前提；广大漕民（移民）是传播妈祖信仰的组成力量；历代王朝统治阶级利用妈祖灵威护国安邦，是妈祖信仰的助推手。文章认为妈祖文化在当代建设21世纪海上丝绸之路过程中有其独特现实价值。因此文章提出，“在发展‘21世纪海上丝绸之路’过程中已拟定出让沿线国家能接受的共赢方案，它是互利、平等、合作、共赢，并非排他性，不是寻找敌人，而是寻找朋友。妈祖精神与发展‘21世纪海上丝绸之路’的构想是合拍的，其国际价值对促进‘21世纪海上丝绸之路’的建设和发展尤具现实意义”。同时也指出妈祖信仰在近几年的现实交往中起到了广交朋友、增强沟通、增进友谊的重要作用，其独特魅力和现实意义无以比肩，有不可或缺的现实价值。文章最后指出，“发展‘21世纪海上丝绸之路’的战略构想，妈祖信仰是不可缺少的重要组成部分，必将成为‘21世纪海上丝绸之路’建设和发展的连接纽带、沟通桥梁和精神支撑”。

除了上面的研究外，有的文章是以瓷窑来研究文化的，如曾晶、袁早华的《溯源景德镇青花瓷的海上丝绸之路》(《陶瓷研究》2019 年第 6 期),李宇思的《磁灶窑文化对古代“海丝”贡献初探》(《东方收藏》2019 年第 17 期)。还有从音乐方面研究的,如史泓的《论丝绸之路音乐文化研究的勃兴》(《音乐研究》2019 年第 6 期),黄霞的《海上丝绸之路华侨华人的音乐文化认同探析》(《文化创新比较研究》2019 年第 34 期),陈雯雯的《海上丝绸之路琵琶艺术研究》(《科教导刊》2019 年第 21 期)。从遗产文化探讨的主要有:毛敏的《探析海丝文化遗产视域下的“丝路精神”》(《文化学刊》2019 年第 4 期),范旨祺的《品牌运营视域下海上丝绸之路文化遗产对外交流策略》(《遗产与保护研究》2019 年第 5 期)。从海洋方面研究的有:尚利强、王智庆和连东的《海上丝绸之路体现的中国海洋文化精神》(《闽商文化研究》2019 年第 1 期),于凤静、王文权的《丝路精神与中国海洋文化理念的契合性论析》(《江淮论坛》2019 年第 1 期)。另外还有从其他角度分析的,主要有:赵鸣的《海上丝绸之路与徐福东渡的意义》(《大陆桥视野》2019 年第 11 期),张斓、张建民的《以徐福文化引领“海丝”非遗资源的融合发展——徐福文化如何在海上丝绸之路建设上发挥文化先行的作用》(《大陆桥视野》2019 年第 10 期),吕淑仪的《“一带一路”背景下冼夫人文化资源整合研究》(《广东石油化工学院学报》2019 年第 6 期),李环宇的《周恩来“和”思想与“21 世纪海上丝绸之路”建设研究》(《六盘水师范学院学报》2019 年第 10 期),龙志成的《大学生创新创业教育课程建设探究——基于 21 世纪海上丝绸之路倡议的视角》(《教育教学研究》2019 年第 3 期),李文增的《略论中西方丝路文化视野的差异性》(《世界文化》2019 年第 1 期),黄芳的《弘扬海丝文化,开启文化旅游人才培养新模式》(《内江科技》2019 年第 5 期),杜立鹏的《丝路宗教文化交流的历史见证》(《中国宗教》2019 年第 6 期),陈苑琼的《论客家海上丝绸之路文献的搜集与整理》(《嘉应学院学报》2019 年第 5 期),等等。

(三)从经济学的视角进行的探讨

贸易是海上丝绸之路发展的主要动因和基石,因此一直是学界所关注的重点领域与热点。2019 年相关的主要文章有:戚兆坤、朱芳阳和隋博文的《中国与“21 世纪海上丝绸之路”沿线国家农产品产业内贸易及国别分析》(《北部湾大学学报》2019年第12期),刘馨秋、王思明的《丝路农业交流发展的阶段、路径和形式》(《内蒙古社会科学(汉文版)》2019年第7期),王纪元、肖海峰的《“21世纪海上丝绸之路”沿线国家农产品贸易格局分析》(《统计与决策》2019年第9期),别诗杰、祁春节的《中国与“一带一路”国家农产品贸易的竞争性与互补性研究》(《中国农业资源与区划》2019年第11期),王凤婷、田园和程宝栋的《中国与“21世纪海上丝绸之路”沿线国家农产品出口贸易研究》(《国际经济合作》2019年第2期),张桂梅、李晓璇的《中国与“21世纪海上丝绸之路”西线国家贸易潜力研究》(《山东工商学院学报》2019年第6期),何新安、查振祥的《21世纪海上丝绸之路经济带区域经济与物流发展耦合评价研究》(《北部湾大学学报》2019年第11期),刘钻扩、辛丽的《21世纪海上丝绸之路贸易便利化对中国机电产品出口的影响——基于SYS-GMM的动态分析》(《统计与信息论坛》2019年第6期),徐晓东、乔志的《环南海区域内贸易现状及其对“21世纪海上丝绸之路”建设的启示》(《广西师范大学学报(哲学社会科学版)》2019年第6期),林凤明的《“21世纪海上丝绸之路”倡议下国际贸易电子提单流通制度的修改与完善》(《对外经贸实务》2019年第11期),林开淼、郭伟锋和郜俊利的《“海丝”沿海节点城市旅游经济联系的网络结构研究》(《攀枝花学院学报》2019年第6期),张英的《“网上丝绸之路”建设视角下中国与“一带一路”沿线国家跨境电商发展路径选择》(《大陆桥视野》2019年第7期),詹晶、冯旭明和宋朝方的《“一带一路”核心地区出口贸易对物流业发展驱动效应研究》(《价格月刊》2019年第4期),廖佳、许祥云的《中国与丝路沿线国家的贸易结构特征及贸易效率研究》(《国际商务研究》2019年第2期),许阳贵、刘云刚的《中国与“一带一路”沿线国家贸易及其影响因素》(《热带地理》2019年第6期),颜靖柯、陈俊林和晏伟龙等的《浅析21世纪海上丝绸之路对中国工业化影响的评价模型》(《智能城市》2019年第5期),杨晓丽的《我国与“海上丝绸之路”经济带国家贸易合作的策略分析》(《对外经贸实务》2019年第1期),王娟、刘赛的《中国与“海上丝绸之路”沿线国家入境旅游增长的投资追随效应》(《地域研究与开发》2019年第1期),王佳莹、张辉的《“一带一路”沿线国家旅游竞争潜力评价与竞争力研究》(《青海社会科学》2019年第6

期)，马广奇、秦亚敏的《海上丝绸之路金融支持模式创新研究》(《理论探讨》2019年第1期)，斯普拉巴哈·巴尼亚、纳蒂亚·罗查和米歇尔·鲁塔引的《新丝绸之路对贸易产生的影响——引力模型分析》(《大陆桥视野》2019年第3期)，等等。

其中，农产品贸易是21世纪海上丝绸之路建设中的重点贸易。因此，戚兆坤、朱芳阳和隋博文在《中国与"21世纪海上丝绸之路"沿线国家农产品产业内的贸易及国别分析》中通过深入分析中国与沿线各国农产品产业内的贸易特征以及贸易潜力，探究如何实现合作共赢，完善双边贸易体系。文章在对已有文献述评的基础上，以21世纪海上丝绸之路沿线31国为研究对象，根据联合国SITC(REV.04)标准，运用GL指数、BI指数，测算了1992—2017年我国对沿线31国农产品产业内的贸易水平。在此基础上，使用因子分析法和聚类分析法根据2008—2017年农产品产业内贸易水平和相互贸易增长潜力对沿线国家进行国别分析。结果表明：对沿线各国，我国SITC0类和SITC1类农产品的产业内贸易程度较强，SITC2类和SITC4类农产品贸易表现为明显的产业间贸易；贸易增量主要是由产业间贸易引起的，与沿线国家农产品贸易区域分布不均，东盟国家处于第一梯队，南亚及波斯湾国家、红海湾及印度洋西岸国家分别处于第二和第三梯队。东盟国家无论是农产品贸易额还是产业内贸易水平，相比其他沿线国家都具有压倒性优势，但东盟国家的相互贸易增长潜力优势不再明显。对此，相应的政策建议：(1) 首先提升SITC 2类和SITC 4类农产品的产业内贸易水平。(2)研究结论显示，区位优势、政策优势、国家经济体量、对外开放度等是影响农产品产业内贸易的重要因素，因此我国应充分利用多边合作平台，进一步在SCO(上海合作组织)和WTO(世界贸易组织)平台上扩大深化合作。(3) 充分利用和发展中国—东盟自贸区。(4) 充分考虑各国资源禀赋和比较优势，增强农产品在生产和贸易上的互补性和竞争性，进一步挖掘非东盟国家的市场潜力，特别是沿线的经济大国和农业大国，如印度、巴基斯坦、孟加拉等国；对于红海及印度洋国家，由于距离远，贸易成本高，所以更应该注重贸易的效率；充分利用中非合作论坛，培养发展重点贸易产业，形成相对稳定的贸易往来关系。

王凤婷、田园和程宝栋的《中国与“21世纪海上丝绸之路”沿线国家农产品出口贸易研究》在对中国对沿线国家农产品出口贸易状况及影响因素等进行实证分析的基础上，探讨中国如何加强与21世纪海上丝绸之路沿线国家的农产品出口贸易。文章首先在梳理中国对沿线国家农产品出口贸易状况的基础上结合“一带一路”合作协议的签署情况，将东盟10国、南亚4国、波斯湾沿线8国以及红海湾和印度洋西岸的10国，共计32个国家确定为21世纪海上丝绸之路空间范围，并将海上丝绸之路沿线分为东、中、西三段。作者基于2000—2015年农产品贸易数据，利用随机前沿模型对21世纪海上丝绸之路沿线国家农产品出口现状和影响因素进行分析，并估算农产品出口贸易的效率和出口潜力。研究结果表明：中国对海上丝绸之路沿线国家的农产品出口额整体呈上升趋势，出口对象集中在距离较近的东亚国家；沿线国家国内生产总值、人口规模、农业增加值比重、贸易开放程度是影响农产品出口贸易的主要因素，并且均对农产品出口贸易有显著的正向影响；中国与沿线国家农产品贸易效率逐年增长，但出口贸易效率水平较低，中国对沿线国家农产品出口潜力大，提升空间较大。基于上述结论，文章提出如下对策建议：提高中国与海上丝绸之路中线和西线国家农产品贸易密切度，进一步提升农产品出口水平；加强对沿线潜在需求大的国家农产品出口贸易，深化农产品开放合作；减少中国对沿线国家农产品出口的阻力因素，提升农产品出口效率和拓宽潜力增长空间。

廖佳和许祥云在《中国与丝路沿线国家的贸易结构特征及贸易效率研究》一文中，对现有的相关文献梳理分析，通过引入贸易结合度指数、比较优势指数和贸易互补度指数，深度阐释了中国与21世纪海上丝绸之路沿线国家的贸易结构特征，并运用随机前沿引力模型探讨了2006—2017年中国与东盟、南亚等15个国家的贸易效率及其影响因素。结果表明：中国与21世纪海上丝绸之路沿线国家贸易结合紧密，贸易互补性较高，具有很大的贸易提升空间；人均GDP（人均国内生产总值）对中国与丝路沿线国家贸易的影响远小于其他国家，地理距离与商品贸易流量呈显著负相关；区域贸易协定和共同边界变量的影响在5％的置信水平上不显著。对此，作者提出如下政策建议：完善互联互通设施，保持贸易通道顺畅；深化区域贸易合作机制，培育后自贸区时期贸易新动能；借助亚洲基础设施投资银行及丝路基金助力基础设施建设。

斯普拉巴哈·巴尼亚、纳蒂亚·罗查和米歇尔·鲁塔引的《新丝绸之路对贸易产生的影响——引力模型分析》一文针对陆上和海上运输基础设施改善对可能参与该倡议的70个国家（包括中国）的连通性提升带来的影响开展研究。文章首次尝试结合地理分析和经济分析法来计算“一带一路”倡议实施前后双边贸易的时间。同时利用引力模型和比较优势模型估算双边贸易时间的改善对双边出口价值和贸易模式所产生的影响。在此基础上，将回归模型得出的分析结果与地理信息系统的分析结果相结合，以便量化“一带一路”倡议对贸易产生的潜在影响。文章发现：(1)“一带一路”运输项目将在欧亚大陆地区创造新的陆上和海上联系，将现有运输线路的贸易时间减少2.8%（假设出口商不改变运输方式，即下限情景）到4.4%（假设出口商可以相对容易地切换运输模式，即上限情景）。当基础设施的改善与边境延误减少相结合时，在下限和上限场景中，贸易时间的减少幅度达到7.4%～10.9%。这些结果表明，如果各国实施贸易便利化改革，“一带一路”对贸易时间的积极影响将会放大。(2)“一带一路”基础设施改善可以使“一带一路”经济体之间的总贸易量增加2.5%～4.1%，旨在减少边境延误的政策改革和改善管理走廊的政策改革将对“一带一路”运输项目构成补充。实际上，在经济走廊管理改善的情况下，“一带一路”运输项目使“一带一路”经济体的出口总量增加4.6%，当边境延误减少时，出口总量增加7.2%。最后，我们发现深化贸易协定和改善市场准入将放大“一带一路”基础设施项目对贸易产生的影响，使出口总量达11.2%～12.9%。这说明，如果贸易合作可以与基础设施合作互为补充，贸易收益将进一步放大。(3)“一带一路”对不同国家的影响存在差异性，因为各国连通性的改善程度和出口结构不同。其中，时间敏感性产品和需要时间敏感性中间要素的产品受到的影响最大。最大的贸易收益得益于生产者高度重视并及时交付，使中间要素的贸易时间得到改善。换句话说，那些更加紧密地融入区域和全球价值链的国家往往会因贸易时间缩短而获益更多。

“丝路电商”是经贸合作新渠道和新亮点，近几年发展迅速。张英在其

《“网上丝绸之路”建设视角下中国与“一带一路”沿线国家跨境电商发展路径选择》一文中研究的是中国与“一带一路”沿线国家如何发展跨境电商。文章指出，“跨境电商合作成为‘一带一路’沿线国家经贸合作的新手段，网上丝绸之路是支撑‘一带一路’倡议发展的优先方向”。文章实证分析了中国与“一带一路”沿线国家跨境出口电商和跨境进口电商发展状况，提出以“网上丝绸之路”助推中国与“一带一路”沿线国家跨境电商发展：通过“网上丝绸之路”搭建跨境电商产业合作渠道，通过跨境电商产业合作构建跨境电商良性生态系统圈，通过跨境电商国际规则对接提高跨境电商企业合作效率，通过跨境电商物流国际协作畅通交易商品运输通道。文章认为促进中国与沿线国家跨境电商合作的对策建议有：积极拓展自贸区谈判的领域和范围；加速中欧班列的发展，推进海铁联运进程；全面布局海外仓，推动区域通关一体化；中国推动制定世界海关跨境电商国际规则；协同培养服务于“一带一路”的跨境电商人才。

（四）关于海洋、港口问题的探讨

海洋是21世纪海上丝绸之路合作的基础。2019年从海洋角度探讨21世纪海上丝绸之路的文章主要有：马文婷、史春林的《21世纪海上丝绸之路航道安全保障共生系统构建研究》（《广西社会科学》2019年第9期），于安琪、王诺的《“21世纪海上丝绸之路”集装箱海运网络连通性分析》（《上海海事大学学报》2019年第4期），宫晓婞、吕靖和李辉的《海上丝绸之路关键海峡/运河安全效率研究》（《运筹与管理》2019年第3期），陈天睿、高可为的《21世纪海上丝绸之路背景下我国海权发展战略刍议——基于SWOT分析方法》（《中国公共安全》2019年第1期），杨帆的《“海上丝绸之路”框架下ABNJ海洋治理国际合作机制——以东北大西洋和马尾藻海模式为借鉴》（《战略决策研究》2019年第1期），刘丹的《海上丝绸之路沿线地区航线运营效率研究》（《武汉理工大学学报（信息与管理工程版）》2019年第4期），刘海燕的《海上丝绸之路集装箱航运网络脆弱性影响因素研究》（《中国水运》2019年第2期），郑凡的《从海洋区域合作论“一带一路”建设海上合作》（《太平洋学报》2019年第8期），王军、刘丽娇和王美蓉的《海上丝绸之路集装箱航线网络脆弱性研究》(《中国水运》2019 年第 1 期),乔方利、王关锁和肖斌的《基于自主创新的 21 世纪海上丝绸之路海洋业务化预报产品》(《海洋学报》2019 年第 1 期),张玉强的《"21 世纪海上丝绸之路"倡议下中国南海话语权的提升》(《和平与发展》2019 年第 6 期),等等。

马文婷、史春林在《21 世纪海上丝绸之路航道安全保障共生系统构建研究》中认为构建 21 世纪海上丝绸之路航道安全保障共生系统是一项重要举措,具有重大的现实意义。文章首先界定了 21 世纪海上丝绸之路航道安全保障共生系统的含义,指出 21 世纪海上丝绸之路航道安全保障共生系统是沿线国家为保障航道内活动、环境安全而构建的共生体系,包括航道活动安全保障共生系统和航道环境安全保障共生系统两个子系统。接着文章认为 21 世纪海上丝绸之路航道安全保障共生系统构建的动因有:构建航道安全保障共生系统符合沿线国家发展海运贸易和开展能源运输的要求;构建航道安全保障共生系统可使沿线国家形成合力,携手应对逐步升级的安全威胁;构建航道安全保障共生系统有助于增进沿线国家间互信和友谊。同时也指出由于各参与国政局、社会实力各异,再加上域外因素的干扰,这一系统的构建面临多重障碍:从物质基础层面来看,资金匮乏与基础设施落后导致航道安全保障共生系统构建难以启动或无法维持;从政治层面来看,沿线国家政局动荡不安影响其参与航道安全保障共生系统构建的积极性;从外部层面来看,美国不断动摇部分参与国对航道安全保障共生系统构建的信心。最后文章提出了 21 世纪海上丝绸之路航道安全保障共生系统构建对策:积极拓宽融资渠道,为航道共生系统构建奠定物质基础;联合签订运作法规,为航道共生系统构建提供制度保障;促进经济文化往来,为航道共生系统构建深化情感认同;完善系统运作机制,为航道共生系统构建进行全面指引。

港口是海上丝绸之路上重要的支点。有关港口研究的文章主要有:张新放、吕靖的《21 世纪海上丝绸之路港口体系时空格局演变》(《经济地理》2019 年第 11 期),魏海蕊、贾娜娜的《基于无水港的内陆省参与海上丝绸之路的可持续物流网络》(《系统工程》2019 年第 4 期),王诺、田玺环和赵伟杰的《基于"海上丝绸之路"通道安全的海外港口战略布局研究》(《世界地理研究》2019 年第 5 期)，伍静、张笛和万程鹏的《基于复杂网络的海上丝绸之路沿线港口地位评价》(《交通信息与安全》2019 年第 3 期)，张哲辉、宁涛和闫蕊的《21 世纪海上丝绸之路港口布局优化实证研究》(《中国港口》2019 年第 7 期)，越明、李爽和吕姁婧的《基于节点收缩法的海上丝绸之路沿线集装箱港口网络节点重要度评估》(《中国水运(下半月)》2019 年第 5 期)，徐剑华的《港口联通性指数与海上丝绸之路建设》(《中国远洋海运》2019 年第 5 期)，支晓艳的《“海上丝绸之路”建设下长三角港口物流群协同发展策略》(《营销界》2019 年第 20 期)，等等。

在以上文章中，张新放、吕靖的《21 世纪海上丝绸之路港口体系时空格局演变》一文基于时间和空间两个维度，运用全局和局部空间自相关及改进的时空关联维数等方法，分析 MSR 沿线港口 2000—2017 年的空间分布格局及演变特征，揭示 21 世纪海上丝绸之路沿线港口体系时空格局的演变特征和发展规律，对明确港口投资环境、规划港口布局及海上丝绸之路建设提供理论支持。研究表明:(1)沿线港口分布格局具有空间相关性，集装箱吞吐量差异逐渐缩小，空间格局呈现边缘化特征和俱乐部趋同现象;港口体系集装箱吞吐量重心由欧洲逐渐向亚洲转移，尤其向东亚和东南亚转移。(2)基于空间和时间距离的港口群间的关联性均逐渐增强，且时间关联性增强更明显，演化过程更复杂;港口群间时空关联程度并不完全符合“距离衰减规律”。(3)总体上港口体系出现了层次化分布格局，且部分港口群内出现多枢纽或多门户港口;港口群间联系呈现网络化趋势。根据以上结果，结合 MSR 港口位置及影响经济发展的因素，文章提出建议:(1)MSR 沿线各地政策制度、经济水平差异较大。各地港口管理机构应结合实际情况，根据港口发展演变规律和影响机制，因地制宜，制定切实有效的发展规划，加强同其他港口合作和联系，提高港口软硬实力。(2)MSR 部分地区已出现多枢纽多门户港口并存格局，各港应统筹考虑经济水平、资源等，建立布局合理、错位发展、层次协调的港口体系结构，如国际枢纽港—国家枢纽港—区域枢纽港—区域支线港—区域喂给港等。(3)东亚、东南亚和欧洲是 MSR 核心区，中国作为 MSR 建设的主力军和排头兵，应重点加强与这些地区的联系和合作，同时对 MSR 海运通道中地理位置显著地区，积极参与对该地区港口项目的投资建设。

王诺、田玺环和赵伟杰的《基于“海上丝绸之路”通道安全的海外港口战略布局研究》一文分析认为，科学规划我国在“海上丝绸之路”的海外港口布局具有重要借鉴价值。文章主要考察了海上丝绸之路通道网络安全的海外港口布局，对沿线集装箱港口及航线挂靠情况进行统计分析，探讨了海上丝绸之路主要通道通航受阻时网络连通性的变化。作者根据地缘特点，将海上丝绸之路沿线划分为西太平洋、北印度洋、中东周边和欧洲周边 4 个海域，分别进行了通道安全风险分析；为加强海上丝绸之路运输网络的风险控制，保障其互联互通，结合地缘风险探讨了近年来我国对海上丝绸之路沿线港口投资的分布状况。研究表明，为加强海上丝绸之路的畅通性，应在保障本国港口和周边海域海上通行安全的同时，积极参与全球不稳定因素的治理，进一步加强海上丝绸之路中各个国家间的友好往来；重点加强在莫桑比克海峡和英吉利海峡周围的港口布点；在主动布局各海上通道投资港口的同时，还应不断加强海上军事力量建设，建立海外军事基地，提升海军的远洋能力，增加我国在重要海上通道周边海域的军事存在；积极推动沿线国家的政治互信，促进区域的和平发展。

（五）关于 21 世纪海上丝绸之路建设所面临的各种风险研究

伴随 21 世纪海上丝绸之路建设实践的拓展与深化，其所面临的风险也将是前所未有的。因此理论界从各视角展开了丰富的讨论，寻求解决的方法和思路。主要的文章有：孙思琪、金怡雯的《21 世纪海上丝绸之路邮轮旅游合作法制保障论略》（《中国海商法研究》2019 年第 4 期），王立民的《唐朝法律助力丝绸之路建设》（《法学杂志》2019 年第 12 期），邱煜、潘攀的《“一带一路”倡议与沿线国家债务风险：效应及作用机制》（《财贸经济》2019 年第 12 期），刘家国、崔进的《“21 世纪海上丝绸之路”互联互通建设风险及对策》（《世界海运》2019 年第 8 期），刘家国、郭君雨和崔进的《21 世纪海上丝绸之路沿线国家投资风险研究》（《中国石油大学学报（社会科学版）》2019 年第 5 期），杨泽伟的《21 世纪海上丝绸之路建设重要节点地区的法律问题研究》（《法学杂志》2019 年第 8 期），宋兴洲的《海上丝绸之路建设中航运企业的法律风险对策》(《中国远洋海运》2019年第8期),翟语嘉的《“21世纪海上丝绸之路”框架下能源通道安全保障法律机制探究》(《法学评论》2019年第2期),等等。

以上文章中,研究视角都各不相同。杨泽伟在《21世纪海上丝绸之路建设重要节点地区的法律问题研究》一文中针对实践中的法律问题提出可操作性的观点,现实意义强。文章主要围绕21世纪海上丝绸之路建设明显加快的背景,深入分析研究重要节点地区建设的政治风险及其防范、人员安全保障的法律以及国际合作法律机制的构建等问题。文中首先明确界定21世纪海上丝绸之路建设中重要节点地区的内涵及其选择标准,明确指出“21世纪海上丝绸之路建设中重要节点地区是指在21世纪海上丝绸之路沿线不但地理位置重要,而且能发挥支撑作用,具有重要的国际政治、经济、军事和文化等方面辐射力和影响力的区域或地区。因此,21世纪海上丝绸之路建设中重要节点地区的选择标准,主要是其地理位置和战略价值”。作者在此基础上认定21世纪海上丝绸之路建设中的重要节点地区包括东南亚、南太平洋地区、南亚、中东和非洲等。接着作者深入分析了21世纪海上丝绸之路建设中重要节点地区的政治风险和人员安全风险,并有针对性地提出相关的防范措施。针对政治风险,因有关国家的政治生态不同,所面临的政治风险也不完全一样,具体措施有:建立政治互信、发展国家间友好关系是防范政治风险的关键,善用国际法律制度是防范政治风险的重要手段,中国国内相关法律制度是政治风险防范的最后一道屏障。21世纪海上丝绸之路建设重要节点地区的人员安全保障机制有:充分行使国际法上的外交保护权,完善国内相关法律制度,建立多重的保障体系。接着文章分析了21世纪海上丝绸之路建设中重要节点地区国际合作法律机制的现状,提出上述国际合作法律机制主要有以下两大缺陷:没有专门针对21世纪海上丝绸之路建设中重要节点地区,中国发挥的作用比较有限。为此,作者认为21世纪海上丝绸之路建设中重要节点地区的国际合作法律机制的完善步骤可分为:短期目标是设立“21世纪海上丝绸之路争端解决分中心”,中期目标是成立国际蓝碳论坛与合作机制,长期目标是建立世界海洋组织。最后作者指出,“21世纪海上丝绸之路建设的顺利推进取决于多种因素,鉴于海上丝绸之路建设中重要节点地区具有重要的地理位置和不可代替的战略地位，其既是我们关注的重点，也是维护和拓展国家海洋权益不可忽视的着力点”，并得出结论：21 世纪海上丝绸之路建设各个节点地区之间既有共性也有差异；同一节点地区不同国家对 21 世纪海上丝绸之路建设的态度也不完全相同；打造“海上合作的利益共同体”，实现“包容发展”是发挥 21 世纪海上丝绸之路建设重要节点地区作用的重要保障；应进一步发挥 21 世纪海上丝绸之路建设中重要节点地区的作用，推动全球海洋治理体系的变革。

邱煜、潘攀在其《“一带一路”倡议与沿线国家债务风险：效应及作用机制》一文中用科学严谨的方法，对热点话题、国家债务风险展开研究。文章在古典国内生产总值框架下，引入政府跨期预算约束模型，侧重从偿债压力和偿付能力两个维度，构建数理模型框架，探究“一带一路”倡议如何影响沿线国家债务风险和内在机理。文章指出，“近年来，随着中国国际影响力与日俱增，西方不时抛出针对中国方案的‘阴谋论’，引起了世界各国的广泛关注”。为此，文章同时从理论与实证两个方面探讨“一带一路”倡议对沿线国债务风险的影响，尝试理清“中国方案”的世界价值。数理模型分析的结果显示，“一带一路”倡议对沿线国家的债务风险具有抑制作用，并且“一带一路”倡议会通过缩减沿线国家债务规模和增强沿线国家财政可持续性，进而降低沿线国的债务风险。在此基础上，作者利用 2010—2017 年“一带一路”沿线国家债务数据进行实证检验，发现：(1)中国“一带一路”倡议的确能有效降低沿线国家债务风险，这体现了中国对世界经济的有为与担当。(2)作用机制检验表明，中国“一带一路”倡议主要通过缩减债务规模和增强财政可持续性这两条路径影响沿线国债务风险。(3)进一步研究发现，参与倡议的深度不同，所产生的债务风险抑制效应也存在差异，具体来说，深度参与“一带一路”倡议，即与中国签订共建“一带一路”谅解备忘录的沿线国家债务风险更低。研究结论表明，当前国外媒体宣扬的“中国方案”阴谋论有悖事实，中国非但没有利用“一带一路”倡议对沿线国家施行债务外交，反而能够有效降低沿线国家的债务风险。同时，这篇文章的研究也为鼓励沿线各国积极且深入地参与“一带一路”建设提供了更多经验证据。最后作者认为，上述的研究结论有如下政策启示：(1)继续深化“一带一路”倡议的国际传播。中国政府相关部门应积极开展对外宣传和舆论引导，在国家高层交往中、对外媒体报道中积极宣传“中国方案”的原则主张和“一带一路”建设实实在在的成果，使“一带一路”倡导的合作共赢理念更加深入人心。(2)持续为“一带一路”建设提供坚实可靠的数据和理论支撑。最有效的办法是以科学为支撑，用数据说话，所以中国应鼓励科研、统计机构加强“中国方案”相关研究，为“中国方案”的持续推进提供更坚实的理论支撑和科学依据。(3) 加强“一带一路”建设过程中对沿线国债务风险问题的重视。

综上所述，21世纪海上丝绸之路倡议是一项涉及政治、经济、文化、安全和外交的综合战略，是一项宏大的历史实践。21世纪海上丝绸之路建设顺应了经济全球化的历史潮流，顺应了全球治理体系变革的时代要求，顺应了各国人民过上更好日子的强烈愿望。2019年国家主席习近平在世界和国内重要场合反复阐释和强调“一带一路”发展倡议，积极推动21世纪海上丝绸之路的建设。学术界对此的研究投入之大、成果数量之多也可谓是前所未有，这对宣传和推广21世纪海上丝绸之路理念发挥了积极的作用。但我们也认识到，既有研究仍存在着一些问题，如主题同质化、“蹭热度、赶热点”、泛泛而谈的情况屡见不鲜，总体高水平研究成果不多。特别表现为面对国际社会的许多误解和质疑，现有研究成果还难以做出有说服力的回应；大量的理论研究成果难以指导21世纪海上丝绸之路建设的实践。因此，伴随21世纪海上丝绸之路建设进入高质量发展转变阶段，中国学术界需认真思考，迎难而上，更多关注现实性和可行性的研究，着力解决关键问题，提出更多具有前瞻性和价值的成果，从而更好推动21世纪海上丝绸之路建设走深走实、行稳致远、高质量发展。

（本章作者：姚蕾，宁波大学马克思主义学院副教授；龚缨晏，宁波大学人文与传媒学院教授，“中国南海研究协同创新中心”兼职研究员，浙江省重点文化创新团队“海洋文化研究创新团队”负责人）

第二章　海上丝绸之路东海航线研究

2019 年，海上丝绸之路东海航线历史研究有了进一步推进，相关成果集中于港城、航海贸易、文化交流、外交往来等专题。另有一些论文和著作聚焦于东海航线的航路、人员往来、国族间相互认知等领域。2019 年各地举办了一系列海丝主题研讨会，有力地促进了海丝东海航线研究的深化。相关研讨会包括：由中国海洋发展研究中心和中国海洋大学共同主办的“海洋强国与海洋文化遗产”学术研讨会（4 月 2 日）；由福建省闽南文化研究会、泉州师范学院联合主办的“闽南文化与海上丝绸之路”论坛暨福建省闽南文化研究会（5 月 31 日—6 月 1 日）；在厦门海沧举行的“大航海时代与 21 世纪海上丝绸之路海峡两岸学术研讨会”（9 月 15 日）；由上海师范大学都市文化研究中心、中国史“高原学科”主办的第五届“海洋文明”学术研讨会（10 月 19—20 日）；由中山大学与广东海上丝绸之路博物馆在海陵岛联合举办的古沉船与海上丝绸之路考古国际学术研讨会（11 月 6 日）；由国家文物局、澳门特别行政区政府社会文化司主办，澳门特别行政区政府文化局、中国文化遗产研究院及海丝联合申遗办（广州）承办的“海上丝绸之路国际学术研讨会”（11 月 6 月）；“大航海时代珠江口湾区与太平洋—印度洋海域交流”国际学术研讨会暨“2019 海洋史研究青年学者论坛”（11 月 8—10 日）。下面将具体介绍这一年的研究情况。

一、港口、航路、船舶及航海研究

(一)港口研究

2019年有关海上丝绸之路东海航线港口的成果,以对广州、福建、泉州、宁波、扬州、厦门等港城的历史考察为主,且多为一些散篇文章。需要指出的是,本年度关于港口研究的热度依然呈现出“降温”态势,主要以论文为主,相关专著较少。如胡方的《唐宋沿海港口城市空间形态的演变——以广州、泉州、明州、登州为中心》(《管子学刊》2019年第2期)一文考察了唐宋时期沿海港口城市空间形态的演变。胡方认为,“港口所带来的人流物流聚集和财富增长促进了城市的发展,也引导着城市空间的拓展方向”。沿海城市依托港口,自发形成“综合航运交通与商业贸易为一体的城市经济功能区”,从而使得沿海城市空间形成了复合式格局,即“子城以官署为核心的规整布局与外城街道沿水道自然发育而成的随机布局相容并立,礼制秩序的官府社会与自由开放的民间社会互融共生”。

张剑光的《宋元之际青龙镇衰落原因探析——兼论宋元时期上海地区对外贸易的变迁》(《社会科学》2019年第3期)考察了宋元时期青龙镇衰落的原因。作者认为,青龙镇衰落的真正原因是宋元时期政策不同,一方面是南宋时期施行的政策导致了青龙镇商船越来越少,青龙镇商品集散中心地位下降;另一方面是元政府重视沿海港口运输粮食,而忽视内河航运,因而青龙港地位的下滑是综合影响的结果。

泉州是中国著名的港口城市,因海外交通贸易而闻名于世。陈冬梅的《全球史观下的宋元泉州港与蒲寿庚》(《复旦学报(社会科学版)》2019年第6期)一文从全球史观的宏观和整体视野角度,将宋元时期的泉州港放到世界的历史坐标系中,探索其成为“世界第一大港”的原因。同时,作者分析了蒲寿庚在海上丝绸之路中所扮演的角色,以期在全球化的今天和海洋强国的世界格局下,客观地评价蒲寿庚,更全面地理解宋元时期泉州港的世界性学术价值和重要地位。

朱嘉仑的《论宋元时期泉州港的兴起与衰落》(广东省社会科学院硕士学位论文,2019 年)则从宋元长时段考察泉州港的兴衰。文中作者指出,"南方的社会经济全面发展,尤其是中原地区人口迁徙、泉州地方社会的经济开发,泉州港在唐代崭露头角。两宋时期,泉州港吸引大量海商,海外贸易日趋繁荣"。到元代时期,泉州港被誉为"东方第一大港",是"梯航万国"的"东南巨镇"。但是,由于元末战乱破坏和明初贸易政策改变,泉州港逐渐衰落,沦为地方性小港。

南京得益于政治优势,因而成为海上丝绸之路的重要城市,如殷洁的《明代南京海上丝绸之路史迹研究综述》(《学海》2019 年第 6 期)一文所言,南京作为明王朝的政治、经济和文化中心,决定了南京成为中外交往的核心地带,现存的造船厂、郑和墓、洪保墓、浡泥国王墓等多处遗迹也印证了南京是中国历史文化名城中受海上丝绸之路影响较为直接、显著、深远的一座城市。郑和七下西洋共访问国家 30 多个,带去大批中国的丝绸、瓷器、铜铁器等生活用品和生产工具,也带回到访国家的宝石、特产、香料等,不仅开辟了中国到东南亚直至非洲 10 万余里的航线,更为重要的是打开了与亚非各国文化、贸易交往的大门,横贯东西的海上丝绸之路为沟通东西方文明、促进不同民族相互交流和合作做出过重要贡献。

扬州自古繁华,是海上丝绸之路上重要的港口城市。马越的《隋唐时期扬州佛教文化沿海上丝绸之路的传播》(《文化学刊》2019 年第 3 期)一文探讨了隋唐时期扬州佛教文化得以传播所具备的经济与交通资本,作者认为扬州作为连接陆上丝绸之路和海上丝绸之路的贸易古港,"成为佛教发展的重镇,凝聚了海上丝绸之路佛教文化传播与交流的共同记忆"。韩春鲜、光晓霞的《唐代扬州海上丝绸之路的商贸与文化交流》(《唐都学刊》2019 年第 2 期)从两条线索探究了唐代扬州的对外交流:一是从国际贸易视角,考察了唐代国际化都市扬州依托陶瓷和铜器等大宗商品与沿海国家进行商业贸易的情况;二是扬州是宗教文化交流中心,一方面佛教东传对日本文化影响深远;另一方面伊斯兰教文化随胡商传入扬州,对扬州当地文化产生了一定影响。

千古福州,江海相通。福州凭借着优越的地理环境与当地向海而生的习俗，因而有与海洋及海外贸易相关的文物史迹。卢晶的《福州涉海文物史迹综述》(《福建文博》2019 年第 2 期)一文考察了福州自唐至明的港口、码头、塔以及与海外贸易或管理有关的机构、人物和货品等传承有序、特色鲜明的涉海文物史迹群。谢忱、林燕喜的《万国津梁——福建与琉球》(福建教育出版社，2019 年)一书主要考察福建与琉球之间的政治、经济、文化、生活习俗、宗教信仰、人员往来等方面的交流发展。黄荣春的《闽越国都城与东冶港》(《福建史志》2019 年第 2 期)一文考察了闽越国都城东冶(今福州)的情况，闽越人习于水斗，便于用舟，闽越国时期，东冶歧海已被闽越国开辟为港，即东冶港。作者在文章中指出了东冶港四至范围：南自大庙山，北至新店古城，东自金鸡山，西至牛头山。

毕旭玲的《明清以前古徐州港口群的历史重构——基于古代海上丝绸之路发展视野的考察》(《徐州工程学院学报(社会科学版)》2019 年第 4 期)一文试着重构明清以前古徐州港口群的历史。作者从上时段出发，将古徐州地区的港口追溯至原始社会，认为“徐夷建立徐国以后，随着地形地貌的变迁，古徐州境内海港逐渐为内河港口所替代，泗水港与下邳港是其中的代表。正是由于这些内河港口所发挥的作用，徐州港口群成为古代海上丝绸之路的重要组成部分”。

薛广平的《文物考古视野下的青岛“海上丝绸之路”文化遗产》(《中国港口》2019 年第 S1 期)则从文物考古视野考察了青岛海上丝绸之路的文化遗产。作者认为，青岛是我国沿海的重要贸易港口，自古就是海上贸易往来和文化交流的重要门户，是海上丝绸之路的节点之一。作者提议加强青岛海丝文化遗产研究，开展系统考古工作，形成有价值的研究成果，这对于充分展现青岛的海洋文化底蕴，促进青岛加快融入国家“一带一路”建设具有重要意义。

连云港是海上丝绸之路、陆上丝绸之路的节点、交汇点。古龙高、周一云的《连云港传：结缘丝路两千年》(新星出版社，2019 年)一书较为详细地探究了秦汉以来连云港在“一带一路”上承担的责任与意义。刘璐的《秦汉水运交通研究》(湘潭大学硕士学位论文，2019 年)考察了秦汉时期的水上交通。作者认为，秦汉时期，出于政治、军事等方面的需要，中央与地方分别设有不同的造船机构，逐渐形成了几个重要的造船地区。基于造船技术进步，秦汉时期，不论是内河航运还是海上交通都取得了发展。作者考察了秦汉时期海上航运得以发展的两个原因：一方面是帝王对于出海寻仙的强烈愿望，另一方面则是为了扩大政治影响、宣扬国威。同时，作者认为秦汉时期随着天文知识的丰富，掌握季风气候的规律，为海上航行提供了有利条件，促进了中国与周边国家和地区的联系。作者结合徐福东渡和南海丝路进行考察，证明海上航运确实促进了东、西方的经济和文化交流。

新加坡学者吴振强的《厦门的兴起》（厦门大学出版社，2019 年）一书主要考察了厦门逐渐兴起的过程。清朝时期，厦门作为一个沿海贸易港口兴起的过程及其在沿海贸易中的地位，向我们揭示了厦门作为海上丝绸之路重要港口的历史逻辑，展示了厦门乃至闽南政治、经济、文化和社会风俗的生动细节。对于我们今天深度认识厦门商港由来之路及其在“一带一路”中的地位和作用，制定未来厦门城市发展战略具有重要的参考价值。

（二）航路研究

2019 年海上丝绸之路东海航线的研究成果，主要涉及中日、中琉、中韩之间古代航路的发展状况。

黄丽生的《明清时期鸡笼的航路叙事与澎湖针路簿〈海不扬波〉》（《南海学刊》2019 年第 4 期）一文探讨了明清时期的“鸡笼”航路。鸡笼位居台湾海峡的澎湖群岛，发挥联结台海、渤海、黄海、东海与南海的关键作用，是从福建出发经“东洋航路”向北到琉球、日本，向南到吕宋（菲律宾群岛），以及由吕宋及南海各国到日本的航线地标和中继站。在文章中，作者以澎湖仅存的针路簿《海不扬波》为例，检视传统民间船家如何以澎湖为中心来往于各海域。

朱亚非的《论古代北方海上丝绸之路兴衰变化》（《山东师范大学学报（人文社会科学版）》2019 年第 6 期）一文考察了古代北方海上丝绸之路的兴衰变化。“北方海上丝绸之路”主要路线是“自山东沿海经过辽东半岛再沿朝鲜西海岸南下，渡过对马海峡进入日本九州地区”，作者认为该路线“早于汉武帝时张骞出使西域开通的丝绸之路和南方海上丝绸之路”，在中国历代与日本和朝鲜半岛的交往中起到了重要作用，尽管经历了曲折的发展历程，然而始终没有间断并一直延续下来。

周运中的《汉代道士航海史钩沉》（《中国港口》2019 年第 S1 期）一文对汉代道士航海史进行了考察，作者在文章中分别对琅琊人宫崇、徐福，福建人徐登，浙江人赵昺等人的生活经历进行了较为详细的叙述。同时，作者认为东汉时福建霍童山因为草药成为道教圣地，引进了海外的芝麻，很多北方道士从海路来到霍童山。

李效杰的《唐代东亚海上交通网中的“德物岛”海域》（《烟台大学学报（哲学社会科学版）》2019 年第 2 期）一文对唐代东亚海上交通网中的“德物岛”海域进行了辨析。作者认为，由于唐代中国人对朝鲜半岛海洋地理的了解受到认知不清晰、信息来源不确定、信息翻译和传播过程中存在偏差等因素的影响，形成了不同史籍中“德物岛”和“得物岛”这两个音同字异的名字，以及不同语境中的不同地理指向，实际上这两个岛分别指的是今韩国大阜岛和德积岛。唐代时“德物岛”在东亚海上交通中具有十分重要的地位和作用，其海域是唐代东亚海上交通的“十字路口”。李孝聪的《中外古地图与海上丝绸之路》（《思想战线》2019 年第 3 期）一文考察了东方与西方之间的海上交通往来。作者认为“这些古地图还清晰地反映了古人对海上岛屿的认识的形成过程，由此可以证明中国对黄岩岛和西沙群岛所拥有的主权有着明确历史依据”。

李学东的《陆运还是海运：隋唐征高丽粮运方略嬗变探讨》（《西安文理学院学报（社会科学版）》2019 年第 2 期）一文是考察隋唐征高丽时期的粮运路线问题。作者在文章中指出，不同时期粮运方式的调整又受到征辽策略变化的影响。隋开皇十八年（598 年）与唐贞观十八年（644 年）陆上进讨为主的对策使得粮运以陆路运输为主；隋炀帝征伐高丽以陆军承担重任，加之大运河的贯通，出现了陆运、漕运并重的粮运方式；贞观十九年（645 年）唐丽战争后，唐廷逐渐转变了作战策略，改以水军进攻为主，海运军粮也随之受到前所未有的重视，渐趋成为主流的运粮方式。

赵琪的《元至明初的刘家港与海上丝绸之路》（《苏州科技大学学报（社会科学版）》2019 年第 3 期）一文考察了元至明初的刘家港与海上丝绸之路

的密切关系。作者认为,元代海漕的兴起是刘家港发展起来的直接原因,间接原因是元朝鼓励海外贸易的政策。明朝初年,刘家港因水文条件好、港口配套设施完善等原因,成为郑和下西洋的始发港。

高腾的《元代海道都漕运万户府研究》(浙江师范大学硕士学位论文,2019 年)一文主要考察元代海道都漕运万户府的问题。作者在文章中认为元代海道万户府经过来了多次变革,主要体现在:一是在机构整合中,精简机构。大德七年,朱、张案发罪诛后,万户府被合并为一,统领 11 个千户所。至大四年,11 个千户所合并为 7 个千户所。二是海运官员升迁的变化。海运初兴时期正官和千户多从南人中选任,且多数在任官之前有参加海洋活动的经历,官员之间也有较强的亲缘关系。朱、张案发后,海运官员多从浙东沿海地区选任。在元中期平稳运行时期,正官的选任具有较明显的族群色彩。作者在文章中指出,虽然"元代海道都漕运万户府为承运机构的海运制度保障了京都的粮食安全,加快了东南滨海地域的开发,加强了南北方之间的交流往来,而海运带动的新航线的开辟、造船技术、航海知识的进步也一定程度上推动元代的海洋经营进入新时期",但是,元代海运也导致种种弊端,如"海运漕粮征收以江浙行省为主,令当地民众背负沉重的劳役、赋税负担,而元末海运在管埋上的腐败又使此加剧",等等。

孙靖国的《〈山东至朝鲜运粮图〉与明清中朝海上通道》(《历史档案》2019 年第 3 期)一文以中国第一历史档案馆收藏的一幅清代彩绘地图《山东至朝鲜运粮图》为资料,考察了明清时期直隶、山东、辽东等地以及它们与朝鲜之间的海上航线。《山东至朝鲜运粮图》是明清海上丝绸之路的重要文献依据。曾少聪的《东洋航路移民——明清海洋移民台湾与菲律宾的比较研究》(江西高校出版社,2019 年)主要探究明清时期中国大陆移民前往中国台湾与菲律宾社会、经济和文化发展的异同。陈晓珊的《沧海云帆》(社会科学文献出版社,2019 年)也是聚焦探究明代的造船与航海技术、海洋运输等海洋事业中的若干问题。该书主要分为上下两部分,第一部分主要以古代西太平洋和印度洋的造船与航海技术为研究对象,探究了因海上丝绸之路而出现的技术交流和文化传播现象;第二部分则是研究明代北方海洋运输以及边疆管理和经济发展等问题。

此外，肖宪的《海上丝绸之路的千年兴衰》(中国书籍出版社，2019 年)则是较为系统地介绍了中国近千年的海上丝绸之路形成、发展、繁盛到近代衰落的历史。李智君的《天地之气交逆——明清时期的风信理论与航海避风》(《海交史研究》2019 年第 3 期)一文探究明清时期的风信理论与航海避风相关问题。文章指出，古人已基本掌握了飓风活动的各种现象和规律。为了规避风险，沿海地区的近岸航线，每隔一段距离，就会设立一个避风澳，一旦遭遇大风，就能在最短的时间内，入澳避风和樵汲。航海时间选择上也主要从一年之内的不同季节和一月之内的暴日分布两个方面着手，选择最佳的出航时间，避开大风天。福船的抗风技术，早在郑和下西洋之后，已基本成熟。至清代，政府为了防止民众私自出洋，严格控制船舶的规模和造船技术。[①]

(三)船舶及航海研究

2019 年古代船舶及航海研究的成果数量和研究内容与近年相比，并无太多变化，但也呈现出一些新亮点。学界推出了有关海上丝绸之路上沉船的最新研究成果，嘉惠学林。“南海Ⅰ号”是迄今为止发现的海上沉船中年代最早、船体最大、保存最完整的远洋贸易商船，也是古代海上丝绸之路的重要见证，一直都受到学界重点关注。李庆新的《“南海Ⅰ号”与海上丝绸之路》(北京语言大学出版社，2019 年)是介绍“南海Ⅰ号”与海上丝绸之路的最新成果。作者依据有关史实资料和考古事实编写而成，有助于向人们展示除陆上丝绸之路之外的海上丝绸之路。钟林姣编写的《宝船沉海》(大连出版社，2019 年)主要以“南海Ⅰ号”沉船的发现为线索，描述了当年海上丝绸之路的繁荣景象。宋朝时海上丝绸之路达到了鼎盛时期，中国造船和航海技术大幅提升，同世界 60 多个国家有直接的海上商贸往来，这反映了中华民族认知和征服海洋的强烈愿望。杨晶晶的《宋代景德镇青白瓷外销研究——以“南海Ⅰ号”沉船为例》(景德镇陶瓷大学硕士学位论文，2019 年)主要探究了“南海Ⅰ号”沉船出水的外销瓷器，作者借助考古发掘报告对已出

---

① 此外，造船技术的相关研究还有，张洁：《明代造船技术的社会动力探析——基于明代造船技术文献的考察》，山西大学硕士学位论文，2019 年。

水的“南海I号”沉船中的景德镇青白瓷的已有研究成果、分布从出水瓷器的器型、纹饰、釉色三个方面进行了深入分析。

中国航海博物馆的《器成走天下·“碗礁一号”沉船出水文物大展图录》(文物出版社,2019 年)则从“碗礁一号”沉船遗址中精选文物 200 余件进行展示,这些是中国向外出口瓷器的代表,不仅意味着古代先民拥有高超的瓷器生产技术,也代表了一定时期我国民间的审美意境。宁波市文物考古研究所的《“小白礁Ⅰ号”清代沉船遗址发掘报告》(科学出版社,2019 年)一书围绕着宁波“小白礁Ⅰ号”清代沉船考古发掘展开,是针对项目考古成果和最新研究动态的学术总结报告。

范佳楠的《新安沉船与 14 世纪的中日海上贸易》(《自然与文化遗产研究》2019 年第 10 期)一文主要探究了新安沉船与 14 世纪的中日海上贸易情况。作者从考察宋代移居日本博多的宋商纲首对海上贸易的经营出发,对新安沉船的船体结构及龙骨附属物、出水日本遗物及紫檀木上所刻的记号进行观察和研究。作者认为“北条氏所领的镰仓幕府很可能直接参与了新安沉船贸易”。孟原召的《40 年来中国古外销陶瓷的发现与研究综述》(《海交史研究》2019 年第 4 期)一文是对 40 年来中国古外销陶瓷的发现与研究,是学界对陶瓷窑址、水下沉船、海外遗址等研究的视野的不断拓展、新技术方法应用的成果总结。

总的而言,有关 2019 年海上丝绸之路东海航线港口、航线和船舶的研究成果并不多,主要的相关著作还是以科普、推介为主,这对海上丝绸之路的宣传起到了积极作用。[①]

二、航海贸易、海洋行政研究

(一)航海贸易研究

2019 年有关海上丝绸之路东海航线航海贸易方面的成果覆盖的专题

① 此外,还有关于古代中国海洋意识方面的研究,如陈绪石:《士大夫的海洋书写与近代国民的观念转变》,《学术探索》2019 年第 4 期;王子今:《〈论衡〉的海洋论议与王充的海洋情结》,《武汉大学学报(哲学社会科学版)》2019 年第 5 期;赵志刚、林一宏、滕春霞:《中国古代海洋安全意识管窥》,《军事历史》2019 年第 3 期。

包括:航海贸易与东亚关系、东亚货币、水路运输与海上贸易、海外贸易管理体制、海商,等等。另有一些文章专门论述中日、中韩、中荷特定时代的海上贸易状况。以下依次做介绍。

就相关著作而言,冯立君的《唐朝与东亚》(社会科学文献出版社,2019年)主要是探究唐朝与东亚之间的交流。有关章节以唐、新罗、日本对外贸易机构为中心进行多边、多视角比较研究。首先分析唐代中国、新罗、日本三国间贸易的环境和形态,认为东亚多边贸易的形态特点为:由朝贡贸易向商人贸易过渡,出现规模化与体系化的区域贸易特点。其次分析三国外贸机构:唐代押新罗渤海两蕃使专门负责对新罗、渤海两国的贸易,不独立行使职权。清海镇是为新罗设置的军镇,后成为经营和管理海上贸易的大本营。大宰府是直辖西海道的最高军政机关,兼管使臣及对外贸易事务。最后通过三国贸易机构比较,透视出东亚贸易关系与以往研究截然不同的细节和信息。

谢忱和林燕喜合撰的《万国津梁——福建与琉球》(福建教育出版社,2019年)论述了琉球自明朝洪武年间与中国建立的正式邦交关系,一直延续到清朝,两国始终保持着友好关系,从未间断。该书作者借助200余张照片展现两国在政治、经济、文化、生活习俗、宗教信仰、人员往来等方面的交流发展。《琉球国志略》(商务印书馆,2019年)是清人周煌著,陈占彪校。该志书主要是记录琉球国的历史、地理、风俗和人情等方面的情况,可作为研究中国和琉球友好往来及琉球古代历史的重要参考资料。

徐晓望的《大航海时代的台湾海峡与周边世界》(九州出版社,2019年)是一部以中国海商为线索的东亚海洋史,共分4卷,分别叙述了明代前期的华商与贸易、晚明环台湾海峡区域与周边世界的概况,并分析了晚明时期环台海区域的泉漳模式以及明末清初东亚发展与危机。其中《海隅的波澜——明代前期的华商与南海贸易》(第1卷),共有9章,主要研究郑和远航、明代前期的海禁政令与海洋产业、明代中叶私人海上贸易的发展、明代中叶华商在南海的商业网络等。《东亚的枢纽——晚明环台湾海峡区域与周边世界》(第2卷),共有12章,该卷重点是写晚明时期环台湾海峡区域与周边世界的贸易关系。在第三至五章,作者探究了中国与葡萄牙之间的贸易往来,也探究了明代嘉靖年间的海禁和海洋政策。在第九至十二章,作者主要是考察晚明时期,沿海地区与西班牙、日本、琉球等国之间的贸易往来。陈晓珊的《沧海云帆》(社会科学文献出版社,2019 年)一书探究了明代海洋贸易,主要描写了明代造船与航海技术、海洋运输和由此带来的边疆发展等内容。同时,作者也考察了明代北方海洋运输的细节,以及因此产生的边疆管理和经济发展等问题。

冯丽红和刘海玲合撰的《清代海外贸易制度研究》(北京工业大学出版社,2019 年)一书主要探究了清代海外贸易的相关体制、制度、政策,海外贸易政策制定的原因以及对当时社会所产生的影响。作者在书中认为"清政府制定了控制、限制、阻遏甚至摧残为基本特征的对外贸易法制,虽然在外贸法规制定和外贸制度建设的技术层面较前代有了很大的创新,但是却摧残了对外贸易的健康发展"。

宫凌海和郑微微撰写的《浙东传统海商家谱研究:东海西岸传统海商家谱文献整理与研究》(上海交通大学出版社,2019 年)一书主要考察了浙东海商家族,作者从两个方面展开:一是对有关海商家谱的考证、介绍和分析,探讨海商家谱的文献价值;二是围绕海商家谱和海商家族的相关问题作专题研究和讨论,通过海商家谱透视浙东海洋文化的历史传统与特点。陈东有的《走向海洋贸易带:近代世界市场互动中的中国东南商人行为研究》(江西高校出版社,2019 年)一书主要考察了 16—19 世纪中叶中国沿海地区商人与近代世界市场的互动行为。作者认为"由中外商人共同的趋利动机形成了这一时期的经济互动",促使中国东南地区商镇城市和物流商路构成点线相结合的贸易带,带动了适应世界市场所需的商品生产经济板块,这对中国海洋社会经济进入新的历史发展阶段进而促进中国社会经济发展变迁起到了重要作用。但是,作者也指出中国海洋贸易主要还是被动的,该时期存在着缺点,特别是"落后保守的社会制度环境压抑打击了他们的积极性,束缚和限制了他们的活力"。正是自身的弱点,导致了"中国不断地失去机遇,越来越弱小,而依靠海洋发展起来的欧洲海洋列强越来越强大"。

连云港作为海上丝绸之路、陆上丝绸之路的节点、交汇点,既具备开放性、国际性的特质,亦历史悠久,底蕴厚重。古龙高和周一云的《连云港传:

结缘丝路两千年》(新星出版社，2019 年)紧紧围绕着连云港历史上丝绸之路、海上丝绸之路的发展轨迹展开探究。作者指出在秦汉以后的 2000 多年来，连云港一直都是对外交流的重要窗口。在新时期"一带一路"政策的支持下，连云港将有更大的发展空间，也肩负着对外交流的重任。

王新天的《中国东南海洋性瓷业的历史进程》(天津古籍出版社，2019 年)一书主要围绕着"东南地区海洋性瓷业的历史进程"主题展开，作者凭借着考古学与历史学的跨学科研究，将东南沿海的陶瓷考古置于环中国海海洋社会经济史的宏观背景下，探究环中国海文化体系对海洋性瓷业格局的影响，考察海洋性瓷业的技术形态与文化内涵，研究东南地区区域地理与人文在东南海洋性瓷业形成过程中的重要作用。

此外，苏智良主编的《海洋文明研究》(第 4 辑)(中西书局，2019 年)是由 20 篇论文组成的论文集，所收录的论文主要集中探讨我国明清时期海防意识的产生与转变以及近代以来长三角城市的崛起发展等问题。

我国古代是瓷器生产大国，不仅制造瓷器的技术高超，且瓷器一直都是海外贸易的大宗商品。这方面的研究有：魏建钢的《唐代"海上丝绸之路"兴起的原因分析——以越窑"秘色瓷"出口为例》(《世界地理研究》2019 年第 5 期)，李京花的《高丽瓷枕——兼谈高丽与唐宋制瓷业的交流》(《文物天地》2019 年第 9 期)，曾晶、袁早华的《溯源景德镇青花瓷的海上丝绸之路》(《陶瓷研究》2019 年第 6 期)和陈宁的《明代前期"海禁"背景下的民间走私瓷器贸易》(《陶瓷研究》2019 年第 1 期)等。

魏建钢认为，从唐代中后期开始产于浙江中北部地区的越窑"秘色瓷"成为该时期贸易大宗，自唐至宋持续近 300 年。作者在文中指出"秘色瓷"以碗、罐、壶等日常用具为主，销售范围有朝鲜、日本、菲律宾、越南、印度、伊朗、坦桑尼亚、埃及等沿海国家。"秘色瓷"主要由明州(今宁波)港经 3 条贸易航线出口：东北航线，贸易方向为东亚；东南航线，贸易方向为东南亚；西南航线，贸易方向是南亚、西亚和非洲东部地区。在文章中，唐代中国开辟海上贸易通道的主要原因有 4 点：其一，陆上中国通往西亚的丝绸之路被切断；其二，"秘色瓷"具有质重、量大、易破碎的特点，不宜陆上运输；其三，唐人已掌握海船制造和远洋航海技术；其四，唐朝有支持海外贸易的优惠政策。李京花在文章中指出，高丽在9—10世纪初期完成了从陶器工艺向瓷器工艺的转换，到12世纪初期，高丽青瓷的烧制技术逐渐走向成熟，镶嵌青瓷、翠色青瓷处于完成阶段。作者认为，高丽制瓷业技术的发展得益于宋元之际的海上"陶瓷之路"，宋元之际出口外销瓷器的同时，中国的制瓷技术和古代发明也传播到了海外。

曾晶、袁早华认为景德镇的青花瓷得以大量销往海外，也正是因景德镇的青花瓷获得海外消费者的认同，让"世界认识了中国以及中国的陶瓷文化"，不仅促进了"各国间的政治、经济、文化、技术的交流"，还影响到了"人们的生活习惯和审美方式，也促进了世界制瓷业的发展，还使得同一时期全球陶瓷工艺及艺术得到多元提升"。陈宁从明朝前期"海禁"政策视角出发，考察了该时期中国民间瓷器对外走私贸易状况，作者认为明代前期，朝廷实行严厉的"海禁"政策，多次颁布"禁海令"，并制定一系列惩罚措施，致使民间商民的海外贸易受到严重影响。

此外，还有相关学位论文对我国古代瓷器问题进行深入探究，如杨晶晶的《宋代景德镇青白瓷外销研究——以"南海Ⅰ号"沉船为例》（景德镇陶瓷大学硕士学位论文，2019年）、李思辰的《宋代外销瓷的历史语境——以斯里兰卡与"南海Ⅰ号"出土的宋瓷为例》（中国艺术研究院硕士学位论文，2019年）、潘伟的《明代海上丝绸之路对景德镇青花瓷纹饰的影响》（景德镇陶瓷大学硕士学位论文，2019年）、郭超的《明清销往欧美的中国外销纹章瓷的艺术研究》（中国美术学院硕士学位论文，2019年）等。

杨晶晶主要从南宋"景德镇青白瓷"外销视角，考察已出水的"南海Ⅰ号"沉船中的景德镇青白瓷，从景德镇瓷器的器型、纹饰、釉色三方面分析该时期景德镇出口的青白瓷的时代特征，同时采用对比的方法，将"南海Ⅰ号"沉船中的瓷器与"德化窑"青白瓷和"华光礁Ⅰ号"的瓷器进行比较，从时间纵线上全面分析当时景德镇青白瓷外销的风格特点。作者的目的是更清晰地确定南宋景德镇青白瓷在宋代陶瓷外销贸易中的比重和地位。李思辰则是以外销瓷的历史语境考察斯里兰卡与"南海Ⅰ号"出土的宋瓷。作者以宋代外销瓷作为线索，将中国历史与世界历史联系起来，以此确立一个更为完整的宋代外销瓷的历史语境。作者指出，"宋代外销瓷带来的文化冲击，可为世界史的书写提供极具启发性的题材”。宋人的制瓷技术和审美风格，促使“宋代瓷器走上了一个全新的高度”。更为重要的是，作者认为，“对海外消费者的需求而言”，宋代瓷器的生产者更注重“国内消费者的喜好”。潘伟则是在“海上丝绸之路”视角下，探究明代景德镇青花瓷海外贸易。作者认为受到海外市场的影响，景德镇青花瓷纹饰有多方面表现形式。作者对西亚阿拉伯国家市场、东亚邻国及东南亚国家市场和欧洲国家市场三个海上丝绸之路上的主要海外市场进行分析，认为“西亚阿拉伯国家的宗教信仰、东亚邻国及东南亚国家的文化交流和欧洲国家的社会审美”是影响景德镇青花瓷纹饰产生的主要因素。郭超则在明清时期中外瓷器贸易和文化交流的背景下，探究了销往欧美的中国纹章瓷的艺术设计方面问题。论文前两部分主要是对相关概念的厘定和学术史的梳理。在第三部分中，作者主要是将明清时期销往欧美的中国纹章瓷按照类别分成了陈设器和日用器，罗列了这两类器物的器形种类。同时，作者认为是社会文化和生活方式两方面影响了中国外销纹章瓷器形。在论文最后，作者认为是政治因素和制作工艺因素影响了中国外销纹章瓷纹饰。

谢明良的《贸易陶瓷与文化史》（生活·读书·新知三联书店，2019 年）主要是从亚洲视野探究陶瓷贸易及文化交流的。中国航海博物馆则主编了《器成走天下："碗礁一号"沉船出水文物大展图录》（文物出版社，2019 年），从“碗礁一号”沉船遗址中发掘的出水文物 17000 余件中（大部分为青花瓷器，少量青花釉里红器、五彩器、单色釉器等）精选文物 200 余件，收录书中进行展示。

此外，刘云霄的《从百济遗址中的中原陶瓷器看百济与中原文化交融》（延边大学硕士学位论文，2019 年）一文则主要集中考察百济陶瓷器对古代中国制造陶器技术的吸收借鉴。作者认为，百济与同时期的中原王朝在政治、经济、文化方面交往频繁，促进了百济本土陶器发展和中原陶瓷器发展。作者强调“百济对中原文化的追求不仅是对先进文化的吸收，还是对中原王朝的重视。百济吸收先进的中原陶瓷器文化，并在此过程中融合自身的审美逐渐本土化，这是百济重视文化和精神提升的体现”。

何雨田的《清代外销银器研究》（湖南师范大学硕士学位论文，2019 年）

则主要探究清代外销银器的问题。作者主要从经济、社会和文化的角度分析清代外销银器形成的背景，认为清代政府的海关贸易政策成为外销银器产业形成的重要影响因素。外销银器产业的崛起标志着清代外销银器形成产业链，并成功地开拓海外市场。清代外销银器以西式实用器形结合独特的中国传统纹饰，形成“中体西用”的独特风格。它不仅承载了中国传统文化精神内涵，还是中国文化在西方国家引起各阶层潮流风尚的历史见证。清代外销银器的款识、纹饰十分丰富，具有宝贵的文化价值。精美绝伦的制作工艺是清代银器的工艺水平和中国工匠精神的见证。具有鲜明时代特征的款识意味着清代外销银器产业和工匠具有商业价值和一定的产品保护意识，反映了中西文化交往过程。

自明朝开始，琉球就与明清往来密切。2019 年有关琉球的最新研究有：刘旭康《明代琉球转运贸易兴衰探因》（《惠州学院学报》2019 年第 2 期），李健、刘晓东的《洪武十六年明朝往琉球“市马”的目的探析》（《海交史研究》2019 年第 1 期）和刘旭康的《1419—1570 年琉球与东南亚贸易交往分期探析》（《浙江海洋大学学报（人文科学版）》2019 年第 4 期）。刘旭康在《明代琉球转运贸易兴衰探国》中探究了明代琉球转运贸易兴衰变化的原因，作者认为琉球转运贸易兴盛得益于“统一的王国体制、明朝厉行海禁政策、明政府的各种优遇政策以及有利的贸易环境”。但由于时局变化，琉球转运贸易也出现衰落，其原因是“西人东来的压力、明朝开放海禁而华商崛起、琉球本身的产业缺陷”。刘旭康另一篇文章则明确了琉球与东南亚地区的贸易交往是琉球实现其中介贸易繁荣的必要因素。作者指出琉球与东南亚地区的交往大致可分为两个时期：一是 1419—1510 年的贸易扩张期；二是 1511—1570 年的贸易回缩期。作者认为琉球贸易之所以衰退，主要是琉球转运贸易先天不足而绝对依赖外部环境的特性所致。

李健和刘晓东探究了洪武十六年明朝往琉球“市马”的目的。作者认为明朝往琉球“市马”的目的是“构建东北亚地缘政治秩序”，作者从 3 个方面进行了分析：“其一，借市马巩固与中山的关系，并暗自削弱中山的军事实力，维持三山均势，进而以贸易之利吸引山南、山北入明朝贡；其二，反向利用琉球的情报传递渠道，与索要岁贡马匹、军事威胁等政策相互配合，拆解高丽与北元及纳哈出的关系，逼高丽彻底地倒向明朝；其三，联动影响日本国内的马匹流通，加剧日本政府的紧张感。并以大规模海军舰队出使，在往返途中就剿捕倭寇。”

李子贤的《明清中琉贸易中的勘合文书》(《浙江海洋大学学报(人文科学版)》2019 年第 3 期)一文主要考察了琉球国在明清时期与中国贸易中的勘合文书。作者指出，琉球“勘合文书使用时间长，发放数量巨大，并且是由琉球国自身所制作的”。这也说明明清时期琉球与明清两朝之间贸易往来密切。

唐宋时期，我国与东亚各国之间贸易往来密切。胡梧挺的《“南海之昆布”:唐代东亚昆布的产地、传播及应用》(《中国历史地理论丛》2019 年第 3 期)主要探究东亚地区昆布的产地和贸易。作者在文章中指出，“唐代东亚昆布主要分布于渤海国南海府、龙原府、安边府，新罗良州东莱郡，日本陆奥国等沿海地域。唐代东亚昆布主要由新罗和渤海国流向唐朝，而日本的昆布却并未流向唐朝。昆布在唐代东亚各国的应用略有不同:在唐朝主要用作药材；在新罗和日本主要作为食品，也兼做药材；在渤海国则被视为珍贵食品，同时渤海人也已了解其药用价值”。

郝洪熠的《日本 10—13 世纪宋代渡来钱流通情况研究》(中央民族大学硕士学位论文，2019 年)主要探究了日本 10—13 世纪宋代渡来钱流通情况。伴随着 10—13 世纪宋代中日两国间航海贸易的发展，渡来钱逐步传播到日本，凭借其稳定的币值和良好的质量，最终在 13 世纪末成为日本的主要流通货币。在文章中作者考察了九州、四国、本州、北海道四地的渡来钱出土遗址。作者统计得出:“在约 300 处出土渡来钱的地点中，共计有出土渡来钱约 437 万枚，而且从日本南部的九州地区到北部的北海道地区，共计发现了 112 种数量各异的渡来钱，其总体上呈现‘东多西少’的分布情况。”在文章中作者进一步指出，“宋代渡来钱向日本的流动过程分为:开始期、数量波动期、生产高峰期、输入低值期以及输入高峰期。宋代渡来钱在日本流通的过程中，无论从品种还是数量上来看，变化都相对较小，显示出了较为稳定和均衡的特征”。范佳楠的《新安沉船与 14 世纪的中日海上贸易》(《自然与文化遗产研究》2019 年第 10 期)一文以新安沉船为线索考察 14 世纪的中日海上贸易。作者经过考察后，认为新安沉船的实际运营者当为博多纲首，北条氏所领的镰仓幕府很可能是货主之一。白颖和陈涛的《南宋时期日本木材进口与翠寒堂》(《建筑师》2019 年第 2 期)一文主要以南宋临安宫殿后苑中翠寒堂建筑为研究对象，以小见大地考察南宋时期与日本的木材贸易问题。

张剑光的《宋元之际青龙镇衰落原因探析——兼论宋元时期上海地区对外贸易的变迁》(《社会科学》2019 年第 3 期)则考察了宋元时期上海青龙镇衰落的原因。在文章中作者认为是两个方面的原因导致的：一是南宋时期的“海上军事防守和对海商收税前移至海边，对青龙镇而言是致命的，在严密的盘查和收税之下，来到青龙镇的商船越来越少”；二是“元政府对粮食生产和转运的重视，青龙港在内河中的劣势显现，相反沿海港口运输粮食的优势凸现”。实际上，宋元时期泉州港也出现了衰落现象。朱嘉仑的《论宋元时期泉州港的兴起与衰落》(广东省社会科学院硕士学位论文，2019 年)认为宋元时期泉州是繁荣的“东方第一大港”，但是元末战乱的破坏和明初贸易政策的改变，导致泉州港逐渐衰落，沦为地方性小港。

明清时期东亚之间的贸易往来更为频繁，但是也存在着各种机遇与困难。如刘晶的《水军、海盗与跨境贸易：17 世纪初期的中朝海域交涉研究》(《海交史研究》2019 年第 1 期)一文涉及了 17 世纪初中国与朝鲜之间在北黄海区域的经济往来。在文章中作者指出“自万历壬辰战争始”该地区的战略地位不断提高，因而“中朝间频繁的海上经济交流”的背后是利益吸引，出现了明朝海防军游走于官方身份与非法活动之间，作者认为这“展现了中央与地方在海疆安全问题上所具有的张力”。

徐丹的《朝鲜〈备边司誊录〉中清代泉州商民海上活动初探》(《泉州师范学院学报》2019 年第 5 期)主要以朝鲜王朝《备边司誊录》为中心，探究了 1686—1830 年清代泉州商民海上活动。在 18 艘涉泉漂流商船中，籍贯同安的人数最多，反映出同安县人在海上的活跃。作者指出，这些福建商船原本从事日本长崎贸易，但是因贸易路线改变后，转向了中国北方港口贸易。

明朝与日本是东亚地区重要的贸易伙伴，相关的研究如：毛丽的《明后期的漳州与对日贸易》(《闽南师范大学学报(哲学社会科学版)》2019 年第 1

期)一文考察了明后期的漳州与对日贸易情况,作者指出以"漳州的月港为中心,漳州人开辟了到日本的私人贸易通道"。无论是隆庆开禁前还是开禁后,从月港往日本的走私商船始终络绎不绝。张若溪的《江户时代日本对中国的海产品输出贸易》(山东大学硕士学位论文,2019 年)探讨了江户时代中日海产品贸易。作者首先探究中日贸易背景,指出是因"德川幕府将海产品指定为对中国的贸易输出品,中日海产品贸易正式成立"。实际上,中日海产品贸易经历中日海产品贸易成立初期、长崎俵物商人请方时代、幕府直辖时代 3 个时期。这 3 个贸易时期有不同的贸易物质,其中在"贸易成立初期的元禄、宝永、正德年间,海产品作为铜的代替品活跃于中日贸易的舞台,并成为日本仅次于铜的第二大贸易输出品";而长崎俵物商人请方时代则是由幕府任命长崎俵物问屋(负责海产品集荷与买卖的组织)担任全国的海产品集荷,长崎依物商人参与集荷的实际运营;在第三阶段是幕府直辖时代,幕府通过设定俵物生产请负高,严禁海产品密贸易等措施,努力实现海产品的增产。但是该时期幕府对海产品买卖价格的抑制导致了日本国内矛盾尖锐。作者在文中指出"日本对中国的输出贸易中,海产品是数一数二的重要输出品。将海产品作为不可再生的铜的代替输出品,可以说是日本在'明清交替'这一新的东亚世界格局中,对自我'主体性'的探索"。

王来特的《来而不往的"互市":德川初期中日贸易模式的构建》(《清华大学学报(哲学社会科学版)》2019 年第 2 期)主要探究了德川初期中日贸易问题,作者在文章中认为,"德川幕府对外政策对丰臣秀吉对外扩张构想既有调整也有继承",日本德川幕府试图切断与明朝中央政府的直接联系,而凭借着"白银输出国的优势,确立了有来无往的'互市'模式,从而解构了既往的册封——朝贡条件下的中日勘合贸易体制,一定程度上占据了贸易的主动位置"。作者认为,这种贸易模式,使得在 200 余年间滋长了"日本中心意识形态"。[①]

王洪伟的《明清时期中国药业对外交流与贸易——以朝鲜、日本及东南

① 除了上述提及的论文外,还有涉及古代日本的研究,如王源斐:《论明清易代后东亚地区的华夷之辨——以〈大日本史〉及其〈诸蕃传〉为视角》,广西师范大学硕士学位论文,2019 年;蔡凤林:《日本早期国家的形成与古代东亚社会》,《日本问题研究》2019 年第 1 期,等等。

亚各国为考察对象》(《中国农史》2019 年第 5 期)则探究了明清时期东亚地区的药业贸易。作者在文章中提出“明清时期中国与朝鲜、日本及东南亚各国的医药交流是双向的”,但是,由于“中国地大物博,所产药材种类繁多,数量庞大,再加上中医药文化历史悠久,在中外医药交流中居于主导地位”。

此外,季晨阳的《明中期海外贸易研究(1491—1572)》(云南师范大学硕士学位论文,2019 年)、胡月娇的《朝贡与互市:明代华夷秩序的盛衰演变——以明朝与东南亚关系为中心》(山东师范大学硕士学位论文,2019 年)和张然的《晚明海外白银内流研究》(青海师范大学硕士学位论文,2019 年)涉及古代中日之间的贸易往来。

(二)海洋行政研究

2019 年古代海洋行政研究成果涉及的具体专题包括:海外贸易政策、陆海观念、海疆防卫等。

陈少丰的《宋代秀州华亭市舶沿革小史》(《史志学刊》2019 年第 3 期)一文主要是考察宋代秀州(嘉兴)地区市舶机构沿革,作者按时间顺序较为详细地考证了秀州设置的市舶司机构:北宋政和三年(1113 年)秀州市舶务成立,驻地华亭县;南宋绍兴元年(1131 年)青龙市舶场成立;嘉兴华亭市舶务于嘉定元年(1208 年)至嘉定七年(1214 年)间被裁撤,嘉熙四年(1240 年)至淳祐四年(1244 年)之间又复置,但随即被裁撤(青龙市舶场最晚应该裁撤于此时);淳祐十一年(1251 年)至宝祐四年(1256 年)嘉兴华亭市舶务又再度复置,驻地上海镇,习惯被称为上海市舶司(分司、务)。

刘正刚的《明成化时期海洋走私贸易研究——基于条例考察》(《暨南学报(哲学社会科学版)》2019 年第 8 期)一文则主要阐述明成化时期为了应对走私,天顺八年朝廷在出台禁止走私“条例”的基础上又推出新“条例”,对走私贸易惩处比《大明律》严厉,但始终无法阻止走私现象,最终演变为隆庆年间的开海贸易。陈支平、林东杰的《明代市舶司与提督市舶太监》(《东南学术》2019 年第 2 期)一文主要考察派驻市舶司的提督太监问题。文中指出,“提督市舶太监不仅是明代宦官干政地方事务之始,而且还剥夺了市舶司原设提举官吏的权力,把持市舶事务,营私舞弊,肆意妄为。更为严重的是，提督市舶太监直接导致了嘉靖年间倭寇的蜂起”。作者认为对于明代中期提督市舶太监的横行妄为，“士大夫与宦官的这种暧昧关系，才是明代宦官干政在体制上的内在因素”。

当然，古代朝廷海洋政策除了上述直接关系到海上贸易外，还应涵盖沿海地区社会秩序和海防问题。张宏利的《宋代沿海地方社会控制与涉海群体的应对》(《温州大学学报(社会科学版)》2019 年第 2 期)一文主要考察宋代沿海地方社会控制与涉海群体应对的问题。作者在文章中强调，“宋朝通过政治、经济、文化三个方面强化对沿海地方社会的控制”。但“忽视甚至损害了涉海人口的经济利益”，“制约后者利用海洋空间的广度、深度，也导致宋朝未能发展成为全球性的海洋帝国”。

杨培娜的《从“籍民入所”到“以舟系人”：明清华南沿海渔民管理机制的演变》(《历史研究》2019 年第 3 期)一文主要是考察明清华南沿海渔民管理机制从“籍民入所”到“以舟系人”的演变。作者强调“明初至清中叶，国家管理沿海渔民的方式从移植针对内地定居农民的户籍身份管理，转变为根据濒海人群生计特质，通过船只来掌控流动的人”。但是，地方官府为解决亏欠、寇盗，取消包纳且有效征收等问题，探索出“船只进行管控的新方法”。清廷继承了“以港澳控制船只，以船只约束渔民”的思路，局势趋稳后，侧重点则从治安向税收转移。“以舟系人”与“滩涂经界”相结合，构成清朝对濒海人群和海洋管理的基本策略，建构了 18 世纪以降沿海社会秩序。

我国古代东南沿海地区百姓靠海而生，但是不同时期朝廷实行不同的海洋政策，如马业杰的《10—12 世纪女真“海寇”问题研究》(辽宁大学硕士学位论文，2019 年)主要考察了 10—12 世纪女真“海寇”问题。女真人的风俗习性、女真人航海能力的发展、女真人的造船技术等因素，使得女真海寇可以应对高丽、日本以及北宋的海上袭扰活动，同时“女真海寇对周边政权的海上掠夺为自身的发展提供获取生存发展资料的新方式”，但是随着女真部族的统一，海寇群体开始消失，并且逐渐退出历史舞台。

刘通的《南宋东南沿海地区海盗研究》(温州大学硕士学位论文，2019 年)则考察了南宋东南沿海地区海盗问题。南宋时期东南沿海地区的社会经济得到长足发展，特别是海外贸易繁荣发展，但是海盗活动猖獗。作者在文章中对海盗组成成分进行分析，认为海盗主体是由“无力生计而入海为盗的沿海普通居民”、犯人和逃亡军人及商人共同组成的。南宋朝廷为了打击海盗，稳定沿海社会秩序，采取了一系列措施：“采取剿辅并用，并加强海防建设和实施相应的海禁，与此同时也更加注重对地方社会的管控，任用地方有影响力的社会精英，采取保伍法，期望从根本上杜绝海盗的产生。”但是海盗活动愈演愈烈。作者认为海盗之所以难以消除有多方面的原因：一是政府本身政策存在弊端；二是沿海居民与海盗联系紧密，难以杜绝；三是南宋晚期海盗在一定程度上与朝廷合作，抗击外敌。同时，作者指出，虽然海盗对沿海社会秩序造成了一定的影响，但是，海盗一定程度上对“造船业的发展、贸易港口的开辟以及海上航道的拓展”有积极的作用。

明清时期，朝廷在沿海地区建立了较为完善的海防体制。赵志刚、林一宏和滕春霞的《中国古代海洋安全意识管窥》(《军事历史》2019 年第 3 期)一文考察了中国古代海洋安全意识，作者认为其“伴随海洋文化和海洋环境不断变化发展而萌生形成，促进了古代海洋军事活动开展、海上力量建设和海洋防务体系筹划”，但同时，封建王朝自我封闭导致出现“忽视国家整体安全和长远发展、被动性继承海洋安全文化遗产、忽视海洋经济属性等特点”。

明代海防问题研究是当下学界的热议话题之一，特别是明代朝廷在不同时期实行过不同的海防政策。相关研究如吴楠的《明初海防研究》(黑龙江省社会科学院硕士学位论文，2019 年)、林炫羽的《从争贡之役到设立巡抚：明嘉靖年间浙江海防改革》(《西南大学学报(社会科学版)》2019 年第 3 期)、谭玉华的《明朝海防战船欧化变革的历史考察》(《中山大学学报(社会科学版)》2019 年第 5 期)、芮赵凯的《嘉靖“大倭寇”与浙江海防建设考论》(东北师范大学博士学位论文，2019 年)等。

吴楠的硕士学位论文主要是探究明初海防问题的。在文章中作者认为洪武朝初期采用积极的海防政策，洪武后期转为被动防御的海防政策。永乐时期，在经济发展以及朱棣为稳固政权而采取积极的海防政策条件下，永乐时期的海防建设比洪武时期更趋完备。明朝初期为加强海防实力，设立了卫所、水寨、水军等军事机构，建立起有效的防御体系。作者认为，“明初海防一方面维护了海洋秩序的稳定，促进了官方沿海贸易的发展；另一方面由于海禁政策的制约与海防政策的保守，明初的海防愈发趋于被动，并为明代海防局势的恶化埋下了伏笔”。

宋建晓的《明代海外贸易政策对“一带一路”建设的启示》(《中国海洋大学学报(社会科学版)》2019 年第 1 期)主要围绕明代海外贸易政策，着重比较分析禁止海外贸易派和有限制地开展海外贸易派的主要观点，作者认为“开放海外贸易不仅是历史的必然，也是民众的利益所在，不能因为安全问题而禁止海外贸易”。作者还认为，明代的海外贸易政策对“一带一路”建设的启示，主要是要“处理好开放与安全、合作与共享、政府与市场的关系”。

林炫羽的文章则探究争贡之役后明嘉靖年间浙江海防改革，指出朝廷最后确定采用由市舶太监兼职提督海道的方法。作者认为这是将“中央礼部处理外交事务的权力部分下放至地方巡抚”。谭玉华的文章则考察了嘉靖以后明朝在沿海地区的海防武器装备的发展变化。作者在文章中指出，嘉靖以来，明朝海防武器装备经过了两次升级：“嘉靖万历朝，以引入佛郎机为中心，发明发熕、神飞炮、百子铳等欧式火炮，改造威远炮，仿制蜈蚣船、叭喇唬船，创制桅杆帮接技术；天启崇祯朝，以引入红衣大炮为中心，设置铳车、舷窗、炮孔、火炮甲板，创制熕船和舷侧炮技术。”作者认为明朝海防武器装备的升级呈现出了“重利炮，轻坚船”的特征，“舰炮变动频繁，向重炮方向发展，强化炮击战术，与欧洲舰炮的变革节奏和方向一致”。

芮赵凯的《嘉靖“大倭寇”与浙江海防建设考论》(东北师范大学博士学位论文，2019 年)主要考察了嘉靖“大倭寇”时期，朝廷为加强浙江海防建设采取的措施。浙江海防在明初共设 12 卫及 32 守御千户所，奠定了浙江海防力量的基本格局。此外，明廷先后在浙江沿海关津要地设立 58 处巡检司，以辅助卫所对沿海商民通倭行为的巡稽。为加强对海防事务的统筹，明廷先后设置总督备倭都司、备倭把总、温处守备三武职，巡海副使、温处兵备副使二文职，以加强对沿海防御力量的领导。嘉靖三十一年(1552)，“大倭寇”猝然爆发，明廷同时面临兵力不足、战力不佳、指挥系统混乱、县治无城的问题。为了应对这些问题，朝廷采取了不同措施：一是通过调发客兵、训练乡兵、募兵三种途径广泛征调御倭士兵，补充兵力。二是明廷在调整原设海防职官的基础上，根据需要创设了一套完整的海防文武职官体系。“原设总督备倭都司于嘉靖三十五年(1556)三月裁革;原设温处守备于嘉靖三十五年改设为温处参将;原设定临观总、松海总、昌国总、海宁总四备倭把总,定临观总于嘉靖二十八年(1549)划分为定海、临观二总;原设温处兵备副使于嘉靖三十九年(1560)改设为温处衢兵备副使。除原设职官的调整之外,这一时段还新设部分重要职官,包括浙直福总督、浙江巡抚、整饬杭嘉湖兵备副使,整饬宁绍兵备副使、整饬台金严兵备佥事等文职;镇守浙直总兵官、协守浙直副总兵官、分守杭嘉湖参将、分守宁绍参将、分守台金严参将、金盘备倭把总等武职。"三是浙江地区开展了广泛的府县筑城活动。嘉靖"大倭寇"期间新筑城池及修缮的旧有城池总数达到44座。明代朝廷采取的有力措施有助于抵抗倭寇侵略,使得百姓安居,生命和财产安全得到保障。

徐晓望的《论明万历二年福建水师的台湾新港之战》(《福建论坛(人文社会科学版)》2019年第11期)主要是探究了明万历二年福建水师的台湾新港之战。作者在文章中指出,福建巡抚刘尧诲、福建总兵胡守仁、南路参将呼良朋率领的福建水师进入东番的新港进剿海寇"是台湾早期开发史的重要事件",是"福建官府承担起保护台湾番众的国家义务,也是明代台湾属于明朝管理的历史证明"。作者还在文中强调"明朝对台湾主权的行动建立了功勋"。此外,还有其他学者探究了明代海防相关的问题。①

杜晓伟的《明清时期海防同知研究》(云南大学硕士学位论文,2019年)主要考察了明清时期设置海防同知的原因、过程,海防同知的职能、空间分布与沿革变迁等问题。作者认为明清时期海防同知设置的主要原因是"海疆安全形势的变化,要求沿海地方海陆配合、军政协同"。作者指出,"在海疆危急严重时,上至海防督抚,下至海防同知等官,都以海防为核心任务",随着海防形式的变化,特别是"海防军事、思想、政策的变革之后","海防同知的海防职能被严重弱化,随之便会逐渐被大量裁撤"。明清时期海防同知的设置和职能呈现"专—泛—少"的演变趋势,职责重点则是由"军事向民

① 林志森、吴正鹏、吴智鑫等:《海洋文化视角下的明代福建海防所城聚落形态研究》,《新建筑》2019年第5期;宋建晓:《明代海外贸易政策对"一带一路"建设的启示》,《中国海洋大学学报(社会科学版)》2019年第1期;王来特:《来而不往的"互市":德川初期中日贸易模式的构建》,《清华大学学报(哲学社会科学版)》2019年第2期;杨竹青:《王在晋海防思想研究——以〈海防纂要〉为中心》,内蒙古大学硕士学位论文,2019年;杨园章、谢继帅:《〈答郡邑大夫问海上事宜状〉所见陈让海防策略述论》,《海交史研究》2019年第2期。

政”转变。作者对该时期海防同知职能的转变进行了详细的分析，认为是海疆防务政策的转变导致的。

但是到清代晚期原先海防体系不堪一击，“海防同知的传统海防职能严重弱化，或是逐渐改为抚民同知，或是将职责重心放在了中外交涉等方面，职责范围由泛化向集约过渡。最后，海防文官发挥了举足轻重的海防作用”。作者指出明清时期设置的海防同知具有非常大的重要性：“战乱时期，在后勤与配合作战等非直接性军事行动等方面，既可以协调军、政、民三方关系，弥补军队的不足，又可以节约不必要的军费开支，达到双赢的目的，在和平时期，则可以从民事方面来执行海防政策，抑制海患。”

周润杰的《朱克简福建治理与海防策略研究》（东北师范大学硕士学位论文，2019 年）一文主要以朱克简福建治理为中心，考察了清朝的海防策略。作者首先交代了福建海防的背景，然后探究朱克简代天巡狩福建的政事活动。作者依据朱克简后人家藏抄本《稿本顺治朝朱克简巡按福建海防条议奏稿》所载内容主要包括“军情、民情的奏报，为对抗郑氏明军而设计的海防策略和举荐纠劾文武官员等”，归纳出朱克简的福建治理与海防策略，即“清军应发挥陆战优势，于海岸构筑联动的防御体系，阻止明郑部队上岸劫掠。朱克简是海禁政策的倡导者，他主张没收滨海之民的船只，为防止沿海百姓接济郑成功而禁止一切出海行为”。同时对福建百姓进行优抚，安定福建民生。

明朝在不同时期实行不同的海禁政策，从而导致了士大夫对待海禁有不同的认识。如潘洪岩的《利益集团与明代海禁政策变迁研究（1508—1567）》（辽宁大学硕士学位论文，2019 年）主要考察了明代海禁政策变迁与利益集团之间的关系。作者认为明代海禁政策变迁主要目的是“打破原有的朝贡贸易垄断海外贸易的体系，允许国内私人海商从事海外贸易”。特别是在明中期以后，明朝财政状况急剧恶化，不论是朝廷还是地方都出现了财政短缺，寄希望于从海外贸易获取利益，“以供地方政府日常开销和支付军事开支”。作者在文中指出，明代海外贸易领域中形成了“官商、外商和国内私人海商三股实力最为强大的利益集团”，但是朝廷实行的海禁政策冲击着国内海外贸易体系，“触犯了利益集团的根本利益”。作者认为明代朝廷的海禁政策变迁,“大大节约了海外贸易中交易成本,推进了商品经济的发展;削弱了官商对中国进出口商品业务的垄断,为中国近代经济的发展提供了保障”,“明代传统朝贡贸易体系衰落和现代贸易力量的崛起是海禁政策变迁的成功的必要保证”。

林春虹的《明朝海禁政策与闽海士大夫的商贸思想》(《福建商学院学报》2019 年第 6 期)一文主要考察了明朝海禁政策与闽海士大夫的商贸思想之间的关系,作者认为在闽海地区“以海为生”的现实处境中,私贩贸易集团势力的形成过程,实际上是闽海士商与海禁政策相抗衡的过程。闽海士大夫受闽海商贸环境的浸染,对海禁政策有不同于官方意志的认识,表现了较为开明的商贸思想。特别是“福建抚臣与闽籍官员积极为放开海禁而努力,闽籍辞官居家的乡绅也通过各种方式表达对海上贸易的肯定”。岑丽君的《明代中后期官员群体的开海思想探讨》(南昌大学硕士学位论文,2019 年)则主要是聚焦明代中后期官员群体的开海思想。作者认为,明代中后期原籍为闽、浙、粤或任职于这三地的官员群体“主张开海、允许私人海上贸易合法化”,“以谋求海洋发展的开海思想,并在隆庆年间得到实践,不断发展。”隆庆开关朝廷得到了实惠,“中央和地方的财政收入得到增加,滨海民众生计得到解决,开海思想进一步得到了发展,越来越多的官员群体认识到开海所带来的种种益处,纷纷都主张开海”。作者认为明代中后期的开海思想是“从政治、经济、对外政策等方面综合考量所形成的一种新的海洋思想”,是明朝官员主张“走出大陆,走向海洋,从海洋中获取利益具有近代海洋意识”。

三、文化交流、政治交往、人员往来与国族间认知、海洋信仰研究

(一)文化交流研究

东亚各国之间不论是在政治上,还是在文化上都紧密相连,各国之间形成了以儒家文化为核心的交流圈,这不仅可以体现在政治上的朝贡,还体现在人员往来等方面。正是得益于东亚各国之间的文化认同,各国在东亚海

域往来频繁。2019年关于古代中国与朝鲜半岛文化交流的研究成果仍然丰富。除了有关文化传播样态的综合研究之外，其他诸如历史上思想、制度、语言、文学、典籍、艺术等方面交流的专题也得到较多探讨，而在诸多专题研究中发现，东亚之间的文学交流最为密切。有关古代中国与日本之间的文学、美术和音乐等方面交流的研究如下所述。

石云涛的《沧海虽然阔 诗情接扶桑——中日关系与交流在唐诗中的反映》(《武汉科技大学学报(社会科学版)》2019年第5期)、张小敏的《〈诗经〉在古代日本的三次角色转换》(《东北师大学报(哲学社会科学版)》2019年第2期)、李宇玲的《中唐视域下的平安朝汉诗流变考》(《日语学习与研究》2019年第4期)、葛晓音的《"苏莫遮"与日本唐乐舞"苏莫者"的关系》(《文艺研究》2019年第1期)等。

石云涛主要考察了在日本遣唐使与中国唐朝的交往活动中唐诗的作用。作者认为"唐代诗歌在人际交往和文化交流上具有很强的实用性"，是"沟通双方情感的心灵桥梁"。唐代中日关系中唐诗在推动东亚汉文化圈的形成和发展中发挥了重要作用。

张小敏则探究了《诗经》在古代日本依次扮演过的3种角色，并指出3种角色分别出现在奈良平安期、镰仓室町期和江户时期。作者指出在不同时期《诗经》彰显出不同的功能价值，"致使其在日本历史上的角色不断发生转换"，这对理解经学、儒学乃至整个中国文化传播到日本的轨迹都具有重要的启示意义。

李宇玲考察了中唐视域下平安朝汉诗的流变，在其文中指出，大江匡房的《诗境记》最早对平安朝汉诗的发展史进行了系统归纳，但是江户时代以来，其观点很少被采纳沿用。作者重新评价了以仁明朝承和年间为汉文学分界线的"憧憬承和"学说，从中日文学交流史的视角对平安朝汉诗的流变提出新的解读。

葛晓音考察"苏莫遮"与日本唐乐舞"苏莫者"的关系，认为通过考察舞人形象的原型，分析吹笛者或为役行者，或为圣德太子的两种传说，可以确认这两种传说均与比叡山台密系教派在平安后期到镰仓时代兴起的背景有关，因而可以认为"苏莫者的舞人和乐人均取自慧琳所说'飒磨遮'歌舞活动中的局部场面，是从唐朝传到日本的过程中形成的小型舞乐”。

刘田野的《隋唐时期中日舞蹈的演变及异同——以手为例》（哈尔滨师范大学硕士学位论文，2019 年）和王琨的《唐朝时期中日音乐文化因缘研究》（山东大学硕士学位论文，2019 年）也对隋唐时期中日之间的音乐文化交流进行了深入研究。

此外，还有学者考察了中日之间其他方面的交流，如刘淑霞的《中国文化对日本飞鸟奈良时期审美观的影响》（《石家庄学院学报》2019 年第 4 期）一文考察中国文化对日本飞鸟奈良时期审美观的影响，作者认为“飞鸟奈良时期是日本全面摄入中国文化的高峰”时期，飞鸟白凤佛教美术散发着六朝余韵，天平美术确立为日本的“古典美”，奈良文学模仿中国文学形式。

冯青的《宋代尚意书风影响下的日本镰仓时代书法研究》（《艺术百家》2019 年第 1 期）一文则探究了宋代尚意书风对日本镰仓时代书法的影响，作者认为日本入宋僧和归化僧之间的学习和传播，将宋代书法的精神内涵传入日本，因而被镰仓时代武家政权接受并吸收，由此产生“墨跡”及随后的“五山样”体式。

王晚霞的《日本镰仓、室町时代的濂溪学》（《福州大学学报（哲学社会科学版）》2019 年第 3 期）一文则考察了濂溪之学传入日本的时间与途径。文章分别从三方面进行考证：一是从文献载体传播角度看，僧俊芿是传播濂溪学的先驱者；二是从思想传播角度看，僧圆尔辨圆和兰溪道隆是最早的研习传播者，时间最早应是在 1211 年，至晚是在 1241 年，即镰仓时代前期；三是室町时代五山禅僧们对周濂溪及其道统地位、《太极图》的万物衍生逻辑以及濂溪风范的推崇与受容，直接推动了宋学在日本的发展，为宋学在江户时代崛起打好了理论上的基础。

吴春燕的《日本中世禅僧对中华道教文化的认同与传播》（《郑州大学学报（哲学社会科学版）》2019 年第 4 期）一文主要考察日本中世禅僧对中华道教文化的认同与传播。作者在文章中指出，宋元明时期，入华的日本禅僧与道士交往、拜访道场，因而将大量道书带入日本，日本道教神仙的痕迹更是随处可见，表现出对道教文化的深刻认同与接纳。但是，日本中世禅僧所认识与传播的道教，“是哲学的、民俗的、文学的乃至文化的道教”。

马欢的《明代浙派绘画对日本室町时代绘画的影响——以雪舟为例》(《美术大观》2019 年第 6 期)以雪舟为例探究明代浙派绘画对日本室町时代绘画的影响。作者在文章中指出，浙派绘画在中国绘画发展史上占有重要的历史地位，深刻影响着日本水墨画风。

王翊语的《论明清画谱对江户时代日本绘画书籍出版的影响》(《出版广角》2019 年第 23 期)一文则考察了明清画谱对江户时代日本绘画书籍出版的影响。作者认为，中国印刷术的传播使得明清画谱在日本受到喜爱与推崇。因此日本大量覆刻明清画谱，“使得精英文化逐步向大众渗透”。作者认为正是日本“对绘画知识的追求与出版事业的推动，日本木土艺术家开始自主出版绘画类书籍”。

梁淦明的《南宋禅宗文化影响下的日本寺庙建筑及其园林研究》(山东大学硕士学位论文，2019 年)主要探究了南宋禅宗文化影响下日本寺庙建筑及其园林。禅宗传入日本对其文化、经济、宗教、建筑及艺术等方面产生了较为深厚的影响。南宋禅宗文化呈整体性、系统性地传入日本，传播内容包括：五山十刹制度、五山十刹图、禅宗清规、禅宗思想、禅宗文献、禅宗墨迹以及南宋建筑文化等，在寺庙建筑及园林方面，中日两国的僧人同时将南宋禅宗寺院整个建筑样式、形制的图样传入日本，对中世日本寺庙建筑及园林的布局、建筑结构、细部构造以及美学思想等方面产生了长远影响。日本中世镰仓时期的寺庙建筑及园林完全仿制南宋禅宗寺院。镰仓后期至室町前期，因主持建造寺院的工匠掌握的技术不同，以及日本国情和审美的需要，日本开始将禅宗样式与日本本国的和样建筑进行融合，在一个寺庙建筑上展示不同的建筑样式。到了室町中期，日本以和样为主流渐渐减少禅宗样式，仅能从细部构造上看出禅宗样式。禅宗的“空”与日本僧人的精神追求相契合，在此基础下，萌发了“枯山水”，并衍生出了茶庭。因此，日本中世的“禅宗样”建筑和“枯山水”庭园可反映出南宋禅宗文化在日本的广泛传播和深远影响。寺庙建筑作为日本民众的精神信仰，在日本建筑史上占据重要地位，人们向来十分重视对其的保护和传承。禅宗关注现世、顿悟成佛的思想观念已深度渗入日本文化之中。

中日之间的文化交流还包括以下方面：卞东波的《日藏〈重广草木虫鱼

杂咏诗集〉钞本考论》(《文学遗产》2019 年第 3 期)一文考察了日藏《重广草木虫鱼杂咏诗集》钞本。《重广草木虫鱼杂咏诗集》是宋人所编最早的唐宋诗合选本,也是中国现存最早的咏物诗总集。该诗集已经在中国失传,仅有明刊本 10 卷残本存世,但日本还存有完整的明刊本 18 卷钞本,全部为唐诗,故日本钞本具有非常高的文献价值。作者认为可以从该诗集中窥见“唐代咏物诗创作的成绩”,“也体现了宋人对本朝诗歌创作实绩的自信”。

高悦的《近世日本徂徕学的“礼乐”思想研究》(东北师范大学博士学位论文,2019 年)主要探究了日本德川幕府时代日本徂徕学的“礼乐”思想。在这一时期,作为德川幕府官方意识形态的朱子学受到古学派挑战,因而徂徕学由盛转衰。作者在文章中重点考察徂徕学的礼乐论,主要可以分为三个方面:一是“礼乐”处于徂徕思想体系的核心地位,它经常被等同于“先王之道”,即“道谓礼乐者也”。二是徂徕的“礼乐”是一种可以被实践的教养,通过“礼乐之教”来引导人“成德”,即“先王之四术”,这时“礼乐”是一种外在的道德规范。三是“礼乐”作为一种理想的社会制度,经徂徕之手,被转化为“祭政一体”的政治理念。作者认为,“徂徕强调‘礼乐’背后,实际上暗含了另外一种超越‘礼乐’的典范秩序——祭政一体,在这个体系下,井田制、封建制、重农思想都被囊括其中,而徂徕认为,在东亚世界内只有日本才有实现这种制度的可能”。

雷耀先的《明代中朝医学交流管窥——以〈医学疑问〉与〈答朝鲜医问〉为例》(黑龙江省社会科学院硕士学位论文,2019 年)一文主要考察中朝之间的医学交流。作者在文章中指出,中朝之间的医学交流主要是“以问答为主的医学学术交流”。万历年间中朝医学学术交流主要集中体现在《医学疑问》和《答朝鲜医问》两书中,可以体现在 4 个方面:一是以“五运论”和“南北政”为主的医学理论方面;二是以鉴别、功用及制法等为主的药物方面;三是目疾肿热、咽喉肿痛、阴虚火动、声暗及失眠等病症的辩证治法方面;四是产科、内科、传染病及虚耗疾病等临床病症方面。

邵沁、宋欣阳的《明清中日医学交流对汉方医流派形成的影响》(《医学与哲学》2019 年第 1 期)主要探究了明清时期中日之间的医学交流。作者在文中指出,在 16—19 世纪,日本汉方医逐渐形成后世派、古方派、折中派与考证派等医学派。日本医学家在大量汲取了中国医学思想的基础上秉承严谨求实的治学态度，不断创新研究，立著成书，因而汉方医流派的形成也是日本确立其独特医学体系的标志。

此外，还有其他有关中日之间的文化研究，如赵沈亭的《正仓院藏长柄香炉所见之唐日文化交流》（《陇东学院学报》2019 年第 1 期）、段巍的《晚明与江户时代风俗人物画的审美比较研究》（昆明理工大学硕士学位论文，2019 年）和李杰玲的《日本所藏中日交流汉诗文写本》（黄山书社，2019 年）等。

古代中国与朝鲜之间的文化交流非常紧密。如陈新凤、吴明微的《明朝“朝贡”制度下中国与朝鲜半岛音乐文化交流研究》（《中国音乐学》2019 年第 1 期）一文主要在明朝“朝贡”制度视域下考察中朝之间的音乐文化交流。作者认为，明朝与朝鲜之间建立“朝贡”外交关系的过程中促成了音乐文化广泛交流，强调明朝“礼治”的传播与散衍，为以中华礼乐为核心的汉文化圈的建设夯实了基础，还促进了朝鲜“小中华”“小天朝”自我建构、自我想象等政治目的达成，并在此基础上推动了朝鲜半岛礼乐的独立发展。刘娇的《高丽教育与高丽汉诗关系研究》（温州大学硕士学位论文，2019 年）一文考察了高丽教育与高丽汉诗之间的关系。作者认为，“高丽教育对汉文诗歌的勃兴有着重要的推动和引导作用”，汉诗已成为高丽文人生活的一部分。[①]

朝鲜半岛对苏轼文学的接受具有一定的过程。如杨雅琪的《高丽诗人李齐贤对苏轼诗学的接受》（延边大学硕士学位论文，2019 年）一文主要考察了高丽诗人李齐贤对苏轼诗学的接受过程。作者对高丽诗人李齐贤做了简要介绍，也对其在高丽时期乃至整个朝鲜汉文学史上的地位做了介绍。作者表明李齐贤对苏轼诗学的接受与选择体现在自然观、意境论、风格论三大方面：一是在自然观中李对苏诗学的接受与选择体现在二人强调尊崇自然，内容应“客观符实，深刻入理”，语言“易晓”，反对过度雕饰。二是在意境

---

① 此外，还有相关的研究，如刘淑霞：《中国文化对日本飞鸟奈良时期审美观的影响》，《石家庄学院学报》2019 年第 4 期；荒木浩、李佼俐：《11 世纪日本对谢灵运的认识及评价差异——以源隆国〈安养集〉为例》，《日语学习与研究》2019 年第 5 期；张小敏：《〈诗经〉在古代日本的三次角色转换》，《东北师大学报（哲学社会科学版）》2019 年第 2 期；屠幼英、杨雅琴、释志祥：《中国禅茶文化的起源与日、韩传播交流》，《中国茶叶》2019 年第 11 期。

论方面，二人强调诗书画同源，以“诗中有画，画中有诗”作为对诗与画所蕴涵意境的一种赞美，常有“以诗评画”或“以画评诗”之作，并主张“真赞”应以神赋形。在写景、讽喻和咏史时要求言与意应达到言外意深，言有尽而味不尽，令人思索想象，以使意境深刻。三是在风格论方面，李、苏诗风均以豪放见长，但二人的豪放境界存在差异，李齐贤的豪放蕴涵悲苦与现实愤懑，苏轼则超脱旷达，却不脱离现实生活，融合儒、道两家之思想，即超然物外，又对时政、社会、家国保有高度的责任感，面对坎坷波折并没有一味向外探求消极避世，而是向内重视精神追求，与天地自然相融。

李倩的《古代朝鲜辞赋对苏轼〈赤壁赋〉的接受研究》（延边大学硕士学位论文，2019 年）一文主要考察古代朝鲜辞赋对苏轼《赤壁赋》的接受情况。作者在研究中采用文献研究法、比较研究法、社会历史批评等方法，探析古代朝鲜辞赋对《赤壁赋》接受的背景、内容及特征等问题。作者在文章中强调古代朝鲜辞赋受到了《赤壁赋》的影响，并分析认为古代朝鲜半岛对《赤壁赋》接受的原因是：“首先，朝鲜文人长期以来娱乐山水的审美传统为古代朝鲜辞赋对《赤壁赋》的接受提供了心理支撑点。其次，古代朝鲜文坛学苏思潮的推动为其塑造了良好的社会环境。此外，中国与朝鲜半岛密切的文化交流为苏轼《赤壁赋》流入创造了便利的外部条件。朝鲜文人对《赤壁赋》的接受相对全面。在主题思想上，古代朝鲜辞赋承继了《赤壁赋》清风明月、不取一钱的自然意识，随缘任运、超然物外的豁达心态，人生无常、静观推迁的哲学智慧三个方面；在创作形式上则主要接受了《赤壁赋》寄寓自然、缘情述志的创作方式，以文为赋、主客问答的叙事结构，文理自然、恣肆雄健的写作风格三个方面。”作者以此“揭示出东亚文学内部审美内涵的延续性及差异性，呈现出东亚文学内部互动与生成的动态关系。《赤壁赋》在古代朝鲜半岛的传播是中朝文化交流的结果”。

李娜的《陆王心学的韩国本土化进程及特征研究》（延边大学硕士学位论文，2019 年）针对陆王心学在韩国本土化的进程及特征研究，首先对韩国陆王心学与程朱理学进行了比较，发现朱子的理气论与陆象山的理气论思维体系一同传入，但是，朱子学在韩国顺利获得“一统”的独尊地位，而阳明学受政治强权的迫害而被视作“异端”和“斯文乱贼”。作者认为：朝鲜朝阳明学只能以“表面上标榜朱子学，暗地里研究阳明学”的形式，在韩国儒学发展中以“阳朱阴王”的形式获得发展。但是，从朝鲜朝接受和研究陆王学的儒学家的思想，就可以发现朱子学与阳明学混合并存，有暧昧模糊的现象。这些思想家时而标榜程朱理气论，时而在认识论或伦理实践论等方面使用“违背朱子学而惶恐”或“难为情”等表述来小心翼翼地表露陆象山的理气论思维倾向。而且，大部分学者只字不提“象山学”或“阳明学”，或只支持或部分接受“陆王学”来表示对陆王心学的态度。

韩永勋的《中国古代摔跤在朝鲜半岛及日本的传播与影响研究》（延边大学硕士学位论文，2019 年）主要研究了中国古代摔跤在朝鲜半岛及日本的传播与影响。《后汉书》资料显示，汉代时摔跤已经传入朝鲜半岛，朝鲜半岛的史料中古代摔跤均被记录为角力、角抵。汉武帝在攻打朝鲜时，将汉代较为先进的文化体系带入了朝鲜半岛内。7 世纪中叶，新罗与唐朝联合统一了朝鲜半岛，唐朝时摔跤的名称为相扑、角力，是角抵再度盛行时期；朝鲜半岛初次出现的文献历史资料是在高丽时期，表明角抵成为皇室喜爱的一项休闲娱乐活动。

陈琳的《元与高丽的诗词交往研究》（安徽师范大学硕士学位论文，2019 年）一文主要考察了元与高丽两地文人创作的诗词，作者指出，元与高丽诗词交往呈现的特征是诗词是在“统治阶层有姻亲关系的政治背景下创作的”。作者认为，这其中的原因是：“一方面元和高丽能进行诗词交往，得益于大量高丽文人长期旅居元朝，有利于深化他们对中国的认识。且在旅居元王朝期间，高丽文人还与不少中国文人建立了深厚的友谊。另一方面中国辽阔的山川、人文景观激发了高丽文人的创作激情。加上双方互通使者、高丽考生入元参加科考等官方渠道的畅通，客观上推动了高丽文人的文学创作。”作者还对以居元高丽诗人的作品为个案进行了研究。

朴性日的《儒家诗学在朝鲜王朝前期的发展——以“文道论”为中心》（《燕山大学学报（哲学社会科学版）》2019 年第 3 期）一文主要以“文道论”为中心探究儒家诗学在朝鲜王朝前期的发展。作者认为朝鲜“士大夫阶层尝试将儒家思想放进文学概念，主要探索文与道之间关系”。但是因朝鲜王朝前期使得政治体系发生了变化，在文艺概念上产生了对“文”与“道”的新看法，最终形成了“道学派”与“辞章派”的观念对立。

党斌的《朝鲜王朝时期〈择里志〉述略——兼谈中国方志编纂对朝鲜半岛的影响》(《中国地方志》2019 年第 2 期)一文主要以朝鲜王朝时期第一部人文地理学著作《择里志》为中心，考察中国方志编纂对朝鲜半岛的影响。作者认为李重焕的《择里志》的体例和内容“在一定程度上受到《舆地纪胜》《舆地名胜志》等书编纂思想影响，反映了中国古代方志文献编纂思想向周边区域的辐射和影响”。

邵奇和曾锦在《明清时期中朝数学文化交流研究》(《兰台世界》2019 年第 11 期)一文中探究了明清时期中朝之间的数学文化交流，在文章中指出，在明清中朝之间的科学技术交流中“数学又占据科技交流的主要地位”，这也是“研究明清中朝交流史开拓的一个新的研究方向”。

吴东铭的《朝鲜王朝中期算学中人及其家族研究(1657—1868)——以清州庆氏、南阳洪氏、陕川李氏家族为中心》(内蒙古师范大学硕士学位论文，2019 年)一文主要探究了朝鲜家族中的算学问题。作者从朝鲜王朝中期中人算学家族之望族清州庆氏、南阳洪氏和陕川李氏历代算员谱系为依据，探讨算学中人所处的政治和社会地位的变迁、朝鲜王朝算学教育制度与算学官制的演变、算学官员职属与晋升制度的厘定。作者在文章中认为“朝鲜王朝前中期算学中人教育培养与算学官职的设置存在三个历史阶段”，分别是“太祖至世宗时期，朝鲜王朝的算学教育逐渐从高丽模式当中摆脱出来，并创设了分属不同机构的算学官职。世宗时期将这一阶段的算学发展到了顶峰。在世祖至成宗时期，《经国大典》的颁布使得算学教育与官职设置呈现出‘成建制化’的特点，但算学发展水平相较于世宗时期有所下降。在英祖与正祖时期，英祖和正祖结合朝鲜社会当时的发展实际，续修《经国大典》，改良算学教育制度，调整了朝鲜算学官职，扩充了官方算学队伍”。文章认为，“算学官员的日常工作分为本职工作与兼差工作两部分，总揽朝鲜一切算学事务。朝鲜王朝在晋升体系上形成了完整的链条”。在文章第四部分，作者探讨朝鲜算学家族的来源与构成及其间的社会交往。文章认为，“朝鲜中期的中人算学家族都是从原有的两班家族当中剥离出来的，经历几代的发展才形成规模化”。通婚是中人算学家族之间主要的社会交往方式，形成了以血缘为纽带的中人算学社会阶层。

张乃禹的《“朝天”“燕行”与文化博弈——兼论明清与朝鲜半岛间的“书籍之路”》(《社会科学》2019 年第 12 期)一文是以明清与朝鲜半岛间“书籍之路”为研究对象，探究明清时期与朝鲜之间的文化交流。作者认为汉籍借由朝鲜使臣在明清与朝鲜半岛间的“东传”及其“回流”，是在以中华为中心的东亚文化共同体内发生的文化转移现象。

秦丽的《宋元明普及性史书的东传朝鲜——以〈少微通鉴节要〉与〈十八史略〉为中心》(《古代文明》2019 年第 2 期)一文主要以《少微通鉴节要》与《十八史略》为中心，探究了宋元明普及性史书东传朝鲜的情况。两书约在丽末鲜初传入朝鲜半岛，成为朝鲜各阶层了解和学习中国历史的重要渠道。随着该两本书在朝鲜的流行，出现了诸多续补之书，但是“到朝鲜王朝后期，士人特别是实学学者受清代学术的影响，针对两书展开了系统批评，不仅抨击其义例与内容不符之类形式方面的问题，也对书中所载史实的可靠性进行质疑。即便如此，两书在童蒙教育中仍发挥了举足轻重的作用”。

除了上述的研究成果外，还有程继红、阙膺的《明清东亚汉诗圈互动场域的三种空间形态及其特征——以 15—19 世纪中朝诗歌接触为中心分析》(《浙江海洋大学学报(人文科学版)》2019 年第 2 期)，吴正岚的《试论朝鲜赵斗淳对司马光易学的接受及其途径》(《周易研究》2019 年第 5 期)，白璐的《儒学典籍在韩传播及接受研究文献综述——以〈论语〉为例》(《文化创新比较研究》2019 年第 32 期)，陈敏的《朝鲜时代和韵〈秋兴八首〉研究》(四川师范大学硕士学位论文，2019 年)，吴天跃的《韩国出土的吴越国钱俶造铜塔和石造阿育王塔研究》(《美术学报》2019 年第 5 期)，王玲、孔凡栋的《唐代与统一新罗时期的女子发型发饰比较》(《东疆学刊》2019 年第 2 期)，诸贤模(Jae Hyeonmo)的《仿古：朝鲜时代的山水画家与中国》(中国美术学院硕士学位论文，2019 年)等研究值得学界关注。

(二)政治交往研究

从东亚整体视阈探讨东亚诸国政治交往史以及相关观念形态的论著有：冯立君的《唐朝与东亚》(社会科学文献出版社，2019 年)主要探究唐代东亚贸易关系问题、汉字文化圈问题、唐代辽东地区统辖制度问题、中古东亚史学术史新问题等。作者在第三章中为探究唐代辽东地区统辖制度问题，从唐代对新罗羁縻府州特殊统辖制度研究、安东都护府制度比较问题、渤海国与新罗关系研究3个方面进行分析。首先以制度史为主梳理鸡林州都督府、鸡林道行军以及高丽鸡林府(尹)的长时段演变过程及其政治文化内涵。其次把唐代与明代对辽东边疆地区的统辖制度进行比较研究，力图观察中原与东北政治互动在顶层设计中的反应。最后辅之以渤海—新罗这一对以往分歧较多的双边关系，挖掘东亚关系背后唐朝产生的深刻影响。

拜根兴的《石刻墓志与唐代东亚交流研究》(科学出版社，2019年)主要从中、韩、日学界现存文献、考古史料视角探究了唐代与东亚各国之间的交流，作者主要探究了百济移民林氏家族入唐过程及在唐生活状况，定居唐朝的新罗侨民金日是在唐为官经纬，宗藩体制下唐代宾礼规定和具体实施，以及对西安周边新罗人金仁问遗迹、乾陵61蕃臣石像中的新罗使者、唐罗战争、唐朝与新罗文化交流等问题均有独到的见解。

日本学者中村修也著、吴明浩译的《日本天智朝与东亚》(社会科学文献出版社，2019年)主要围绕白江村之战进行展开。作者试图从多个角度对《日本书纪》进行重新解释，生动形象地再现了白村江之战后日本在国际国内两方面情况，乃至其后建设律令国家的过程。作者意在强调日本在白村江战败后的反思和对日本国家的建设。蔡凤林的《日本早期国家的形成与古代东亚社会》(《日本问题研究》2019年第1期)也就日本早期国家形成与古代东亚社会进行了研究。作者“强调日本国家、民族形成过程的独自性，而将日本历史作为东亚史的有机组成部分”，“古代日本国家的形成，是在以中国为核心的东亚国际环境影响下形成的”。

马光的《面子与里子：明洪武时期中日“倭寇外交”考论》(《文史哲》2019年第5期)一文主要针对明洪武时期中日“倭寇外交”考论，作者认为“倭寇所引起的海防安全问题始终是影响两国关系的重要因素”，表现在两个方面：一方面明政府遣使几乎每次都会提及倭寇问题并在国书中明确要求日本禁倭，另一方面日本虽然多次呈贡厚礼并送还一些被虏人，却一直不能全面出击平息倭寇，致使倭寇连年屡犯中国沿海地区，给海疆安全带来极大威胁。文中强调了“双方在禁倭问题上不能达成默契，导致明太祖对倭寇外交失望至极，最终决定与日本断绝外交关系，转而重点加强防倭军事力量以维护国防安全”。

冯立君的《东亚抑或东部欧亚——隋唐东亚关系史研究的理论、范式与成果》（《江海学刊》2019 年第 2 期）一文则重点对隋唐东亚关系史研究的理论、范式与成果进行探究，认为“中古东亚关系史三种经典研究范式在东亚世界形成论、东亚文化比较、东亚区域内双边关系诸方面都已取得卓越成绩”，“结合隋唐东亚战争研究的具体成果，重‘军事史’而轻‘关系史’的特点，新的研究范式，即介乎全球与国境之间的东部欧亚史范式已然呼之欲出”。蔡凤林的《试论 4—7 世纪的朝鲜半岛与古代东亚国际政治》（《中央民族大学学报（哲学社会科学版）》2019 年第 2 期）主要探究了 4—7 世纪的朝鲜半岛与古代东亚的国际政治。作者认为“古代东亚国际社会在政治上呈现一定程度的整体性，形成具有内在联系和互动关系的东亚国际政治格局，这和当时朝鲜半岛动荡的政治、军事局势有着直接的关系”。作者强调“朝鲜半岛问题是 4—7 世纪中日关系乃至东亚国际关系中的焦点问题，奠定了 8 世纪以后东亚国际关系的基本格局和东亚国际政治的基础”。

李旻的《朝鲜半岛的对外观念演变路径：“敌友”和“文明”的视角——从三国时代到朝鲜王朝》（《当代韩国》2019 年第 4 期）则探究了朝鲜半岛对外观念演变路径，认为“从三国时代到统一新罗可以视为敌友观的主导期和文明观的萌芽期，高丽王朝可以视为敌友观和文明观的并立期，朝鲜王朝前期和中期可视为文明观的鼎盛期，而从开港到日韩合并则以敌友观的回归和近代文明观的兴起为主要特征”。

黄修志的《双冀创立高丽科举与朝鲜“小中华”思想的根基》（《史学月刊》2019 年第 11 期）一文主要探究了朝鲜“小中华”思想根基，作者认为“以双冀为代表的移民，对朝鲜半岛的文化发展、制度建设发挥了实质性的作用”。双冀受高丽人才政策吸引，为高丽“创立科举，成为光宗振兴王权和高丽再造家国的功臣”。高丽施行“科举制促成高丽人才兴盛和儒学传播，培养了新兴的士大夫阶层，催生了中央集权体制，成为朝鲜王朝权力的重要起源，为‘小中华’思想奠定了体制和文化根基”。

张春海的《通往大都之路——高丽后期文集中的“中国”认同》(《外国文学评论》2019年第1期)则考察了高丽后期文集中的“中国”认同问题，作者认为，高丽精英们对蒙元王朝的认同是经过与中国精英们的接触与交往形成的，使天下一家、同文同轨的说教顿时显得更加真实；而参加各种仪式与活动则使两国精英共享着相同的过程，积累着同样的经历，形成了强烈的连带感与共同体意识，产生一种“想象的共同体”。李京礼的《忠烈王时期丽元两国政治关系研究》(延边大学硕士学位论文，2019年)主要考察忠烈王时期丽元两国的政治关系。作者指出，“忠烈王时期丽元两国的政治关系，在整个高丽与蒙元的关系史中，是一个重要且特殊的阶段”。作者对忠烈王进行了较为全面的考察，如为改变内忧外患的处境，忠烈王做出了许多努力。一方面，是与元朝政治联姻，不仅提高了高丽国王的地位，同时也强化了与元朝的关系，并且忠烈王凭借着元朝驸马的身份为高丽争取了许多的权益；另一方面，忠烈王在位期间曾两次助元攻日，虽然这两次攻日战争均遭到失败，给高丽带来了巨大的损失，但也加强了丽元两国的政治关系。

张澍的《元末明初中朝关系演变研究》(东北师范大学博士学位论文，2019年)主要探究了元末明初中朝关系的演变。作者首先指出元末明初，是中朝间所谓“典型朝贡关系”逐渐形成的时期。文章共四部分，首先作者分析元丽关系瓦解的内在因素。在第二章元末变局之中，作者考察元朝朝廷在内的中原各势力与高丽外交关系的变化，包括：高丽与元朝朝廷政治关系数次反复、与中原群雄私自交往，以及明朝—高丽初建朝贡关系等几个阶段，最后因明朝势力进入辽东地区，明丽关系亦在明—北元开始对峙的局面中发生动摇。第三章主要论述洪武七年(1374年)以后洪武时期明朝与半岛政权关系的演变。作者认为“中朝间由元—高丽关系向明—朝鲜关系演变的过程，本质上是半岛政权对于中原王朝的战略意义，与中原王朝对半岛政权的政治价值逐渐走向契合的过程”。明朝在辽东疆域的战略，以及高丽—朝鲜政权的独特政治文化，起着内因的作用，而这一现象也是东亚“朝贡体系”外在表现的一个侧面。

贾慕枫的《纳哈出与北元、高丽、明朝关系变迁研究》(内蒙古师范大学硕士学位论文，2019年)则考察了纳哈出与北元、高丽、明朝关系的变迁。

作者认为，盘踞东北的纳哈出集团以辽东为据点，其存在，不仅曾经威胁明朝的边境安全，阻碍了明朝统一北元及东北的步伐，还一度影响了高丽对明朝与北元的外交政策，成为与北元、明朝、高丽三方交往中重要的一环。作者经过对四者的考察后，认为“纳哈出逐渐从北元统治中剥离出来，拥兵自重；在纳哈出和高丽的关系变迁中，可以了解到，元朝灭亡初期，纳哈出曾无所适从，意图和高丽建立良好的政治、经济依赖关系，但这种尝试失败后，纳哈出不得不孤身面对明朝和高丽关系变迁，并直接影响了双方的关系；纳哈出和明朝从最初的军事对峙，明朝根据时局的招降政策，到后来处于被动中的纳哈出被迫归降明朝”。纳哈出经略东北，和北元、高丽、明朝关系的消长变化，反映了元末明初的北方政局变迁，也影响了北方政局的变迁。

高佩文的《明代中朝对于两国封贡关系书写的比较研究》（天津师范大学硕士学位论文，2019 年）一文则以 1435—1464 年的中朝实录为中心考察了明代中朝的两国封贡关系书写。作者在明朝权力更迭频繁的大背景下，通过考察《明英宗实录》与同时期的《李朝实录》封贡关系书写，发现《李朝实录》中对于封贡的记载要明显比《明英宗实录》中的记载更详细，《李朝实录》在某些事务的记载上就明显存在着避实就虚的情况。作者认为造成不同的原因主要受明、鲜两国在封贡关系中的地位、双方维护各自国体的需要以及编纂实录的资料来源的影响。

王澈的《明清档案中的中朝交流》（《历史档案》2019 年第 4 期）主要从档案视角探究了明清时期中朝之间的交流。作者通过考察中国第一历史档案馆保存的明清时期中央政府和皇家的档案，发现“明清时期中国与朝鲜两国在封贡仪轨、朝贡贸易及文化上保持着频繁的交往，朝鲜是东亚地区与中国关系最为密切的藩属国；中朝两国之间不仅有相沿成例的海路、陆路朝贡路线，也有定期开市的边境贸易，更有以汉文典籍和汉字书写为基础的治国理念和文化传承，这使得中朝之间的丝绸之路显示出更为深厚的历史底蕴”。

赵轶峰的《清前期中朝关系与“东亚”秩序格局》（《古代文明》2019 年第 1 期）一文考察了清前期中朝关系与“东亚”秩序格局，作者通过梳理清代史料，呈现清代中国与朝鲜封贡关系的特点，其中包括敕封、给印、颁历、参与常态礼仪活动、日月食救护、赈济灾伤、常态互市、朝鲜人参与八旗等等，不仅凸显中朝关系近于中国与其他封贡国、无藩封关系的朝贡国之间的关系，更反衬出中朝关系与地处“东亚”而与清无邦交的日本之间关系的差别。

桂涛的《论“胡无百年之运”——17、18世纪朝鲜士人认识清朝的基本框架及其瓦解》(《史林》2019年第1期)一文主要探究了17、18世纪朝鲜士人基于元朝的历史经验而形成的“胡无百年之运”的观念，为“朝鲜国内诸如北伐论、加强武备等政治主张提供了正当性根据”。但是，清朝百年依然持续繁荣，导致“胡无百年之运”失去了对现实的解释效力，明清易代在思想上引发的震动至此才真正显露出来。

许贵杰的《清崇德年间朝鲜世子归国省亲事件与清鲜关系探析》(天津师范大学硕士学位论文，2019年)一文主要考察清崇德年间朝鲜世子归国省亲事件与清鲜关系。明清交替时期，清朝迅速在东北亚地区崛起并对朝鲜发起两次战争，均取得了重大胜利，双方签订的《南汉山城盟约》规定，朝鲜要派出以朝鲜世子为首的质子团到沈阳，借此清朝成功与朝鲜建立起宗藩关系。但是，朝鲜受华夷观念影响，内心仇视清朝，清鲜宗藩关系十分紧张，所以在入质期间，朝鲜世子随之卷入两国交涉中。在8年入质生活中，朝鲜世子曾两次归国省亲。文章重点介绍两次回国省亲是如何提出并成行的，并比较两次省亲的成行原因。作者分析了崇德年间中朝政治局势以及清鲜关系的变化，并探析朝鲜世子在崇德年间清鲜关系的作用。此外，王源斐以日本修撰的纪传体正史《大日本史》及其《诸蕃传》为例，运用比较研究的方法，探讨明清易代后的日本是如何建构不同于往日以中国中原王朝为视角的华夷之辨秩序。

东亚政治关系中壬辰战争的研究一直都是热点，有关论著有：王煜焜的《万历援朝与十六世纪末的东亚世界》(上海大学出版社，2019年)主要考察万历援朝之役末期明朝与日本诸将的议和、战争结束后的议和交涉、朝鲜议和态度的转变等，勾勒出战后东亚三国的外交动向。李浩白的《万历二十年抗日援朝》(北京联合出版公司，2019年)一书也是探究壬辰战争问题。万历二十年(1592年)，日本丰臣秀吉悍然发动针对朝鲜和中国明朝的侵略战争。应朝鲜国王的请求，明朝派出大军抗日援朝。万历朝鲜战争对中、日、朝三国的历史走势产生了深远影响。王英础、朴现圭、孙连忠三人合作撰写的《抗倭援朝的名将——季金》(浙江工商大学出版社,2019 年)讲述了日本丰臣秀吉派兵入侵朝鲜,作为当时朝鲜宗主国的大明王朝,应朝鲜国求援派出大军的故事。该书主要记述明朝名将季金将军奉钦命率 3000 水兵援朝,驻忠清南道,治军严明、英勇作战的抗倭事迹。塞缪尔·霍利著、方宇译的《壬辰战争》(民主与建设出版社,2019 年)一书综合运用中日朝韩史料,全面、客观地描述了发生在 16 世纪末的日本进攻朝鲜半岛的战争。而柳成龙的《惩毖录》(上海交通大学出版社,2019 年)是壬辰战争时期,朝鲜中枢高官柳成龙的回忆录。

除了专著外,还有关于壬辰战争研究的学位论文。如李东枭的《万历中后期明朝辽东战略的调整》(东北师范大学硕士学位论文,2019 年)一文主要探究万历中后期明朝辽东战略的调整。作者在文章中强调了壬辰战争对万历中后期辽东在卫所体制产生的重要影响。李壮的《壬辰战争时期明朝与朝鲜的粮饷矛盾》(辽宁大学硕士学位论文,2019 年)则考察壬辰战争时期明朝与朝鲜的粮饷矛盾问题。随着明朝军队陆续开赴朝鲜,两国在对日作战方面展开多方合作,其中粮饷供给是双方合作的重点。粮饷问题包括筹集、转运、管理、分配诸环节,双方在合作过程中不断产生分歧和矛盾,作者将这些矛盾概括为:耗费粮饷数额庞大、两国财政日渐匮乏、宗藩体系下国家利益的考量和相关人员的渎职不力。

杨家宁的《壬辰战争后东亚国际秩序的演变与重构》(延边大学硕士学位论文,2019 年)一文则对壬辰战争后东亚国际秩序的演变与重构进行了探究。作者从明朝、朝鲜、日本、对马、琉球、女真六方在壬辰战争之后对于东北亚国际秩序重建的不同态度入手,对壬辰战争之后东北亚国际秩序的重建过程进行宏观分析与梳理。壬辰战争结束后,后金的兴起打破原有的稳定结构,开始构建以后金为主导的东北亚国际秩序。赵学美的《论后金兴起与壬辰战争的关系》(山东大学硕士学位论文,2019 年)主要考察了后金兴起与壬辰战争的关系。作者认为,努尔哈齐利用远离战事的契机,通过朝贡贸易、马市贸易获得经济发展,为军事力量壮大奠定了基础,大力发展建州女真。而明朝、朝鲜在与日军的战争中消耗了大量的经济、军事力量,明朝、朝鲜国力不振,导致朝廷对建州女真控制能力下降。万历四十七年

(1619),萨尔浒之战后,双方实力发生根本性转变,明朝由盛转衰。努尔哈齐完成了对女真族的统一,标志着作为新生政权的后金已然兴起,改变了东亚的政治格局。

司晓明的《壬辰之役初期明朝援朝与朝鲜请援问题再析》(山东大学硕士学位论文,2019 年)一文对明朝援朝与朝鲜请援问题进行分析,认为壬辰战争对参战的日本、朝鲜王朝、明朝三方以及近世东亚国际秩序影响深远。文中通过对两国官方与个人记录的梳理、对照和考证,理清双方决策时间脉络,修订事件间的内在逻辑,重新审视援朝与请援问题。作者认为"朝鲜向明朝的告急、请援、请'内附'"问题中存在明显阶段性,强调"朝鲜在运用'事大字小'原则解决危机时是有层次和保留的,背后则是其维护本国安全利益的出发点",明朝"应急出兵并非是第一阶段请援促成的,正式出兵亦非是第二阶段请援促成的"。孙娜的《沈一贯与万历东征之役》(宁波大学硕士学位论文,2019 年)一文主要探究了在万历朝鲜战争中内阁辅臣沈一贯的主张。作者考察了沈一贯在"入阁初""封倭期""再战期"的主要活动,从"明日封贡""臣僚关系""军事战略""政治集团"4 个方面展开论述,分析沈一贯在这场御倭战争中对日主张的转变、所提战略战策及其政治集团的形成等问题。

李振林的《壬辰战争初期(1592—1593)援朝南北兵关系探析》(山东大学硕士学位论文,2019 年)一文主要探究壬辰战争初期(1592—1593)援朝南北兵关系问题。壬辰战争爆发后,明廷紧急任命宋应昌为朝鲜经略,并命其调集蓟、保、宣、大、辽五镇南北大兵,次第集结辽东,以待提督李如松到来,入朝抗倭。在壬辰战争初期,李如松率南北大兵主要经历了平壤、开城、碧蹄馆三大战役,南北兵关系亦随着这几场战争的进行而不断波动变化。作者在文章中指出,因"南兵"有良好的战斗力,明廷给予南兵"厚饷"引来了北兵的嫉妒和不满,双方不断产生摩擦甚至冲突,以致有人提议"议汰"南兵来缓和双方矛盾。但是,明朝南北兵之间的矛盾并没有被解决掉。明军入朝对日作战时,取得"平壤大捷",一举扭转了朝鲜战场上的不利局势。但是,在论功行赏中南北兵关系暗流涌动,矛盾开始显现,宋、李二人亦因分赏范围不同而产生分歧。"碧蹄馆之役"失败后,南北兵之间的矛盾进一步激化。"碧蹄馆之役"后,"朝鲜君臣认为南北兵因为平壤论功不均而引发了双方之间的争斗，并进而影响到了这场战争顺利进行”。作者在文章中指出，“壬辰战争初期南北兵关系波动的背后，实质上是明代后期募兵制带来的客兵与主兵的矛盾、晚明新军事变革后‘新军’与‘旧式军队’的矛盾、‘崇文黜武’政策下的文武不相协调以及明代军功赏赐制度弊端所带来的冒功、邀功等问题”。作者还强调，对于朝鲜而言，由于欠缺对明军内部关系的实质了解，“习惯于站在本国立场，全然以朝鲜自己的利益为出发点，从而造成了明、鲜双方合作上的分歧，并进而影响到了朝鲜相关史料中对于援朝南北兵形象和关系的历史书写”。此外，单蓉的《试论万历朝鲜战争中的陈璘》（天津师范大学硕士学位论文，2019 年）、孙卫国的《谷应泰〈明史纪事本末〉对万历朝鲜之役的历史书写》（《史学集刊》2019 年第 2 期）也从不同视角探究了壬辰战争问题。

陈尚胜、赵彦民和孙成旭等的《地区性历史与国别性认识——日本、韩国、中国有关壬辰战争史研究述评》（《海交史研究》2019 年第 4 期）考察了日本、韩国和中国学者近 70 年来对于壬辰战争研究的基本概况，认为三国学者对战争原因、日本大名动向、朝鲜军官将领、明军将领和南北兵、朝鲜义兵、粮饷供应与运输、倭城建造、和谈等问题较为关注，但三国学者在讨论问题时却表现出不同的国别倾向，而且对于异国史料的使用也十分不足。因此，作者提议“中、日、韩三国学者都应走出一国史空间的局限，在跨国史的框架下对壬辰战争进行新的研究”。除了上述研究外，学界还有其他论述，因篇幅有限，不再赘述。[①]

（三）人员往来与国族间认知研究

东亚各国之间有着深厚的中华文化基因，因而为各地区之间人员往来营造了良好的文化氛围。2019 年研究古代东海航线人员往来的成果比较丰富，如研究东亚各国文人之间交往的有：拜根兴的《入唐高句丽移民研究

---

① 刘丽敏：《17—18 世纪中外边务交涉研究——以中俄、中朝、中越边务交涉为中心》，山东师范大学博士学位论文，2019 年；刘旭阳：《室町幕府前中期的对明外交姿态及变化——以〈善邻国宝记〉中收录的外交文书为中心》，北京外国语大学硕士学位论文，2019 年；樊婷婷：《试论朝鲜对穆克登查边的反应及对策》，延边大学硕士学位论文，2019 年；李琪：《穆克登勘界与乙酉、丁亥勘界之比较》，延边大学硕士学位论文，2019 年；王桂东：《前沿与枢纽：明代中朝交涉与两国边疆地带》，《社会科学辑刊》2019 年第 5 期；赵现海：《中国古代的“天下秩序”与“差序疆域”》，《江海学刊》2019 年第 3 期。

的现状及其问题》(《社会科学战线》2019 年第 8 期)一文主要探究了入唐高句丽移民研究的现状及其问题。作者依据近 10 年洛阳、西安两地不断发现入唐高句丽移民墓志,对文献史料中人物间关系的检讨,考察入唐高句丽移民的迁徙与安置等问题,通过集中讨论,发掘出更多的问题点,涉及高句丽官制及地方行政机构、入唐高句丽移民任职变迁、移民后裔融入唐人共同体的历程、移民家族个案等。

尹允镇、金基永的《域外汉诗:新罗新生代诗人崔匡裕的汉诗研究》(《延边大学学报(社会科学版)》2019 年第 2 期)一文主要考察了新罗新生代诗人崔匡裕的汉诗。作者首先对崔匡裕的生平、生活经历进行了介绍,特别是介绍了他青少年时期来到中国,参加宾贡科考试,是留唐新罗新生代诗人之一。崔匡裕的诗歌大部分已失传,只在《夹注名贤十抄诗》《东文选》等韩国古代文献中收录部分诗歌并流传至今。崔匡裕的诗歌以反映异国他乡的学习生活为主,着重描写学习生活的艰辛、对家乡的怀念和对清静大自然的无限向往以及隐逸倾向。在诗歌创作中,他和新罗时期其他作家一样,经常借用中国历史人物和典故,时而抒发自己的情感,时而表达自己的情趣,时而表现自己独特的审美志向,使诗歌呈现出与众不同的艺术魅力。崔匡裕诗歌中表现出的对大自然的憧憬和隐逸倾向与以"竹林七贤"为代表的两晋南北朝时期的文学有一定关系。

王杰的《叙事学视角下中日两国所传阿倍仲麻吕形象的"虚实"研究》(苏州大学硕士学位论文,2019 年)一文主要从叙事学角度来考察阿倍仲麻吕形象的"虚实"。作者通过探究中日两国关于阿倍仲麻吕的传记和传说,特别是记载阿倍仲麻吕的各种史书、说话文学,以及以阿倍仲麻吕为原型的仲麻吕"化鬼"传说,有了新发现。作者从两个方面进行了分析:一是中国古代文人从对阿倍仲麻吕文化传承视角,"把他塑造成了'慕华不肯去'的文人形象",作者认为是华夷思想导致了"阿倍仲麻吕只是思慕唐朝文化而来到中国的遣唐使的一员","这反映了中国传统政治文化上,以本国为文明中心,而将日本看作文化边缘的蕞尔小国"。二是从日本视角考察,作者依据关于阿倍仲麻吕吟咏《天の原》和歌的传说,认为"阿倍仲麻吕被塑造成了一个和歌诗人"。作者认为"日本国风文化时代以来一直崇尚和歌。《天の原》

和歌的传说，塑造了一个归心似箭却无法返回日本，只留下一首动人的思乡和歌的阿倍仲麻吕形象”。但是古代日本高涨的国家意识和强烈的民族意识，以及一系列说话文学作品，塑造了阿倍仲麻吕的多个“虚像”，如凭借机智和高超的阴阳术，不断化险为夷的正面形象；也有思念故土和子孙的“鬼”的形象。作者认为中日两国无法客观地看待阿倍仲麻吕的文化传承作用，这些形象都掺杂了两国的国家意识和对他国的印象。这样的社会性要素掺杂越多，就越加远离史实，最终演变出“虚像”。

刘喜涛的《明代朝鲜赴京使臣的异国记忆与国家观认知》(《社会科学战线》2019 年第 3 期)一文主要考察明代朝鲜赴京使臣的异国记忆与国家观认知。作者通过考察朝鲜使臣在北京的活动，认为“一方面可以认识朝鲜王朝‘中华’认同的形成与固化过程；另一方面也可以了解朝鲜与明朝交往过程中形成的各具特色的国家观”。通过明代朝鲜赴京使臣的异国记忆与国家观认知，得出结论：“新的国家观认知需要超越传统的东亚秩序模式及以朝贡体制模式为主的东亚国际关系建构。”

张循、李玥的《明代朝鲜使节对永平府夷齐庙的认知——以〈燕行录全集〉为中心》(《渤海大学学报(哲学社会科学版)》2019 年第 5 期)一文考察了明代朝鲜使节对永平府夷齐庙的认知。作者认为明代朝鲜使节对永平府夷齐庙的整体认知主要表现在两点：“其一，使节们特别关注夷齐庙的环境和封祀情况，其中他们笔下最常见的是对夷齐庙相关景物的描写，这些景物不限于夷齐庙的内部，也涉及其周边环境；其二，在朝鲜使节眼中，伯夷、叔齐是具有仁义、忠节品行的贤者，因此使节的诗歌和日记中蕴含着对参拜夷齐庙的向往，参拜过程中还引发了部分使节的独特思考，展现了朝鲜使节的精神世界。”董健菲、息琦和韩东洙等的《明代朝鲜使臣驿路及馆驿研究》(《建筑学报》2019 年第 S1 期)主要对辽东段使行路线进行定位、分析，辅助应用 GIS(地理分析系统)分析软件，对线路进行还原，并对沿途两国政治文化互惠交流的重要场所朝鲜驿馆进行分析研究。李郭俊浩、方宝川的《明代琉球“伪使臣”事件与琉朝关系探析》(《福州大学学报(哲学社会科学版)》2019 年第 6 期)一文主要考察明代琉球“伪使臣”事件与琉朝关系。作者在文章中指出，从 15 世纪开始，琉球与朝鲜正常交往中“伪使臣”事件频发，导致两国关系逐渐疏远。作者通过分析认为“高额利润及对高丽大藏经的追求”是导致“伪使臣”事件频繁的重要因素。特别是在嘉靖九年(1530年),朝鲜将琉球漂风难民护送至北京遣返归国事件,导致了琉球与朝鲜“两国关系由直接往来改为间接通过北京进行,一直持续至清末”。李春兰的《〈丙申皇华集〉研究》(延边大学硕士学位论文,2019年)主要考察明使祁顺、张瑾在成化十二年(1476)出使朝鲜颁册立皇太子诏时与朝鲜文臣徐居正、卢思慎、任士洪等人的诗文唱和之作,通过对《丙申皇华集》的深入细致研究,有利于我们更好地了解双方的交往过程、交往形式、交往内容以及中朝两国交往的意义和价值。

季南、苏嘉琦的《朝鲜朝政治家金允植与清朝人士的尺牍交流》(《黑河学刊》2019年第4期)主要考察了朝鲜朝政治家金允植与清朝人士的尺牍交流。作者首先对金允植生平做了简要介绍。金允植是朝鲜近代史上的政治家、思想家、文学家,在19世纪中朝政治交流史上发挥过重要作用。《云养集》中收录了金允植与清朝官员和文人之间的尺牍11篇,这些尺牍主要是对中国政治、经济、军事方面的学习和相关事宜的商讨,也包含着对金允植与清朝官员和文人之间真挚友情的详细记录。作者认为这些尺牍有着重要的文献价值,“对金允植个人以及与之交往的或者在尺牍中提到的相关清朝官员和文人的传记编撰起到了重要的补充作用”。

磯部彰的《朝鲜燕行使节所见清朝宫廷大戏——以乾隆时期〈升平宝筏〉为中心》(《文学遗产》2019年第1期)主要以乾隆时期《升平宝筏》为中心,考察朝鲜燕行使节所见的清朝宫廷大戏。作者认为以赴燕使节所见宫廷大戏为视角,有助于“辨析乾隆时期宫廷演剧与小说的关系”,特别是“彰显出《升平宝筏》与《西游记》的关系”,更为重要的是“隐现出宫廷演剧‘承应戏’的时代和政治背景”。

张雪霞的《袁黄朝鲜行迹研究》(吉林大学硕士学位论文,2019年)主要以袁黄朝鲜行迹为研究对象,从袁黄生平、其在壬辰战争中的表现、与朝鲜的文化交流以及“他者”眼中的袁黄形象等几个方面进行分析,进而更全面地评价袁黄的朝鲜一行。作者在第二章中对袁黄生平进行了简略介绍。其中其所著《了凡四训》一书影响深远。作者根据史料考证袁黄在朝鲜居留时间为万历二十一年(1593年)正月至三月。作者在第三章中主要记述了袁黄在壬辰战争期间的活动轨迹,袁黄入朝后先后经历了平壤大捷、碧蹄馆之败以及与日本议和。作者认为其在朝鲜壬辰战争期间在调配粮草兵力、整肃军纪等方面做出了一定贡献。作者表明特别在碧蹄馆失利之后,袁黄在遣使至咸镜游说、解救朝鲜两王子等方面发挥了重要的作用。但因"冒功舆论"之争等种种原因,最终被削籍归家。作者在第四章中重点考察了袁黄在中朝文化交流中的作用。袁黄借阅《经国大典》,与朝鲜文人讲学论道,宣扬阳明心学;其著作也传入朝鲜,在思想、礼制、刑法等方面对朝鲜产生了重要的影响。同时,在一定程度上也促进了中朝两国思想文化上的交流和碰撞。

沈红芳的《徐浩修〈燕行纪〉中的清朝中期中国形象研究》(延边大学硕士学位论文,2019年)考察了徐浩修《燕行纪》中的清朝中期中国形象。清乾隆五十五年,徐浩修作为恭贺乾隆皇帝八十寿诞的陈贺、谢恩副使奉命出使清朝,将沿途的所见所闻记录成册,形成《燕行纪》四卷。《燕行纪》主要内容可以概括为:卷一"起镇江城至热河",广泛记录了徐浩修沿途所见的中国的山川名胜、边防城郭;卷二"起热河至圆明园"和卷三"起圆明园至燕京"则记录了中国的文物制度、社会风貌、文化艺术等内容,以及徐浩修与清朝大臣的交流情况;卷四"起燕京至镇江城",简要描写了回程过程及使臣向国王回禀出使情况。作者在第二章中简单概括了徐浩修生平及背景。他作为一心励精图治、报效祖国的实学派大臣,支持"北学中原"的观点,出使中国的其中一个目的就是学习改革富强之道。在第三章中,徐浩修在《燕行纪》中记录了具有代表性的长白山、潮河川、沈阳城、山海关、承德府等中国山川城池形象。在第四章中,徐浩修详细记载了清朝的皇家宫廷建筑紫禁城、圆明园等富含着中国传统建筑文化和色彩文化的建筑。同时,徐浩修对清朝官制设置和八旗制度展现出的清朝强大的政治势力和军事实力充满着好奇与赞叹,这也是他希望自己国家达到的强盛程度。徐浩修在《燕行纪》中详细记录了参加万寿节庆典时所看京剧《西游记》的曲目名称。《燕行纪》全文以日记的形式记述使团行程,从辽东到热河,再到北京,记录了中国的名山大川、城池宫阙、艺术文化、人物事物,描绘出广阔的社会生活画面,全面展示了清朝中期的中国社会。作者认为"徐浩修在观察中国、反思历史的基础上，以冷静、客观的态度审视着清朝，以开阔的视野、翔实的内容、深刻的思想，为我们展现出一个强大而又隐含颓势的封建帝国形象”。

李旼静的《朴趾源〈热河日记〉的“笔谈”研究》（山东大学博士学位论文，2019年）一文主要以《热河日记》为中心，考察了朝鲜使团从鸭绿江经过燕京到清朝皇帝夏季别墅——热河的旅行过程。该书将与中国人之间的交往，以及亲身体验到的中国文化制度分成各领域作详细介绍，其内容不仅涵盖中国的历史、地理、政治、经济、社会、文化、宗教、文学、艺术等，还涉及了土木、建筑、船舶、古铜等方面。书中重点放在“利用厚生”方面以试图改变当时疲惫的朝鲜，被评价为《燕行录》中的最佳杰作。作者在第一章中主要是叙述朴趾源的生平，以及《热河日记》的成书、版本等基本事项；在第二章中，作者分析了《热河日记》的构成、特点，以及笔谈态度；在第三章中，作者论述了笔谈中交流的主要内容，将其分为有关华夷之论、朱子之学，以及中朝两国的情况等等；第四章考察了《热河日记》笔谈中的清朝各类人物形象；第五章考察了《热河日记》笔谈的影响和地位。作者认为朴趾源之所以笔谈写得如此成功，“离不开其一直坚持的笔谈态度。他始终以委婉、迂回的态度对待他们，尤其在谈及敏感话题时，显得更为谨慎”。另外，在华夷论的笔谈中，“朴趾源对以中国为中心的传统华夷论持批评态度”。朴趾源在盛京和琉璃厂这两个地方真切地感受到了富足、繁华、经济发达的清朝面貌，还通过积极能动的笔谈与中国的各个阶层结下了深厚的友谊。

李忠辉的《明代中央机构设置的朝鲜通事设置考》（《辽东学院学报（社会科学版）》2019年第6期）主要探究了明代因与朝鲜王朝交往之需在中央机构设置的朝鲜通事。作者通过考察，可知明代通事职官初设于仪礼司，洪武十二年，仪礼司隶通政使司后，又设于通政使司，洪武三十年，仪礼司改鸿胪寺后便一直设于鸿胪寺。李忠辉的《清代朝鲜通事家族的形成、更迭与衰落——政治与语言的抉择》（《民族翻译》2019年第4期）一文从政治与语言视角考察清代朝鲜通事家族的形成、更迭与衰落过程。清朝时期朝鲜通事以子孙沿袭通事因而形成了通事家族。顺治时，正黄旗包衣出身的朝鲜通事金新达礼家族，借多尔衮一派失势之际，通过政治斗争，取代了把持朝鲜事务的多尔衮系朝鲜通事郑命寿一派，成为清代最为著名的朝鲜通事家族。

然而自雍正起，该家族成员虽继续出任朝鲜通事，但因语言能力丧失，已无法通语。因此，精通朝鲜语的凤城徐氏、文氏、吴氏等通事家族，逐渐取代了金新达礼家族的通事，担任实际译者工作，确立了语言技术型通事家族的地位。至清末，随着通事家族数量的减少，特别是朝鲜语言能力的集体丧失，朝鲜通事家族走向了没落。

朴艺丹的《朝鲜时期使行译官贸易活动的兴起与衰落》(《辽东学院学报(社会科学版)》2019 年第 2 期)一文主要考察了朝鲜时期使行译官贸易活动的兴起与衰落，作者在文章中强调朝鲜译官是“使行贸易中的主导者和实务者”，特别是在朝鲜后期的对清、对日贸易中发挥了积极的作用。尽管朝鲜译官最初积极参与使行的出发点是改善生计、积累财富，进而为自身身份提高做铺垫，但是其活动对于朝鲜近代化发展产生了积极影响的同时，客观上对中国、朝鲜、日本之间的经贸交流起到了促进作用。

刘铮的《朝鲜朝使臣所见清代东北盛京——以“燕行录”资料为中心》(《东疆学刊》2019 年第 3 期)一文主要考察了朝鲜朝使臣所见的清代东北盛京，通过《燕行录》中关于清朝东北盛京地区的城池建设、军政设置、商业经济、教育及流人文化、饮食和居住民俗等方面的记载，不仅可以了解盛京地区当时的发展状况，还可以了解朝鲜朝使臣面对清朝的心态。同时，朝鲜使臣对东北盛京地区的观察与思考，可以为我们研究清代东北社会提供一个新的视角。刘晓东、年旭的《明袁琎“被掳”像的形成与中日朝交涉》(《历史研究》2019 年第 1 期)一文主要围绕着嘉靖二年的“宁波争贡事件”进行考察，作者在文章中认为嘉靖皇帝对此事的处理态度明显前后不一，是与“明朝指挥袁琎‘为贼向导’的‘隐情’有着某些内在关联性”。作者在文章中指出“相较于‘被掳’，前者更有损于天朝威严与东亚区域秩序的稳定”。“宁波争贡事件”发生后，明朝虽然表现出较为强硬的态度，但并未断绝与日本的朝贡贸易往来；日本方面也积极寻求途径，希望消除误会；而朝鲜对事件“隐情”的刻意回避，则避免了事态的进一步扩大。在各方的利益斗争与妥协中，所谓“为贼向导”的言说逐渐被淡化，最终完成袁琎“被掳”形象的塑造，并成为东亚区域各国共有的一种主流描述。可以说，基于自身利益需求，各方都有意无意地选择对传统东亚区域秩序体系的修复与维护，这也从一个侧面反映了这一秩序体系“事大字小”的伦理关系及其历史合理性。

关于明清时期中国与琉球之间人员往来的研究有：徐斌的《使琉球行人陈晟考释——基于地方志史料的分析》(《中国地方志》2019 年第 5 期)一文主要利用地方志史料考察明洪武三十五年(1402 年)使琉球行人陈晟，作者通过钩稽的《宝应县志》和《扬州府志》等几种地方史志资料，并在比照《明实录》《明史》等正史文献的基础上，认为陈晟即为该年奉命出使琉球的使臣之一。同时对陈晟的生平、何时出使琉球、文献中有关他借出访之便私自市马获罪、到底是只出使琉球还是同时出使日本等问题进行考释，以求对深入认识影响明初中琉关系的某些具体史实有所裨益。

丁亮亮的《周煌琉球诗文研究》(浙江工商大学硕士学位论文，2019 年)一文主要考察周煌琉球诗文。乾隆二十一年(1756 年)周煌任册封副使随正使全魁出使琉球，撰《琉球国志略》十六卷，撰成呈览，得以在武英殿排印刊行，后世重印翻刻甚多。作者对其琉球诗文的收录情况做了简要梳理，其琉球诗歌主要收录在《海东集》《海东续集》《海山存稿》中，也有数篇散见于其他涉及琉球的著作。作者从两方面分析了周煌琉球诗文特点：一是其诗文风格上受苏轼诗歌影响，二是具有雍容典雅的特点。在诗文思想上受到华夷之辨的影响。周煌“塑造了琉球贵族、琉球士大夫、琉球平民等异域形象”，作者在文章中指出，周煌描写的航行、船难和海上日出等海洋题材诗歌，“为中国古代文学所少有，是中国海洋文学的重要组成，从中可以看出中国古代士大夫与海洋文化的关系”，并强调这是中国“海权意识的萌芽”。此外，杨露露的《汪楫及其诗歌研究》(淮北师范大学硕士学位论文，2019 年)也涉及出使琉球人员的诗文研究。

张杭的《清嘉庆五年出使琉球诗歌研究》(温州大学硕士学位论文，2019 年)主要考察了嘉庆五年以正使赵文楷和副使李鼎元为核心的使团，出使琉球册封藩王尚温，在往返琉球的特定时空下创造的出使琉球的诗歌。这些诗歌的内容题材主要包括陆海纪程诗、赠别唱和诗、纪事咏怀诗和琉球风物诗。“这四类诗歌直观地展现了使臣行客视野下的城邑山川和陆海交通，出使琉球过程中使臣与同僚亲友、琉球士人的赠别唱和，旅居琉球时游览抒怀、册封事宜，以及对琉球民俗风物的观察认识。”就清朝出使琉球使者的这些诗歌体裁而言，出使琉球诗歌体裁囊括了四言、五言、七言及杂言古体诗，五律、七律、排律、绝句等近体诗，还包括乐府歌行及竹枝词等常见诗体。诗歌创作主体鲜明，语言尚实求奇，多本色词、数量词、否定词和疑问词等。作者在文章中指出，“清嘉庆五年出使琉球诗歌特色鲜明，开启了书写出使琉球见闻的崭新一页，为乾嘉诗坛注入全新审美体验，对清代诗歌发展，以及中、琉诗歌交流都具有极其重要的意义”。

盖星霓的《明代朝鲜崔溥的慕华情结及其创作》（河北大学硕士学位论文，2019 年）一文主要围绕着朝鲜李氏王朝的官员崔溥，他航海时因遇暴风雨从济州岛一路漂流到浙江台州，再经杭州沿京杭大运河一路北上到达北京，成为朝鲜游览中国江南风光第一人，回国后崔溥奉朝鲜成宗之命撰写了《漂海录》。作者通过此书，分析崔溥的慕华情结。作者认为“崔溥慕华情结的背景源于朝鲜这个附属国对宗主国的敬慕，以及儒家思想对他的熏陶”。作者对崔溥《锦南集》做了分析和解读，该部分应用了丰富的艺术手法，结构严谨，语词精妙。作者也对其笔下丰富多彩的明代中国形象进行了解读，领略了另类的明朝“见闻录”，了解朝鲜人的慕华观。

除了上述官方派出的使节人员往来外，古代中国与东亚地区人员往来还包括僧人之间的往来。如中国佛学院主编的《古代中外佛教文化交流资料汇编》（社会科学文献出版社，2019 年）主要是对清朝以前古代中外佛教文化交流资料的整理，包括中印、中日、中泰、中朝等国家之间的交流资料。资料来源于中外，如中国的二十四史、《大正藏》等文献，日本、韩国等国文献。这是具有通史性质的佛教史研究。

本性的《空海入唐隐元渡日——由两位高僧事迹看中日文化交流互鉴》（《法音》2019 年第 2 期）一文主要以空海入唐隐元渡日为考察对象，考察两位高僧的事迹，看中日文化交流互鉴。中日两国佛教自始至终是伴随中日文化交流的重要内容，占据至关重要之地位。古往今来，无数高僧行走在中日交流的前沿阵地，书写了璀璨华篇。作者在文章中指出，中日两国僧人之间以佛法为核心交流，同时也广泛涉及哲学、科学、艺术、文学等方面。

释本性的《圆珍法师入唐之行对中日文化交流的意义》（《法音》2019 年第 11 期）一文认为，圆珍历时 6 年在唐求法，回国后被任命为日本天台宗第五代座主，圆寂后追赐号“智证大师”。自圆珍之后，日本天台宗宗风大振，发展成为日本佛教的代表性宗派，天台宗寺门派由此而始。圆珍既是日本天台宗历史上一位关键人物，同时也是中日文化交流之代表，为“入唐八大家”之一。金成俊、崔云峰的《对圆仁〈入唐求法巡礼行记〉中所记载的船舶部件搙（搙栿）的批判性考察》（《海交史研究》2019 年第 3 期）一文主要以圆仁《入唐求法巡礼行记》为中心，考察日本派遣第 15 批遣唐使的航海活动。作者在文章中着重考察了圆仁所乘坐的遣唐使船漂流到中国扬州海陵县时的日记中提到的，无法判断其具体用途和形状的船舶部件“搙（槈）”。作者通过考察，认为搙（槈）很可能是遣唐使船被日本史书以百济舶或新罗船来记录的韩船型船舶。

张晓舟的《僧侣、跨境移动与国家外交——圆仁〈行记〉所见渤海僧〈哭灵仙诗〉的历史学考察》（《学习与探索》2019 年第 5 期）一文主要考察了日本僧圆仁《行记》中描写的渤海僧贞素的《哭灵仙诗》，以此窥析 9 世纪东亚交流面貌。首先，作者分析诗文中三位外国僧人贞素、应公、灵仙因佛教信仰而来到唐朝，“反映出当时中国所特有的国际交流中心的地位”。其次，诗文提到了东亚跨境交流中物资移动、使节往来、行程路线等方面的细节。最后，对于诗文记述的送金事件，作者认为“不仅标志着渤日外交进入了‘年期限制’的时代，而且象征着唐日交流中以渤海为中介的沟通渠道从此终结”。

王磊的《日僧圆珍笔下所见唐代东南地区的东塔宗》（《中国哲学史》2019 年第 4 期）一文主要从日本僧人圆珍视角考察了唐代东南地区的东塔宗。学界对唐代佛教戒律三宗之一的东塔宗关注较少。作者从入唐求法的日本天台宗僧人圆珍的记载窥探到东塔宗在东南地区的福建、浙南等地的活动，其中的《开四分律宗记义镜钞》目前在韩国松广寺尚有残本存世，通过日本僧人圆珍的记载有助于考察当时东南地区的佛教戒律状况，同时对唐代东塔宗的历史也有新的了解。

龚凯歌的《日本天台入宋僧寂照与成寻的比较研究》（郑州大学硕士学位论文，2019 年）一文主要将日本天台入宋僧寂照与成寻进行比较研究，作者认为虽然中日两国学界对寂照、成寻的研究成果颇丰，但是尚未见到结合当时中日社会背景、二人的入宋活动及影响之异同对二人入宋事迹进行比较的研究。在第一章中，作者对两位入宋僧进行了简要概述，梳理了入宋僧寂照、成寻两僧的家系及法系。在第二章中作者对寂照、成寻入宋的契机进行了考察，通过对寂照、成寻的入宋与当时日本的渡海制度、摄关政治、天台佛教之间关系的探讨，究明了寂照获得敕许顺利入宋以及成寻偷渡入宋两种不同结果背后的深层原因。在第三章中，作者着重考察寂照、成寻入宋后的五台山巡礼活动、大藏经的蒐集活动、与宋人的交流活动。通过上述考察，作者发现二人的入宋活动与日本平安中后期盛行的净土信仰以及日本人"本朝意识"的觉醒有着密切关系。在第四章中，作者对大江匡房所著的《续本朝往生传》中寂照与成寻的虚像，以及虚像化的原因进行了考察。作者认为形成虚像化的原因是"二人弟子以及宋商的活动、日本平安时代净土思想盛行、国风文化期日本人'本朝意识'的觉醒。"

方炳星的《十世纪中期的东亚佛教交流——以吴越国为中心》（山东大学硕士学位论文，2019 年）主要以吴越国为中心，探究了 10 世纪中期东亚的佛教交流。作者在文章中指出，10 世纪中期，有"东南佛国"之称的吴越国佛教文化发达，交通便利，与高丽、日本之间往来密切。通过东亚佛教交流，吴越国造的金属阿育王小塔输出到日本和高丽，同时，日本和高丽传回的天台教典则为中国佛教带来了复兴的希望。张晓东的《古代上海地区发生的中日佛教交流——以宋元为中心的考察》（《江南大学学报（人文社会科学版）》2019 年第 3 期）一文主要探究了宋元时期的上海，其是经济与文化发达的江南地区、面向海上的对外交流门户，本地经济、交通与文化发展程度较高，吸引名僧进驻，保存大量经典，且能借江南与海上丝绸之路两端左右逢源获得机遇。因此，上海地区是中日佛教交流的重要枢纽。宋元时期上海地区中日佛教交流的典型代表有两位中日的高僧大德：一是宋代日本名僧俊芿来华学习佛学，回日本京都传播佛法；二是名僧清拙正澄先来上海驻锡传法，后应日本上层邀请东渡传法，影响深远。作者在文章中强调"宋元时期中日佛教宗派发展的阶段性存在一定时间落差，这加强了不同时期日本佛教对中国佛教的学习的需要和可能"。

王昕宇的《明末黄檗宗及书风传入日本的原因探析》（《艺苑》2019 年第 3 期）主要探究了明末黄檗宗及书风传入日本的原因。作者认为有两方面原因：一是明清鼎革之际对清政府不满，二是因为受到福建商人社团的盛情邀请。因此，1654 年隐元禅师率众弟子渡日，并在日本修建了宇治万福寺。隐元禅师及众弟子驻锡日本传法，同时也对日本书法产生了深刻影响。

熊昂琪的《论唐文化的局限性：以鉴真东渡为中心的考察》（《哈尔滨师范大学社会科学学报》2019 年第 5 期）一文主要以鉴真东渡为中心考察唐文化的局限性，作者认为，“作为一种文化现象，唐文化存在其自身无法克服的局限性。笔者从文化交流的视角，以鉴真东渡为中心，论述了唐文化的局限性，即作为意识形态的宗教在很大程度上成为政治的附庸，以及开放的唐文化背景下普通民众对于文化交流所表现出来的相对封闭性或者狭隘性”。

此外，学界还编著了《鉴真与空海》（宗教文化出版社，2019 年），该书主要聚焦中日两国的高僧大德在中日文化交流中的重要作用。一是以唐代高僧鉴真为代表的佛教大师东渡日本，被称为“日本文化的恩人”；二是日本僧人空海入唐求法，学成归国后成为日本佛教的一代宗师。该书分上下两集，上集从史学的角度，探讨盛唐以来中日佛教文化交流的千年历史。按时序分，先后为唐、宋、元、明、清和现当代。按题材分，包括：突出鉴真东渡的史绩和文化贡献、空海留学唐朝的原因分析和圆仁的长安之师；涉猎佛教文化交流与海上丝绸之路、明代日僧与王阳明的交往及思想史意义、清代琉球僧与中琉“诗赋外交”，以及改革开放以来以赵朴初为代表的中日佛教文化交流等方面的研究。该书下集则是从佛学义理的角度，对鉴真、空海、法藏、最澄、显荫等中日佛学大师的佛学思想和有关文论做了探究和辨伪，具有一定的学术价值。

关剑平的《荣西〈吃茶养生记〉研究》（中国农业出版社，2019 年）主要对荣西的《吃茶养生记》进行探究。学界还点校出版了日本入唐求法高僧圆仁的巡记《入唐求法巡礼行记校注》（中华书局，2019 年），该书主要记录了日本僧人圆仁东朝五台，西驻长安，游历名山大都期间的活动和路线，同时也包含中唐时代政治、经籍、社会生活、宗教、地理、风俗制度以及中日关系等，这对研究这一时期的中日关系和唐代政治、社会等有重要的价值。[①]

（四）海洋信仰

东亚海域之间人员往来往往伴随着各种险象环生的情况，为了在海上找到灵魂寄托，东亚海域往来人员有着强烈的海洋信仰精神。学界与海洋信仰相关的论文主要聚焦在妈祖研究上，在2019年，相继出版了数本有关妈祖的著述，如赵逵的《福建会馆与天后宫》（东南大学出版社，2019年），该书作者以福建会馆和天后宫为主体进行专题研究，并将视野扩大到全国，“对全国范围内福建会馆和天后宫进行了全面的梳理和解读，从历史、文化、建筑等方面探讨天后宫、福建会馆的传承与演变关系，全面呈现中国现存数量较多、形式精美、保存完整的天后宫、福建会馆古建筑群”。同时，作者也对全国范围内的天后宫和福建会馆进行统计，目前已知的约为925个，依然存在的则仅有150余处。张晓欢和李竞生合撰的《天妃文化在宁波》（知识产权出版社，2019年）则探究宁波地区天妃文化起源、发展、丰富、传播的脉络，深入剖析了宁波天妃文化地缘特色。同时，作者也提出“建立宁波天妃文化生态保护实验区、重视保护天妃文化孕育自然生态环境以及天妃文化遗产的整体保护”。

刘晓东和祁山合著的《妈祖文化与明末朝鲜使臣》（中国海洋大学出版社，2019年）主要探究天启元年（1621年）至崇祯九年（1636年）间朝鲜使团对妈祖文化的接受史。在书中作者较为详细地论述了明末朝鲜使臣历年祭祀天妃（妈祖）的情况、航程经历对明末朝鲜使臣的影响，以及妈祖文化与明末中朝（韩）文化的交流。罗春荣编著的《图说妈祖文化》（学苑出版社，2019年）则主要是普及妈祖文化的，作者利用妈祖的传说、信仰、遗址，以及搜集整理的200余幅妈祖图像资料等，讲述了妈祖文化的产生、发展和传播的特征。

黄婕的《文化妈祖研究》（中国文史出版社，2019年）则探究了妈祖文化

① 有关东亚之间的佛教文化交流，还包括：毛一帆：《朝鲜三国时代佛教造像风格研究》，鲁迅美术学院硕士学位论文，2019年；李宁：《日本律令制下的国家佛教研究》，吉林大学硕士学位论文，2019年；夏佳：《日本汉籍净土宗文献研究》，吉林大学硕士学位论文，2019年；等等。

史，分别从妈祖文化溯源，历代妈祖神格嬗变，妈祖文化的多重性，妈祖文化的文学与艺术，妈祖民俗文化，妈祖民俗体育文化，妈祖文化的哲学与伦理性，妈祖文化的社会功能，妈祖与郑和下西洋，妈祖文化的传播，妈祖文化研究的历史、传承与发展等不同角度系统介绍。宋建晓主编的《“一带一路”视野下妈祖文化传承发展研究》（人民出版社，2019 年）全面系统地对“一带一路”沿线国家和地区的妈祖文化遗存进行调查分析，探索妈祖文化在“一带一路”倡议中对文化交流、经贸发展、民心相通、两岸和平、全球治理等方面的独特价值，提出富有针对性的对策与建议。作者希望借此可以进一步充实丰富妈祖文化研究成果、妈祖文化理论体系和妈祖学学科建构，传承与保护世界非物质文化遗产——妈祖信俗，发挥妈祖文化在“一带一路”建设中的积极作用，增进台湾同胞的文化认同，推动两岸关系和平发展，这些都具有十分独到的学术价值和现实意义。相关著作还包括叶明生主编的《第二届贤良港妈祖文化论坛》（宗教文化出版社，2019 年），李玉昆、叶明生和林蔚文的《闽台民间信俗》（鹭江出版社，2019 年）等。

除了上述研究成果外，还有吕伟涛的《图画中的妈祖文化与海上丝绸之路——中国国家博物馆藏〈天后圣母事迹图志册〉研究》（《博物院》2019 年第 1 期）一文主要利用中国国家博物馆藏《天后圣母事迹图志册》，以绘画的形式描绘了妈祖生平事迹，再现其家喻户晓的丰功伟绩，以及民间和朝廷对妈祖的虔诚崇拜和褒奖敕封。这对研究妈祖文化与海上丝绸之路有着重要的学术价值。

林晶的《互动与共生：妈祖文化在海上丝绸之路沿线国家的传播》（《黄河科技学院学报》2019 年第 6 期）一文则是探究海上丝绸之路上的妈祖文化传播。作者在文章中指出，“妈祖文化与海洋文化深度契合，是海洋开拓性集中体现，也是海洋生活性的多重展示，更是海洋历史性的生动呈现”。“妈祖文化作为中西文化交流的重要纽带，从未故步自封，而是随着时代的进步不断演进、创新，在庙宇、习俗、经贸等方面效果尤为显著。”

黄婕、黄瑞国合撰的《郑和下西洋与妈祖文化传播》（《妈祖文化研究》2019 年第 2 期）一文以郑和下西洋为视角，探究在下西洋过程中妈祖文化如何传播到海外。作者在文中认为，“当下我们要加快建构中国的海洋文化体系，应当充分利用妈祖文化的海外影响以更有效地践行有关21世纪海上丝绸之路的倡议”。黄少强的《论妈祖文化对漕运影响及在“海上新丝路”建设中的价值》(《妈祖文化研究》2019年第3期)主要探究妈祖精神与河海漕运的商贸发展的关系。作者在文中认为，“妈祖精神是妈祖文化能在漕运中传播的重要前提；广大漕民(移民)是传播妈祖信仰的组成力量；历代王朝统治阶级利用妈祖灵威护国安邦，是妈祖信仰的助推手”。同时，作者还认为，“妈祖文化在当代建设21世纪海上丝绸之路的战略构想，妈祖信仰是不可缺少的重要组成部分，必将成为21世纪海上丝绸之路建设和发展的连接纽带、沟通桥梁和精神支撑”。

谢秀琼的《浙江渔民俗文化研究》(海洋出版社，2019年)则主要探究了浙江渔民俗文化。作者主要在两个方面进行了论述，一是狭义的“渔文化”，即渔民俗作为渔文化的重要组成部分，特指其非物质文化的部分。广义的“渔文化”，即渔民俗与渔文化既有交叉、重合，又有各自的特点与侧重，渔民俗是沿海及岛屿百姓在长期的涉海生产、生活过程中所创造并积淀下来的一种文化遗产，具有重要的历史研究价值与开发利用价值。该书主要内容有：物质生产民俗，主要包括渔业捕捞、制盐、造船等习俗；生活习俗，主要包括海洋饮食习俗、海洋居住和海洋传统服饰习俗等；礼仪民俗，主要包括人生礼仪民俗、岁时节令民俗等；精神民俗，主要包括民间海洋信仰与禁忌等；口头语言民俗，主要包括渔故事、渔歌、渔谚等。

综上所述，通过对2019年海上丝绸之路东海航线的研究梳理，发现本年度学界研究动态主要集中在东亚各国之间政治、经济、军事、社会等诸多层面，可以概括为以下几个方面：一是东亚贸易制度一直都是东亚海上丝绸之路东海航线的重要研究对象，以及对东亚贸易制度延伸而言东亚地区的海洋观念、书籍之路、瓷器之路等观念。本年度这方面研究依然是重点。二是东亚海域海上考古，在突破原有史料的基础上，新材料、新发现最为真实地具体展示了海上丝绸之路的东海航线，随着海上考古技术的不断发展，和新材料及海上出水文物的不断涌现，对东亚海域贸易往来的探究更加深入。三是东亚地区政治秩序方面研究近几年一直是学界关注的热点，一方面是借助朝贡贸易视角探寻东亚地区国际秩序，另一方面则是关注东亚的冲突，如隋唐时期与朝鲜半岛之间的战争、壬辰战争、倭寇等。学界不断从新的视角、用新的研究方法试图揭示东亚地区政治秩序构建问题。四是学界对东亚地区人员往来研究呈现出升温趋势，这在2018年的综述中已经有所表现，本年度依然有种趁热而上的感觉。学界对东亚地区僧人与佛教的研究进行了深入挖掘，从不同视角进行了探究。五是学界对琉球的研究力度延续了2018年的趋势，继续呈"降温"局面。总而言之，学界在对东亚地区海上丝绸之路的研究中强调了东亚地区的政治、经济与文化交流，不仅具有学术价值，也具有现实关怀意义。

（本章作者：金城，华东师范大学历史系博士后；刘恒武，宁波大学人文与传媒学院教授）

第三章　古代海上丝绸之路南海航线研究

2019年有关东南亚、西亚和非洲的海上丝绸之路研究成果有了一定变化，主要表现在：(1)经济往来、文化交流、郑和研究相对来说成果较多，而政治研究相对较少。(2)高质量成果较少。(3)相关著作数量较少，科普读物增多。

下面我们具体介绍这一年的研究情况。

一、交通和港口研究

李彩霞的《〈顺风相送〉南海存疑地名及针路考》(《海交史研究》2019年第2期)一文指出，由于中外之间的语言障碍，以及年代久远、地形复杂等原因，学界对于《顺风相送》中越南、柬埔寨、泰国、马来西亚、印度尼西亚和新加坡等外洋地名的研究，仍然较为薄弱。利用谷歌地球(Google Earth)等现代技术手段，及明清其他交通史籍的佐证，可以帮助我们考证航海俗名所对应的外国地名，为更好地开展《顺风相送》研究，特别是外洋地名和航线研究提供证据。

李智君的《天地之气交逆——明清时期的风信理论与航海避风》(《海交史研究》2019年第3期)一文指出，在前科学时代，中国航海者拥有什么样的风信知识和采取什么避风措施，是一个事关航海者能走多远的大问题。尽管明清时期，西方的“三际”理论已经被传教士带到中国，但在传统士人的知识系统中，飓风仍是天地之气交逆的结果。屈大均还敏锐地观察到飓风与太阳辐射之间的关系。古人通过长期观察，已基本掌握了飓风活动的各种现象和规律。明清中国飓风预报的各种现象，几乎都可以用现代气象学来解释，而且大多数符合事实。海上航行避风，涉及的项目不外乎空间、时间、船舶和操舟者4个方面。在空间上，从厦门湾出发的航线，在明清的大部分时间里，主要是贴近旧大陆的近岸航线，因此，航海者在航线上每隔一段距离，就会设立一个避风澳，一旦遭遇大风，就能在最短的时间内，入澳避风和樵汲。在时间上，主要从一年之内的不同季节和一月之内的暴日分布两个方面着手，选择最佳的出航时间，避开大风天。福船的抗风技术，早在郑和下西洋之后，已基本成熟。至清代，政府为了防止民众私自出洋，严格控制船舶的规模和造船技术。可见，操舟者能力如何，既受气象气候学发展水平的制约，也受造船技术水平的羁绊，而此二者发展水平如何，完全取决于操舟者所在国家的政治制度。在一个政府钳制海洋贸易意识和船舶技术的国度，民众是没有机会探索新世界、发现新大陆的。

张洁的《宁波"海上丝绸之路"研究综述》(《浙江理工大学学报(社会科学版)》2019年第4期)一文指出，改革开放以来，海上丝绸之路研究日渐升温，尤其在21世纪海上丝绸之路提出以后已成为学术界探讨的重要课题。宁波海上丝绸之路作为中国海上丝绸之路重要的组成部分，学术界对其的研究也随之兴盛。学术界对宁波海上丝绸之路的研究可划分为肇端期、发展期和兴盛期3个阶段，每一阶段的研究均有不同的侧重点：肇端期主要关注海外贸易研究，发展期的研究逐渐扩展到文化交流层面，兴盛期则涉及海上丝绸之路的形成与演变、贸易状况、文化交流、资源保护与开发利用等各个方面。尽管以往关于宁波海上丝绸之路的研究已取得丰硕成果，但是在断代史研究、贸易对象、贸易产品、文化交流方面仍存在不足，相关研究还有待进一步深化。

谭菲的《广东海上丝绸之路研究论述》(《国际公关》2019年第6期)一文指出，随着我国对海上贸易越发重视，众多学者对海上丝绸之路的研究越来越多，现已成为我国学术研究的热门话题，其相关领域所取得的研究成果也一直不断增多。其文通过对广东海上丝绸之路的产生、演变、影响以及各种收益等方面进行论述，进行了综合性阐述与分析，更加全面地梳理和展示了相关专家学者的研究成果。

叶康铧、徐成钰的《海上丝绸之路贸易重镇“勘府”的考证》(《产业与科技论坛》2019年第23期)一文指出,古代阿拉伯商人常常提到海上丝绸之路贸易城“勘府”,并将“勘府”(Canfu)误认为是广州(Canton)。根据近代中英文著述中关于“勘府”的记录,结合相关文献史料,其文考察了中国与阿拉伯国家海上丝绸之路中贸易城“勘府”的兴衰及其名称与位置变迁的史实,证实浙江省嘉兴市澉浦镇即是“勘府”所在。

李海珍的《海上丝绸之路与徐闻的历史渊源探讨》(《文物鉴定与鉴赏》2019年第12期)一文指出,海上丝绸之路在我国的发展始于商周时期,发展于春秋战国,形成于秦汉时期,兴盛于唐宋,衰败于明清时期。徐闻就是古代海上丝绸之路中重要的历史发源地,在今天的历史丝绸之路建设中仍有重要的意义。文章首先对徐闻与海上丝绸之路的发展与兴盛进行简要概述;其次对徐闻在海上丝绸之路建设中的历史地位进行综合分析,最后针对21世纪海上丝绸之路建设深入探究徐闻地区的战略意义。

张新放、吕靖的《21世纪海上丝绸之路港口体系时空格局演变》(《经济地理》2019年第11期)一文基于时间和空间两个维度,采用空间自相关和时空关联维数等方法,揭示了21世纪海上丝绸之路沿线港口体系时空格局的演变特征和发展规律,对明确港口投资环境、规划港口布局及海上丝绸之路建设提供理论支持。研究表明:(1)沿线港口分布格局具有空间相关性,集装箱吞吐量差异逐渐缩小,空间格局呈现边缘化特征和俱乐部趋同现象;港口体系集装箱吞吐量重心由欧洲逐渐向亚洲转移,尤其向东亚和东南亚转移。(2)基于空间和时间距离的港口群间的关联性均逐渐增强,且时间关联性增强更明显,演化过程更复杂;港口群间时空关联程度并不完全符合“距离衰减规律”。(3)总体上港口体系出现了层次化分布格局,且部分港口群内出现多枢纽或多门户港口;港口群间联系呈现网络化趋势。

金欣的《泉州在“海上丝绸之路”扮演的角色及其发展》(《经济研究导刊》2019年第28期)一文指出,泉州是古代海上丝绸之路的起点,港口优良、商业繁荣,具有较强的地域特色。文章介绍了海上丝绸之路的成因及其形成与发展过程,阐述了泉州历史地位形成的原因与其发展过程,研究其由盛走衰的原因，最后重点论述重振新海上丝绸之路的重要性和泉州崛起的必然性。

蔡文胜的《从出土钱币看澄海与“海上丝绸之路”的联系》（《潮商》2019年第4期）一文指出，澄海地域先后出现晚唐北宋时期的凤岭港、南宋时期的辟望港、清代的樟林港以至近代的汕头港等对外贸易港口，为海上丝绸之路的重要节点。在澄海及其附近海域出土的钱币作为当时经济活动最直接的见证物，从一个侧面反映了该地域历史上对外贸易的繁荣状况，为探索该地域与海上丝绸之路的联系提供了最直接的证据。

蔡思雨的《从边缘到中心：汉代海上丝绸之路上的合浦郡》（《唐山文学》2019年第4期）一文指出，广西早在秦时期就设立郡县制，秦始皇三次驻军入桂，汉承秦制，汉代广西凭借优异的地理环境和临海地理位置得到进一步发展。海上丝绸之路的开通将中原与海外连接起来，合浦郡是重要门户。从秦朝到汉朝，合浦郡跃升为汉代海上丝绸之路的中心之一。广西为因应“一带一路”倡议，提出要将自身打造为21世纪海上丝绸之路的新门户和新枢纽。

杨朝的《北部湾近海航线的形成与变迁——兼论北部湾区域航运中心的转移》（《岭南师范学院学报》2019年第3期）一文指出，北部湾近海航线是南海海上丝绸之路的重要组成部分，对于中越两国乃至中国和东南亚诸国之间的经济、文化交流起着极其重要的作用。整体而言，以宋代为分界点，宋之前的北部湾近海航线形成于秦汉，经魏晋南朝、隋唐时期逐步发展，在宋代达到极盛，表现为航线用途多元化和航行活动的增加，区域航运中心在合浦（唐廉州）；宋以后，由于远洋航行的实现、越南的独立以及明清海禁政策等原因，北部湾近海航线盛极而衰，可见诸史籍的大规模航行活动寥寥无几，航运中心也由廉州转移到钦州。

张永钦的《论明代漳州月港在海内外贸易交流中的地位》（《齐齐哈尔大学学报（哲学社会科学版）》2019年第1期）一文指出，明政府实行严厉的海禁政策，刺激了私人海外贸易迅速崛起。当时泉州港已衰落，而漳州独领风骚，形成了以漳州为中心，北起日本，包括中国东南沿海各港口，南至东南亚，影响远及拉丁美洲的贸易网络。尤其是漳州月港在整个东南沿海走私贸易中最为活跃，并成为海上丝绸之路重要的一部分。

陈支平的《明清时期中国海上丝绸之路的两种路径》(《文史知识》2019年第4期)一文指出，我们通常所说的“中国海上丝绸之路”，是一个比较宏观并且含糊的提法。我们要全面深入地探讨“中国海上丝绸之路”的历史与文化，就应该根据“中国海上丝绸之路”形成与发展的各个不同时段，各个不同时期的发展类型、内涵、外延及其特征，逐一进行较为深入的多视野、多方位的分析，从而把“中国海上丝绸之路”历史与文化的学术研究，逐步推向更高的层次。作者认为，明清时期“中国海上丝绸之路”的两种路径为政府层面和民间商人层面，但这两种路径都没有成功。

陈凤梅、樊道智的《万辅彬西汉时期岭南越人的航海证据——广西贵县罗泊湾汉墓铜鼓(M1：10)船纹解析》(《中国科技史杂志》2019年第4期)一文指出，出土于广西贵县罗泊湾西汉时期一号墓的M1：10号铜鼓属石寨山形铜鼓，为岭南越人所有。该铜鼓胸部以6条船纹为主的一圈纹饰提供了若干重要信息：船下有鲎和玳瑁，船的附近浅滩有鹭鸶，说明这些船正在离岸不远的近海航行；船纹显示这些船极有可能有防止触礁沉船的水密舱；每只船尾有船舵，比席龙飞先生以东汉明器陶船为证推断东汉时期已有船舵早200余年。上述信息为西汉海上丝绸之路的繁荣提供了有力的技术物证。

罗昕宇的《鉴古烁今——论福州海丝之路的重要地位》(《文物鉴定与鉴赏》2019年第22期)一文指出，海上丝绸之路是文化交流的重要载体和通道，福州作为海上丝绸之路的重要节点，有重要的地位。其文通过对福州海丝文化发展过程与遗存的分析，论述福州在海上丝绸之路的重要地位，展望21世纪福州海丝文化的传承与发展。

二、政治研究

这一领域的研究文章较少，具体如下。

万明的《从印度洋时代向太平洋时代的转型：基于明代中国与海上丝绸之路的考察》(《新丝路学刊》2019年第1期)一文尝试突破“东洋”和“东

亚”的范围限制，以一种全新的视角，考察明朝中国与海洋关系的变化，并探究明代中国与全球化的关系。中国既是一个农耕大国，也是一个海洋大国，曾经更是一个海洋强国，认识这一点极为重要。纵观明代中国与海洋的关系，可以用“历史三部曲”来概括：第一部曲是中国与印度洋，第二部曲是印度洋向太平洋的嵌入，第三部曲是中国与太平洋。

彭崇超的《清初广东海禁时期的“海上丝绸之路”——以平南王统御的走私贸易为中心》（《新经济》2019 年第 6 期）一文指出，广东是海上丝绸之路的发祥地之一。清初海禁时期的广东，是平南王尚可喜、尚之信父子统治的天下。当时尚氏父子是广东海外贸易的最大利益相关者，因此并不认同清廷的海禁政策。海禁期间，尚氏通过“藩下人”统御广东走私贸易。顺治十三年海禁强化后，尚氏依然派遣“藩下人”出洋货殖，并建立起与荷兰人的虎门走私贸易。康熙迁界后，在极致化海禁政策下，尚氏将中外走私贸易的据点转移至澳门，继续大力发展出洋贸易，进一步加大了对广东海外贸易的垄断。以全球贸易视野观之，尚氏统御下的广东走私贸易，保障了海禁时期广东海上丝绸之路的畅通，有其积极正面的价值与意义。

陈支平的《明代“海上丝绸之路”发展模式的历史反思》（《中国史研究》2019 年第 1 期）一文指出，明代是中国封建社会晚期发展的重要转折时期，也是世界历史发生突变的重要时期。15—17 世纪是西方所谓的“大航海时代”，把世界的东方和西方更为直接地联系在一起，从而形成了真正意义上的“世界史”国际性格局。而在中国，传统的大一统中央集权体制进一步得到延续和强化；与此同时，社会经济的进步更多地体现在商品经济和市场经济的发展层面上。面对西方商人与殖民主义者的东来，古老的中国政治体制与民间社会，被迫衍生出相应的对应之道。这些对应之道，构成了明代海上丝绸之路的主要发展模式。我们今天重新思索明代海上丝绸之路主要发展模式的历程，对于“一带一路”建设，具有一定的借鉴意义。

作者认为，明代海上丝绸之路发展模式主要受到朝贡外交体系为主的影响。而明代的朝贡体系是最受近现代以来人们诟病的外交政治体系。朝贡体系无疑是明代对外即国与国之间关系的外交基石。近现代以来，人们诟病这一外交体系的主要着眼点大致有两个方面。第一，明代政府以朝贡体系的外交方式,把自身树立为“天朝上国”或“宗主国”,把来往的其他国家,作为“附属国”来处理。第二,在明代朝贡体系之下的外交,是一种在经济上得不偿失的活动;外国的来朝贡品,经济价值有限,而明朝帝国赏赐品的经济价值,大大超出贡品的经济价值。

至于明代朝贡体系之下的外交是一种在经济上得不偿失的论点,在很大程度上是受到20世纪40年代以来关于中国封建社会内部是否已经出现资本主义萌芽问题大讨论的影响。由于受到西方的影响,当时中国的大部分学者们,大多希望自己比较落后的祖国,能够像西方的先进国家一样,走上资本主义社会的有历史发展规律可循的道路。而发展资本主义社会的前提,是首先要有商品经济、市场经济以及对外贸易高度发展。于是在这样的学术背景下,人们因此发现西方国家在资本原始积累的过程中,对外关系和对外贸易,当然还包括海外掠夺,对于这些国家的资本主义经济发展和社会变革,起到了至关重要的助力作用。反观中国传统的对外朝贡体系下的经济贸易,得不偿失,未能给中国资本主义萌芽的产生和发展提供丝毫的帮助。这样一来,明代的朝贡贸易体系,就不能不成为人们不断指责的对象。然而,这种从纯经济的角度来评判明代的朝贡体系的做法,实际上是严重混淆了明朝的国际外交关系与对外贸易的应有界限。

毋庸讳言,明代的朝贡外交体系,是继承了中国2000年来“华夷之别”的传统文化价值观而形成的,这种朝贡外交体系,显然带有某种程度的政治虚幻观念成分在内。然而,我们评判一个国家或一个朝代的外交政策及其运作体系,并不能仅仅着眼于它的某些虚幻观念和经济上的得不偿失,武断地给予负面的历史判断。如果我们要比较客观和全面地评判明代的国家对外关系,就应该从确立这一体系的核心宗旨及其实施的实际情况出发,并且参照世界上其他国家对外关系的历史事实,来进行比较综合性的分析,才能得出切合明代历史真相的结论。

作者认为,明代对外朝贡体系的确立,是建立在国与国、地区与地区之间和平共处的核心宗旨之上的。从更深的层面来思考,我们判断一个国家或一个时期的对外政策是否正确,并不能仅仅以经济效益作为衡量得失的主要标准。国与国之间的外交关系与国与国之间的经济贸易关系,固然有其必然的联系，但是又不能完全等同起来，国际关系与贸易往来是必须有所区分，不能混为一体的。在15世纪、16世纪以前，欧洲国家的所谓“大航海时代”尚未来临的时候，在世界的东方，明朝可以说是这一广大区域中最大的国家。作为这一广阔区域的大国，对于维护这一区域的和平稳定是具有国际责任的。假如这样的一个核心国家，凭借着自身的经济、军事优势，四处滥用武力，使用强权征服其他国家，那么这样的大国是不负责任的大国，区域的和平与稳定也是不可能长久存在的。从这样的国际关系理念出发，明朝历代政府所奉行的安抚周边国家、“厚往薄来”、以和平共处为核心宗旨的对外朝贡体系，正是体现了明朝作为东亚广阔区域核心大国的一种责任担当。事实上，纵观世界历史上所有曾经或现在依然是区域核心大国的国家，他们在与周边弱小国家和平相处的过程中，由于肩负着维护国际关系与地域局势稳定的义务和责任，在经济上必须承担比其他周边弱小国家更多的责任，几乎是一种必然的现象。换句话说，核心大国所应承担的政治经济责任，同样是另外一种“得不偿失”。但是这种“得不偿失”，是作为一个区域大国在承担区域和平稳定责任时所必备的重要前提。如果我们时至今日依然目光短浅地纠缠在所谓“朝贡体系”贸易中“得不偿失”的偏颇命题，那么显然就大大低估了明朝历代政府所奉行的和平共处的国际关系准则。这种国际关系准则，虽然带有某些“核心”与“周边”的“华夷之别”的虚幻成分在内，但是这种国际关系准则在中国的历史延续性，及其久远的历史意义，至今依然值得我们欣赏和思考。

明初政府所确立的以和平共处为宗旨的对外朝贡体系，在当时取得了良好的效果，明朝与大部分周边国家和地区都建立了礼尚往来的友好关系。

15—17世纪，固然是西方殖民主义者向世界各地扩展的时期，从而逐渐推进了“世界史”的涵盖空间，但是与此同时，在东方的明代社会，东南沿海的商人们以积极进取应对的姿态，同样也把自己的活动范围向海外延伸拓展。这种双向碰撞交融的历史进程，无疑在另一个源头促进了“世界史”大概念的形成与发展。因此可以说，15—17世纪的中国明代社会，同样是推进“世界史”格局形成的一个重要组成部分。

明代时中国对“东西方碰撞交融”的积极应对并不仅限于基层商人的

层面，在文化知识的层面，同样呈现出比较开放与包容的态势。以欧洲耶稣会传教士为代表的西方知识文化阶层，与中国的传统知识分子和士大夫同样发生了碰撞与交融。在这双重因素的交互推动下，明朝内部也出现了一股追求科技知识的热潮，产生了一次小型的科学革命。同样的，这一时期来华的欧洲耶稣会传教士们，也开始尝试把中国的典籍翻译介绍到欧洲，形成了中西文化交流的一个高潮。入清之后，这种社会环境基本消失了。中国的社会经济与文化观念，就在这种保守社会环境的潜移默化中，拉大了中国与西方国家的差距。

作者最后总结道，明代朝贡体系的宗旨虽然在于奉行中国与周边国家和地区和平共处的原则，但是这种仅着眼于政治仪式层面的外交政策，忽略了文化层面的外交交流（这里所指的文化层面，主要指带有意识形态层面的诸如宗教、信仰、教育以及生活方式等）。而这种带有政治仪式意味的外交政策，将随着政治的变动而变动，政治外交基本上是属于实用性的，缺乏长远的延续性。因此到了 17 世纪之后东亚以及中东的政治版图发生变化时，中国对于南亚、西亚以至中东的政治影响力，就不能不迅速衰退。

从中国民间海商的行为看，东南沿海海商所具有的顽强生命力和抵御恶劣环境的耐受力，使得他们的经济活动坚持了下来。特别是在对外移民方面，有着不断发展的趋势。随着中国移民的向外扩展，以民间基层生活方式为主要内容的下层文化，随之进入华侨所到的各个国家和地区，得以传承和弘扬。从中华文化对外传播史的视野来考察，我们可以说，明代中后期以来中国文化对外传播具有两个层面与两种途径，即由西方传教士及中国上层知识分子翻译介绍到欧洲的以儒家经典为核心的意识形态文化，以及由沿海商民迁移海外所传播过去的一般民众生活方式的基层文化。但是到了清代中期即 18 世纪之后，随着西方资本主义革命的不断胜利和工业革命的巨大成功，“欧洲中心论”的文化思维已经在西方社会牢固树立。欧洲一般的政治家和知识分子们也逐渐失去了对中华文化的那种平等的敬畏之心。到了这个时候，大概没有多少西方人愿意承认他们的高度文明思想跟远在东方的中国儒家文化有瓜葛。时过境迁，从 18 世纪以后，中国以儒家经典为核心的意识形态文化在世界文化整体格局中的影响力大大下降，其对外传播的作用日益衰微。

陈忠海的《宋朝的市舶司》(《中国发展观察》2019年第13期)一文指出,中国古代对外贸易起步很早,但隋唐之前该项事务多由所在地方行政官员进行管理,朝廷没有设立专门机构。唐宋以后海上丝绸之路兴起,海外贸易激增,朝廷意识到实行统一管理将促进贸易活动,同时也能增加朝廷收入,市舶使、市舶司于是应运而生。因为唐朝中国拥有绵长的海岸线,海外经济交往自古以来就很频繁,汉代的商船可远达印度东南海岸,与印度半岛、马来半岛的许多国家和地区建立了直接贸易关系。

三、经济研究

马建春的《公元7—15世纪"海上丝绸之路"的中东商旅》(《中国史研究》2019年第1期)一文指出,古代海上丝绸之路经济交流频繁,多边贸易活跃,沿线不同国家、地区的人们几乎都参与到这一商业活动中。但其中具有规模性,且在中西海上交通中产生重要影响的商旅群体有地处中东的波斯、大食、回回等。在7—15世纪海上丝绸之路贸易中,波斯、大食、回回商旅频繁往来东西,成为中国与南海、印度洋朝贡贸易中的主要参与者,构建了其时海上交通网络,促进了中国东南沿海诸港口的繁荣与市舶法则的颁行。系统梳理其活动轨迹,把握其于此中之作用,有助于对古代海上丝绸之路不同时期诸方参与者的认识,亦是考察中西海上交通史的重要线索。

作者认为,汉代岭南或已通过越南中北部港口及徐闻、澈浦与东南亚、印度次大陆建立了海上联系。这时岭南与中东地区间以南海、印度为中转地的海上贸易航道已经开通。马来人此时在东南亚的航运中颇为活跃,他们的船舶向北驶达汉朝诸港口,向西或已进至印度海岸。东晋以来,印度人已向东航行至中南半岛和广东沿海,其西向船舶则已到达红海港口和东非海岸,这时他们控制着东西方航道。同时,西方的埃及、希腊、罗马、波斯在地中海、红海及印度洋西岸水域已有规模性航海活动。波斯人于海上行商的历史悠久,萨珊王朝的商人是早期由波斯湾东航至南海海域的重要群体。约隋末唐初,萨珊王朝对印度洋贸易的重视,使得由波斯湾及红海诸港口出发的船舶，停泊之地延达南印度的泰帕洛班等港口。继而又随印度人于东南亚建立起商业据点，航程通达交趾与广州。至7世纪中期，地处欧洲与东方之间、幅员广阔的阿拉伯（大食）帝国建立，使得自红海、波斯湾直航唐朝的交通彻底贯通。大食人以其强大的实力替代罗马、印度商旅，与波斯人共同垄断、控制了东西方海上通道，贯通了自印度洋西岸至东方的航路，并一跃成为东西方海上贸易的主角。

两宋时期，大食及其附属国家的商旅基本控制了东西方海上贸易，并进一步拓展了海上交通路线。

元代海上交通网络获得进一步拓展。之前唐宋王朝与印度洋贸易的中途节点多以马来半岛、苏门答腊、爪哇诸岛屿为中心。元时因大量中东商旅以色目人身份参与，已延展至印度半岛南部的马八儿（在印度科罗曼德尔海岸）、俱蓝（今印度奎隆）、北溜（今马尔代夫马累）等地，且开通了由马八儿国、北溜经索科特拉岛到亚丁之新航线，印度洋东西海岸之海上捷径随之形成，乃使得中国船舶更多、更频繁地进入印度洋西岸诸港口，元代史籍中因此乃有了东、西洋之分。

总之，东航来华的波斯、大食、回回商旅，身处欧亚非三洲交汇地。特殊的地域环境、悠久的商业传统，使之在7—15世纪海上丝绸之路中扮演了重要角色。首先，这一时期东西方海上贸易不断拓展，交通网络逐步构建，中东商旅于此多有开拓之功，所起作用较大。其次，中东商旅与广州、福州、泉州、扬州等港口互市贸易的发展有着密切关联，正是其船舶的频繁往来，促进了这些港口的繁荣。最后，中东商旅是其时中国南海朝贡贸易的主要群体，对唐、宋、元政府海商管理办法，职官、机构设置及相关市舶条例和准则法的制定产生了重要影响。

需要指出的是，古代中东地区海商、舶主的远航贸易活动，与其良好的船舶制造水平、先进的航海技术，以及丰富的航行经验相关，这也是其于海上贸易中充满活力的保障。至16世纪初，随着新航路的开辟，葡萄牙人、荷兰人、西班牙人先后进入南海海域，中国传统的朝贡贸易体制发生变化，中东商旅乃逐渐淡出东西方海上贸易，并最终退出印度洋、南海商业的历史舞台。

曾晶、袁早华的《溯源景德镇青花瓷的海上丝绸之路》(《陶瓷研究》2019 年第 6 期)一文指出,海上丝绸之路是人类历史上最早且最远的跨洋航线,由多条长途贸易和文化交流路线组成,其初衷是兼利、共赢。通过海上丝绸之路,景德镇的青花瓷大量销往海外,让世界认识了中国以及中国的陶瓷文化,通过这条海路往来的不仅是商品,更是各国政治、经济、文化、技术的交流。景德镇青花瓷不仅影响了交流带人们的生活习惯和审美方式,也促进了世界制瓷业的发展,还使得同一时期全球陶瓷工艺及艺术得到多元提升。

林枫的《明清福建商帮的形成与海上丝绸之路》(《文史知识》2019 年第 9 期)一文指出,福建地处中国东南一隅,特定的地理环境与人文条件决定了福建社会经济的发展取向,从而也影响了福建商帮的产生与发展。山海地势、海上传统、移民性格、外部刺激等方面因素,直接影响了明清时代福建商帮的形成,并使福建商帮与海上丝绸之路之间结成天然联系。

赵红艳等的《海上丝绸之路视域下中国南路棉花传播研究》(《丝绸》2019 年第 8 期)一文,针对海上丝绸之路与中国南路棉花传播之间的关系问题,运用文献研究与田野调查的研究方法,认为中国南路棉花传播之路是由复杂的陆路和海路网络组成,其中海上丝绸之路起到关键性的作用。研究表明:(1)中国南路棉花在先秦时期已由印度经缅甸进入滇西,到了南北朝时期扩散至广西与越南沿海地区,从而为开启海上棉花之路奠定了必要的基础;(2)南宋时期中国培育出的草本亚洲棉,适应了江南地区的气候,从而为南路棉花向江南地区推进提供了最佳棉种;(3)元代黄道婆沿着海上丝绸之路抵达上海,在黎族棉纺织技术的基础上融合汉族先进的织造技术创造出棉花“衣被天下”的局面。

肖伟等的《海上丝绸之路上的重要资源——辣木叶茶》(《中国现代中药》2019 年第 7 期)一文指出,辣木是分布于热带、亚热带地区的一种珍贵树种,其各部位均具有较高的营养与医疗价值,其叶在历史上一直作为食物和药物在世界各地广泛使用,对于辣木叶茶的研究与开发也愈来愈受世界瞩目。该文就我国及世界辣木种植情况、辣木叶发展现状、辣木叶化学成分和辣木药效与安全性研究进行了评述。辣木叶茶对诸多慢性退行性疾病具有较好的防治效果，具有重要的药用和商业价值，是海上丝绸之路上的一个值得深入研究的重要资源，值得重视与关注。

白玉萍的《唐宋时期明州海上丝绸之路贸易的参与主体和活跃因素研究》(《新丝路(中旬)》2019 年第 8 期)一文指出，海上丝绸之路，是对古代中国与外国海上贸易和文化交往通道的一种泛称。其中，唐宋时期处于中国海上丝绸之路由繁盛走向鼎盛的历史阶段。唐代明州开始建置，唐中晚期明州海外贸易逐步兴起，直至宋代发展成为海上丝绸之路的重要港口。该文结合明州在唐宋时期的经贸、政治、交通、人口等方面的时代特征，对明州海上丝绸之路贸易过程中的参与主体和活跃因素进行多角度的分析。

魏建钢的《唐代"海上丝绸之路"兴起的原因分析——以越窑"秘色瓷"出口为例》(《世界地理研究》2019 年第 5 期)一文指出我国与东亚、东南亚、南亚、西亚，以及非洲东部地区的大规模海上贸易从唐代中后期开始，主要贸易商品是陶瓷。产于浙江中北部地区的越窑"秘色瓷"是这个时期中国海上贸易的主体，从各国出土的中国陶瓷来看，越窑生产的"秘色瓷"遍及朝鲜、日本、菲律宾、越南、印度、伊朗、坦桑尼亚、埃及等沿海国家，出口时间自唐至宋持续 300 余年。中国大规模出口"秘色瓷"，可提升进口国家人们的生活品质，同时，能把中国文化传播到世界各地。

作者具体论述说，首先，唐朝国力衰退和西域地区政局动荡是海上丝绸之路开辟的前提。唐代中国的西端有波斯、东罗马两大强国，两国将中国出口的丝绸视作稀罕之物，"罗马、安都和拜占庭成了地中海社会内部的巨大丝绸仓库"。为了争夺与中国的丝绸贸易，东罗马帝国联合西突厥，与波斯进行了长达 20 年(571—590 年)的贸易争夺战。可见，在唐代早、中期陆上丝绸之路是通畅的，而且丝绸、生丝产品的贸易量也十分巨大。

到了唐天宝十年(751 年)，唐朝与西部邻国大食(阿拉伯)爆发了怛罗斯大战，唐将高仙芝指挥的部队被打败，这一战既破坏了唐朝与西方大食之间的关系，又使得唐朝在中亚诸国中的优势不复存在。紧接着唐朝国内又爆发了"安史之乱"，为了保卫国都长安，朝廷征调镇守边关的驻军，使得西北边防空虚，吐蕃乘机侵袭河陇地区，占领丝绸之路东端，切断中国商品通往西方的贸易道路。到了唐代后期，我国西部党项族逐渐发展起来并建立西夏王朝，使得丝绸之路东段时战时和。国力上的削弱，使唐王朝失去了对西域地区的实际控制，严重影响丝绸之路上贸易的开展。到了9世纪，塔吉克人推翻了阿拉伯人的统治，在中亚地区建立了萨曼王朝，丝绸之路中段受阻。

同时期，西亚大食帝国取代犹太人、波斯人和印度人取得了海上优势；阿拔都王朝迁都缚达城（今伊拉克巴格达）后，大力提倡和发展海上贸易，不断派遣使团取道南海到广州登陆，同唐朝进行贸易，这条航线也带动了南海周边诸国与唐王朝之间的朝贡贸易，这为越窑“秘色瓷”大规模海上贸易打下了基础。

越窑“秘色瓷”创烧成功为海上大规模商品出口创造了条件。唐代中期，受茶文化“青则益茶”思想的影响，越地窑场引进隋唐湖南岳州窑、山东曲阜窑匣钵窑具，成功烧制出了质地纯正、釉色清莹的越瓷精品“秘色瓷”。

越窑“秘色瓷”的装烧需要采用匣钵窑具，而且烧成后又要破匣取瓷，因此，在唐代装烧“秘色瓷”的越窑属于高耗材手工产业。对越窑“秘色瓷”产品的出窑情况，古籍有记载，“发窑火以坚，百裁一二占”，说明越窑烧出“秘色瓷”的成品率极低，也就是说“秘色瓷”的生产成本很高，这在存世的唐代越窑“秘色瓷”铭文中也得到印证。浙江嵊州出土了一款蟠龙盘口青瓷罂，壶身上刻有“元和拾肆年（819年）四月一日造此罂，价直（值）一千文”的铭文。按当时物价来计算，若用这只罂去换同时期长沙窑彩绘瓷执壶，1只罂可换200只执壶。越窑为何要生产这种高成本的“秘色瓷”？《新唐书》的一条记载就可以回答这个问题，“越州会稽郡，中都督府。土贡：……瓷器……”，越窑生产“秘色瓷”的主要目的是满足当地政府土贡需要。学者研究认为，“秘色瓷”作为土贡的时间应在长庆年间（821—824年），但土贡数量极其有限，每年仅仅50只而已。据统计，在唐代越地共有窑场97处，让人无法理解的是为了每年生产区区50只土贡“秘色瓷”，97处窑场全部投入“秘色瓷”生产。那些没有被选上土贡、质量稍逊一点的“秘色瓷”窑场又如何处理？分析唐代各地出土的“秘色瓷”情况可以发现，全国出土“秘色瓷”的地点和数量都极少，南方越窑产地附近极其罕见，北方中原地区仅发现咸通十二年（871年）西安张叔尊墓有“秘色瓷”1件，西安扶风法门寺塔有“秘色瓷”14件。可见，唐代越窑生产的大批“秘色瓷”没有进入国内市场销售。

根据对宁波和义路唐明州港码头遗址的挖掘可以发现，唐代越窑把大批贡余“秘色瓷”销往国外。“秘色瓷”是一种高成本产品，国内销售没有很大的市场，而销往国外却能给窑场带来巨额的利润。这是因为在唐代，国外还没有生产、使用瓷器的国家，更没有看到过像越窑“秘色瓷”这样精制的青瓷，人们都渴求进口瓷器来改善自己的生活。《诸蕃志》记载，“后与华人市，渐用(秘色)瓷器”。日本人在进口越窑“秘色瓷”前，就用竖穴窑烧制的陶器作为炊器具，生活质量低下；流眉国(今马来半岛上)人则用葵叶作碗；苏吉旦(今爪哇岛)人饮食不用173器皿，或用缄树叶替代餐具。外国人视越窑青瓷如珍宝，犹如唐代国人视伊斯兰玻璃器、大食香料为宝物一样。通过“秘色瓷”海上贸易，可为中国商人换回大量异域珍奇之物。贸易商把换回的国外珍奇之物拿到国内市场上去销售，可获得超过同等“秘色瓷”在国内销售的价格。越地有大量“秘色瓷”需要出口，这为海上丝绸之路开辟提供了源源不断的商品；大规模海上越瓷贸易的发展，又反过来促使越窑扩大高成本“秘色瓷”的生产。

最后，海洋航运能确保质重、量大、易碎的“秘色瓷”在陆上丝绸之路长途运输的主要交通工具是骆驼，走的是内陆戈壁、沙漠和高原、山地，路途遥远，气候干燥，道路崎岖，日温差较大。陆上丝绸之路自汉代起就因运销中国的丝织品而闻名，到了唐代前期，瓷器也加入到销售行列，但数量不多。这是因为陶瓷是易破碎的商品，器面光滑，体积较大，质量较重，装运极不方便，用骆驼运输成本很高。《万历野获编》记载，为了防止瓷器在运输过程中因碰撞、摔落而破损，人们想了许多办法。先用稻草包装瓷器，并在其间塞进少数砂土及豆、麦种子，洒上水促使豆、麦种子在砂土中生根发芽，让豆、麦根系缠绕胶固器面，防止瓷器间发生碰撞和绑绳断裂。可见，唐时中国商人为了把瓷器通过陆上丝绸之路运往国际市场可谓煞费苦心，但骆驼运力有限，运输速度又极其缓慢，路上安全性得不到保证，加上唐时，瓷器主要产地浙江远离丝绸之路西端起点唐都长安，中国商人用这种方法运送中国瓷器对于满足西亚、中亚诸国对瓷器的需求可谓杯水车薪。

海上丝绸之路贸易运用船舶运输瓷器，具备运程安全、震动小、运量巨大、受季节限制较小、速度相对快捷、航线沿途可以销售等优点。越窑“秘色瓷”贸易船所到之地无不被当地人抢购，贸易国当地人甚至视越窑“秘色瓷”为奢侈生活用品。出口商进行大规模“秘色瓷”输出，既可解决越窑窑场主难以在国内高价销售贡余“秘色瓷”之苦，还能满足国外人们希望提高生活质量之期盼，同时，商人们可通过“物物互换”的方式为自己获取高额利润。唐代后期海上丝绸之路兴起是中国与亚、非国家贸易商的共同愿望。

作者最后指出，唐代中后期我国开辟海上贸易通道后，中国陶瓷才得以源源不断、大规模地输出国外，至今国内外学者都认可日本学者的观点，把这条海上国际贸易通道称为“陶瓷之路”。我国唐代兴起海上贸易与当时特殊的历史地理环境有密切关联，越窑生产出高质量的“秘色瓷”，使得我国国际贸易有了海运商品；越窑生产的高成本贡余“秘色瓷”，可为出口商提供丰厚的贸易利润；明州港近捷的港口位置、高超的造船技术，以及唐朝政府提供方便的贸易政策，为海上国际贸易发展提供外部保障。海上贸易与陆上贸易相比，不仅大大增加了我国贸易商品的数量和品种，还扩大了国际贸易对象。唐代的海上贸易通道，成为我国对外贸易的稳定通道，此后宋、元、明、清历代中国商品就是通过这条通道输往世界各地的。唐代开辟的海上贸易航线是继我国古代丝绸之路之后又一条重要的贸易通道，它对加强中外物质文化交流，促进人类文明做出过重要贡献，也为当今中国“一带一路”经济走廊建设提供了丰富的历史文化元素。

张星的《宋元时期中国货币域外流通研究及当代启示》(《南方金融》2019 年第 3 期)一文指出，宋元时期，海上丝绸之路贸易达到鼎盛，中国货币成为域外国家和地区广泛使用的流通货币，货币国际化程度达到了历史最高水平。宋元时期中国货币在域外流通过程中，承担了国际结算货币职能、他国流通货币职能、可兑换货币职能、财富贮藏职能。宋元时期中国货币高度国际化的主要原因在于商品经济发达，对外贸易繁荣，货币流通市场广阔；宋朝、元朝币制先进，信誉较好，货币体系完善；铜钱具有货币和商品双重属性，销熔可作为铜原料加剧铜币外流。宋元时期中国货币在域外广泛流通对当时国内外经济和社会发展产生了重大影响：一是增加中国国内社会财富，提高宋元时期货币的流动性；二是承担国际货币职能，推动海上丝绸之路贸易发展；三是推动周边国家和地区货币制度演进，促进域外国家和地区商品经济发展；四是成为文化交流的载体，传播中华货币文化和中华文明。宋元时期货币域外流通经验对当今人民币国际化和人民币制度变革带来如下启示：一是贸易竞争力是货币国际化的物质基础，要大力实施“一带一路”倡议，夯实实体经济和对外贸易发展基础；二是货币国际化具有市场自发性，推动人民币国际化要遵循市场规律、顺势而为；三是货币制度的先进性是货币国际化的关键因素，要与时俱进，加快完善和革新人民币制度；四是货币制度创新应当从实际出发，人民币制度创新要与全球经济社会发展阶段相适应。

欧芮的《唐宋时期铜钱对印尼巴厘岛经济和文化的影响》(《广西教育学院学报》2019 年第 5 期)一文指出，中国与印度尼西亚早在古代就通过海上丝绸之路展开密切的经济交往和文化交流。唐宋时期中国的铜钱流传到印尼群岛，对当时室利佛逝和三佛齐王国的政治、经济、贸易产生深远影响。有丰富资料证实，直至近代唐宋时期的铜钱在巴厘岛地区仍被广泛使用，范围甚至扩大到宗教祭祀仪式等场合。唐宋时期铜钱不仅见证了中国与巴厘岛经贸、文化的交往，还对巴厘岛地区的文化和技术发展起了推动作用。

李靓的《茶叶通过海路传入东南亚地区的历史梳理》(《农业考古》2019 年第 2 期)一文指出，一直以来，东南亚地区因其独特的地理位置成为海上丝路的重要站点，在中国茶叶对外贸易与传播过程中起到了举足轻重的作用。而与此同时，东南亚地区也在与中国的不断交往中，形成了自身独特的茶文化习俗，并传承至今。该文通过梳理茶叶传入东南亚的历史进程，探索东南亚饮茶之根源，再现了茶在东南亚普及的过程，以期为茶叶在 21 世纪海上丝绸之路上进一步发展，提供借鉴。

钱江的《哪哒、采珠人与海底采珠：波斯湾珠史札记之一》(《海交史研究》2019 年第 1 期)一文指出，波斯湾地区采集珍珠的历史十分悠久，至少可回溯至公元前 4000 年—公元前 3500 年。历史上，不同的族群、部落和帝国，如苏美尔人、腓尼基人、波斯人和阿拉伯人等，均曾不同程度地先后在波斯湾采珠史上留下了自己的印记，考古发掘成果和古代希腊、罗马、波斯、阿拉伯、中国及近代英国殖民政府官员的大量文献记载充分地证明了这一点。

公元 7 世纪，信奉伊斯兰教的阿拉伯帝国在波斯湾地区崛起，由于海底的珠母贝主要集中分布在阿拉伯半岛一侧的海湾，波斯湾海域的珍珠采集业在其后的 1300 多年内可以说完全为阿拉伯人所控制。阿拉伯采珠船上的人员构成相当完整，不仅有船长，潜水员（采珠人），协助潜水员下海及浮出水面的水手，在船上负责捕鱼、做饭及煮咖啡的打杂助手，甚至还有为大伙儿加油鼓劲的专职歌手，人数不算多但各司其职，合作密切。不仅如此，古代波斯湾的采珠业还逐步地形成了一整套颇为完整、严密的运作体系和制度化的安排。处于社会底层的普罗大众和黑奴在波斯湾采珠史上占有重要的地位，哪哒、采珠人（黑奴）、水手和商人才是波斯湾采珠史的创造者。

四、文化研究

王小蕾的《女神信仰 · 海洋社会 · 性别伦理——对水尾圣娘信仰的性别文化考释》（《海交史研究》2019 年第 1 期）一文指出，水尾圣娘信仰发端于海南岛东北部，遍及环南中国海周边国家和地区。基于水尾圣娘的女性身份，不同主体通过阐释其性别文化意涵，传递了同性别权利有关的观念、价值及规则，表达了对女性角色与社会定位的期望。由此，他们也成为南海海洋社会性别伦理的构建者。在水尾圣娘信仰演进的实践情境下，人与神灵、人与自然、人与社会的关系不断地发生着变动，这一进程同样伴随着社会性别关系的再生产。这不仅体现了性别视角在涉海人群信仰研究中的重要性，更彰显了南海海洋文化包容互鉴的本质特征。

连心豪的《明清海上丝绸之路上的妈祖信仰》（《妈祖文化研究》2019 年第 2 期）一文指出，中世纪是神权的时代，科学技术尚未昌明，人们航行海上遭遇大自然的不可抗力，只能从精神上寄托于上天神灵的庇佑。妈祖信仰的兴起、传播、发展，与宋代及其后的高丽、琉球册封使直接相关，妈祖信仰与海上丝绸之路几乎同时产生。妈祖信仰作为海上丝绸之路的精神支柱，并不完全是虚幻缥缈的，妈祖信仰在外洋海船与外洋航路上都留下了实实在在的鲜明印记。

雷希的《海上丝绸之路上的“广西合浦山歌”》（《戏剧之家》2019 年第

26 期）一文指出，广西合浦是海上丝绸之路的始发港、发祥地，古属百越族群，有着悠久深厚的文化底蕴，合浦山歌作为当地民间文化在明代已形成独有风格，早就有歌圩婚配习俗。歌唱语言有以金牡丹调为代表的客家方言、以疍家山歌为代表的黎话方言、以西海歌为代表的廉州方言。其传统歌舞表演形式“老杨公”是合浦山歌的独有特色。合浦山歌主要歌唱民族风情、民间爱情、记事劝世、道德观念，真实映射珠乡百姓的人生观和道德观。该文主要立足海上丝绸之路的背景，考察合浦山歌目前的传承发展现状，对其内容题材、表演形式等进行理论分析，继而对合浦山歌在传承发展道路上提出一些意见。

肖宪的《古代从海上丝绸之路来华的西亚人》（《群言》2019 年第 12 期）一文指出，费孝通先生曾说：“距今 3000 年前，黄河中游出现了一个由若干民族集团汇集和逐步融合的核心，被称为华夏，像滚雪球一般地越滚越大，把周围的异族吸收进入了这个核心。”中华民族不仅包括来自东亚、东南亚的各种民族，也包括一些来自西亚的民族。他们中的一部分正是通过海上丝绸之路到达中国的。

尚利强、王智庆、连东的《海上丝绸之路体现的中国海洋文化精神》（《闽商文化研究》2019 年第 1 期）一文，以文化哲学范式作为理论基础，研究海上丝绸之路体现出的“共享、和平、发展”等特质，这也正是中国海洋文化精神的精髓所在。以“文化”为研究对象，海上丝绸之路体现出浓重的海洋文化特点，在开放性、多样性、创新性等方面尤为突出；海上丝绸之路体现出的中国海洋文化精神有助于探索人与世界的相处之道，实现人类共同追求的可持续和谐发展。因此，海上丝绸之路所体现出的中国海洋文化精神具有重要的理论研究价值与现实指导意义。

毛敏的《物质文化遗产视野下的海上丝绸之路》（《福建文博》2019 年第 1 期）指出，海上丝绸之路是古代以中国为主导，东西方各民族、各国家、各地区共同参与的重要商路，其萌芽于先秦，形成于秦汉，发展于三国至唐五代，繁荣于宋元，转型于明清，在各个时期遗留下沉船、港口、窑址、碑刻、宫庙、瓷器、香料、丝绸、雕塑、艺术品等物质文化遗产，这些物质文化遗产是古代中国与海上丝绸之路沿线国家和地区人民友好往来的历史见证。

陈苑琼的《论客家海上丝绸之路文献的搜集与整理》(《嘉应学院学报》2019年第5期)指出,在建设21世纪海上丝绸之路的国家倡议背景下,海上丝绸之路文化研究成为热点,从而推动海上丝绸之路文献资源建设的探索和实践。客家人与海上丝绸之路的联系历史悠久,在对外进行经济和文化交流中产生了各种各样的文献。文章分析了客家海上丝绸之路文献概况,论述了客家海上丝绸之路文献的搜集范围、搜集原则和搜集方法,以及有序化收藏、编制出版新的文献和进行数字化建设的整理思路与方法。

黄霞的《海上丝绸之路华侨华人的音乐文化认同探析》(《文化创新比较研究》2019年第34期)认为,海上丝绸之路中的文化艺术沟通和发展奠定了众多国家的历史文化发展基础,海上丝绸之路的建设和发展促进了不同国家文化的融合和建设,使不同历史时期中的文化产生了互相交融的现象。随着华人的分布和扩张,音乐文化中展现出的归属感和认同感极大地促进了当下音乐文化的创新发展。随着"一带一路"建设水平的不断深化,具有悠久历史的音乐文化再一次呈现鲜明生动的发展趋势。对海上丝绸之路上的华侨音乐文化认同进行详细的整合,并且将广东音乐文化作为研究的重点,呈现出当下华侨音乐发展中的关键因素,进而在认同感与归属感互相作用的基础上产生强大的社会效应和研究价值。

康海玲的《丝路戏路:海上丝绸之路上的马来西亚华语戏曲》(《云南艺术学院学报》2019年第1期)指出,中华戏曲主要经由海上丝绸之路走向世界,海上丝绸之路也可以看作海上戏曲之路。东南亚是海上丝绸之路的重要组成部分,是戏曲海外传播最繁盛的地区。马来西亚中元节的戏曲展演是海上丝绸之路的一道奇观,槟州大山脚的中元节祭典,是作者田野调查的典型个案,祭中有戏,戏中有祭,揭示了戏曲与宗教祭祀的紧密关联。从人类学的角度而言,戏曲除了发挥"酬神娱鬼"的宗教功能外,还以世俗语境下的多功能整合满足海外华人之需。

陈坚雄等的《岭南医学与海上丝绸之路的历史回顾与思考》(《中医杂志》2019年第22期)一文,通过梳理岭南医学与海上丝绸之路的历史渊源,提出岭南是海上丝绸之路的发祥地,岭南医学的萌芽与海上丝绸之路密切相关,海洋文化与舶来医药是岭南医学的重要组成部分和鲜明特色。岭南医学助力“一带一路”建设可采取加强岭南作为南药集散地与开发原产地功能、加大岭南中医药援外与对外教育力度、推动中医药文化与国际“双向接轨”等措施。

张晓斌、郑君雷的《广东海上丝绸之路史迹的类型及其文化遗产价值》(《文化遗产》2019 年第 3 期)认为，广东海上丝绸之路史迹具有起始年代早、时代跨度大、数量众多、类型丰富、保存较好等特点。该文在明确广东海上丝绸之路史迹时间框架和认定标准的基础上，将广东海上丝绸之路史迹划分为港航遗存、外销品生产基地、文化交流遗存、海神信仰建筑、海防设施等 6 类，并在文化线的视角下对广东海上丝绸之路史迹的整体价值、功能价值和交流价值进行了扼要概括。

林晶的《互动与共生：妈祖文化在海上丝绸之路沿线国家的传播》(《黄河科技学院学报》2019 年第 6 期)一文指出，发轫于莆田的妈祖信仰已成为具备世界影响力的全球性文化符号。在长期的传播发展过程中，妈祖文化借助其内在丰富的文化内涵，成为中华文化在海外诸地的“金名片”。海上丝绸之路沿线国家无疑是其传播的重点区域。妈祖文化与海洋文化深度契合，是海洋开拓性的集中体现，也是海洋生活性的多重展示，更是海洋历史性的生动呈现。妈祖文化是人类文明智慧的结晶，不仅是人类建筑文化的宝贵历史财富，亦为人类文学、人类艺术等领域提供了许多灵感，是中华民族在海上丝绸之路上文化自信的体现。妈祖文化作为中西文化交流的重要纽带，从未故步自封，而是随着时代的进步不断演进、创新，在庙宇、习俗、经贸等方面效果尤为显著。

刘松、吕良波、熊昭明的《岭南汉墓出土玻璃珠饰与汉代海上丝绸之路中外交流》(《文物保护与考古科学》2019 年第 4 期)一文指出，汉代海上丝绸之路，通过海路连通了我国岭南与东南亚、南亚，以及地中海沿岸等地区。岭南地区作为汉代海上丝绸之路始发港所在地，对于研究汉代中西交流具有重要意义。玻璃珠饰是岭南汉墓出土器物中最为典型的一类。该文对岭南汉墓出土玻璃珠饰的玻璃成分体系和制作工艺进行了总结，并基于化学成分和器型风格，对玻璃珠饰的产地来源进行了探讨，进一步阐明了汉代岭南地区与东南亚、南亚以及地中海沿岸等地区之间的交流。岭南汉墓出土玻璃珠饰为汉代海上丝绸之路中西交流提供了确凿可信的实物证据，对研究汉代中外交流具有重要的学术价值和研究意义。

吴敏超的《新西兰华人与海上丝绸之路——以陈达枝为中心的探讨》(《广东社会科学》2019 年第 2 期)一文指出，从历史上看，华人与新西兰的关系远比我们想象的更为紧密和丰富多彩。在新西兰成为英国殖民地后不久，华人即来到这片土地上生活。陈达枝是新西兰华人移民的先锋，更是 19 世纪末 20 世纪初新西兰华人中最成功的果菜种植园园主和商人。他开创的事业，与他个人的商业头脑、经营管理能力有关，也与华人的关系网络、娴熟的农业耕作技术和新西兰南北岛的快速开发有关。一个具有庞大人口数量的源远流长的农业文明古国，与一个土地广袤而人口稀少的新兴农业国家相遇，其间发生的技术借鉴、移民往返、贸易开拓，既反映了海上丝绸之路的共通面相，又因环境与国情的特殊，孕育出新的经验和启示。

作者认为，从陈达枝的经历看，他少年赴新西兰，为的是寻找工作机会，发家致富。他开创的商业王国的规模，可以说大大超出了一般人的想象。陈达枝渐入老年，当新西兰的事业后继有人时，他便选择了落叶归根。他的小儿子也回到中国，再也没有回新西兰。而陈达枝的二儿子陈华东在事业经营不顺时，也回到了中国。直至中国抗日战争全面爆发以后，才又回到新西兰，重新开拓商业。陈达枝的几个孙子孙女在东山的别墅中度过了童年和少年时代，在十四五岁时到香港学习了一段时间的英语，然后赴新西兰。陈氏家族三代人在中国和新西兰之间往来，在新西兰开创了成功的事业，或多或少与中国的人际关系和商业网络(如香港的广大行)有关。由于生长环境不同，每一代人与中国的亲疏关系不同，与新西兰的融合程度也不同。陈达枝纵然在新西兰开创了庞大的事业，但他并不愿老死新西兰，而是选择了落叶归根。他按照中国富人的习俗，娶了两房太太。陈氏家族的第二代陈华富和陈华东出生于新西兰，接受了西式教育，喜欢赛车运动，在生意上也不再采取稳健的态度。从总体看，陈氏家族开枝散叶，有回到广东的，也有留在新西兰的，有事业成功的，也有默默无闻地以经营一家蔬果店终其一生的。陈氏家族一代代人的生活境遇和选择，体现了移民个人命运与所处时代、环境之间的交融。移民在不同的国家、文化之间游走，身上或多或少带着祖辈与少年时的烙印。从大趋势看，陈氏家族与广东家乡渐行渐远，与他们个人在新西兰是否事业有成并没有直接的关系，而与他们在文化上逐渐被新西兰同化、在政治上逐渐被认同和接受有关。

作者总结说，回顾陈达枝的创业史，为何一个白手起家、不懂英文的中国少年，在新西兰歧视华人的大环境中，能如此一帆风顺地建立起一个商业王国？有以下 3 个原因或可追寻：第一，时代机遇与个人努力。奥克兰在 19 世纪后期 20 世纪初逐步成为新西兰最大的工业中心，人口也不断增长。陈达枝抓住商机，不断扩展自己的事业。他经营的几家商店的选址，正如《奥克兰星报》所说，都在商贸繁华之处。他并不固守自己某一方面的事业，从蔬菜种植发展到蔬果经销，从木耳出口、丝绸进口发展到鸡蛋和皮毛生意。他在经营和管理中精益求精，力求为顾客提供最好的服务。第二，陈达枝有效地利用中国传统的亲属、同乡关系。江风园中的广东同乡来新西兰时，往往得到陈达枝的帮助。陈达枝帮他们垫付了船费和人头税，所以，他们要卖力工作，尽早偿还所欠费用，并努力挣钱寄回家乡。陈达枝和老乡们保持了互相信任、团结一致的和谐关系。在亲属关系中，陈达枝的侄子西路易扮演了重要角色，他是阿枝公司中举足轻重的人物。1894 年，西路易 16 岁的时候来到新西兰，陈达枝待侄子犹如亲生儿子一般。当时，陈达枝自己的儿子尚是幼童，而他的事业正在扩张之中，急需得力的左膀右臂。西路易除了负责斐济的种植园业务外，还负责木耳的收购和出口、中国食品的进口事务、管理蔬果生意等。西路易可以阅读中文，并用中文写作，即使陈达枝自己的孩子长成后，西路易的地位也是不可取代的。西路易一家人，始终与陈达枝一家比邻而居，维持着非常紧密的关系。除了西路易外，陈达枝的夫人是一名基督徒，英语较好，也可以在生意上辅佐陈达枝。第三，陈达枝也注重与新西兰白人处理好关系。据载，1894 年 3 月的一天，陈达枝的顾客格拉斯哥夫人(Lady Glasgow) 带着她的女儿们到江风园访问，陈达枝让夫人在门口恭迎。他们一起唱歌聊天，喝下午茶，度过了愉快的时光。当格拉斯哥夫人表示想要一张陈家的全家福照片时，陈达枝马上命人定做一张放大的精美全家福照。格拉斯哥夫人一行临走时，陈达枝又送给她们 6 块丝绸手帕。

可见，陈达枝善于社交，与客户充分互动，巩固和加强了与客户的良好关系。陈达枝作为早期华人移民的代表，经历丰富，事业成功。在蔬菜种植层面而言，他是最早的农业种植园园主。华人为何能从淘金矿工转变为蔬菜种植者？事实上并不是偶然发生的，我们可从江风园的农业实践中看出华人的优势所在。中华文明所包含的农业上的精耕细作技术和中国农民勤苦耐劳的天性，淋漓尽致地体现在新西兰的蔬菜种植业中——华人选择灌溉条件良好的肥沃土地，并投入密集劳动力。从商业贸易层面而言，陈达枝从事的进出口贸易本身就是海上丝绸之路的一部分。他开展中国杂货和丝绸贸易，与很多国家的华人具有共通性。而他从事的木耳收购和国际贸易，则是利用了新西兰的特产和满足了中国国内的特殊需要，在一般人的意料之外。陈达枝的落叶归根和子孙们回国或扎根新西兰的不同选择，是移民史中的重要问题，涉及文化融合、认同程度等，也是新西兰移民政策和中新两国关系的一个缩影。

总之，陈达枝及其后代的历史，涉及中新两国贸易、移民、技术和文化的交流，这些均是海上丝绸之路的应有之义。陈氏家族生动丰富的故事所蕴含的，正是两国早期民间往来的真实样态。新西兰华人在中新丝绸之路中所起的联结作用，及他们自身的成败荣辱、命运之歌，只有放在两个国家的历史与环境变迁中，才能越来越清晰地呈现出特别的轮廓和光彩。

卞梁、连晨曦的《妈祖传播与泉州海上丝绸之路枢纽作用的联动——基于双核心驱动模式的视角》(《妈祖文化研究》2019 年第 2 期)指出，泉州比邻妈祖祖地莆田，并长期作为我国重要的对外海上贸易窗口存在。泉州天后宫作为妈祖在泉的重要民俗文化标志，将中原文化、妈祖文化、海洋文化三者相融合，形成了独特的妈祖在地文化和地域辽阔的文化辐射带，涵盖建筑风格、祭祀手段、对联题字等方面。而泉州则不仅为妈祖提供了走向世界的文化平台，还促进了妈祖文化体系的进一步完善和扩充。在这双向促进过程中，泉州学与妈祖学互相借鉴、学习，形成了多元深入的地方学术研究体系。该文通过对妈祖、泉州双核心的细致考察，梳理两者在历史、经贸、文化方面的联系，尝试探讨两者的联结联动，以期丰富和深化当前海上丝绸之路研究的相关内涵。

冯相磊的《唐代海上丝绸之路上的高僧义净西行求法研究》(《德州学院学报》2019 年第 5 期)一文认为,在唐代,经海路到印度求法的著名高僧当属义净,而其西行求法的初心则是"追览未闻,冀有弘益",并最终得以实现。不过,在西行求法之前,义净对于他想"追览"的"未闻"、要有所"弘益"的具体内容并不明确,而是在西行求法中,了解了南海和天竺诸国的佛教状况,并与中土进行比较后,才发现中土佛教发展中的问题,决心专攻律部,并立志回国弘律,用印度的纯正戒律来纠正、统一中土的戒律规范以促进中国佛教的发展与繁荣。

谢瑞隆的《妈祖传说在海上丝绸之路的传衍、变异及其海洋文化质素》(《妈祖文化研究》2019 年第 3 期)一文考察了妈祖生平传说在海上丝绸之路的传播演化,发现相关传说在各地理空间的传衍、变异,诸如家世传说由官宦世族之女衍出渔家女的异文、妈祖生平战胜海洋威胁的传说之拓衍、妈祖离世传说从"飞升"和"羽化"衍出亡于海洋的异文,这些叙事的演化当以妈祖信仰的海神文化质素及其海神的典型形象为基底。该文试图梳理妈祖生平及离世的相关传说,从而从妈祖信仰海洋文化的基底建构出其典型发展形态。

田素美、谢清果的《论妈祖女神符号传播对"21 世纪海上丝绸之路"构建的积极作用》(《中华文化与传播研究》2019 年第 1 期)一文,以妈祖女神的符号传播对构建 21 世纪海上丝绸之路的积极作用为研究对象。妈祖曾被称为"天上圣母""海洋女神""世界和平女神",具有世界性的影响和地位。妈祖女神形象是古代中国官民互动的结晶。"妈祖"作为文化媒介符号,蕴涵了丰富的中国传统文化的精髓,反映了中国人民对世界和平、统一、共荣的向往,展示了中国人民勇敢、正直、宽容的品格。妈祖女神形象对 21 世纪海上丝绸之路建设作用巨大,有利于丝路沿线国家形成文化认同,有益于海外华人的民族认同,同时对于协调两岸关系、促进祖国统一、加强丝路起点城市之间的合作意义重大。

马重奇的《海上丝绸之路与汉语闽南方言在东南亚一带的传播——新加坡和马来西亚闽南方言音系个案研究》(《西南民族大学学报(人文社会科学版)》2019 年第 1 期)一文旨在探讨海上丝绸之路及中国大陆闽南音系在

新加坡、马来西亚的传播及其动态演变概况。文中着重对新加坡闽南音系与福建厦门、漳州、泉州闽南音系进行历史比较研究，对马来西亚新山潮州闽南音系与粤东潮州闽南音系进行历史比较研究，最后探讨闽南音系在新加坡、马来西亚的动态变化及其原因。

作者指出，从语言发展变化的历史角度看，世界上没有所谓"纯粹的"或"纯洁的"语言。在语言发展变化的几千年的历史长河中，每种语言都或多或少受到了周围语言的影响。任何现代语言都与各种邻近语言发生过接触，因而产生了借贷语言成分、兼用两种语言或转用别的语言等现象。

不仅是独立的种族语言和民族语言如此，同一语言的方言之间也产生了接触关系；不仅是具有同一的亲缘关系的语言如此，没有亲缘关系的语言也是如此。从这个意义上可以说，任何语言都是因语言接触而形成的"融合物"或者"混合物"。语言接触会导致语音的变异。新加坡有华人、马来族、印度裔和欧亚裔四大族群。其中华人占了总人口的 74.2% 。新加坡华人的祖先源自中国南方，尤其是福建、广东和海南省，其中 4.0%是闽南人，其次为潮汕人、广府人、莆仙人（莆田人）、海南人、福州人、客家人，还有峇峇、娘惹等。语言接触导致华人语言发生变异。马来西亚也有土著（马来人及原住民）、华裔、印裔、其他人口和非国民等族群。其中华裔共 664.8 万人（占人口总数的 21.0% ）。华裔讲的主要有来自福建漳州、厦门、泉州一带的闽南话，还有福州话、莆田话、海南闽语、广东粤语、客家话、潮州话、广西粤语等。几百年来，不同族群人杂居在一起，福建厦漳泉和广州潮汕闽南话除了自身内部的演变外，还与闽南话以外不同方言接触和融合，必然会造成新加坡闽南话和马来西亚新山潮州话的不纯正。

总之，随着闽南人大量向省外和国外迁徙，闽南方言的流播区域就越来越大。闽南人迁徙台湾省，闽南方言就在台湾省传播；闽南人迁徙东南各省，闽南方言就在广东、海南、浙江等省传播；闽南人移民入东南亚各国，闽南方言便在东南亚各国传播。向外传播的闽方言，主要是闽南方言，其次是客家方言和福州方言，还有莆仙方言。这些方言传播在外，受到当地方言的影响，或多或少产生了一些变化，但闽南方言的主要特点还是存在的。

王泽丰的《从广州西村窑陶埙看宋代外销瓷贸易中的乐器出口和音乐

传播》(《歌海》2019 年第 1 期)一文指出,宋代是我国古代对外贸易的一大鼎盛时期,而广州则更是在海上丝绸之路的贸易大潮中扮演着一大黄金港口的角色。20 世纪 50 年代,一个规模较大的宋代窑址在广州西村被发掘,其中的陶瓷器具充分反映了我国宋代瓷器外销贸易的繁荣。在这些陶瓷器物中,一件雏鸡型陶埙格外引人注目。从这件特殊的陶埙入手,我们可认识到宋代海上丝绸之路上裹挟在外销瓷贸易中的乐器出口,并了解彼时的商业活动可能带来的我国音乐文化的出口和传播。

陈国威的《明代郑若曾〈万里海防图〉中"两家滩"考析——兼论雷州半岛南海海域十七、十八世纪域外交往史》(《海交史研究》2019 年第 1 期)指出,雷州半岛东濒南海,西临北部湾,属半岛地形。其半岛形状有利于其与域外社会进行交往。雷州半岛东海岸的两家滩在明代郑若曾绘制的《万里海防图》上即有标示,并有文字说明,显示这一片区域在当时为海防据点。明代史籍所载的白鸽门水寨亦当在此区域。根据田野调研与文献的记载,雷州半岛东海岸一带,包括两家滩、梅菉、芷寮等地,在明清时期仍为一个繁盛的贸易区域。自古以来,雷州半岛除了在国家海防位置上占据一席之位外,在南海商贸圈中也扮演着一个重要的角色。

戴冠青的《石狮姑嫂塔在海丝文化中的意义》(《盐城师范学院学报(人文社会科学版)》2019 年第 1 期)指出,位于福建东南沿海的泉州港是古代海上丝绸之路的起点,石狮姑嫂塔见证了当年海丝之路的筚路蓝缕和艰辛悲壮。作为世界航海史上的独特航标,姑嫂塔默默地为无数进出泉州湾的中外船舶引航指路,阅尽海上丝绸之路的沧桑变幻,见证了泉州长达千年的海外交通发展历史。姑嫂塔的传说中,不仅饱含姑嫂盼不回出洋谋生的哥哥的凄苦,更蕴含古代海上丝绸之路特定背景下石狮人拼搏进取的文化精神。

杜立鹏的《陶瓷艺术丝路宗教文化交流的历史见证》(《中国宗教》2019 年第 6 期)一文指出,中国的陶瓷文化历史悠久,陶瓷器物一直是古代丝绸之路经济贸易的重要商品。自汉唐以来,中国陶瓷就通过各种渠道销售到世界各地。唐宋之后,随着海上丝绸之路经贸往来的兴盛,加之海运更适合陶瓷这种易碎品的运输,因此陶瓷成为海上丝绸之路上中国对外输出的主要货物，而海上丝绸之路也被称为“海上陶瓷之路”。宗教文化是丝路文化交流的重要组成部分，中国陶瓷艺术的发展与此密切相关，堪称丝路宗教文化交流的历史见证。

李盛虎的《刍论东南沿海港口城市伊斯兰陵墓建筑》(《文物建筑》2019年第1期)一文指出，东南沿海地区港口城市的伊斯兰陵墓建筑，是在唐宋以来通过海上丝绸之路到达中国的阿拉伯人的墓地基础上，逐步发展形成的兼具礼拜与丧葬功能的穆斯林公共墓地。其建筑样式在遵循中国传统建筑风格的基础上，保留了部分阿拉伯文化传统，是东西方文化通过海上丝绸之路交流融合的重要物证。

黄文波的《19世纪暹罗陶瓷代币的解读——兼论其折射的华工形象》(《中国钱币》2019年第3期)一文指出，暹罗即今泰国的旧称，在古今海上丝绸之路中都占据着重要的战略位置。中暹(泰)之间的文化经贸合作由来已久，据史料记载，郑和7次下西洋，曾3次到达暹罗。自古以来，华侨下南洋谋生，暹罗就是一个重要的落脚点。随着19世纪暹罗经济的蓬勃发展，华人移民的步伐迅速加快，“到了下半叶时，一种有组织的预付船票应运而生，导致大批劳工移民的涌入，到了19世纪末，暹罗华人已遍布各地”。对华工形象的解读是该文一大亮点。

肖雄、石雨的《古代岭南地区外来香药的输入及其中医临证运用》(《中医药文化》2019年第4期)一文认为，岭南地区自古是中国对外交往与贸易的重要门户，从秦汉至明清，东南亚、南亚、西亚等域外香料通过官方朝贡及民间贸易的形式自广州等岭南港口城市输入中国，这些香料被中国医家运用于临床实践中而成为“香药”。在“香药”本土化运用的过程中，传统中医学的实践经验与理论知识进一步得到了丰富，中华文明宽宏的包容性亦由此体现。

孟亮的《唐代初期中印文化交流图景——以义净代表作为中心考察》(《重庆交通大学学报(社会科学版)》2019年第1期)一文指出，义净是中国历史上西行赴印求法的代表性僧侣之一，其著作不仅较为全面地记述了唐初赴印求法僧侣的事迹和中印海上丝绸之路的发展状况，也对古代印度的文化发展状况进行了细致的描绘。义净赴印时，海上丝绸之路逐渐成为中印之间的主要通道，室利佛逝是印度文化东渐的前沿。义净时期中印经海上丝绸之路文化交流的图景对今天研究中印关系史、海上丝绸之路发展史具有重要意义。义净著作中以细致的观察、翔实的资料生动描绘了当时印度文化的发展情况，对于促进中印佛教文化的交流传播和兴盛，带动文化的全面交流与发展，保存丰富的印度古代史史料具有重要意义。

作者指出，义净与晋代法显、唐代玄奘并列为中国古代西行赴印求法活动中最著名和影响力最大的 3 位僧人，又与鸠摩罗什、真谛、玄奘并称为佛教史上四大翻译家。义净是唐代自南海西行求法的代表性人物之一。其最具代表性的著作《大唐西域求法高僧传》(简称《高僧传》) 和《南海寄归内法传》(简称《寄归传》) 先后被翻译为英文、法文和日文，是研究印度佛教思想史、中印古代文化交流史、中国古代交通史弥足珍贵的著作。

《高僧传》较详细地记载了当时通往印度的海上航线，是中印文化交流以陆上丝绸之路为主向以海上丝绸之路为主转移的重要佐证。义净时期中印海路通道的发展与兴盛具有代表性意义，其所著《高僧传》以传记形式记述了 61 位赴印求法的僧侣事迹，共历唐太宗、唐高宗及武则天时期三朝。东晋高僧法显赴印时走陆路，归国时走海路；早于义净几十年的唐代玄奘则是往返皆从陆路；至义净时往返皆从海路。同时，义净的《高僧传》时间范围跨域前后 46 年(自 645 年玄奘归国至该书完稿)，其中有 37 人选择海上交通航线。义净自述其记载顺序"多以去时年代近远存亡而比先后"，从记载中可以看到，前 7 人往返均经陆路，至第 8 人开始选择海路者渐多，而至第 21 人明远开始，几乎全部选择海路。这种渐次变化显示出赴印通道中海路取代陆路而成为首选通道的趋势。固然义净本人经历是全书所述僧侣的重要来源，但义净在印度游历十余年，所识所闻僧侣众多，样本广泛，具有相当的代表性，且从义净所记僧侣赴印的时间顺序和所选途径来看，具有较强的规律性。因此，《高僧传》确实在一定程度上客观反映出该时期海路的兴盛。

汉武帝以来，海上丝绸之路逐渐发展成为沟通中西方，促进中西方政治、经济、文化往来的纽带。随着航海技术的提升，海上丝绸之路逐渐兴盛。西行求法者众多，功在千秋者也非义净一人，但是对中印海上丝绸之路如此熟悉，并将自己的所见所闻及其他僧侣的亲身经历完整记录下来者，义净当为第一人。他的事迹及著作是考察海上丝绸之路通道上中印交往不可或缺的资料。

而《寄归传》是以自传体形式记述的，是了解印度文化及中印物质文化、非物质文化交流情况的历史文献。义净作为海上丝绸之路成为主流后的第一位代表性僧侣，以及居于“西国”逾 10 年的高僧，其著作的意义不容小觑。《寄归传》是义净根据自身在印度和南海诸国的见闻所著，涉及的领域较《高僧传》更为广泛。义净其书或不及玄奘的《大唐西域记》翔实，但其记载不仅能对《大唐西域记》中的一些记载予以佐证，更可对其中部分疏漏进行补正。例如关于中印之间的海上通道，玄奘所载甚少，且均为听闻所得，而义净结合自身所见，对其线路进行了细化记述。而且义净对于印度文化的记述领域、方法与玄奘的《大唐西域记》也不尽相同。玄奘所记多围绕佛法，而义净除佛法外，对印度有关医疗手段、生活习惯、饮食结构等方面均进行了较为详细的对比记述，其对中印情况的对比是描绘当时中印文化交流图景的宝贵资料。因此，《寄归传》在中印关系史和印度文化史上的价值不可取代。

《梵语千字文》是义净编写的双语词汇汇编，被称为我国双语词典编纂的原始雏形。语言是交流思想的媒介，也是保存和传递人类文明的必要工具。义净的《梵语千字文》的撰写为欲学习佛法和探寻“真理”的众多僧侣提供了较为实用、快捷的学习工具。《梵语千字文》的序中有言：“欲向西国人。作学语样。仍各注中。梵音下题汉字。其无字者。以音正之。并是当途要字。但学得此则余语皆通。不同旧千字文。若兼悉昙章读梵本。一两年间即堪翻译矣。”可见，义净在作千字文时，其中一个目的即是为后来者赴印求法提供语言学习的宝贵资源，对后世赴印者学习梵语、深入理解经文及印度文化大有裨益。而且千字文的写作内容多为印度佛教基本知识及对印度生活习俗和礼仪的介绍，旨在为西行求法者提供一定的文化背景知识，帮助他们更快融入印度社会。时至今日，该书仍然是梵语学习的重要资料。

作者最后指出义净及其著作对中印文化交流的重要影响，具体表现为以下方面。

第一，促进中印佛教文化的交流传播和兴盛。唐初是中印交通史发展的高峰，随着海上丝绸之路进一步兴起，义净时期中印海陆通道渐渐成为西行赴印的主要通道。玄奘赴印求法，著《大唐西域记》，虽然也是中外交通史上的不朽丰碑，但囿于路线原因，书中对于海上丝绸之路的描绘十分有限，偶有涉及也为道听途说，地理位置并不精确。而义净《高僧传》所述经南海至印度海上丝绸之路的路线为其亲身经历，对沿途各国名称、位置、风土人情的介绍更为可信。

同时，义净记载的南海—印度洋海上交通线路非常详细，当时的海上线路主要是从广州、交趾或占婆起航，经南海，越马六甲海峡，至印度洋。其后，或在室利佛逝、诃陵、狮子国经转或直抵耽摩立底港口。

记载路线的多样性反映了海上丝绸之路线路的不断扩展，中印海上交流日趋频繁的趋势，较《新唐书・地理志》中所载“广州通海夷道”更加具体、翔实。

义净居于印度 11 年，游历南海各国达 14 年，时间跨度在中外交通史上无出其右。在研习佛经、梵语的同时传播了唐文化，室利佛逝国王多次接见、资助义净之后到达室利佛逝的中国僧侣，并资助他们赴印求法，还曾于 670—741 年多次派使者赴唐，不得不承认这是义净等中国僧侣的突出贡献。另外，在义净的鼓励与支持下，又有部分僧侣踏上了赴印求法的征程。唐代慧日法师是义净感召之下赴印求法的代表人物，其自印归国后传播净土法门，在中印佛教交流史上也颇有地位。

第二，带动文化的全面交流与发展。义净时代，中外之间的交通技术虽然大有进步，但是路途仍然颇为艰险。义净怀着对“真理”的渴求，艰难跋涉，舍身涉险，传播的虽然主要是佛教，但同时伴随中印两国文化的相互传播。两国之间生活习惯、医疗医药、饮食习惯的交流和沟通能够增进中印两国彼此的了解，并在交流中逐渐进步。

在生活习惯方面，中国逐渐接受了一些值得借鉴的经验，在卫生、寝具、饮食方面均有所体现。在医疗医药方面，义净在印期间曾采取针灸等中国传统医疗方式为人治病，取得了良好的效果，对中国传统医药身体力行的宣传和对印度医药的细致介绍促进了中印两大文明古国在医药方面的沟通与融合，为医药事业做出了贡献；在饮食习惯方面，义净的记载有利于后世僧侣及商人未雨绸缪，了解印度习俗，对于增进中印两国彼此交流起到促进作用。

通过精神文化交流建立起的良好国家关系具有稳定性和长期性，这种柔性的手段在两国交往中具有不可替代的重要作用。正是得益于法显、玄奘、义净以及无数知名和不知名的僧侣们的前仆后继，中国同印度的传统友谊和交流才如涓涓细流般源远流长，从未断绝，这种精神纽带在今日中印关系的发展中仍然有极其重要的意义。

第三，保存、提供了丰富的印度古代史史料。马克思曾经感叹“印度社会根本没有历史，至少是没有为人所知的历史”，这并非否认印度深厚的历史积淀和优秀的文化传统，而是指印度人怠于记述历史的“传统”。印度古代历史几乎没有留下任何典籍和记述，这也是有学者认为古代中印文化传播具有单向性，仅印度向中国传播，而中国未影响印度的重要原因。有学者指出：“印度人虽有传统，但却认识不清其传统的重要意义，他们更没有将传统作为保存民族的基本条件。”事实上，由于印度方面典籍匮乏，印度古代史、古代对外关系史的研究一直只能依靠外国人的记载，而中国的求法高僧所传著作，包括玄奘的《大唐西域记》、义净的《寄归传》、《高僧传》《梵语千字文》等，无疑是研究印度第七世纪历史不可或缺的宝贵资料，也是这些著作较早被译为外文、流传海外的重要原因之一。

义净的著述不仅涉及当时的佛学经典，也有语言学习辞典及僧人传记、文化记叙等方方面面，对于全方位描绘当时印度古代社会的文化图景意义重大，也是中印文化交流的另一魅力所在。

古今文化交流之道不一而足，印度佛教文化在中国的长期传播及彼此僧侣的长期往来，为增进中印了解、维系中印友谊起了巨大的推动作用，间接推动了双方的政治和经贸往来。义净时期中印以佛教为纽带谱写的可歌可泣的历史，是海上丝绸之路及中印关系史上的璀璨篇章。

丝绸之路将古代中国同古代印度连接在一起，丝绸之路的发展是友谊之路、开放之路。今天的印度和中国同样是印太区域的大国，中印关系仍然是我国周边关系的重中之重。随着我国“一带一路”倡议的持续推进，21 世纪海上丝绸之路继续发展，回顾这段历史，探讨中印历史上的海上丝绸之路交流图景，铭记中印友谊之旅、文化之旅具有重要的现实意义。西行路上，面对波涛汹涌的大海和前途未卜的漫漫长路，无数僧侣在这片海洋上一往无前、披荆斩棘。正是这种不畏艰险、追求真理的执着精神为今日的我们留下了弥足珍贵的史料和宝贵的文化遗产，也是今日我们建设“一带一路”仍需大力发扬的精神。

吴启健的《广西北部湾地区海歌研究综述——以北海咸水歌为例》(《民族音乐》2019 年第 2 期)一文认为，广西北部湾地区地处我国沿海西南端，是我国西部唯一的沿海地区，是西南地区最为便捷的海上通道，是通往东盟各国的重要门户和走向世界的枢纽桥梁，这里也曾是我国汉代海上丝绸之路的始发港。北部湾地区的物产资源丰富，是我国重要的渔场之一，沿海地区的渔民们以舟船为家、以渔业为生，滨海而居，久而久之，在生产和生活中便有许多的海歌流传开来，主要通过口传心授的方式世代相传，并在传唱过程中不断地创作、改编、提炼和加工。

吴春明的《中国早期文明的“南海”》(《海交史研究》2019 年第 2 期)一文认为，南海是环中国海海洋地理的关键环节，不仅是历史时期海上丝绸之路上“东西二洋”航路的核心海域，也是中华文明起源与早期发展的“中国—四方—四海”陆海秩序的重要组成部分。南海之滨包括我国岭南沿海、海南岛至东南亚沿海的跨界海洋文化区域，史前、上古海洋聚落形态集聚分布，关系密切并最终整合一体，成为环中国海海洋文化特殊而重要的一个区系。文化因素跨时空分布的格局，也显示了土著先民频繁的海洋文化交流活动，是形成历史时期南海沿岸与跨海之航路的重要基础。

五、沉船研究

何国卫的《“南海一号”与“海上丝绸之路”》(《中国船检》2019 年第 10 期)一文指出，“南海一号”是一艘南宋时期沉没的海上商船，它是海上丝绸之路的实证。中国古代丝绸之路有陆上和海上两条不同的路线，故有“陆上丝绸之路”与“海上丝绸之路”的区分。“南海一号”则见证了海上丝绸之路的一段辉煌。

栗建安的《海上丝绸之路的中国水下考古概述》(《文物保护与考古科学》2019年第4期)一文指出,我国在历史上的海上丝绸之路中国航段开展的水下考古有:在福建平潭发现了装载五代越窑青瓷的沉船遗址;在福建连江、莆田、龙海、平潭、漳浦等海域发现宋、元、明、清各时期的沉船遗址;对广东"南海一号"和海南西沙群岛"华光礁Ⅰ号"等宋代沉船遗址、广东"南澳Ⅰ号"明代沉船遗址以及平潭"碗礁一号"清代沉船遗址等进行考古。这些水下考古工作都取得了许多重要的学术成果,对海上丝绸之路及其相关问题研究都有重要参考价值和意义。

叶道阳的《"南海Ⅰ号"沉船反映的宋代海上生活辨析》(《中国文化遗产》2019年第4期)一文指出,船上生活是船载人员在船舶空间里的生活资料及活动的总和。"南海Ⅰ号"宋代沉船历次调查及2013年开始的全面保护发掘,出水、出土了大量瓷器、金属器、漆木器、货币、动植物标本等。出水、出土的文物中有一部分据分析属于船上的用品,大致可以分为日常生活用品、商业活动用品以及精神生活用品。已经揭露的船体结构也提供了讨论船员活动空间的可能。通过考察船员用品、活动空间,宋代远洋商船上的船上生活可见一斑。

叶道阳的《沉船考古中的凝结物问题》(《博物院》2019年第4期)一文认为,中国近海的沉船考古如"南海Ⅰ号"、三道岗元代沉船、"华光礁Ⅰ号"、"南澳Ⅰ号"等,都出水了大量凝结物。凝结物是水下考古中的一种特殊现象,不仅有丰富的文物包含物,在考古学上也是一种遗迹现象,在地层学上也有一定意义。关于凝结物提取后的处理,需要对其进行综合的探讨。为此,在相关学科、相关学者的研究成果基础上,作者对凝结物的形成环境和过程、类型划分、保护处理的价值和注意事项、凝结物的考古学意义等问题,做了整体的研究。

张玄微的《"南海Ⅰ号"发掘现场船体的稳定性保护》(《博物院》2019年第4期)一文指出,2013年"南海Ⅰ号"全面发掘工作展开后,船体及船载文物陆续暴露于大气环境之中。"南海Ⅰ号"宋代沉船浸泡于水下长达800余年,船体木材降解、损坏严重,加之船载文物数量巨大,材质种类多样,叠积密集,其发掘及保护的模式尚无先例可循,发掘现场船体保护任务十分艰巨。维持船体的稳定性，为今后的全面保护、修复做好基础性工作，是“南海Ⅰ号”当前发掘阶段现场保护的重点。为此，结合“南海Ⅰ号”沉船沉积及保存环境变化、船体木材保存状态进行检测分析，梳理了“南海Ⅰ号”现场稳定保护处理的基本技术路线和实施方法。相关监测分析数据显示，“南海Ⅰ号”船体在现场发掘条件下的保存状态没有进一步劣化的趋势，说明发掘现场稳定性保护处理方案得当，措施有效。

崔勇的《“南海Ⅰ号”沉船发掘纪略》(《自然与文化遗产研究》2019 年第 10 期)一文指出，“南海Ⅰ号”是海上丝绸之路上的一颗璀璨明珠，在长眠海底 800 余年之后，中国水下考古人员逐步揭开其神秘面纱。文章以“南海Ⅰ号”沉船考古项目为研究对象，在分析“南海宋元沉船”调查定位的基础上，研究制订“南海Ⅰ号”打捞方案，并给出整体打捞与博物馆建设的并行措施，同时对“南海Ⅰ号”发掘成果进行展示，希望其考古成果及技术创新永载世界水下考古史册。

耿苗的《“南海Ⅰ号”出水瓷器传统制瓷工艺辨析及在修复中的指导意义——以龙泉窑、景德镇窑青白瓷为例》(《文物鉴定与鉴赏》2019 年第 13 期)一文指出，“南海Ⅰ号”沉船出水的瓷器主要为江西、浙江、福建出产的以外销为主的器物，因长期受海水浸润、侵蚀，器物普遍存在病害损害。文章从对“南海Ⅰ号”出水瓷器病害成因的探析着手，以龙泉窑和景德镇瓷为例，结合瓷器烧制工艺的缺欠及辨识的讨论，提出在保护修复中对瓷器的病害与烧造缺欠应加以鉴别区分，最大限度地除掉危害文物病害的同时，又要注意保留器物的本体信息，为后续研究提供珍贵的历史资料。

田国敏的《试论自然环境因素对海洋沉船考古的影响》(《自然与文化遗产研究》2019 年第 9 期)一文认为，海洋沉船考古是考古工作者以海底沉船为研究对象，借助潜水装备，到海底调查和发掘沉船遗址的活动。考古围绕沉船海域开展水面水下作业，因此，分析海洋气象、水文、海底地形等环境因素对沉船考古的影响有重要意义。文章结合汕头“南澳Ⅰ号”、唐山“东坑坨Ⅰ号”等沉船考古案例，分析诸因素对海洋沉船考古工作的影响，探讨相应对策，以供今后海洋沉船考古参考。

耿苗的《“南海Ⅰ号”出水陶瓷的主要病害及稳定性处理》(《文物世界》

2019年第3期)一文指出,“南海Ⅰ号”沉船出水的陶瓷器主要为江西、浙江、福建出产的以外销为主的陶瓷器物,由于长期受海水浸润侵蚀,陶瓷器普遍存在病害损害,该研究根据我国文物保护标准可移动文物病害评估技术规程,对“南海Ⅰ号”出水陶瓷器的主要病害类型进行了初步评估梳理,有助于文物保护技术人员在从事相似的工作时迅速判明陶瓷器的病害类型,并为文物保护修复方案制订、文物保护分类处理技术实施及考古相关学科的研究提供基础文物信息和依据。

张玄微的《“南海Ⅰ号”沉船船体病害调查》(《文物世界》2019年第3期)一文指出,由于长达800余年的水下环境浸泡侵蚀,“南海Ⅰ号”沉船船体木材降解,损坏严重,加之船载货物数量巨大,文物材质种类多样、货物叠积密集,其发掘及保护的模式尚无先例可循,发掘现场船体保护工作任务十分艰巨,应充分重视发掘现场船体的稳定性保护,维持船体的稳定性,为今后的全面保护修复工作做好基础性工作。

新华网的《宋代古沉船“南海Ⅰ号”船货清理基本完成文物或超16万件》(《文物鉴定与鉴赏》2019年第4期)一文报道,从“南海Ⅰ号”清理出的船载文物已达14万余件,预计文物总量将超过16万件,比最初预计的多出一倍。广东省文物考古研究所副所长、“南海Ⅰ号”考古领队崔勇介绍,此前“南海Ⅰ号”的发掘工作以提取船内文物为主,目前船货清理进入尾声。“截至2018年,我们发掘的文物数量是143000多件。从目前看,剩下的预估还有一两万件,集中在后部几个船舱,总数可能会超过16万件。”

刘冬媚的《“南海Ⅰ号”船载龙泉窑青瓷探析》(《文物天地》2019年第12期)一文指出,“南海Ⅰ号”沉船于1987年发现于广东的川山群岛,2007年以“整体打捞”的方式被打捞出水,并整船进入广东海上丝绸之路博物馆。王元林、肖达顺等通过比对船载金页和银铤的铭文,比对船载的景德镇窑、磁灶窑瓷器及相关窑址、墓葬、沉船材料,指出“南海Ⅰ号”沉船是南宋中晚期,约12世纪末至13世纪初的沉船。这一时期正是海上丝绸之路的繁荣时期,该时期的沉船具有重要的考古学和历史学价值,为我们还原海上丝绸之路和东西方贸易往来及文明交流提供了坚实的实物证据。“南海Ⅰ号”沉船载货量庞大,品式丰富,因此该船自出水以来,受到了考古学界和历史学界的广泛关注，至今仍是学术界讨论的热点问题之一。

该船出水器物以瓷器和金属器为大宗。金属器主要有金银器、锡器、铁器、铜器等。而在瓷器方面，船载的大量外销瓷器主要来自南方地区窑场，如江西景德镇窑、浙江龙泉窑以及福建泉州德化窑、晋江磁灶窑、闽清义窑等，也有少数其他窑场的产品。根据“南海Ⅰ号”沉船及船货的特点，初步推断船的始发港为福建泉州港。

浙江龙泉窑所产青瓷在该批出水瓷器中占据主流地位，数量众多，器形具有代表性，是反映该时期龙泉窑外销瓷生产贸易繁盛的有力证据。

作者分析道，“南海Ⅰ号”所载龙泉窑青瓷外销盛况的成因如下：(1)瓷器是南宋朝廷鼓励的外销商品，是较低廉的创造利润的商品。宋代流动于海上丝绸之路上的商品，大致可以分为三类。一类为中国政府允许流通的商品，如丝织品、陶瓷器、漆器及酒、糖、茶、米等；二类为金银、铜器和铜钱等时禁时通，或禁而不严、通而不畅的商品；三类为兵器、部分书籍等不允许流入海上丝路的商品。制作陶瓷器的原料为瓷土等，显然是比较容易获取的；而且瓷器是一般的生活用品，不涉及经济、政治等影响政府维持稳定的消极因素，故瓷器是南宋朝廷比较鼓励的出口商品。(2)南宋龙泉制瓷业迅猛发展。南宋时期，北方几个制瓷中心因战争破坏和工匠大批南迁而衰落，南方制瓷业蓬勃发展。龙泉窑和景德镇窑等东南窑口产品，深受海外各国的欢迎。北宋中期以后，越窑制瓷业迅速衰竭，而海外各国人民对青瓷的喜爱没有退减，龙泉窑在南宋早期大量外销，“恢复了中国外销青瓷的供求平衡”。(3)南宋朝廷对海外贸易的重视。由于南宋边患不断，国库匮乏，而且北方被占，南宋政权格外重视东南沿海的海外贸易，以充实国库。开展的推动海洋贸易的措施包括纠正时弊，调动商人的积极性，维护和提高市舶司的运作效能等。纠正时弊的举措主要是颁布禁令，不准官员侵剥商人。除了实际利益，朝廷还加封海神，以显示对海贸的重视。如绍兴七年(1137年)，加封南海神为“洪圣广利昭顺威显王”，这种积极的态度也给海商水手们的心理增加了安全感。再者就是提高市舶的运作效能，如任命“无赃私罪文武官”，提举官成为路一级的地方官，可以向中央直接上报地方情况等。上述措施为恢复和发展市舶贸易发挥了积极作用。(4)瓷器赖以运输的船舶及航海技术高度发展。瓷器为易碎商品,且数量巨大,适合用船舶来运输。南宋时,形成了福建福州、泉州,广南广州、雷州等造船中心。"南海Ⅰ号"沉船残长22.15米,最大宽度9.9米,分布轮廓面积约179.15平方米,设14道舱壁分隔成15舱,是目前所见舱数最多者,甚至超过元初马可·波罗在其行记中所说"若干最大船舶有最大舱十二所"的标准。"南海Ⅰ号"打捞出的木爪石碇,长3.1米,重约420千克,是距今发现的体形、重量最大的宋代石碇。如此巨大的船舶,保证了巨大的载货量。航海新技术的出现,极大地推动了宋代海外贸易的兴起,此时,海员能熟练掌握信风规滩,观测天象判断潮汛、风向和阴晴。舟师除了使用中国人在唐朝发明而一直沿用的罗盘导航,还掌握了阿拉伯人发明的"牵星术"、深水探测技术,并能编制详细的海道图。

作者还推测出"南海Ⅰ号"龙泉窑青瓷的运输路线,应是从浙江瓯江出发,到达泉州港,经东南亚,或到阿拉伯等地区。

通过考察"南海Ⅰ号"南宋沉船所见的龙泉青瓷,结合历史文献分析,该批船载瓷器的生产贸易细节得以再现。"南海Ⅰ号"南宋沉船所见的龙泉青瓷以日用瓷为主,但其数量巨大,通过松溪入瓯江,运到泉州,与各种东南窑口瓷器形成组合,大批量地销售到东南亚、西亚等地。龙泉青瓷推动了经销地、销售地窑业的发展。"南海Ⅰ号"南宋沉船所见的龙泉青瓷对研究南宋龙泉瓷业的生产、销售格局有较重要的参考价值。

刘淑玉的《南海水下文物遗址建档保护探讨》(《兰台内外》2019年第23期)一文指出,南海是海上丝绸之路必经之路,现已查明有136处水下文物遗址,亟须加强档案保护与研究。南海水下文物遗址具有受海洋环境影响较大、难于发现、资料采集困难等特点。其建档保护面临诸多困境,目前需要做好南海水下文物遗址资源普查工作、南海水下文物遗址档案人员培训工作,加强对水下文物遗址档案资料的收集与整理,开展南海水下文物遗址档案的保护抢救,做好对南海水下文物遗址的科学研究和档案整合。

六、郑和研究

薛克翘的《郑和下西洋二事考》(《海交史研究》2019 年第 2 期)一文认为,1911 年郑和布施锡兰山佛寺三种文字碑在斯里兰卡被发现后,百余年来,中外学者不断有人解读其碑文。近年来,有两篇相关文章发表,使此碑汉文铭文的释读又有新进展。但仍有不足,须对其中的文字做进一步考证。另外,明代锡兰国王子作为使节来华,后留居中国泉州。中国学者对此多有研究与争论,亦须进一步考证。

何国卫的《郑和宝船尺度之谜》(《中国船检》2019 年第 7 期)一文认为,郑和自 1405 年起至 1433 年止,受明政府派遣统率舟师七下西洋开创世界航海史壮举,其足迹之广、人员之多、船队之大、船舶之巨都是亘古所未有的。郑和下西洋前后 7 次远航,途经西南太平洋、印度洋与南亚、东非等地 30 余国。郑和被誉为伟大的航海家当之无愧。当时中国的造船和航海技术遥遥领先于世界。

万明的《郑和下西洋的若干问题》(《文史知识》2019 年第 4 期)一文认为,610 多年前,明永乐三年(1405 年),永乐皇帝以强盛的综合国力为后盾,做出了派遣郑和下西洋的决策。郑和统率当时世界上最强大的海上力量七下印度洋,持续 28 年之久,途经自中国南海至印度洋 30 多个国家和地区,标志着古代海上丝绸之路的空前发展,明代中国航海外交发展到巅峰,在中国古代中外关系史乃至人类航海文明史上写下了光辉一页。

张璇的《郑和下西洋与“麒麟”神兽》(《文史知识》2019 年第 4 期)一文指出,明代永乐、宣德年间,历经 28 年的“郑和下西洋”是中国古代规模最大的海上航行活动,它不仅帮助明朝了解到当时亚非沿岸地区的情况,加强了部分东南亚、西亚和东非国家的交流,巩固和拓展了以明朝为中心的朝贡贸易体系和政治秩序,而且也加强了中外文化的交流。动物外交一直是国与国之间文化交流的一种重要表现形式。

马君红的《郑和在印尼研究回顾与分析》(《文化月刊》2019 年第 5 期)一文认为,中外学者有关郑和在印尼的研究的关注焦点既有相似之处又有不同之处，中国学者以印尼的郑和崇拜研究见长，而国外学者以郑和到访印尼的史实研究见长。两者结合有助于我们更加深刻理解郑和在印尼的活动。

黄婕、黄瑞国的《郑和下西洋与妈祖文化传播》(《妈祖文化研究》2019年第2期)一文认为，郑和七下西洋代表了中国古代航海文明的巅峰，这一壮举有其历史背景的特殊性和历史选择的必然性。郑和具有多重宗教信仰的背景，其中妈祖信仰这种起源于民间的信俗文化对郑和的航海经历产生了不可或缺的重要影响。同时郑和下西洋对妈祖文化的海内外传播起到了巨大的推动作用。当下我们要加快建构中国的海洋文化体系，应当充分利用妈祖文化的海外影响以更有效地践行21世纪海上丝绸之路倡议。

万明的《全球史视野下的郑和下西洋》(《中国史研究动态》2019年第2期)一文认为，全球史兴起于20世纪七八十年代，是史学界对于全球化的学术反思与回应。随着全球核心词汇在史学论著中的频繁出现，史学的全球史转向成为一股潮流，已经为世界上越来越多学者所接纳，并将中外关系史研究推到史学研究的前沿。作者将晚明社会变迁研究与全球化开端相联系，从单纯关注中外国家间的相互关系，转变为关注全球史的一部分，而关注全球史意味着以全球的视角重新梳理人类交往的历史，关注全球空间中的人类经验。

海洋是把不同国家和社会相互连接在一起的纽带，考察人类历史上的航海现象和海上各国各地区的交往与联系，是全球史极为重要的一部分。15世纪在海上拉开全球化帷幕的是郑和下西洋，其清晰地标志着一个海洋新时代的开始。下西洋如何为建立现代意义的全球史提供了历史资源？将其视为历史上一次全球化的运动来阐释郑和下西洋，可以丰富我们对全球史的认知。

蒙元帝国崩溃后，国际关系格局出现新变化。明朝建立以后，对外联系是全方位的，中西交通大开，包括陆上与海上，如明朝六遣傅安、五遣陈诚从陆路出使西域，郑和七下西洋，亦失哈七上北海。毋庸讳言，其中最令人瞩目的是郑和下西洋。

七下西洋，“西洋”究竟指哪里？这是理解郑和下西洋的基本问题。从全球史的视野来看，郑和七下印度洋，历史发展到一个新阶段——一个印度洋时代。通过七下印度洋全覆盖式的航海实践，可以了解到15世纪初明代中国已形成了一个对整体印度洋的认知。

郑和下西洋的国家航海外交行为，全面贯通了陆上丝绸之路与海上丝绸之路，交汇之地就在印度洋，这是从海上给古代丝绸之路画了一个圆。同时，印度洋上互动贸易网络的建构，使得海上丝绸之路达于鼎盛。此后明朝人将亚欧大陆上的撒马儿罕称作“旱西洋”，忽鲁谟斯的定位也从“西域”到了“西洋”，明朝人对于海外世界互联互通的理念于此凸显出来。

传统的主流论述是从朝贡体制视角来理解和书写下西洋的历史，认为由此形成了东亚文明核心圈，即所谓东亚世界体系。从全球史的视角来看，郑和下西洋的面貌和意义会有很大不同，不仅在空间上早已超出了东亚范围，而且更重要的是，需要修正以往被极大忽视的古代亚洲乃至欧洲都有朝贡概念与国际惯例的存在。明初国际秩序的理念，具有与此前蒙元帝国、此后西方海外扩张殖民帝国迥然不同的特征，不可简单以传统朝贡制度或体系笼统归纳和理解。进一步说，明朝外交的“不征”与“共享”理念，宣告彻底改变了蒙元帝国对外交往的暴力征服模式，使得明代中国与印度洋各国之间的互动，才变得比以往任何一个历史时期都要频繁和密切得多。郑和七下印度洋，将今天的东北亚、东南亚、中亚、西亚、南亚，乃至东非、欧洲等广袤的地方，连成了一个文明互动的共同体，政治上国家权力整体上扬，经济上贸易资源互通有无，文化上多元文化认同交融。现存斯里兰卡科伦坡国家博物馆的“郑和布施锡兰山佛寺碑”，以汉文、泰米尔文、波斯文三种文字记载了永乐皇帝的代表郑和向佛祖、毗湿奴和真主阿拉贡献布施的史实，是明朝人对于印度洋多元文化共生兼容认识的最好例证。中国通过走在世界前列的先进航海技术，改变了阿拉伯人掌控印度洋海上贸易的状况。印度洋海上跨国网络的建立，推动了区域国际贸易的活跃发展，开创了印度洋区域各国跨文明对话与合作发展的新局面和国际新秩序。如果要问跨国网络和互动的结果是什么？是国际合作成为潮流，是新的国际体系的建构。永乐二十一年(1423年)，出现了西洋古里、柯枝、加异勒、溜山、南浡利、苏门答腊、阿鲁、满剌加等16国派遣使节1200人到北京的所谓“万国来朝”

盛况，是郑和下西洋将中华秩序理念付诸实践，在没有对任何国家产生威胁的基础上，建立起一种“共享太平之福”的国际新体系。

作者还认为，满剌加王国兴起与马六甲海峡凸显，和郑和下西洋有密切的关系。东西方交往重心从陆到海的重大转折，发生在什么时候？这就要谈到马六甲海峡地理位置的重要性，但在此前其一直名不见经传。15 世纪初满剌加王国的兴起，是海峡得名的历史渊源，直至 15 世纪初明朝永乐、宣德年间，郑和率领庞大的船队，穿过马六甲海峡，以达浩瀚的印度洋，留下了大量的印迹，其最深的印迹，莫过于满剌加王国的兴起和马六甲海峡的凸显。

15 世纪初明满之间由完全不了解到关系发展迅速，其中的奥秘，是双方都看清了海峡地区的共同利益所在，互相信任，建立了一种新型国际关系，最终产生了合作双赢的结果。在中国和印度洋之间一个重要贸易中转地与一个繁盛的国际贸易中心的兴起，标志了马六甲海峡的崛起，其兴盛几乎持续了一个世纪，直至西方葡萄牙人东来才被打断。而其中的关键正是郑和下西洋。

最后，作者强调，追本溯源，15 世纪初明代中国从农耕大国向海洋大国的强劲转变，和郑和七下印度洋全覆盖式的印度洋航海外交与印度洋周边各国的互联互动，形成了畅通的东西方海上交往网络，构建了一个以合作共赢为核心的新的国际体系。一个相对和平、合作与繁荣的印度洋时代，其特征体现在两方面：一是陆海丝绸之路的全面贯通，二是东西方交往重心从亚欧大陆转向海上。这产生了极为深远的影响，展现了更为丰富深刻的历史图景：奠定了全球化在海上的诞生，人类最终融为一个整体世界——一部全球史。

薛克翘的《评近年“郑和布施锡兰山佛寺碑”的研究》(《宝鸡文理学院学报(社会科学版)》2019 年第 2 期)一文认为，1911 年，在斯里兰卡加勒市，郑和布施锡兰山佛寺碑被发现，碑上刻有汉文、泰米尔文和波斯文三种文字，由于年代久远，这些文字已漫漶不清。1911 年至今的百余年间，中外学界对碑文的研究持续不断。1959 年，中国学者向达教授首次根据碑文拓片释读出汉文铭文，为中国学界的研究奠定了基础。进入 21 世纪，学术界对汉文碑文的研究又有了新成果和新进展，其中最重要的两篇文章是斯里兰卡学者查迪玛与中国学者武元磊合写的《郑和锡兰碑新考》和沈鸣的《郑和〈布施锡兰山佛寺碑〉碑文新考》。

姜聪颖、张龑真的《郑和下西洋与中医药文化传播》(《中医药文化》2019年第2期)一文指出，明初郑和奉命七下西洋，不仅与多个国家和地区进行频繁的外事、经济与文化交流，亦大大促进了中医药文化的国际传播与交流。文章从中医药海外传播史角度切入，探讨郑和下西洋期间通过传授中医知识、丰富药材种类、促进医学理论体系的建立，对所经国家医学界产生的影响，认为郑和下西洋对中医药文化传播的贡献可为"一带一路"中医药文化传播提供重要的历史借鉴和文化指导。

任世江的《郑和下西洋与明中期倭患再认识》(《历史教学(上半月)》2019年第3期)一文认为，初中教材第15课"明朝的对外关系"包括郑和下西洋和戚继光抗倭两件事。叙述郑和下西洋出现了"示中国富强""展现大国风度"等耐人寻味的文字；删去了多年不变的一句"比欧洲航海家远航早半个多世纪"。1405—1433年，郑和7次下西洋，1487年迪亚哥远航到达非洲南端，早半个多世纪是这样算出来的。

陈晓珊的《郑和下西洋前后中国航海指南的变迁》(《中原文化研究》2019年第1期)一文认为，从古代航海指南的撰写及其体现的航海技术与计量单位中，可以看到当时航海者们交流的成果。通过观察郑和下西洋前后中国航海指南的体例，以及导航技术与计量单位的变化和传播，可以分析中国定量航海技术的发展历程，也能看到古代航海活动中世界各地技术与文化广泛交流的情形。

赖晨的《长乐是郑和下西洋的驻泊地与开洋起点》(《闽南风》2019年第10期)一文认为，说起海上丝绸之路，就一定绕不开七下西洋的郑和。如果说南京是郑和下西洋的决策地，江苏太仓是起锚地，那么，福州长乐就是郑和下西洋的舟师驻泊地和开洋起点。郑和自明永乐三年(1405年)至宣德八年(1433年)的28年间，率庞大的船队七下西洋，到达30多个国家，航程10万余里。一支由数百只船、数万人组成的庞大船队，要常年在远洋上航行，必须在其航线上有若干个港口作为依托，还要选择其中的良港作为船队驻泊的基地。

郑海麟的《郑和拓展的海上丝绸之路及其国际意义再认识》(《中国海洋大学学报(社会科学版)》2019 年第 3 期)一文指出,党的十八大报告首次完整提出了中国海洋强国战略目标,包含 4 个方面的内容,它们构成中国海洋强国战略的基本体系。这些内容在习近平总书记主持的中共中央政治局就建设海洋强国研究进行第八次集体学习时得到发展,即 4 个转变。此后在党的十九大报告中得到深化,即要坚持陆海统筹,加快建设海洋强国;要以"一带一路"建设为重点,形成陆海内外联动、东西双向互济的开放格局。换言之,其提出了加快建设海洋强国的目标、原则、方向和路径,构成中国海洋强国战略完整的治理体系。为此,有必要研究中国加快建设海洋强国的外部环境和主要挑战,并回顾历史、把握现状和展望未来,以进一步完善国内海洋管理制度,为实现中国海洋强国战略目标做出贡献。

陈平平、孙美姝的《郑和墓葬地十一说考析与北京恩济庄真墓钩沉》(《南通航运职业技术学院学报》2019 年第 2 期)一文指出,郑和墓地,正史无载,数百年来,众说纷纭。经考析,葬在海外四说,应予否定;葬在南京六说,皆无真凭实据;葬在北京一说长期被忽略。从相关著作记述、小德张及太监们的证实、李莲英墓地位置、张仲忱和中外游人的见闻分析,北京恩济庄郑和墓是数百年来海内外唯一有据、可靠可信的郑和真实墓葬,是中国及世界的珍贵文化遗产。该墓园地表建筑在历史中历经多次变迁,需政府对墓地进行抢救性的追踪考察、保护和研究,盖亭立碑、记事传世,结束郑和墓地众说纷纭的状况。

万明的《中国与非洲海上丝绸之路的故事——伊本·白图泰与郑和的航海记忆》(《海交史研究》2019 年第 3 期)一文认为,从全球史的视野考察,印度洋是古代东西方交汇之地,也是东西方文化交融之地。14 世纪初,摩洛哥旅行家伊本·白图泰从北非出发,前往麦加朝圣,由此开始长达 28 年的陆海旅行生涯。此后他穿越印度洋到达印度古里,乘坐中国船驶向中国。他的旅行包括了今天 44 个国家,其游记也享誉世界。15 世纪初,中国航海家郑和以史无前例的规模七下西洋,在亲历下西洋的通事马欢笔下,西洋具体所指是当时明朝人所认识的"那没黎洋",即今天的印度洋。郑和七下西洋就是七下印度洋，从南海到印度洋，28 年间的航海外交涉及当时 30 多个国家与地区，直至东非海岸。古代中非的航海活动，搭建起海上丝绸之路记忆的平台，推动东西方相互认知达到了历史的新境界。今天，我们重温伊本·白图泰和郑和在印度洋上的历史记忆，对于助推 21 世纪海上丝绸之路建设和构建中非命运共同体具有重要意义。

夏维中、陈波的《从郑和印造大藏经论明初两部〈南藏〉的雕刻时间及相互关系》(《清华大学学报(哲学社会科学版)》2019 年第 4 期)一文指出，1947 年，邓之诚先生首先发现，郑和在永乐五年(1407 年) 至宣德五年(1430 年) 之间，曾先后印造过 10 部汉文大藏经，供于全国各地寺庙。近年来，学术界开始质疑郑和印造大藏经一事的真实性，而其部分证据就是永乐八年、永乐九年、永乐十三年不具备刷印大藏经的条件。

作者认为，根据现存史料，大致可以对明初南京两藏的衍变过程做出以下推论。《初刻南藏》正藏部分的准备工作在洪武五年就已开始，其完成时间应是建文三年。《初刻南藏》续藏部分的准备工作开始于建文元年，至迟应该在永乐元年就已完成。《初刻南藏》经版也于此年向社会开放。

永乐二年，因《初刻南藏》续藏中的禅宗《古尊宿语》《颂古》《雪窦》《明教》《圆悟》《大慧》等经版，多有损失，净戒曾进行修补。永乐六年《初刻南藏》极有可能并未毁于大火，郑和永乐八年、九年所施大藏经就是用此版刷印的。永乐十一年，净戒等在灵谷寺对续藏部分中的禅宗文献进行了大规模的校正，并于次年十一月完成其“刊修改补”工作。同年，大报恩寺一如法师开始负责新版大藏经即《永乐南藏》的编撰工作。永乐十三年福建南山三峰塔寺、浙江义乌华阳寺及永乐十四年四川上古寺所得《大藏经》的，其正藏部分仍是用《初刻南藏》旧版印造，而其续藏部分则极有可能是使用了净戒等人改补的新版。大约在永乐十四年至永乐十五年三月之间，《永乐南藏》的刊版工作启动，并至迟于永乐十八年前完成。其雕刻地点，也基本可以确定是新建的南京大报恩寺。《永乐南藏》的相当一部分经版，极有可能是利用《初刻南藏》的旧版加以改造而成的。

李立明的《郑和精神与“一带一路”建设发展研究——以云南省晋宁区为例》(《中共太原市委党校学报》2019 年第 4 期)一文认为，新的时代，应为郑和精神注入新内涵:郑和精神是爱好和平的人文精神,是实现共赢的国际合作精神,是齐心协力的团队精神,是开放进取的学习精神。把郑和精神融入云南“一带一路”建设,是打造云南对外开放升级版的需要,是推进区域合作的需要,是促进睦邻安邻富邻的需要。

王鹏的《信仰与乡愁:历史人类学视域下的东南亚郑和清真寺与华人穆斯林》(《东南亚研究》2019 年第 4 期)一文,是一项历史人类学研究成果,该文第一部分选取印尼较有代表性的 3 座郑和清真寺作为研究对象,从其结构造型入手,通过与阿拉伯、中国、爪哇、印度等国家和地区传统风格宗教建筑进行比对,探寻这些清真寺对不同文明的借鉴汇融。然后通过对清真寺建造者与当地信众的调研访谈,探究这些凝聚在建筑中的文化因子对当地华人信仰仪式、日常生活、身份认同、族群关系的影响,发掘“郑和记忆”的当代价值。第二部分考察华人穆斯林移居南洋的历史及其信仰之嬗变。这一进程的高潮发生在郑和下西洋时代,华人穆斯林实际上起着传播有中国特色的伊斯兰教的作用,与源自中东、南亚的伊斯兰教派一道,共同丰富、重建了当地人的精神世界。东南亚华人穆斯林与中东、南亚穆斯林移民,以及南洋诸岛上的原住民,在漫长的互动与融合过程中,携手创造了共同的信仰与灿烂的复合文明。

最后,作者总结道,按照宗教学理论中通行的说法,伊斯兰教作为一种强势的一神教(monothe-ism),在信众的信仰、仪式乃至日常生活中都有相应的、较为严格的要求。然而,这些“刻板印象”似乎与我们在当地所观摩的经验事实并不完全相符。譬如,以郑和清真寺为代表的印尼华人清真寺,不仅在寺内置有郑和塑像——这很可能与伊斯兰有关“禁止偶像崇拜”的教义不相符,而且在清真寺外的广场上也时时有类似于中国城乡常见的庙会、歌舞表演等活动,这些都与当地大众印象中的“典型清真寺”及其周围环境大为不同。

更有意思的是,这些“华人清真寺”虽大多为当地华侨华人捐资兴建,但并不仅仅针对当地华人穆斯林,而是对所有穆斯林信众乃至非穆斯林游客开放,遂成为当地华人穆斯林与印尼、马来等穆斯林宗教交流的场所,甚至还以旅游景点的形式在穆斯林群体与非穆斯林群体间扮演着交流平台与文化中介的角色。这种明显的"非伊斯兰"要素的广泛存在，以及与所在国正统伊斯兰形态的和谐共处，又当如何理解？这一现象究竟是一种 J. B. 伯里(John Bagnell Bury) 意义上的纯粹之"历史偶然"，抑或有其内在机理与动因？该文对历史文献的梳理以及对当代东南亚社会的实地调研或许可以加深我们对上述"反常现象"及其成因、机理的理解。

此外，在现有的有关郑和清真寺的研究与评述中，人们往往倾向于将它界定为华人移民来到东南亚伊斯兰国家后接受当地信仰同时又保留自身传统的典范来进行解读。然而，如果我们仔细考察伊斯兰教在东南亚地区的传播史以及华人在东南亚地区的移民史，就不难发现，即便"东南亚地区的伊斯兰教是由郑和传入"一说不能成立，但可以肯定的是，生活于该地区的华人穆斯林群体，有些在移居东南亚之前就已经在中国的东南沿海地区接受了传入的伊斯兰教。他们在郑和时代之前、之中和之后的不同时段移居东南亚地区，不仅加速了伊斯兰教在当地的传播，而且将原本就在一定程度上已经"中国本土化"的伊斯兰教带到了东南亚。在此后的数百年岁月中，他们既经历了西方殖民入侵，以及与当地族群、教群冲突的洗礼，也在和平的文化交流以及与当地人的通婚中，使由他们所带来的"中国化的伊斯兰教"与当地自印度传入的伊斯兰教发生碰撞与交融。

直到今天，人们所看到的是，他们在高度保留自身"中国化的伊斯兰教"特色的同时，也与周围的穆斯林邻居探索出一条和平共处、共存共荣的路径。

显然，上述复杂的历史过程，我们如果只是用现有的单向性"本土化"(localization) 理论框架去生搬硬套，恐怕难以找到贴切的解释。换言之，如果我们简单地将这一群体看作被动地、纯粹地接受当地伊斯兰教输入，同时一定程度上保留自身传统，那么这种理解尽管和流行的理论框架实现"无缝衔接"，却与真实的历史与事实渐行渐远。

如果把对郑和清真寺及其建造者的个案研究放在有关华侨华人研究的更大背景中，我们就不难认识到，海外华侨的身份认同问题似乎是一个永恒的核心议题，而与之相伴的是有关文化冲突与族群融合的探讨与辩论。在侨民信仰研究的主流文献和理论中，学者一般认为，任何一个族群通过移民来到“新世界”,不可避免地要经历一个文化适应的过程；而其中宗教信仰作为最核心的部分,对其他方面文化的适应也会产生潜移默化的影响。而在这个过程中,人们普遍关注的,或者默认为主要路径的是一种单向性的信仰传播,即外来移民逐步熟悉、接受本地信仰和皈依。

这种传统的论调广泛地出现在过去较为主流的关于郑和清真寺和东南亚华人穆斯林群体的研究中。在这个框架下,学者们分析了华人群体在东南亚国家皈依伊斯兰教的诸多原因,如“通婚、受朋友熟人影响、真诚信奉伊斯兰教教义,也有些人是出于功利主义和经济利益的考虑,只有极少数中国回族移民的后裔是通过家族传承而信仰伊斯兰教的”。庄国土也认为,东南亚的华人族群(简称华族)作为20世纪中叶开始逐渐形成的东南亚当地族群之一,是东南亚各国民族的组成部分；东南亚华族也并非统一的族群,而是世代散居于东南亚各国的华族的统称；其前身是作为中华民族组成部分的东南亚华侨社会。从“华侨社会”到“华人族群”,东南亚华人经历了从“侨民社会”到“落地生根族群”的转型；该过程中的标志性转变就在于认同——“从全面认同于中国到全面认同于当地社会”——最后,他们逐渐与当地主体族群融合,塑造共同的民族国家。上述主流解释可能在逻辑上与学者们对当代印尼华人社会的认知相互强化,譬如,有学者认为“伊斯兰化是当前印尼华人社会的新动向……伊斯兰化有利于华人的生存发展,是华人自然同化的发展趋势”。

然而,随着研究的不断深入,较新的文献开始对一个事实给予更多的关注,即早期移民东南亚的华侨华人群体中,有相当一部分本身就是穆斯林。他们的先祖生活在中国唐、宋、元代的福建、广东沿海,受来华经商的大食(阿拉伯人)、波斯穆斯林的影响而逐渐皈依伊斯兰教。后来,他们的后裔为躲避战乱或出于政治、经济等目的而分批次移居东南亚诸岛。在这一过程中,他们实际上起着传播中国化伊斯兰教的作用,与源自中东、南亚的伊斯兰教派一道,共同丰富、重建了当地人的精神世界。而这一过程的高潮就发生在郑和下西洋的时代。华人穆斯林移民与中东、南亚穆斯林移民,以及南洋诸岛上的原住民,在漫长的互动与融合过程中,携手打造了共同的信仰与灿烂的复合文明。

如果说，上述总结都是从纯粹学术的角度来看待郑和清真寺与东南亚华人穆斯林群体，那么从中国外交政策的角度看，该文同样具有一定的启发意义。对中国政府而言，东南亚华人穆斯林群体客观上也是一份巨大的公共外交资源。随着中国综合国力和国际影响力的持续增加，尤其是中国与印尼等东南亚国家的经贸、投资、人文交流持续高速增长，印尼国内重新认知中国并出现了“一股强调伊斯兰教与中国历史渊源和现实友谊的思潮”。这对于正在推行“一带一路”倡议的中国而言，当然是利好消息。如何“讲好中国故事”，用好郑和这面“金字招牌”，化解“一带一路”上的“宗教风险”，提出摸索出一条“以宗教轨道深化‘民心相通’的人文外交新思路”，是摆在中国政府和公共外交机构面前的新课题。

陆芸的《21世纪海上丝绸之路在东南亚的实践和探索——兼论郑和下西洋对东南亚的影响》(《闽商文化研究》2019年第1期)一文认为，1405—1433年郑和率外交船队七下西洋，经过了东南亚、南亚、西亚的许多国家和地区。以郑和为首的船队官员展现出了卓越的外交才能，不仅加强了中国与这些国家的友好关系，而且对缓和地区矛盾，解决国家之间的冲突也做出了一定的贡献。2013年中国提出的21世纪海上丝绸之路倡议与东南亚密切相关，该文从政策沟通、基础设施连通、贸易畅通来说明6年多来21世纪海上丝绸之路建设所取得的成绩，同时，对于出现的一些问题也做出了分析和回答。

本领域的著作也有一些，如下所述。

贾益民的《海丝蓝皮书：21世纪海上丝绸之路研究报告(2018—2019)》(社会科学文献出版社，2019年)。该书围绕“一带一路”，特别是21世纪海上丝绸之路建设的年度进展及重大现实问题，追踪沿线国家和地区在“政策沟通、设施联通、贸易畅通、资金融通、民心相通”等方面的平台搭建、机制建设、措施出台、项目进展等情况，介绍了这些国家和地区参与21世纪海上丝绸之路建设的基本情况，与中国合作共建中的机遇和困难，以及国家、地区和行业层面发展战略和规划的对接、重大项目进展等。该书一方面反映出我国21世纪海上丝绸之路建设前沿领域的发展，另一方面也为企业在海丝沿线的发展和相关学术研究提供参考。

刘永连的《陆海丝路与文化交流》(中国社会科学出版社,2019年)。陆海丝路是古代中国与世界联系及交流的大动脉。就其交往空间看,陆上横跨朝鲜半岛至里海、小亚细亚,海上连接太平洋、印度洋等广大水域,而陆海之间也丝缕相连,互动共生。就其往来人群看,既有迁徙流散的突厥、九姓胡等诸多部族,也有商人、传教士、移民等各色群体。就其交流内容看,文化、经济及政治等领域无不涉及,而文化交流尤其丰富复杂,色彩纷呈。

胡少东、胡宗玲的《百载商埠,海丝门户——汕头与"一带一路"》(经济管理出版社,2019年)。该书以21世纪海上丝绸之路重要港口城市——汕头市为研究对象,从近代到当下,从历史的视角,用详尽的数据,全面分析汕头的对外贸易、华侨投资和对外交流等。在对汕头市委市政府、广东省委省政府有关报告、规划文件研究的基础上,作者识别了汕头参与"一带一路"的战略行动计划,主要包括建设华侨经济文化合作试验区、中以(汕头)科技创新合作区,打造国际枢纽港,发展跨境电商和完善营商环境等。他们对这些战略行动计划实施的现状、面临的问题或挑战进行分析,进而为汕头市建设21世纪海上丝绸之路门户城市建言献策。这对于汕头市积极参与"一带一路"建设,再次发挥经济特区在改革开放中的窗口作用,进一步深化改革开放,实现全面振兴发展具有重要的价值和意义,也能弥补"一带一路"研究在地方政府层面研究的不足。

陈支平的《海丝之路:祖先的足迹与文明的和鸣(第3辑)》(厦门大学出版社,2019年)。中国海上丝绸之路的形成与发展,不仅仅是经济活动的向外延伸,同时也是不同区域间社会与文化的相互碰撞与交融。《海丝之路:祖先的足迹与文明的和鸣(第3辑)》收录了2018年海丝学术研讨会论文16篇,内容包括明代海上丝绸之路发展模式的历史反思、基隆温州移民的社会与信仰演变、近代海洋科技文化交流研究、明代中后期海疆烽堠墩台的建置与变化、明代地方志中的海南岛航海叙事、李长庚的海战诗、大汕和尚及其《海外纪事》之航海书写等多方面。

魏宁当的《海丝乡情》(厦门大学出版社,2019年)。该书共分"源起三都""海内外三都联络局组织""海丝乡情""建功新时代"4个部分。以"同心同根 乡情乡约"为主题,利用典籍、历史档案资料、活动记录、口述史料等,采编、记述侨乡联谊会发展轨迹，探索民间侨团的时代转型，密切与海外侨胞、境外侨团的联系，凝聚侨心侨力，团结港澳台同胞，奋进新时代，同圆共享中国梦。

王万盈的《海丝文化研究(第1辑)》(厦门大学出版社，2019年)。这是为福建省高校新型智库“海丝文化传承发展研究院”编纂的一部关于海丝文化的系列论文集，立足海丝文化研究，致力海丝遗产传承保护，注重海丝贸易、港口物流及海丝文献整理，关注历史时期海事立法、华侨华人与中华文化海外传播研究等内容。此书为系列辑。

章宪法的《海上大明：郑和舰队的七次远航》(江苏凤凰文艺出版社，2019年)。该书以郑和下西洋为切入点，在讲述郑和下西洋传奇故事的同时，深入描写了大明朝的方方面面。从明成祖朱棣提出下西洋的目的和布局，到明熹宗朱由校对衰落的喟叹，将历史脉络贯穿全书，充分展现大明复杂的外部环境与内部局势。以全新的视角驾驭翔实史料与丰富细节，在全球坐标系以及“古今”纵向坐标上，展示了明王朝的大国崛起，并以熠熠生辉的民族智慧树立起民族自信，肩负起引领人类迈向文明的历史担当。全书思想内涵深刻，立足史实又富于可读性，具有“究天人之际，通古今之变”的典型意义。

彭绪洛的《丝绸之路的使者：郑和下西洋》(长江少年儿童出版社，2019年)。该书讲述了郑和下西洋的故事。郑和所走路线是海上丝绸之路，当前“一带一路”的设想正是以古代丝绸之路作为基础提出来的。作者用小说的叙述方式，为读者展现了郑和传奇的一生。通过郑和艰苦卓绝的努力，开拓了举世闻名的海上丝绸之路，完成了人类历史上的壮举，这也正是当今“一带一路”的历史基础。作者考察了大量史实，用适合儿童阅读的方式讲述了郑和的故事，故事情节跌宕起伏。

李如青的《郑和下西洋的秘密》(江苏凤凰少年儿童出版社，2019年)。该书不仅介绍了郑和下西洋的历史背景与事件，更从小处着眼，娓娓讲述了一个普普通通的“小人物”，用自己的方式为船队做出贡献，同时也成就梦想的经过。郑和下西洋的秘密，就藏在一粒粒小小的植物种子里！到了扬帆远航的时候，打开宽阔而精美的双面折页，读者像正跟着郑和，来到了辽阔的大海上一样，迎着风，感受世界的开放与包容。故事末尾附有郑和远洋航海线路图，与世界其他航海家的线路对比，更加直观、富有趣味。

林遥的《郑和》(中华书局，2019 年)。明代大航海家郑和，受命 7 次下西洋，与沿途各国进行了深入的经济贸易与文化交往，使大明王朝声威远播。该书选取郑和古里建碑、旧港捉拿海寇、锡兰山佛寺布施、满剌加建官仓、苏门答腊平叛等精彩故事，为读者呈现 15 世纪初明朝远洋航行的伟大成就，以及郑和顽强坚毅的精神品格。

郑一钧、郑闻天的《郑和航海与人类海洋世纪》(海天出版社，2019 年)。该书以郑和航海与共建 21 世纪海上丝绸之路对接为主线，精辟阐述郑和航海的国内外社会、文化、经济与科学技术基础，及其与人类海洋世纪的开创和发展的关系，进而为我们提供了十分重要的当代启示。

综观 2019 年的研究状况，在各个领域皆有新成果出现。从中我们可以看到这一年研究的某种大致趋势：(1)海丝文化的研究依然是重点和亮点，这与国家支持政策有关系；(2)政治反面的研究热度减弱；(3)对文化交流的研究越来越多。期待下一年有更多优秀成果涌现。

(本章作者：贾庆军，宁波大学人文与传媒学院副教授)

第四章　海上丝绸之路与中西政治经济交往

海上丝绸之路源远流长，自古以来就是中外交通的主要通道。秦汉以来，中国人就开通了经南海入印度洋，通往西亚、中亚和欧洲的海上商路，海上丝绸之路初步形成。从15世纪末开始，随着新航路的开辟，人类进入“大航海时代”，此前的海上丝绸之路开始全球海洋拓展。进入16世纪后，葡萄牙、西班牙成为欧亚海洋贸易圈最为繁忙的国家，紧随其后的是荷兰、英国和法国。西方国家先后成立东印度公司，往返于欧洲、中国、东南亚和日本，进行商贸活动。频繁的海上商贸活动，使中国东部沿海、东南亚海域和欧洲的联系日益紧密，促进了中西之间的政治、经济和文化交流。改革开放以来，随着中西交流的发展，历史上的中西交流状况及其经验教训获得国内外学术界的重视，促进了中国海上丝绸之路学术研究的发展，取得了丰硕的成果。2019年度中国海上丝绸之路研究继续呈现蓬勃发展态势，成为年度学术热点之一。本年度国内学术界的研究更加深入，既有对中西政治交往、海洋海疆政策、海外贸易政策、港口航线、中西贸易、中西文化交流等传统领域的考察，也有对中西物种交流等新领域的进一步关注。

一、中西政治交往研究

中西政治交往一直是国内学术界关注的重点之一，随着中外学术交流的进一步发展、研究方法的创新以及对原始资料的深入挖掘，这方面的研究进一步深入。2019年度学者们对中西政治交往的总体状况，古代中国与英、俄、荷、法、葡等西方大国的政治交往，进行了较为深入的探析，其中关于中英、中俄及中荷交往的研究最为突出。

（一）古代中国与西方国家政治交往研究

明清时期中西政治交往日渐频繁，2019 年度学者们从不同层面进行探析。陈支平的《明代“海上丝绸之路”发展模式的历史反思》（《中国史研究》2019 年第 1 期）一文认为，明代是中国封建社会晚期发展的重要转折时期，也是世界历史发生突变的重要时期。15—17 世纪是西方所谓的“大航海时代”，把世界的东方和西方更为直接地碰撞联系在一起，从而形成了真正意义上的“世界史”国际性格局。而在中国，传统的大一统中央集权体制进一步得到延续和强化；与此同时，社会经济的进步更多地体现在商品经济和市场经济的发展层面上。面对西方商人与殖民主义者的东来，古老的中国政治体制与民间社会，被迫衍生出相应的对应之道。这些对应之道，构成了明代海上丝绸之路的主要发展模式。作者认为，明代的朝贡体系无疑是明代对外即国与国之间关系的外交基石，但因种种原因，成为最受近现代以来人们诟病的外交政治体系。

明初政府所确立的以和平共处为宗旨的对外朝贡体系，在当时取得了良好的效果，明朝与大部分周边国家和地区都建立了礼尚往来的友好关系。但是也有少数例外的国家，即东邻的日本，窥视明朝富庶的物产财富，不断在沿海一带袭扰、抢掠。日本对于明朝沿海地区的袭扰，在很大程度上直接导致了明朝政府采取了一种同样也具有长远历史传统的对应政策，即在对外实行优渥宽待、“厚往薄来”政策的同时，在与此相联系的内政方面，则实行了比较严格的禁止“交通外夷”的政策，这也就是我们通常所说的明朝海禁。

其实，明朝海禁并不是一般意义上的闭关或禁止海外贸易。所谓的明朝海禁，是指在一段时间之内禁止私人出海贸易，不许私人船只出海。明代前期的这种为了防倭、防海盗而导致的海禁，对于这一时期的海外贸易来讲，影响并不是很大。在 15 世纪以前，世界东方包括中国在内的各个国家和地区，基本上还是一个比较传统的自给自足的社会，商业以及海外贸易在人们的日常生活中所占的比重相当小。规模有限的、以交易域外方物为主要商品的海上贸易活动，基本上还得以继续进行下去。但是到了 15 世纪之后，世界局势发生了重大变化，处于资本主义原始积累阶段的欧洲人，开始向世界的东方进发，“大航海时代”已经形成，这就使得 16 世纪之后的明朝社会，被迫进入一个前所未有的“世界史”的国际格局之中。

16 世纪，也就是我们俗称的明代中后期，即正德、嘉靖、隆庆、万历年间，社会经济特别是商品市场经济发展较快，而正是这个时期欧洲资本主义原始积累步步推进，早期殖民主义者跨越大海，来到了亚洲及中国的沿海，试图打开中国的社会经济大门，谋取原始积累上的最大利润。差不多在同样的时期，中国的商人们也开始萌动着突破传统经济格局和官方朝贡贸易限制的念头，投身到海上贸易的浪潮之中。由于当时的欧洲商人已经染指于东南亚各国及我国沿海地区，因此这一时期的海外贸易活动，实际上也是一场东西方争夺东南亚贸易权的竞争。明朝的沿海商人，以积极进取应对的姿态，在东西洋海域扩展自己的势力，争夺海上贸易的权益。

研究明代后期东南亚海上贸易的学者们普遍认为，17 世纪前后，中国的商船曾经遍布于东南亚各地，从事各项贸易，东西洋海域的世界性贸易权益，基本上还是掌握在中国商人手中。明代中后期不仅是中国的商人们积极进取应对“东西方碰撞交融”的时期，而且还随着这种碰撞交融的深化，中国的对外移民也形成了一种常态的趋向。即使是一贯秉持禁海政策的明朝政府，随着明代中后期中外贸易和交往的迅速推进，到了隆庆、万历年间，也不得不在一定程度上放开海禁，部分开放沿海地区的通海贸易。

当然，由于传统政治的僵化和凝重性，明朝政府的这一政策转变，显得十分的迟缓，但是它毕竟也在世界东西方的相互碰撞中，开始了艰难的醒悟过程。海上贸易的不断发展，正是世界“大航海时代”来临而促使中国通海思潮不断发展的基础。明代中后期，明朝政府对于民间贩海行为有所宽容、弛禁，但是政府以防倭、防盗为核心的海洋政策，并没有做出根本的改变。因此，明代朝贡体系的政治外交，与民间的贩运东西洋，不仅是各行其道，而且民间的贩海行为，还要不时地受到政府的压制，这二者之间，始终不能形成强有力的合力，共同作用于海上丝绸之路。

由于受到政府禁海政策的压制，明代东南沿海地区的商人们，在一定程度上不得不采用亦盗亦商的经营行为。海盗行径大多得到本国政府的支持，而中国海商集团的武装贸易形式，却是在明政府的压制下不得已而为的一种自我保护行为。东南海商的武装贸易形式虽然能够在明代后期这一特定的历史空间中得以发展，但随着王朝的更替和政治环境的变化，终究还是不能长期延续并且发展下去。中国的东南海商再也未能形成一支强大的、足以与西方殖民者互为抗衡的海商武装力量，从国际贸易的角度看，这也是中国海商逐渐失去东南亚海上贸易控制权的重要标志之一。

英国是近代西方大国，也是最早与中国展开政治经济交往的重要国家之一。改革开放以来，国内学术界十分重视中英政治交往的研究，相关研究成果不少，主要集中在马戛尔尼使团、阿美士德使团的研究上，2019 年度也有相关研究成果发表，资料运用和研究方法及观点都有所创新。张丽、李坤的《〈乾隆皇帝致英王乔治三世敕书〉的另类解读》(《广义虚拟经济研究》2019 年第 4 期)一文认为，乾隆致英王敕书中的两段话曾被学者广为引用，并用来定性传统中国的外交政策。一种流行观点认为，乾隆致英王敕书表现了乾隆的傲慢无知、对欧洲先进产品和技术的漠视，其对马戛尔尼使团贸易诉求的拒绝不仅造成了清王朝的封闭落后，中国对现代化反应的迟缓，也为后来的鸦片战争埋下了祸根。尽管以前也有研究对上述观点予以质疑和批评，但鲜有研究从敕书本身入手，把撰写敕书的历史背景、语境和敕书的具体内容联系起来进行考察，并试图站在乾隆作为一个帝王和政治家的立场，从外交技巧和外交语言的角度审视敕书的内容及其文字背后的用心和用意。作者认为解读乾隆致英王敕书不能仅基于文字表面，更不能断章取义，只对其中的一段话进行评判。作为一个成功统治了中国 58 年的帝王，乾隆最关心的是他个人的权威尊严和其帝国的安全。把乾隆致英王敕书放到当时的历史背景中进行考察，并把那两段广为引用的文字放到整个敕书中与上下文联系起来审视，那么那些被广泛引用，用以说明乾隆盲目自大、故步自封的言论便更像是外交语言，而不是实话实说。用词别有用心，一方面是为了回应使团对其礼物的炫夸，而另一方面更主要的是作为拒绝使团种种要求的外交托词。事实上，对欧洲产品，特别是先进的机械制造品，乾隆一向很感兴趣，但他认为英使团提出的“设立使馆、减免关税、划地建站、割岛设港”等要求已完全超出了清朝的体制定例和疆域主权。另外，乾隆对当时英国强大的海上攻击力量及攻击行为，以及英国东印度公司在印度的所作所为已有所了解，这使他对使团的居心，以及如果满足使团要求将可能产生的后果，保持着高度的戒备和警惕，这也是导致他回绝使团所有要求的一个重要原因。

郭福祥的《马戛尔尼使团送乾隆英国科技文物的近代史意义》（《中国国家博物馆馆刊》2019 年第 2 期）一文指出，1793 年，英国以为乾隆皇帝祝寿的名义，派出规模庞大的马戛尔尼使团，到中国向乾隆皇帝进献了大量代表当时英国科技和工业发展水平的礼品。按以往通行看法，这些礼品并没有受到乾隆君臣的充分重视，它们被随意放置，像被任性的孩子玩过的玩具一样丢在一边。但实际情况并非如此。通过现存大量清宫档案，可知当时清廷为这些礼品付出很大努力，使其能够妥善保存，有的一直留存到现在。但天朝大国思想和朝贡体制的制约，致使清廷在对待马戛尔尼使团礼品问题上，呈现出官方表态和实际认知之间的不一致。当时英国使团成员只看到中国方面对这些礼品的表面态度及公开的一面，据此做出并不全面客观的判断。而乾隆帝由这批科技礼品，察觉到英国制造技术及西方科技发展的情况，何绍基的《高宗政要》曾有记载。

廖迅乔的《国书与表文背后的话语权力——马戛尔尼使团国书翻译的批评话语分析》（《外国语文》2019 年第 2 期）一文指出，英王乔治三世致乾隆皇帝的国书是 1793 年马戛尔尼使团访华的重要文献，它不仅标志着中英正式外交的开始，而且预示了其后中国与西方之间的对话模式。国书原文与译文对“图形—背景”关系的不同处理折射出两个话语权力之间的冲突。译文瓦解了原文的认知方式，力图在对话中获取优势，这反映了“天朝上国”话语的自我防卫和对英方“日不落帝国”话语的抗拒。

巩树蓉的《小斯当东与阿美士德使团访华》（湖南师范大学硕士学位论文，2019 年）一文指出，18 世纪、19 世纪之交，英国资本主义经济迅速发展，亟须开辟海外市场，然而此时中英贸易问题此起彼伏，英国政府为了消除贸易障碍，扩大在华贸易特权，在马戛尔尼使团访华未果后，于 1816 年再次派遣阿美士德使团访华，以期能够完成前一使团未竟的事业。乔治·托马斯·小斯当东是英国唯一一个参加过马戛尔尼使团和阿美士德使团的人。在马戛尔尼使团中，年仅12岁的小斯当东担当着翻译的重任，并受到乾隆皇帝的接见。19世纪初，小斯当东在英国东印度公司驻广州商馆工作10余年，主持公司在华事务，逐渐成长为一代“中国通”。他积极筹划新的访华使团，以便改善中英关系，推动英国对华贸易的发展。1816年他凭借自己在中国方面的知识和经验入选阿美士德使团。但和马戛尔尼使团一样，阿美士德使团再次与清廷发生礼仪冲突。作为第二副使，同时也是东印度公司利益的代表，小斯当东坚决拒绝使用清廷的觐见礼仪，认为它不仅会损害国家的地位与尊严，也会损害东印度公司的利益。主要由于他的反对，阿美士德使团在这一问题上未向清廷妥协，最终导致访华失败。小斯当东的思想反映了当时英国作为西方强国的心态，也反映出中英两国世界观、文明观、外交观，以及经济发展模式的差异，而这些才是使团访华失败的根源。受阿美士德使团访华事件的影响，小斯当东回国后加强了对中国的研究，进一步深化了对中国的认识。他以自己的著作和行动影响国人，为英国汉学的发展做出了贡献，并在一定程度上影响了英国政府的对华政策。

俄国不仅是近代西方大国，也是中国的邻国，与中国政治交往密切，2019年度关于中俄关系的成果也不少，主要涉及中俄边务问题和《尼布楚条约》相关问题的研究。刘丽敏的《17—18世纪中外边务交涉研究——以中俄、中朝、中越边务交涉为中心》（山东师范大学博士学位论文，2019年）一文以中国及周边陆地邻国为地理范围，以俄国、朝鲜、越南为例，分别从边界交涉、边民交涉、边贸交涉三个方面，对这一时期的中外边务交涉做了探讨和比较。作者指出，17、18世纪是东亚世界的重要转折时期，中国与陆地周边国家的边务交涉，除了传统的封贡体制模式之外，又有了新型的条约体制模式；既有封贡关系的交涉原则，也有条约关系的交涉案例，具有鲜明的时代特征和地域特征。中外边务交涉过程中，交涉手段、目的、效果等往往因时空变换而有所不同，国家利益和国家观念也在交涉中有鲜明体现。中国的陆地疆界历经元、明、清发展变迁而形成。明清时期，中国基本具备了近代意义上的民族国家的基本要素，有相对固定的疆域、边界与边境制度，疆域和边界意识亦显著增强。现代国家疆域与疆域意识的形成，有一个漫长的历史进程，并非一蹴而就，东亚世界的疆域问题有其独特的历史渊源。这一时期，东亚国家通过在边境治理、边民管理、双边贸易等方面的互动，形成了彼此共同遵守的合作机制。而且，在传统封贡体制的外衣之下，隐含着对国家利益及安全的考量。这些问题既是历史问题，又与现实密切相关，毕竟现在的东亚是历史的东亚发展演变而来。这一时期的中外边界，随着交涉过程的推进，日益呈现出清晰化的趋势，勘界立碑、签约定界、绘图确认等现代国家边界确认手段及方式，已经开始得到应用。同时，原本相对模糊的边疆观念和边界管理模式也发生变化，不仅中国如此，周边国家也是如此。随着边界的勘定，边境管理机构和管理制度也随之不断完备。军事力量固然是这一时期东亚地区边界交涉的重要砝码，但宗藩道义、经贸利润的考量，对边界交涉的影响也不可低估。该时期中外边界交涉，因交涉双方的历史文化渊源、军事力量、利益诉求等方面的不同，往往呈现出不同的结果。各国在与中国边界交涉过程中，不同时期的手段、目的等也曾发生变化，取舍和侧重亦各有不同。这一时期，边民交涉与边民争夺日益激烈，以往东亚地区松散的边民管理和约束体制开始变化。在边民交涉各类事件中，私越边境的经济犯罪、刑事犯罪案件频发，引发临界各国政府的关注。中俄边民交涉案例中，边民属权之争是常态化现象。起初，俄国对清朝提出的刷还边民要求，常常不予回应。中俄边界条约有关边民管理条款签订后，俄方也往往不严格执行。随着清朝对蒙古地区统治的加强，大量边民返回清朝属地，俄国却依据相关条款，要求清朝如约遣返边民。俄国对边民的争夺蕴含更多经济因素，清朝对边民刷还的坚持，则更多出于政治因素的考虑，双方在交涉过程中逐渐形成更为完善的边民管理机构和机制。朝鲜、越南与清朝的边民交涉，主要体现在管理权上，国家和民族意识的强化使其逐步建立起完备的边民管理机构和机制，并在与清朝的边民交涉中利用封贡关系达到自己的目的。中外边贸交涉融经济利益与政治利益于一体，具有鲜明的时代特征。俄国经过与清朝的军事较量，为发展对华贸易，获取商业利润，完成了与清朝的勘界定界。朝鲜王朝与清朝的早期边境贸易，具有被动性和消极应对性等特点，随着两国关系的缓和，朝鲜不仅从中获取了不少利益，且依据自身地缘优势，成为中日贸易的中转站，也是中俄贸易的重要参与者。越南与中国的边贸相对稳定，只随着双边关卡的增减而有所变化，但整体贸易规模、商品贸易种类等基本不变。随着越南边民管理机构的完善，其对中越边境贸易管理的参与度也有所上升。无论朝鲜还是越南，其与清朝的边贸始终受封贡体制的制约。清廷看重的不是经济利益，而是政治认同。总之，封贡体制与条约体制的并存乃至兼容，体现于这一时期中外边务交涉的实践中，这是以前的中国历史中罕见的现象。其间，既有战争与谈判，也有强权与怀柔，还有协商与安抚。在东亚世界从自成一系到分崩离析的转变过程中，毫无疑问，边务交涉是其中的重要一环。如果一味用西方中心的现代话语阐释东亚世界的演变，容易掩盖其历史的多样化进程。该文借助中国和"异域"史料，从不同视角探讨中外边务交涉的来龙去脉，有助于深刻认识中国在东亚历史进程中的作用和地位。

惠男的《俄罗斯逃人与18世纪后期的清朝边疆》(《清史研究》2019年第3期)一文通过一系列满文档案和俄国东正教团的资料，考察了1764—1780年间被清朝的卡伦守卫从新疆、蒙古和黑龙江等边疆缉获的俄罗斯逃人的经历：他们跨境到中国后，先被押解到北京，随后流放到福建和广东；最后，有些人成为福州或广州驻防八旗的披甲，有些人沦为当地八旗兵丁的奴隶。这一在清代中俄关系史中鲜为人知的侧面，不仅能展现自《尼布楚条约》和《恰克图条约》签订后有关"逃人遣返"条款的执行情况，还揭示了18世纪后期清朝边疆统治的特点。

中俄边疆冲突是清代前期中俄政治关系的重要内容，2019年度也有相关研究成果发表。易锐的《清前期边界观念与〈尼布楚条约〉再探》(《四川师范大学学报(社会科学版)》2019年第2期)一文认为，早在入关以前，长期身处敌国环逼的辽东局势之中的清政权，已逐渐形成共定边界、各守封疆、互遣逃人、严禁私越的意识，这为中俄战争时期康熙主动提议划定边界提供了重要的思想资源。其时渊源有异的中俄边界观念，实则存在不少相通之处，亦有利于《尼布楚条约》的缔结。1689年中俄划界以后，清朝固有的边界意识发展较为有限，很大程度上缘于其深受天下主义的制约；天下主义非但未因中俄划界发生动摇，反而自乾隆中期起有所强化。作者强调，清前期中西边界观念之异，不在于“界”的意识，而在于“国”的理念。房钥地的《关于中俄〈尼布楚条约〉待议地区研究》（《理论观察》2019 年第 7 期）一文认为，清初沙俄入侵中国东北，清朝政府以及东北各族人民奋勇抵抗，最终打败了沙俄侵略军，双方签订了中俄《尼布楚条约》，在签订的过程中规定了一部分待议地区，但是不同文字版本规定的待议地区有着一定的差别，常见的清代中期版图中清朝在东北地区与沙俄的待议地区存在着一定的错误，因此弄清中俄《尼布楚条约》的待议地区十分重要。作者根据相关的历史文献记载加以综合分析，确定中俄《尼布楚条约》实际的待议地区为白令海峡以西、外兴安岭东北支诺斯山以南、外兴安岭以北。周喜峰的《中俄雅克萨之战与〈尼布楚条约〉》（《奋斗》2019 年第 17 期）一文认为，中俄雅克萨之战是康熙年间中国军队反击沙俄入侵而进行的反侵略战争，是中国人民早期反抗外国殖民主义侵略斗争的重要组成部分，对维护国家的领土主权和保证边疆地区的稳定具有重大而深远的意义。雅克萨之战主要发生在黑龙江地区，在反击沙俄的侵略中，黑龙江地区各族人民是抗击俄军的主力军，是胜利的根本保证。

有关中俄之间的政治使团也有相关研究成果发表。侯毅的《图理琛〈异域录〉在西方世界的传播》（《历史档案》2019 年第 2 期）一文认为，康熙五十一年（1712 年）清政府派遣图理琛使团出使土尔扈特部是清代民族关系、中俄关系史上一次重要的历史事件。使团出使往返费时近 3 年，行程近 4 万里，穿越西伯利亚，抵达伏尔加河流域，是清政府官员第一次抵达欧洲，随团史官图理琛依据沿途见闻和使团出使的情况写成《异域录》一书，由雍正帝亲自授令刊印。《异域录》学术价值很高，是研究民族关系史、中外关系史、历史地理学不可或缺的资料。樊世豪的《从俄使觐见看清朝宾礼到礼宾的转变——读尤淑君著〈宾礼到礼宾〉札记》（《学周刊》2019 年第 19 期）一文以清中前期俄使觐见为例，探寻清政府涉外礼仪的变化，考察近代前中俄间特殊的外交关系。作者认为，时至清代，沙俄逐渐成为中国处理边境事务纠纷的核心。受制于“天朝上国”的传统华夷观念，外使觐见问题贯穿清朝对外事务的始终。

荷兰是近代最早崛起的世界性大国，很早就把视线投向东方，曾与中国在台湾发生大规模的军事冲突，一度占领台湾。国内学术界关于这方面的研究已经比较深入，2019 年度也有相关成果出现。张溪南的《郑成功与荷兰在台湾台南的战争始末及评析》(《外国问题研究》2019 年第 2 期)一文认为，郑成功矢志反清复明，北伐南京失败后，转进台湾，与荷兰在台南激战，这场战争可谓是“大航海时代”欧洲国家和东亚冲突规模最大的一场战争，也是中国打败欧洲国家的第一场战争。该文主要论述 1661 年 4 月—1662 年 2 月间的战争始末，依时间顺序，将战争分成登陆之战、先取普罗民遮城、再围热兰遮城以及荷兰献城议降四部分详细阐述，重现战争真切而完整的面貌。该文极力搜集并参照诸多中、西方文献，中文文献以杨英《从征实录》、江日升《台湾外纪》、阮旻锡《海上见闻录》和高拱干《台湾府志》等为主，再参照江树生译注的《梅氏日记》《热兰遮城日志》等荷兰文献，辅以今人的考证和论述，融会贯通，交相印证，忠实铺陈 350 余年前发生在东亚的这场国际战争。该文对郑成功军队的登陆路线、地点、双方兵力等进行了精实的考据，掌握了关于郑成功的攻城战略、屯兵布局以及大小战役实况等方面的精确资料，在《热兰遮城日志》中收录的双方往来书信的佐证下，凸显了这场战争的内涵与历史意义。林敏的《郑成功和施琅对收复台湾的贡献》(《兰台内外》2019 年第 8 期)一文指出，郑成功在明末清初之际高举“反清复明”的旗帜，坚持抗清，后于 1661 年破坏荷兰殖民者对台湾的统治，收复了台湾。而施琅从郑成功的朋友与其反目成为对抗者，并在郑成功收复台湾 22 年后，使台湾统一于祖国。二人对收复台湾有着一脉相承的贡献。张程的《1656 年郑成功对大员贸易禁令之探析》(《海南热带海洋学院学报》2019 年第 6 期)一文指出，郑成功在海上贸易的主要竞争对手是盘踞在台湾的荷兰殖民者。1655 年，荷兰与清廷勾结欲将郑成功的势力赶出中国东南沿海，郑、荷双方的矛盾达到临界点。大员港是荷兰人海上贸易的咽喉所在，为了惩戒荷兰人，1656 年郑成功宣布了对大员的贸易禁令，荷兰人不得不向郑成功屈服。禁令宣布一年之后，郑成功解除了禁令。禁令的宣布和解禁包含了双方错综复杂的关系，也宣示着中国东南海权的所属。谭宇静的《当荷兰遇见中土——当代荷兰博物馆如何再生产“中国形象”》(《上海艺术评论》2019 年第 1 期)一文也在一定层面反映了中荷的早期交往状况。作者指出，从全球史角度看，荷兰的黄金时代（17 世纪）意味着荷兰贸易帝国在亚洲的扩张。其中就与中国的贸易而言，荷兰最初的计划是在中国沿海建立自己的据点，但是随着一系列的军事失败，荷兰在 1660 年就彻底退出了中国沿海，并在很长一段时间不再派船到中国，而选择在巴达维亚坐等中国商船的到来。

有关近代中法关系也有相关研究成果。佘振华的《图述中国：法国入华科学传教使团的地理表述》（《文学人类学研究》2019 年第 2 期）一文认为，启蒙运动前后，法语世界开始不断表述中国。从形态上看，这些“中国表述”可分为文字型的文学哲学表述和地图型的地理表述两种类型。前者早已经吸引了中国学界的关注，而对后者，中国学界却鲜有研究。从过程上看，17 世纪、18 世纪法国地理学的“中国表述”可分为两个阶段。第一阶段以译介为主，尤其是译自明末清初的意大利传教士卫匡国。他的《中国新图志》在当时的法国地理学界留下了重要印记。第二阶段以实测为主。17 世纪末，法国科学传教使团入华。在康熙、雍正和乾隆皇帝支持下，他们在中国进行了史无前例的地理测绘，并把绘制的中国地图带回法国，向法语乃至西方世界讲述中国地理。

语言与翻译在国际交往中有重要作用，2019 年度也有学者从翻译层面考察清代的对外政治交往问题。邓丽萍、邓纯旭的《清代国际关系中语言问题研究》（《吉林师范大学学报（人文社会科学版）》2019 年第 2 期）一文认为，清代康熙、雍正两朝国力强盛又重视外语学习，在国际交往中没有出现语言与翻译问题。由于乾隆朝的闭关锁国，此后百余年翻译人才严重缺失，造成国家巨大损失。该文通过对以上史实的分析，揭示了国家强弱与语言地位相辅相成的关系，阐释了国际关系中国家话语权与强大国力之间的必然联系。朱灵慧的《言语不通，讯无别故：清代前中期奏折之“译讯”考察》（《四川大学学报（哲学社会科学版）》2019 年第 5 期 ）一文指出，“译讯”是清代“夷务”处理程序之一，清代前中期的“夷务”奏报中有不少关于“难夷”事务的“译讯”记录，从中可观察到这一时期中外交流与沟通情状。整理细读《明清时期澳门问题档案文献汇编》相关奏折可以发现，1811 年之前“难夷”事务奏报多以记述抚恤发遣事项为主，之后的奏报则对“译讯”费墨较多。

面对“言语不通”之困境，清政府“译”之举措主要包括“比对手势”“授予纸笔”、传唤多位通事及转送他处等多种方式，而“讯”之结果多为“并无别故”。对“难夷”讯问明确的日益重视，反映出清廷对传教、私货交易、兵船来犯等“夷务”的防范逐步增强，而“难夷”等“夷务”的日趋繁杂，更在一定程度上促使清廷认识到“译”的迫切。纵然清廷“夷务”态度和翻译认识的转变充满被动与无奈，却是晚清翻译高潮形成的铺垫和前奏。刘黎的《中英早期交涉文书翻译审查研究》(《东方翻译》2019 年第 5 期)一文以中英早期交涉中 4 份文书翻译审查情况为考察对象，认为清廷最初占据文书翻译审查的主导地位，但这一地位逐渐式微，而英方则正好相反；文书翻译审查的关注点包括译文内容的完整性与正确性、风格规范及政治正确性等，不同外交时期侧重点不同；文书翻译审查一方面阻碍双方相互认识，另一方面又有助于展现对方的真实面貌；文书翻译审查，成为中英早期交涉的一种习惯性操作，并催生出特有的翻译操作流程。

此外，还有一些文章在不同层面反映了中西政治交往。庞乃明的《明清中国负面西方印象的初步生成——以汉语语境中的三个佛郎机国为中心》(《史学集刊》2019 年第 5 期)一文认为，被中国人称作佛郎机的葡萄牙、西班牙、法兰西，是新航路开辟后与明清中国相继交往、互动不断的 3 个标志性西方大国。但与历史上以大秦为代表的较为正面的西方印象相比，明清之际的 3 个佛郎机国却给中国人留下相当深刻的负面印象。这主要表现为体貌怪异的白番印象、凶狡桀骜的强番印象、横行海上的好战印象、掠食小儿的食人番印象和四处扩张的侵略者印象。随着明清中国对天主教负面认知的日益固化，以及佛郎机与传教士、天主教间密切关系的更多披露，负面佛郎机印象又在大西洋观念作用下幻化过渡为整个西方的负面印象。而西方殖民势力对中国国家安全的严重威胁，对中国主导的天下秩序的强力挑战，以及天主教对儒家教化伦理的巨大冲击，共同构成了明清中国之负面西方的认知依据。此外，荣振华、肖玮的《西学在海南岛传播的开端(16—17 世纪)》(《国际汉学》2019 年第 2 期)，李涵闻的《“融”抑或“容”：中西宗教在澳门的相遇——以“天后圣母像”为切入点》(《民俗研究》2019 年第 6 期)，秋叶的《〈地舆纵览：法国国家图书馆所藏中文古地图〉简介》(《国际汉学》

2019 年第 3 期)，仲伟民的《道光帝的“关门”外交》(《读书》2019 年第 10 期)等文章，也从一定层面反映了中西政治交往状况。

（二）中西海洋观、海疆史研究

15 世纪后，随着新航路的开辟，海洋成为时代的主题，海上活动成为最令人瞩目的国际现象，促使中西海洋观、海疆管理出现新的变化。2019 年度国内学术界这方面的研究成果不少，既有对海洋观、海疆治理的总体探究，也有对具体地区和个人相关政策、思想的研究，在资料运用和研究方法上都取得了新的进展。

庞乃明的《明清中国“大西洋”概念的生成与演变》(《学术研究》2019 年第 11 期)一文认为，中文语境之大西洋概念最晚出现在明朝嘉靖时期，其意本指印度洋北部及其沿岸地区，特别是阿拉伯半岛一带。待到耶稣会士来华后，随着利玛窦等人对中国大西洋概念的巧妙借用，以及《坤舆万国全图》等中文世界地理图书的广泛传播，先前出现的大西洋概念开始发生明显变化。概言之，此后的大西洋概念已逐渐固化为三层内涵：一指欧洲大陆，二指今大西洋特别是伊比利亚半岛以西之北大西洋局部海域，三指葡萄牙或意大利。中文大西洋概念虽由中国人自主创造，但其由明到清的内涵演变却深受中欧政治、文化关系的影响。因为“大”字冠首，以及西方殖民势力对中国东南沿海的侵掠骚扰，指称欧洲或具体欧洲国家的大西洋概念招致明清保守士人的广泛质疑，且有被“西洋”二字所取代的趋势，这是大西洋概念政治化的必然结果。但作为海洋称谓的大西洋概念不仅没有受到影响，其范围反而扩大到整个今大西洋海域。

华瑛、蔡勤禹的《中国历史视域下海洋命运共同体考察》(《中共青岛市委党校・青岛行政学院学报》2019 年第 6 期)一文指出，中华民族是世界上最早开发、共享海洋的民族之一。汉初便与东南亚诸国往来，打造了海上丝绸之路。唐、宋时期通过航运与海外贸易的发展，日益加深了与周边国家的联系。元朝南方港口贸易进一步发展，对外文明交流和往来贸易频繁，海上丝绸之路发展达到鼎盛期。明朝郑和下西洋，延续了汉唐以来的海洋活动，明朝晚期特别是清朝统治时期，统治者实行海禁政策，使我国的海洋活动衰退并造成落后挨打的局面。

潘茹红的《晚明至清中叶民间游记视野下的海洋历史记忆》(《闽台文化研究》2019 年第 4 期)一文以晚明至清中叶民间游记为切入点，指出明清两代，中国海洋发展凸显民间性、地方性特性。作为海洋图书的重要类型，民间海外游记描绘了时人的海洋活动空间，从不同侧面展示了民间海洋活动群体的活动面貌，蕴含了丰富的海洋历史记忆。

吴春明的《中国早期文明的“南海”》(《海交史研究》2019 年第 2 期)一文指出，南海是环中国海海洋地理的关键环节，不仅是历史时期海上丝绸之路上“东西二洋”航路的核心海域，也是中华文明起源与早期发展的“中国—四方—四海”陆海秩序的重要组成部分。南海之滨包括我国岭南沿海、海南岛至东南亚沿海的跨界海洋文化区域，史前、上古海洋聚落形态集聚分布，关系密切并最终整合一体，成为环中国海海洋文化特殊而重要的一个区系。文化因素跨时空分布的格局，也显示了土著先民频繁的海洋文化交流活动，是形成历史时期南海沿岸与跨海之航路的重要基础。张杰的《从全球史视野考察明代中国与海洋关系》(《中国社会科学报》2019 年 1 月 18 日)也从全球史视野考察了明代中国与海洋的关系。

岑丽君的《明代中后期官员群体的开海思想探讨》(南昌大学硕士学位论文，2019 年)一文指出，开海思想是一种反对海禁政策，主张开海，允许私人海上贸易合法化的观点和主张，盛行于明代中后期原籍为闽、浙、粤或任职于这三地的官员群体之中。明朝建国之初，太祖朱元璋一反宋元时期对海洋的重视和发展，厉行“片板不许下海”的海禁政策，除官方认可的朝贡制度以外，任何参与海上活动的行为都将受到明代政府残酷的刑罚制裁。但沿海地区人多地少，滨海民众大多以海为田，以谋生计。政府厉行海禁，禁止私人出海，官方控制下的朝贡贸易又禁止民间私人海贸的发展，严重违背了沿海社会的发展规律，引发沿海民众的反对和不满。随着沿海社会局势的变化，明中后期原籍为闽、浙、粤三地的官员群体，以及长期任职于这三地的官员群体，逐渐产生了一种主张开放海禁，以谋求海洋发展的开海思想，并在隆庆年间得到实践，不断发展。明中后期官员群体开海思想的产生，反映了明代中后期整个传统社会的海洋意识和海洋观发生了深刻的变革。出生于闽、浙、粤等沿海地区的官员群体，以及任职于这三地的部分官僚，洞悉沿海社会的局势，开始认识到开海的重要性。他们认为，海禁会加重倭患问题，而开海有利于缓解沿海社会的严峻形势。隆庆年间，主张开海的呼声越来越多，再加上倭患问题日趋严峻，明政府于隆庆元年做出了海澄开关的决定。隆庆开关以后，中央和地方的财政收入得到增加，滨海民众生计问题得到解决，开海思想进一步得到了发展，越来越多的官员群体认识到开海所带来的种种益处，纷纷都主张开海。他们认为开海不仅可以消弭倭患，稳定沿海社会，也可富国裕民，充裕国库和增加民众收入。此外，开海贸易与海外各国交流往来，洞悉海外习闻动静，知己知彼，为海氛不靖时做准备。明代中后期官员群体的开海思想，是在顺应世界局势的变化和社会的发展而衍生出的一种对海洋新的认识和看法。和以往严格的海禁政策不同的是，明代中后期的开海思想是从政治、经济、对外政策等方面综合考量所形成的一种新的海洋思想。这种思想主张走出大陆，走向海洋，从海洋中获取利益，具有近代海洋意识。研究明中后期开海思想，探索其思想产生渊源，对于现今我们对海洋的认识，建设海洋强国，具有重要的借鉴意义。

刘涛的《陈洪谟所修正德〈大明漳州府志〉背后的故事——湖湘军户文化与明代海上丝绸之路渊源考》(《长江文明》2019 年第 3 期)一文通过全面系统地研究正德《大明漳州府志》，从中发现该志虽然为周瑛所纂，实际上与陈洪谟的支持密不可分。陈洪谟在漳州推动三大文化符号的建构，反映了其虽然来自内地，却具有海洋意识。正是在陈洪谟的推动下，闽南海洋传统得以传承与发展，为世界大航海时代中国重要对外贸易口岸的产生奠定了基础。湖湘文化与闽南文化以及中国海洋文明密不可分。陈洪谟此举源于其军籍出身以及武陵县故里，是湖湘文化在世界海洋文明历史地位的体现。

近年来海疆史研究发展最显著的特点是史学研究与社会现实问题紧密相关，建设海洋强国、维护海洋主权和权益、反对台独与港独分裂势力、建设 21 世纪海上丝绸之路等热点问题对海疆史研究发展起到了重要的牵引作用，我国海疆史研究取得了显著成绩，大量学术成果问世，研究领域不断拓展，理论方法不断创新，呈现出欣欣向荣的局面。2019 年度关于明清时期海疆史的研究成果不少，其中关于明清海防的研究尤其突出。吴楠的《明初海防研究》(黑龙江省社会科学院硕士学位论文,2019 年)一文通过详细阐述明初海防的背景、海防观与海防措施,深入分析明初海防建制与影响。作者认为,明初的海防能力是在内外因素合力作用下逐渐发展提高的。元末的沿海地区已受到倭寇与海盗等势力的威胁与袭扰。在此背景下,明初社会的各个阶级均表现出了不同的海防观念。洪武初期,朱元璋采取积极的海防政策,快速建立起有效的防御体系,但随着封建思想影响的不断深化,洪武后期的海防政策转为被动防御。

明代有不少关于海防思想的文献,2019 年度有相关的研究成果发表。杨竹青的《王在晋海防思想研究——以〈海防纂要〉为中心》(内蒙古大学硕士学位论文,2019 年)一文认为,相对嘉靖时期倭寇大范围、高频次的骚扰,万历年间倭寇入侵情况相对来说缓和了许多,但并没有消停,断断续续的侵扰使得明廷不得不继续采取防御措施。王在晋基于万历时期波动不大而间有骚乱的特殊海疆形势,完成著作《海防纂要》。这一著作包括内容较广,从地域方面讲述各地防御方法,从具体战略过程方面讲述防御策略,还从法律制度要求方面论述御倭规定等等,全面系统地对防御倭寇进行总结。《海防纂要》集中体现了王在晋的海防思想,可以大致分为海防建设思想和海防战略思想两大类。选兵、练兵、制定营规约法、储备军饷、建设并使用兵器、完善基础设施等一系列记载,都能体现王在晋的海防建设思想。海防战略思想主要寓于他平时处理海疆问题之中,例如,按地域防御可以体现出王在晋重点防御、区域联合以及逐层防御的战略思想,处理与外国渔人的纠纷,以及解决本国渔民出海捕鱼产生的问题,体现出对外国渔人和本国渔民严格要求的战略思想。还比如说,对中国海域情况有针对性地提出防御措施,反映了王在晋有防海和防险的意识。囿于时代因素,王在晋的海防思想存在许多不足,但是,不能以现在严苛缜密的角度而加以否定,王在晋的海防思想还是有许多积极意义的,对当时明朝防御倭寇起到了不可忽视的作用。

杨园章、谢继帅的《〈答郡邑大夫问海上事宜状〉所见陈让海防策略述论》(《海交史研究》2019 年第 2 期)一文指出,孤本明中期晋江人陈让的《见吾文集》所收《答郡邑大夫问海上事宜状》一文,乃是陈氏据实地查访后所作。文章计 4500 余字,核心为 5 条建言:督责水寨官员军士以强本根、编排澳甲为保伍以协兵力、训练民兵以为应援、整饬巡司弓兵以壮兵威、严禁窝家接济以孤贼党。其中，澳民编为保甲、善用巡检司和河泊所等建议是明代其他人所较少涉及的。该文为我们呈现了嘉靖“大倭乱”时代前夜泉州海上历史的诸多面貌，也提供了一个沿海士绅看待当时海上形势的在地化视角，对明中叶海防史研究具有独特的价值。

宋烜、宋绎如的《最早的海军基地——明代海防水寨设置考》(《国家航海》2019 年第 1 期)一文对明代水寨的设置时间、军员军船、海上巡哨等相关内容进行了初步考证与整理。作者认为，沿海水寨是明代海防的重要构成，可视作最早的海军基地。明代水寨最早设置于永乐七年，而不是许多史书记载的洪武年间。水寨设立以后，集中周边卫所的军船，明斥候、严会哨，有效控制了海上形势，是有明一代海防稳定的重要保障。

杨培娜的《谁的堡垒——明代闽粤沿海卫所的民居化路径比较》(《国家航海》2019 年第 1 期)一文认为，明初沿海卫所作为濒海地区备倭、防寇的驻防堡垒而设立，但随着与在地社会各色人群的互动，军事色彩日益淡化，出现了民居化趋势。在明中后期逐渐形成了以卫所城池为中心的社会网络，具备了为各种身份人群提供土地、市场、功名等资源的可能性。不同的区域社会经济态势造成了民居化路径的差异，具体表现在谁能成为堡垒主人问题上。潮州大城所由于灶户士绅的兴起，进入所城成为资源的掌控者，主导了民居化进程；而漳州铜山千户所则由于卫学的存在，形成了军籍士绅，强化并且延续了军户身份认同。这造成了两地围绕卫所城池形成的社会组织形态与秩序结构之差异。

姜天裁的《明代福建海疆防卫述略(上)》(《福建史志》2019 年第 1 期)一文主要探析了明代福建的海疆防卫情况，介绍了明代福建海防的指挥机构与驻军、海疆防卫行动以及规模较大、影响较为深远而被称为海防重要战事的战役战斗。作者认为，中国在元代以前偶有外敌从海上入侵，也存在海盗流寇之患。但从总体上说，中国之有海防应从明代开始，福建于明初洪武年间建立海防体系。陈晓珊的《从遮洋船特征看明代战船上的防御设备》(《国家航海》2019 年第 1 期)一文指出，明代文献中称一种海运船名为“遮洋船”，明代海运一度以此为名。“遮洋船”应是因船上的遮洋设备而得名。

从相关记载来看,"遮洋"是舷墙一类的防护设备。此类设备通常用竹木制成,有航行防水和战斗防御作用,具有一定的高度和坚固度。福船等南方海船上常有类似设备,它应当是古代楼船等战船防御设备在明代的体现,从当时人们对此类防御设施的描述中,也可以看到抗倭作战中的实际需求和明代海船发展的历史。

2019年度关于清代海疆史的研究成果也比较多。丁雁南的《1808年西沙测绘的中国元素暨对比尔·海顿的回应》(《复旦学报(社会科学版)》2019年第2期)一文认为,在近年来关于南海问题的国际关系和国际法研究中,不断有学者强调历史的重要性,以及重估原始历史信源的必要性。比尔·海顿等学者对与南海领土争议有关的历史叙述的可信度提出了质疑,对于我国主张的历史性权利提出挑战。究其原因,是因为既有的西沙群岛历史地理研究多依赖二手信源,或是零散而间接的一手文献,如同隔靴搔痒,未能做到精确、有力地论证中国人同西沙群岛的直接联系。该文使用回忆录、日志、通信等一手文献,展示和研读英国东印度公司所属孟买海军于1808年在南中国海执行的对帕拉塞尔(西沙群岛)的水文测绘中丰富的中国元素。研究显示,孟买海军在此次测绘活动中,既见证了中国人在帕拉塞尔上频繁的活动,也利用了当地人关于帕拉塞尔的地理知识,更记载了中国人在帕拉塞尔上的生产、生活设施。由于这是南海地区最早的近代水文测绘之一,因而具有高度的严谨性。而英国东印度公司相对于中、越两国的中立性,使得此次测绘的文献记载具有不容置疑的可信度。研究证明,中国在西沙群岛的历史性权利是建立在丰富、扎实的事实基础上的,这也是对比尔·海顿的质疑的回应。

刘国良的《论中国的南海海疆意识》(《海南大学学报(人文社会科学版)》2019年第6期)一文指出,对中国海疆意识的溯源可以发现中国疆域文化并非"重陆轻海"而是"陆海一体",中国自古即有的南海海疆意识便是例证。而中国的南海海疆意识,属于对国家整体疆域认知中的海上疆土认知,是国家南海疆土所有权的核心内涵。国家在南海的治理方略、行政管理、对南海的掌控和行使管辖权体现了中国的南海海疆意识。而这种意识有助于创新南海维权思维范式、丰富南海维权理论研究的向度。

陈逸飞的《清代海南海患的防御措施》(《昆明学院学报》2019 年第 2 期)一文认为,清政府对海南海患所采取的防御措施是一个不断完善强化的过程。前期主要为对水师结构、装备与巡防体系的初步设置以及调整;中期针对跨国跨省的海盗问题,主要为跨国、跨区域的联合缉捕,同时强化乡勇防御的作用,建设起完整的巡防体系;晚期在海盗与西方列强并存的态势下,官方与民间双管齐下,同时加强守备,通过新式兵器以及军队等改革,海南岛此时的防卫已然达到巅峰,逐步迈向近代化海防的大门。

周润杰的《朱克简福建治理与海防策略研究》(东北师范大学硕士学位论文,2019 年)一文指出,顺治十一年(1654 年)底,清廷对郑成功招抚失败,决定改抚用剿,调集大军南下福建,欲消灭以金门、厦门两岛为基地的郑氏明军。福建因清、郑和谈而维持近两年的和平局面终被打破,再次成为战争的中心。中书舍人朱克简临危受命,于顺治十二年加授御史奉旨巡按福建八府一州。朱克简肩负代天巡狩的任务,在近 3 年的任期内巡视福建各地,确查地方大小事宜,及时上奏。他对文武官吏行使监察职权,在军事策略方面建言献策,同时竭尽所能抚绥遭受清、郑军队蹂躏的福建百姓。朱克简任内所上的奏疏收录在《稿本顺治朝朱克简巡按福建海防条议奏稿》中。此文献系朱克简后人家藏抄本,书写工整,墨笔抄录,共录有朱克简巡按福建期间的独奏或合奏 67 则,约 42000 字。论其内容,包含军情、民情的奏报,为对抗郑氏明军而设计的海防策略和举荐纠劾文武官员等。该奏稿内容丰富,是反映当时福建局势的重要原始资料,但学界尚未系统使用过。以朱克简的奏疏为基本史料,结合同时代其他人物的主张与清廷的敕谕,可归纳出朱克简的福建治理与海防策略。军事策略方面,朱克简认为清军水师不如郑军,故清军应发挥陆战优势,于海岸构筑联动的防御体系,阻止明郑部队上岸劫掠。朱克简是海禁政策的倡导者,主张没收滨海之民的船只,为防止沿海百姓接济郑成功而禁止一切出海行为。关于安定民生,朱克简为福建百姓奏请许多惠政。他详查福建各府情形,上疏痛陈民间疾苦,促成朝廷下旨蠲免战区的赋税与过度的劳役。他的各项安民之举缓和了清军的暴政,维护了地方的秩序。朱克简为澄清吏治亦十分用心,他认为福建正处战时,局势严峻,官员必须才堪其任能力出众才不至于忝居其位,严选任而明赏罚是他举劾官员的标准。朱克简在福建为官三载，秩满即致仕归乡，康熙三十二年(1693年)去世，终年78岁。朱克简作为巡按御史政绩斐然，不仅完成了察吏安民的使命，还在军事策略方面建言献策，他的各项作为改善了清朝在福建的统治方式，巩固了新朝的统治。

台湾地处中国海疆要冲，本身资源丰富，极具军事与经济价值，近代西方国家也开始觊觎台湾地区，不仅进行军事侵略，同时也进行调查研究。连晨曦、卞梁的《调查、觊觎与记录：台湾矿产资源与近代西人“台湾印象”的形成》(《太原理工大学学报(社会科学版)》2019年第4期)一文指出，我国台湾地区矿产资源丰富，尤以煤炭、石油、硫磺、贵重金属等资源最多。19世纪中后叶正处于各西方资本主义大国向帝国主义过渡时期，对远东地区掌控权的争夺及对矿产资源的占有欲促使来台西人纷纷展开对台湾矿产的考察。此类考察以矿产分布、矿产掘采运输、矿产质量三方面为主要内容，带有明显的官方背景。在对台湾矿产资源有了较为全面的了解后，英、法、美等国均将基隆煤矿作为其占有开发的首要目标，意图将台湾建设为自己在远东地区的中转补给站，这是西方殖民主义意识的典型体现。近代西人对台湾矿产资源的考察虽暴露出当时台湾地方治理中存在的诸多问题，但在客观上也促使地方官府对资源进行合理的利用开发，加快了台湾近代化转型的过程。

二、中西贸易研究

西方国家开辟新航路后，海上丝绸之路上商船往来频繁，中西贸易不断发展，中国的丝绸、瓷器、茶叶等产品通过海上丝绸之路进入西方国家，西方的工业产品源源不断输入中国，促进了中西双方的经济发展与社会生活的变革。国内学术界一直非常关注古代中西贸易研究，2019年度国内学术界在以往研究基础上，围绕中西贸易状况、贸易政策与组织、贸易航线与港口、中西货物贸易以及中西贸易相关人物等问题进行了比较深入的研究，促进了海上丝绸之路学术研究的发展，也为“一带一路”建设提供了丰富的历史经验。

（一）中西贸易状况研究

2019年度关于明清时期中西贸易状况的成果不少。季晨阳的《明中期海外贸易研究（1491—1572）》（云南师范大学硕士学位论文，2019年）一文认为，明代海外贸易前期的主导力量为官方的朝贡贸易，后期为民间的私人海外贸易。明前期政府不允许民间力量参与到海外贸易中去，并凭借雄厚的国力建立了以明朝为中心的朝贡体系，为东亚世界贸易体系的形成奠定了基础。但朝贡贸易自身有着不可避免的缺陷，随着明朝国内外形势的变化，朝贡贸易逐渐衰败，而私人海外贸易却持续发展，最终冲破官方的束缚，隆庆开关后在有限的合法范围内迅速发展，成为明代海外贸易中的主导力量。文章共分为四章内容具体阐述。第一章考察明朝立国之初的海外政策，并论述朝贡贸易的建立过程和明政府对朝贡贸易的具体管理。第二章主要分析明中叶国内外形势的变化，明朝国内经济得到恢复与发展，政治管理变得宽松。国际上新航路得到开辟，葡萄牙人与明朝进行了正面的交流碰撞。与此同时，朝贡贸易不断衰败，而民间力量参与到海外贸易中并不断发展。第三章则以明世宗重申海禁与民间力量反海禁这一矛盾为中心，具体探讨了嘉靖年间重申海禁的具体措施，以及民间反海禁所爆发的“嘉靖倭乱”，于此明政府内部海禁与弛禁之争达到白热化。第四章阐述了隆庆年间明政府在有限的地方进行开海，在福建漳州形成“月港体制”，在广东形成“广州—澳门”为中心的二元贸易体制，从此民间私人海外贸易正式取代官方主导的朝贡贸易，成为明代海外贸易中的主导力量，海外贸易的迅速发展给中国社会带来了诸多影响，影响最大的莫过于白银的大量流入。

于子浩的《明代的贡物、蕃货及其流通》（山东师范大学硕士学位论文，2019年）一文指出，明朝推翻蒙古族政权后，严明夷夏之辨，欲对前朝统治“拨乱反正”，在昭告天下的同时，遣使出访海外。明太祖按照中华传统礼法，沿袭和发展了朝贡制度这一传统对外关系体制作为有明一代外交策略的主体，构建出一个以大明王朝为中心、海外诸国称臣纳贡的朝贡体系。在明代初期的朝贡体系下，明太祖厉禁民间海外贸易，以官方贸易为常态，而海禁的特殊性，使得贸易行为扩大至诸番国之间，不仅催生和巩固了琉球作为贸易中介国的地位，而且影响了朝鲜的贡物筹办。完备的朝贡贸易网络的形成，加速了东亚、东南亚地区的物品流动，刺激了东方贸易的活力。而在明朝国内，对于货物的运转与流通也自有一套从中央到地方的运作方式，这种方式保证了输入国内的番国货物能够及时有效地得到处理。番货的输入与流通，给明代社会经济的发展带来双重影响。一方面，政府专揽对外贸易之利，严格控制番货在国内的流转，不受市场调节的商品通过朝贡贸易的方式涌入，香料、布匹等大宗物品大量淤积。政府为消耗府库内的货物，通过赏赐、折支俸禄的形式将损失转嫁给臣民，由此对国内经济和社会状况造成了一系列影响。另一方面，海外诸国经年累月的番货输入，特别是永乐年间的大规模海外贸易活动，无意间开拓了番货的国内市场，使得诸国货物与明代百姓日常生活愈加不可分割，也为私人海外贸易创造了发展之机。朝贡贸易的官方性质，使得“外夷”输入明朝的货物大多附和着精英阶层的喜好。无论是官僚阶层还是社会精英，他们更多时候看重的是番货的象征性与文化性，将其作为自己身份的象征。

万朝林、范金民的《清代开海初期中西贸易探微》（《中国经济史研究》2019 年第 4 期）一文认为，晚清以来直至时下的学者均认为，康熙开海后至乾隆十四年（1749 年）间的早期中西贸易情形由于案牍无存已难考索，故相关研究均从乾隆十五年说起。实际上，相关档案尚存人寰，可资利用。该文主要依据这批尚未被引用的档案，结合《东印度公司对华贸易编年史》所载，专门考察清代早期中西贸易情形，对康熙开海后至乾隆十四年间由广州入口的洋船数量及其载运的商品与白银等做出估算，认为洋船数量持续增多，其输入的绝大部分是白银，每年在 100 万两至 200 万两之谱。其贸易格局对当时及后来的广州对外贸易规制也产生了较为重要的影响，基本上补上了清代前期开海后中西贸易的缺环，为完整考察清代中西贸易历程打下了一定的基础。

於燕燕、李洋和刘学超的《中西汇流：18、19 世纪的海上丝绸之路》（《大众考古》2019 年第 5 期）一文认为，大航海时代开始以后，西方航海技术有了长足的进步，使得航海不再是一种纯粹的冒险行动，促进了大规模的跨海贸易，也由此带动了港口与航运业的发展。17 世纪晚期，清政府开海贸易，设立粤、闽、浙、江四海关。1757年，清政府下令广州为向西方开放的唯一通商口岸，中国生产的茶叶、丝绸、瓷器等，通过广州口岸源源不断输入西方。18、19世纪，中国大量出口的外销艺术品反映了全球化进程下日渐扩大的东西方贸易需求，又充分展现了兼容并蓄的文化特性与艺术风格，成为中西交流的典范。

2019年度对以恰克图为中心的中俄贸易的研究尤为突出。贾瑞的《清代恰克图和广州对外贸易比较研究》（山西大学博士学位论文，2019年）一文利用丰富的原始资料，在前人研究的基础上，对清代恰克图和广州的对外贸易进行全面而深入的比较。作者认为，有清一代，恰克图和广州是中国南北两个重要的对外贸易口岸，其中，前者负责对俄贸易，后者负责对东南亚和欧洲各国的贸易。尽管两者均为对外贸易口岸，但在信用机制、管理方式、商人主体、贸易结构、税收结构上既有相同，也有很大差异。具体来看，在信用机制上，两者的信用都来源于中国的传统文化，并结合商业发展特点形成了一套包含商人信用、职业信用、商业信用和政府信用等完整的信用体系。其不同之处在于，恰克图贸易中商业信用占据主导地位，政府信用为商业信用的发挥提供了良好保障，俟至晚清，政府失信，致使商业信用无法发挥作用，进而加速了晋商的衰落；对于广州贸易而言，前期发展是以政府信用为主，但到18世纪50年代以后，随着十三行商人退出历史舞台、外商自由雇佣买办的兴起，商业信用则发挥了主导作用。在管理机构设置上，恰克图的商业活动前期主要由土谢图汗进行属地兼管，后期主要由理藩院派员管理，税收则由杀虎口、张家口和归化城三处税关负责征税；而广州的商业活动和税收活动由粤海关管理，并以政府委任的广州十三行行商为中介具体负责实施。这种设置方式都源于清政府御控外藩的天朝上国思想和稳定边境的基本国策。从不同点来看，恰克图的税收与市场管理相分离，而广州的税收与市场管理在同一地区；在管理机构设置的目的上，恰克图重在稳定边境，发展两国友好关系，广州则在于御控外商，预防滋扰，避免纠纷。在管理政策上，清政府要求进入恰克图市场的中俄商人必须持有政府颁发的相应执照。在乾隆朝，恰克图虽因俄商及劫匪滋事进行过3次闭关，但时间甚短，从长时段来看，基本处于自由贸易状态；在广州，无论四口通商还是一口通商，清政府严格限制对外贸易，且由十三行行商具体负责管理，鸦片战争以后，行商制度废除，实行领事担保制度。恰克图与广州管理方式的不同之处是：前者的管理较为宽松，类似于“自由贸易区”，后者的管理则较为严格，类似于“垄断市场”；恰克图对贸易商居住与交易方式的管理相对于广州行商都较为自由宽松。在商人发展变迁上，恰克图的商人有山西商人、陕西商人、宁夏商人等，但主要是晋商，而广州十三行时期的商人有福建商人、广东商人、安徽商人等。由于南北方地域差异很大，风俗习惯各异，决定了恰克图以北方商人为主，广州以南方商人为主。近代以来，两地商人在多方面因素的影响下逐渐衰落。从共同点来看，首先，商人利益集团的弱小使其无力要求政府维护其合法权益，而逐渐衰弱的清政府制定的一系列抑商政策又加速了晋商和行商的衰落；其次，从国家理论来看，国家对于商人的予取予求直接导致了两地商人的衰落。从不同点来看，首先，交易费用上升引起了广州十三行行商和恰克图晋商的衰败，但恰克图贸易中管理的交易费用相对较低，因而在 19 世纪中后期还可以正常经营，而广州十三行贸易管理中管理和买卖的交易费用较高，导致其较早衰败；其次，外来掠夺型制度是恰克图市场晋商衰败的一个重要原因，而部分十三行商人却向近代化买办转型。在商品结构上，无论是恰克图还是广州，出口的都是当时具有比较优势的茶叶、丝绸等商品，进口的主要是香料、药材、棉花等商品。在贸易初期，恰克图的贸易额远远小于广州的贸易额。中期，恰克图的贸易额增长迅速，与广州贸易额的相对差距在缩小，并且两处的出口商品都以茶叶为主。19 世纪 50 年代以后，恰克图贸易量产生剧烈波动，20 世纪初中东铁路开通后迅速衰落下去；广州则面临着南方众多外贸口岸的竞争，贸易商品种类持续增多，贸易量增幅较小，仍保持原有规模。在税收结构上，两地的税收都为国家的财政收入做出了巨大贡献，但是都没有为中国近代化的转型提供内生动力。从不同点来看，恰克图贸易商品是在张家口、杀虎口和归化城征收常关税，而广州贸易的商品是在粤海关征收海关税；恰克图贸易根据当地的实际状况制定了一系列的免税规定，而广州贸易中不仅不存在这些免税规定，而且还在征收正税的同时征收一些杂税；从税收总额上看，粤海关的税收总额比北路三关大，其对于清政府的财政贡献率也较大。最后，从两地贸易的意义上看，两地贸易都推动了内地社会分工和沿线城市的发展，并推动了中外文化的交流。恰克图贸易带动了沿线城市的发展，广州贸易促进了以广州为中心的商圈的形成；恰克图贸易促进了俄国资本原始积累，为其工业化创造了条件，广州贸易推动了中国南方近代化的进程。因此，有清一代，南方和北方开展的对外贸易在一定程度上促进了当时中国社会的发展，从而也印证了清朝前中期有限度的对外开放政策发挥了一定的积极作用，但是这一有限度的开放政策并没有使整个国家走上近代化历程。鸦片战争以后，随着通商口岸的不断增多，南北两地的贸易活动产生巨大变化：恰克图贸易在起伏跌宕中逐渐衰亡，而广州贸易量虽有减少，但仍为一个重要通商口岸。

杨军的《论中俄恰克图贸易与晋商发展的关系》（黑龙江省社会科学院硕士学位论文，2019 年）一文认为，中俄恰克图贸易是自 17 世纪以来，两国在政治、外交、经贸往来的背景下，出于各自国家利益的考量和民间交流的需要，形成的以当时中俄两国边界恰克图为中心的贸易体系。中俄贸易始于清康熙二十八年（1689 年）中俄《尼布楚条约》中有关中俄两国互市贸易的条款。而恰克图贸易的兴起与发展则是由于雍正六年（1728 年）《恰克图条约》签订后，中俄两国依据条约规定在以恰克图为中心的两国边界进行商业贸易，恰克图贸易由此开始它长达一个半世纪的兴衰史。恰克图贸易的发展和兴衰过程是中俄两国之间不断交流、碰撞的产物，同时也是晋商参与的产物。恰克图贸易时兴时衰也成为衡量中俄关系的重要尺度之一。恰克图贸易极大地促进了中俄两国经贸的发展。在当时的中国（清）出现了与南方广东十三行相对应的中国北方对外贸易窗口——恰克图。二者构成了清代陆上和海上、一南一北两大对外贸易通道。山西地处中国南北之交通要道，在恰克图贸易的中后期更是成为货物流通的交通枢纽。便利的区位优势使得晋商在参与恰克图贸易的过程中获得了先机。再加上晋商敢为人先的拼搏精神，推行“掌柜制”“伙计持股制”等富有创新性的经营措施，经过一个多世纪的经商活动，晋商最终成为中俄恰克图贸易中占有主导地位的商业群体。晋商是推动中俄恰克图贸易走向繁荣的关键因素之一。中俄恰克图贸易尽管在历史记载中被定义为边关贸易，与定期来清代都城北京的商队贸易并称，但并非中国蒙古地区与俄国西伯利亚地区的边境地区贸易，而是通过边关贸易形式所进行的国家间贸易，同时也是清代中国融入国际贸易体系的重要实践。中俄恰克图贸易对整个东亚地区的国际关系与国际经贸产生了重要影响。在被纳入西方现代化进程之前，东亚地区普遍存在的是以中华文明为主的东亚封贡体系。在封贡体系之下，整个东亚地区的商业贸易主要体现在以进贡与恩赐为主的官方往来和以下层商贸为主的民间往来。这一时期，西方普遍存在的国际贸易体系还未真正进入东亚地区。1689 年的中俄《尼布楚条约》则是试图打破东亚传统封贡体系的尝试。在此之后中俄两国签订《恰克图条约》，则是进一步将西方近代国际关系体系带入了东亚传统地区。中俄恰克图贸易为东亚传统的经贸体系注入了新的动力。晋商与恰克图贸易是互为表里、相辅相成、一荣俱荣、一损俱损的关系。中俄恰克图贸易是中俄两国在相对平等的条件下依据双方边境协定而形成的互市贸易。对等的商贸往来与国家维护商业贸易的能力是晋商参与恰克图贸易的关键因素。鸦片战争后，特别是咸丰十年（1860 年）《北京条约》签订后，俄国获得了深入中国腹地进行货品采购的权力，中俄恰克图边境贸易的地位与作用发生了改变。俄国逐渐减少对恰克图贸易的依赖。再加上俄国获得了不对等的贸易特权，使得晋商失去了先前垄断恰克图贸易的主要优势。随着中俄恰克图贸易的衰落，晋商也逐步由鼎盛走向衰亡。

刘柏言的《〈尼布楚条约〉的签订对早期中俄边境贸易的影响》（《时代经贸》2019 年第 3 期）一文从对《尼布楚条约》签订后中俄双方的贸易发展入手，着重分析贸易发展的重要影响因素。作者认为，1689 年中俄《尼布楚条约》签订后，从法律形式上确定了俄国在中国的贸易权，中俄之间的贸易形式也由间接贸易转变为直接贸易，两国正式开始通商，京师互市迅速繁荣起来。但是中俄之间的贸易发展并不是一帆风顺的，它深受政治方面的影响，因此发展历程充满波折。

刘晓航的《晋商与中俄万里茶道的起源》（《广西职业技术学院学报》2019 年第 4 期）一文认为，中俄万里茶道始于清代中叶，湮灭于 20 世纪初，是一条起源于中国南方产茶区，穿越整个中原腹地、中国北方草原、蒙古高原，纵深进入西伯利亚，延伸到莫斯科、圣彼得堡，连接欧洲的大宗茶叶贸易国际商道。这条商道繁盛了260多年，俄国人至今仍然称它为“伟大的茶叶之路”。对这条万里茶道的开拓，中国的晋商居功至伟。清政府为顺应当时商品经济发展而制定的一系列政策的刺激，晋商雄厚的财力、诚信而灵活的经营体制、勤俭刻苦和敢于冒险的精神，是万里茶道得以开拓的关键性因素。

刘冰的《晋商万里茶道沿线文献整理》（《福建茶叶》2019年第6期）一文认为万里茶道源于17世纪的中俄贸易，早期俄国使团、商队来华的路线奠定了万里茶道的雏形，中俄《恰克图条约》签订后，双方贸易发展进入了一个快车道，这直接促成了万里茶道的形成。

张楠的《蒙古族饮茶习俗的传播与近代俄国饮茶习俗》（《前沿》2019年第5期）一文也反映了中俄之间茶叶贸易的发展以及茶文化的传播。作者认为，随着人口迁移和中西商贸通道的打开，蒙古族饮茶习俗在中亚、欧亚大陆北部等地区广泛传播，并对近代俄国人的社会生活产生了许多潜移默化的影响，直接促成了近代俄国侍茶群体的形成。侍茶群体出现后，中俄茶叶贸易不断加强，形成了继丝绸之路后又一条贯通欧亚的国际商道——万里茶道。

康健的《晚清西商假道恰克图贸易研究》（《中国经济史研究》2019年第4期）一文认为，清同治年间西商前往西疆的贸易中断，商民生计难以维系。为了维护边境商业秩序和增加财政收入，清廷同意西商假道恰克图出洋贸易，在税厘、归票银等方面给予优惠政策，并严格规定西商假道恰克图的贸易路线、贩运茶叶名色等，以避免西商与北商的经济利益冲突。然而在商业贸易过程中，苛捐杂税名目繁多，致使西商不堪重负，假道出境贸易的热情不断衰退，亦出现行贩杂色茶斤、夹带私茶等逃厘漏税现象。

明清时期中国与其他西方国家的贸易状况也有相关的研究成果。王志红的《伊比利亚联合王国东方贸易中的西葡竞争与合作（1580—1642年）》（《古代文明》2019年第3期）一文认为，1580年西班牙国王菲利普二世继承了葡萄牙的王位，西葡两国由此进入了伊比利亚联合王国时期。这一消息在两年后传到葡属澳门，澳门与西属马尼拉之间的贸易随之开启。最初由于双方各怀鬼胎，贸易只是徒具其形。16—17世纪之交，荷兰人和英国人东来，对葡萄牙和西班牙人在东方的贸易垄断地位发起了强有力的挑战，从而促使葡萄牙人和西班牙人进一步合作，澳门与马尼拉之间的贸易繁荣起来。但是，这一贸易从一开始就不对等，葡萄牙人几乎垄断了贸易，政治上强势的西班牙人反而在贸易中处处被动，由此形成了一种奇怪的格局：王冠戴在西班牙人的头上，财富却流入了葡萄牙人的口袋。

刘旭康的《明代琉球转运贸易兴衰探因》(《惠州学院学报》2019 年第 2 期)一文指出，明代琉球转运贸易的兴衰变化是多种因素共同作用的。其兴盛的原因主要有：统一的王国体制、明朝厉行海禁政策、明政府的各种优遇政策以及有利的贸易环境。其衰落的原因主要有：西人东来的压力、明朝开放海禁而华商崛起、琉球本身的产业缺陷。反思和分析琉球转运贸易的兴衰成因，既有助于对明朝海禁政策做多面的理解，也有助于对近代南海甚至东亚海域贸易圈内部的流动做更深的观察。

松浦章、马成芬的《乾隆年间棉花进口危机》(《中国经济史研究》2019 年第 6 期)一文指出，中国丝绸自古就是制衣原料，而棉花作为新兴制衣原料在明代才得以广泛普及。至清代，棉花通过广东出口至欧洲。乾隆年间，棉花从原来的出口状态变成依赖从海外进口。时任云贵总督并通晓广州贸易状况的李侍尧得知缅甸盛产棉花，且通过东印度公司的贸易船从印度等地把大量棉花进口至广东后，建议禁止从这些地方进口棉花。清政府为此采取了禁止通过广州从国外进口棉花的措施，但棉花还是会从印度进口，并持续稳定地占据广州市场。

黄忠杰的《城市地景与寰宇贸易：阿姆斯特丹国立博物馆藏〈福州城图〉考识》(《装饰》2019 年第 5 期)一文认为，荷兰国博藏品《福州城图》是荷属东印度公司在中国贸易活动的重要佐证，然而其创作时间和社会背景在西方学界争议不断。该文依托荷兰海牙国家档案中心的东印度公司贸易纪闻对《福州城图》展开研究，试图通过荷兰文题跋、荷兰船和地景辨识等 3 个方面，对该画的断代提出新的观点与依据，进而揭示其背后深刻的历史价值与文化意涵。

随着中外贸易的发展，货币域外流通是必然的现象。张星的《宋元时期中国货币域外流通研究及当代启示》(《南方金融》2019 年第 3 期)一文认为，宋元时期，海上丝绸之路贸易达到鼎盛，中国货币成为域外国家和地区广泛使用的流通货币，货币国际化程度达到了历史最高水平。宋元时期中国货币在域外流通过程中，承担了国际结算货币职能、他国流通货币职能、可兑换货币职能、财富贮藏职能。宋元时期中国货币高度国际化的主要原因在于商品经济发达，对外贸易繁荣，货币流通市场广阔；宋朝、元朝币制先进，信誉较好，货币体系完善；铜钱具有货币和商品双重属性，销熔可作为铜原料加剧铜币外流。宋元时期中国货币在域外广泛流通对当时国内外经济和社会发展产生了重大影响：一是增加中国国内社会财富，提高宋元时期货币的流动性；二是承担国际货币职能，推动海上丝绸之路贸易发展；三是推动周边国家和地区货币制度演进，促进域外国家和地区商品经济发展；四是成为文化交流的载体，传播中华货币文化和中华文明。宋元时期货币域外流通经验给当今人民币国际化和人民币制度变革带来如下启示：一是贸易竞争力是货币国际化的物质基础，要大力实施“一带一路”倡议，夯实实体经济和对外贸易发展基础；二是货币国际化具有市场自发性，推动人民币国际化要遵循市场规律、顺势而为；三是货币制度的先进性是货币国际化的关键因素，要与时俱进、加快完善和革新人民币制度；四是货币制度创新应当从实际出发，人民币制度创新要与全球经济社会发展阶段相适应。

白银既是中西贸易的交易货币，也是海上丝绸之路上的特殊商品，白银随着中西贸易的发展大量流入中国，促进了明代白银货币化进程，也促进了全球化进程。改革开放以来学术界非常重视对白银问题的研究，取得了丰硕的成果。2019 年度万明的《明代白银货币化研究 20 年——学术历程的梳理》（《中国经济史研究》2019 年第 6 期）一文回顾了 21 世纪以来明代白银货币化研究的学术历程。作者认为，国内学术界沿着“白银货币化与中外变革”的学术理路，在大力发掘、整理利用中外一手资料基础上，从国家、市场、社会之间关系和中国与全球关系出发，以白银货币化过程切入，尝试进行全球化开端关键历史时期贯通中外变革的综合性研究。主要在 5 个方面展开：一是明代白银货币化的市场起源；二是明代白银货币化过程从国计与民生两条线索的探讨；三是明代白银货币化与中国和世界的连接；四是明代白银货币化与一系列赋役改革；五是白银货币化与张居正财政改革。结论是在整体世界形成的前夜，白银货币化源自市场萌发，标志着古代中国从农业经济向市场经济的转型，引发了一系列国家制度变迁与整体社会多元变化，启动了中国传统国家与社会向近代国家与社会的转型。中国市场扩大发展与世界市场连接，直接推动了日本银矿大开发和间接推动了美洲银矿大开发，中国不是被动纳入西方主导的全球化，而是主动走向了全球近代化的大合流，积极参与了全球化开端时期全球第一个经济体系的建构，为经济全球化做出了历史性贡献。万明的另一篇论文《明代白银货币化与"千古奇人"徐霞客的诞生》(《金融博览》2019 年第 3 期)一文也探析了相关问题。作者认为，16 世纪是全球化的开端。明代白银货币化作为一个典型个案，是全球史的一部分。白银在 16 世纪初奠定了流通领域中主币的地位，由此产生了巨大的社会需求。沿着一条白银货币化—市场扩大发展—与全球连接的道路，明代中国以社会自身发展需求为依托，依凭社会内部的驱动力，拉动了外银的大量流入，并深刻影响了社会的变迁、国家的转型和全球化开端时期中国与全球互动的历史进程。正是在全球发生重大变局的大背景下，中国诞生了一个"千古奇人"徐霞客。

亓冠华的《明代白银货币化与瓷器贸易关系探析》(《文物鉴定与鉴赏》2019 年第 11 期)一文探讨了白银货币化与瓷器贸易之间的关系。作者认为，16 世纪是欧洲由传统走向近代的一个时期，新航路的开辟将世界各地连成一个整体，处在亚洲东部的明朝也卷入了这场全球化的体系中。对外私人贸易的迅速发展使白银大量涌入中国，并在中国民间广泛流通，最终形成了白银货币化的局面。在复杂的中外贸易中，虽然瓷器相比于丝绸远远逊色，但同样作为中国特有的一种欣赏品，其在促进白银货币化过程中起到了相应作用。

卢伟的《宝钞崩坏、"白银时代"与明清时期的持续贸易顺差》(《经济资料译丛》2019 年第 4 期)一文指出，明清时期的中国在海外贸易中拥有长期、大量的贸易顺差，由此带来了海外白银的大量持续流入。明代流入中国的白银主要来自西属美洲和日本，其中大部分用于支付丝绸货值。作者认为，与其说白银流入是一种贸易差额的被动补偿机制，还不如说原本就是中国商人从事海外贸易最为重要的商业目标。由于具有严重缺陷的明初货币制度在明中叶逐步崩溃，中国进入一个货币制度的“白银时代”。货币白银化产生的庞大白银需求，使得进口白银具有高额利润，从而商人将进口白银作为最为优先的贸易目标。中国市场长期、庞大的白银需求亦使得其他商品在中国的进口清单长期处于次要乃至于边缘化地位。基于货币白银化的明清货币体系，虽然有效地克服了明初货币制度的弊病，却并非是一个良好的货币制度，亦无从为中国的宏观经济运行提供良好的货币秩序。明清政府在提供满足市场需要的货币制度方面的消极被动，不仅给中国宏观经济的平稳运行带来了巨大的挑战，更使得中国社会丧失了将大量经济资源用于经济增长和经济发展的可能性。

（二）中西贸易政策与组织研究

2019 年度国内学术界在以往研究的基础上，围绕中西贸易政策、贸易制度进行了比较深入的研究，在观点、视角与资料运用上都取得了新的进展。潘洪岩的《利益集团与明代海禁政策变迁研究（1508—1567）》（辽宁大学博士学位论文，2019 年）一文认为，明代海禁政策变迁始于明初，终于明末。主要目标是打破原有的朝贡贸易垄断海外贸易的体系，允许国内私人海商从事海外贸易。16 世纪以后，葡萄牙、西班牙等欧洲商人东进，外国商品和资本从东南沿海城市逐步流向内地广大地区，中国传统的贸易体系遭受巨大冲击。明中期以后，明朝财政状况急剧恶化，入不敷出成为政府经常性现象，国内私人海商利益集团崛起，沿海各地方政府都极力想从海外贸易中获利，以供地方政府日常开销和支付军费，广东地方政府的局部海禁政策变迁（抽分税收政策）获得明中央政府默许。到了明后期，海外贸易的天平完全向商舶贸易倾斜，海禁政策变迁由地方认同变成朝野共识，外商集团叩关求商，其目的都是追求财富。少数国家虽然依然和明朝继续维持朝贡关系，实质上也追求经济贸易。为了改善财政混乱状况，开海通商成为明中央政府实现海外自由贸易的政策选择。每一次政策变迁都会牵动社会不同集团的根本利益，这些利益集团也必将成为影响变迁进程的主体力量。在明代海外贸易领域中形成了官商、外商和国内私人海商三个实力最为强大的利益集团，官商利益集团代表着传统贸易力量，在明代海外贸易体系中起着基础作用;外商利益集团代表着外国资本,是海外贸易中一股外来力量,在明代海外贸易体系中发挥着重要作用;国内私人海商利益集团代表着近代中国海外贸易的新兴力量,在海外贸易领域中快速崛起,是海外贸易中不可忽视的力量。海禁政策变迁触犯了官商利益集团的根本利益,他们作为朝贡贸易体系的既得利益者,是海禁政策变迁的主要阻力和反对者;而以突破传统海外贸易体系为目标的国内私人海商利益集团和外商利益集团则是海禁政策变迁的主要动力和推动者。官商、外商和国内私人海商力量在此消彼长中,为了自身利益的最大化,围绕着海禁政策变迁展开了长期的博弈和斗争,影响着海禁政策变迁在不同阶段的启动和实施。1508—1521 年,广东地方政府正式启动的抽分税收政策变迁,不久之后,因为官商利益集团的反对力量强大,遭遇阻滞。1522—1566 年国内外政局发生巨变,冲击着国内海外贸易体系,三大贸易利益集团的力量对比发生了深刻变化,支持开海的国内私人海商利益集团强势崛起,促使变迁迅速推进,最终获得成功,为实现近代中国开海自由贸易奠定了基础。对中国贸易、金融和市场发展都产生了深远影响,为中国融入世界贸易体系迈出了坚实一步。海禁政策变迁的实现大大节约了海外贸易中的交易成本,推进了商品经济的发展,削弱了官商对中国进出口商品业务的垄断,为中国近代经济的发展提供了保障。通过对利益集团与海禁政策变迁相互关系的研究,可以得出结论,利益集团的狭隘性影响着海禁政策变迁的进程;国内私人海商利益集团和明代地方政府在海禁政策变迁中发挥着主要推动作用,可以说,明代传统朝贡贸易体系衰落和现代贸易力量的崛起是海禁政策变迁成功的必要保证。

韩毅、潘洪岩的《利益集团与明代海禁政策变迁(1508—1567)》(《辽宁师范大学学报(社会科学版)》2019 年第 4 期)一文也有类似的结论。作者认为,明代海禁政策变迁打破了原有的官商利益集团垄断海外贸易的格局,允许外商和国内私人海商利益集团从事海外贸易。明代海外贸易的每一次政策变动都会影响不同利益集团的根本利益,这些利益集团也通过自己的行为反过来影响海禁政策变迁进程。

明代海禁政策变迁的研究,少有从利益集团的理论视角分析其推进过程,以上两篇论文在对大量史料进行分析和整合的基础上,运用制度变迁和利益集团相关理论，对明代海禁制度变迁进行深入分析和探讨，是一种新的尝试，也能更好地总结出明代海禁政策变迁产生的原因、特点以及各阶段推进的差异。何孝荣的《抑商、恤商与通商：明代商业政策简论》(《人民论坛》2019 年第 25 期)一文认为，明代初期、中期，统治者一定程度上恤商、通商，商业逐渐恢复发展；明代后期，商品经济持续发展，全国性商品市场形成，开放海禁，中国商品走向世界。明代的恤商、通商政策使商业经济得到一定程度的发展，社会经济发展水平超越此前各个朝代，使其成为当时的世界先进强国。

17 世纪后期至 19 世纪中叶，广州十三行是我国对外贸易中的一种特殊的企业组织，代指清代专做对外贸易的牙行，是清政府指定专营对外贸易的垄断机构，其作为公行的真正名号是“外洋行”。十三行号称“金山珠海，天子南库”，在中西贸易中占有重要位置，国内学术界对十三行的研究深入而全面，2019 年度亦有相关学术成果。朱腾伟的《清朝广州十三行法制研究》(华南理工大学博士学位论文，2019 年)一文认为，从 17 世纪开始，西方国家在近代化趋势下加快了对外扩张的步伐，不断冲击着清朝的海上对外贸易。为了应对西方近代化趋势的影响，清政府以广州十三行的对外贸易管理为中心，对外贸法制进行了变革，以管理对外贸易的粤海关为基点，联结参与对外贸易的行商与外商，规定了不同法律关系的主体之间的权利义务并使之有效运转，形成了相对完善而具有特色的广州十三行法制。对广州十三行法制进行研究，不仅可以考察清政府为应对西方近代化趋势从而在外贸法制方面做出的变革，也可以探究广州十三行法制中借鉴传统法制所建立的适应近代贸易趋势并体现近代化因素的法律制度，还可以分析广州十三行法制变革的历史借鉴意义。该文的研究除绪论与结论外，正文共分为 5 章。绪论对学界研究成果进行了综述，并对与论文密切相关的“广州十三行”“广州十三行的起始时间”“广州十三行法制中法律关系的主体”概念进行了界定。正文第一章阐述广州十三行法制变革的缘由。17 世纪以来的西方近代化趋势发展对清朝海上对外贸易提出了要求，也使清政府的闭关锁国政策面临困境。清政府根据国内外形势的变化，改革了对外贸易制度，解除海禁并实施开海贸易。但是清朝既有的朝贡贸易法制不能适应与西方国家开展近代化贸易的实际需求，中西贸易开展与中西交往都需要新的法律制度进行规制，清政府在借鉴外贸管理历史经验的基础上，综合考量中西贸易开展与管理的实际要求，在广州创设了粤海关，并以粤海关为基点联结行商与外商，通过规定这三类法律关系的主体的权利义务并使之相互协调与制约并有效运转，形成了具有特色的广州十三行法制。第二章阐述广州十三行法制中的粤海关制度。近代化趋势下的中西贸易开展对清朝外贸管理机构提出了新的要求，原来管理对外贸易的市舶司不能适应开海贸易后管理近代化贸易的需要。清政府在广州创设了粤海关作为管理中西贸易的专门机构，建立了粤海关制度。粤海关是广州十三行法制中最重要的法律关系的主体，在法律关系之外，粤海关承担着沟通中央与地方的职责，协调中央与地方的利益，接受中央与地方的双重监督；在法律关系内部，粤海关联结着行商与外商，承担着征收关税与管理贸易两大职责，负责对行商与外商的管理。粤海关既要实现清政府开海贸易的经济目的，也要满足清政府管控贸易以维护封建统治的政治要求。第三章阐述广州十三行法制中的行商制度。为了实现对广州中西贸易的实际控制，解决"华夷之辨"产生的官府直接管理外国人的障碍，清政府在粤海关建立了行商制度。行商在粤海关的许可下参与对外贸易并享有垄断外贸的权利，同时承担着代缴关税、管理贸易、管制外商及中外沟通等多种义务。随着近代化趋势下中西贸易的发展，行商垄断外贸的权力实际受到拘束，但行商承担的义务与责任不断被强化。行商既是广州十三行贸易的参加者，也是清政府管理外来人员的媒介，行商隔离了外商与官府，也隔离了外商与内地民人。行商制度有助于清政府对中西贸易的实际控制，并有利于实现贸易开放与贸易控制之间的平衡。第四章阐述广州十三行法制中的外商制度。广州中西贸易的开展导致广州外来人员逐渐增多，为了管理外来人员并维持外贸秩序，进而维护社会安定与政治统治稳定，清政府以行商为媒介对外商实施了严格管制，建立了外商制度。以外商在广州十三行的贸易活动与居住生活为中心，清政府赋予了外商一定的权利，也对外商规定了广泛的义务，外商权利的行使需依附于行商，但外商承担的义务是独立的。与近代化趋势下中西贸易发展带来的贸易管理形势变化相适应，外商制度经历了从松散管理到规范管理再到严格管理的变革过程，出于管理贸易与维护统治的需要，外商制度又表现出以“防禁”为核心的特点，约束了外商的人身自由也限制了贸易的自由发展。第五章是广州十三行法制评鉴。粤海关、行商与外商三类法律关系的主体在广州十三行对外贸易中扮演着不同的角色，其各自的权利义务及相互之间的法律关系形成了具有特色的广州十三行法制。广州十三行法制随着近代化趋势的发展而不断变革，但本质上没有脱离封建法制的窠臼。广州十三行法制的建立与运行实现了清政府对广州中西贸易的管控，在一定程度上顺应了中西贸易发展的要求，但也束缚了贸易自由发展并导致私相贸易频发。广州十三行法制在一定程度上改革了传统封建法制，促进了近代法律思想、法制理念与法制规则的萌动，为中国法制近代化做了一定的准备。广州十三行法制运行中存在的中西法律冲突，损害了广州十三行法制的效力，又对中国法制近代化进程产生了一定的影响。广州十三行法制也可为当下贸易活动的法律规制提供历史镜鉴。从总体上看，广州十三行法制体现了清政府对西方近代化趋势的回应，具有优势更有不足，其根据近代化贸易的发展要求而做出法制变革，在一定程度上顺应了近代化趋势的要求，但在多种因素的影响下束缚了贸易自由发展，从根本上违背了近代化潮流的发展趋势。

魏俊的《清代对外贸易外债偿还法探析——基于对十三行行欠的考察》(《兰台世界》2019 年第 6 期)一文指出，清代对外贸易带来的利润给予这个白银产出量甚微的国家以财政支撑，但是清政府的外债偿还法却带给载体十三行灭顶之灾。清政府基于政治因素的考量和中国封建社会传统处理债务的方法而确定的行商偿债方法，违背了当时国际上关于破产免责的商业法则，人为地对行商们的现金流进行分置消滞，阻碍了商业资本的正常流动，造成了行商们资金短缺，并让巨额债务弱化和拖垮了十三行商，严重影响了清朝财政收入和国家实力，撕开了英美外商力量觊觎清朝市场的口子，是引发鸦片战争众多因素中的一个。魏俊的另一篇论文《清代十三行公行制度研究》(《兰台世界》2019 年第 1 期)对十三行公行制度进行了探析。作者认为，公行是广州“一口通商”后十三行行商成立的一个组织，负责传达清廷政令、代缴粤海关税收、管理来华外商和对外贸易等一切具体事宜。公行制定十三条行规，下设各有专职的三行，即外洋行、本港行、福潮行，曾被评价为“那个完备的和奇怪的组织”，“完备”是指公行这个组织的规章制度和执行的效果，“奇怪”是就其对待破产的偿还条款而言的。公行有议价定价的权力，保护的是中国及行商的商业利益，因此受到了外商们和散商们的强烈抵制。清政府利用公行制度控制行商，进而控制着对外贸易。

陈天的《十三行时期中西文化交流与岭南画派的形成》(《广东社会科学》2019 年第 3 期)一文指出，广州十三行时期，岭南绘画风格出现了明显的嬗变，形成了以“居派”绘画风格为代表的早期岭南画派。而十三行时期岭南绘画风格之所以出现明显“折中中西”特征，是与以下 4 种因素密切相关，即传教士的东来与西洋画的引入、西洋人的文化需求及外销画的市场交易、岭南文化对外来文化的包容性和融合力以及十三行商对艺术事业的热衷与推动。十三行时期特殊的外贸体制和行商的独特作用对岭南画派的形成产生了重要的影响，而岭南艺术家们开放接纳、学习借鉴的创新精神在岭南绘画风格嬗变和岭南画派形成中则起到了关键性的作用。

此外，陈丽碧、黄醒佳的《洪氏卷轴：广州十三行的历史图像》(《美成在久》2019 年第 2 期)，杨晓旗的《十三行时期广绣艺术语言的“西化”转向》(《艺海》2019 年第 8 期)，徐礼媛、郑重的《广州十三行的商业文化特质》(《商业文化》2019 年第 31 期)等文章，也涉及对十三行贸易制度的探析。

在中西贸易中，郑氏集团和东印度公司也是非常重要的贸易组织。关于郑氏集团与荷兰东印度公司的研究，中外学者多集中在两者的起源、发展、壮大、衰落的过程，或者台湾的经济军事活动，比如郑成功收复台湾、荷据台湾的对外贸易等，较少关注两者的贸易关系。而研究贸易关系的学者更多地聚焦于中国海商与荷兰东印度公司的贸易关系，鲜有学者明确地就郑氏集团与荷兰东印度公司商业竞争的问题进行系统地研究。2019 年度这方面的研究有所突破。王秋蕾的《郑氏集团与荷兰东印度公司的商业竞争——以日本市场生丝贸易为例(1600—1683)》(东北财经大学硕士学位论文，2019 年)一文以时间为线索，利用丰富的第一手文献资料，梳理了郑氏集团与荷兰东印度公司围绕生丝在日本市场商业竞争的史实，重点分析了两者对日本市场生丝来源和价格控制权的争夺，通过对双方贸易额、价格的考察，明晰两者的竞争优势与产生优势的原因。该文也试图从经济史的角度，对价格竞争理论和组织经济学等经济学理论提供一些新的研究思路和论证资料。作者认为，17 世纪中国和荷兰均出现了强大的海商组织，分别是郑氏集团与荷兰东印度公司。郑氏集团是组织严密、血缘与地缘相结合的经济—军事复合体。荷兰东印度公司是依靠国家政权向东方进行殖民掠夺和垄断的股份有限公司。两者的垄断方式不同，郑氏集团通过垄断福建沿海等地区的海上贸易而不断强大，荷兰东印度公司则是以不计成本的全球扩张为手段，实现其霸主地位。两大海商集团在马尼拉、东京（今越南附近）、菲律宾、日本等东南亚市场上进行着激烈的贸易角逐和商业竞争。作者认为，日本市场上的生丝贸易，提供了一个很好的视角来观察和分析两者的商业竞争。原因有两点：首先，1635—1641 年，日本政府陆续下达了 5 条锁国令，只允许中国与荷兰在长崎进行贸易。在锁国后的日本市场上，两者的竞争战略较为清晰，而且我们可以统计出彼此竞争后的贸易结果。其次，在日本市场上，生丝贸易格外重要，有时其他商品的价格会随着生丝价格的波动而波动。因此，以日本生丝市场为例，研究两者的商业竞争。该文分为 5 部分：第一部分是引言，主要介绍郑氏集团与荷兰东印度公司商业竞争的研究背景、研究动机、中外学者对这一问题的认识以及该文的研究思路和框架。第二部分是论述锁国前日本生丝市场贸易，主要阐述了早期日本市场生丝贸易的形成以及锁国前各国在生丝市场的贸易情况。第三部分是文章的第三、四、五章，主要梳理了从 1623 年郑芝龙入平户与日贸易到 1683 年郑克塽降清，这 60 年间郑氏四代与荷兰东印度公司围绕生丝贸易在日本市场展开竞争。第四部分在梳理郑荷竞争基本事实的基础上重点分析两者对日本市场生丝来源和价格控制权的争夺，通过对郑荷双方贸易额、价格的量化考察，明晰郑氏集团的竞争优势。第五部分是总结，对全文写作脉络进行梳理，总结并分析郑氏集团的贸易优势，以及产生这一优势的原因。纵观明末清初郑氏时期与荷兰围绕生丝的日本贸易竞争，郑氏集团牢牢控制着中国生丝的来源和销售价格，因此处于优势地位。它的竞争优势主要归因于以下 3 点：(1)地理优势。郑氏集团以福建为基地，可以直接获得大量的中国生丝。荷据台湾之后，只能通过提高生丝的采购价格，以此吸引中国商人走私生丝来台湾进行贸易。(2)产品优势。因为东印度公司不能直接获得大量的中国生丝,只能在波斯、孟加拉等地采购生丝作为其替代品,但是这些地方的生丝质地粗糙,不符合日本的消费习惯,因而这些生丝的价格比中国生丝低很多,销量也不如中国生丝。(3)政府支持。在两者的竞争中,中日政府的态度对他们的贸易有着直接的影响。中国政府方面,明朝的招抚态度,使得郑氏贸易蒙上了官方的色彩,很多中国商船都愿意与其进行贸易,而清朝对郑氏的态度是打压,“迁界”政策更使郑氏贸易缩水严重,这也是后来郑氏贸易衰落的原因之一;日本政府方面,因为郑氏与日本特殊的亲缘关系,加上郑氏集团运来的生丝极大满足了市场的需求,日本对郑氏商船也是格外的关照,当局政府曾经要求荷兰商船等郑氏商船入港之后再定价,一同购入生丝。总之,郑氏海商集团拥有采购生丝的地理位置优势,获得中国生丝的产品优势,加之明日政权的支持和关照,这3个方面使它在同荷兰东印度公司在对日本生丝贸易的竞争中略胜一筹。

学者也对其他贸易组织进行了探析。陈国灿、潘世达的《“窑口”与清道光前期的鸦片走私》(《浙江师范大学学报(社会科学版)》2019年第4期)一文指出,窑口是清道光初年逐渐兴起的鸦片走私组织,它既适应了鸦片走私活动的新需要,也是鸦片走私趋于组织化、规模化的反映。随着窑口的形成与发展,鸦片走私群体和走私方式都发生了相应的变化。一方面,各种地方势力通过窑口参与到鸦片走私活动之中;另一方面,形成了以窑口为核心从偷运入境到分销各地的鸦片走私体系。窑口的兴起和鸦片走私的规模化,促使清政府采取更为严厉的禁烟举措,但最终并没能从根本上解决鸦片问题。鸦片战争后,随着鸦片走私方式的改变,窑口最终走向衰落。

黄毅青的《东印度公司对华贸易探析》(《知识经济》2019年第7期)一文认为,作为西欧国家走上国际贸易和殖民扩张的历史产物,东印度公司的发展对其来说是非常重要的。东印度公司的发展为英国及其他西方国家获取东方财富提供了巨大帮助,因为东印度公司对华开展贸易,即使在资金不足的情况下,仍“坚持不懈”,甚至罪恶地从事了鸦片贸易来扭转贸易逆差。

(三)中西贸易航线、航海技术史与贸易港口研究

2019年度关于中西贸易航线、航海技术史与贸易港口的研究取得了很

大的进展，在资料运用、研究角度以及研究方法上都有所拓展。

中西贸易航线研究

关于中西贸易航线的研究一直是海上丝绸之路的重点领域之一，2019年的研究成果不少，既有对海上丝绸之路航线的概述，也有对具体贸易路线的细化探析。鱼宏亮的《明清丝绸之路与世界贸易网络——重视明清时代的中国与世界》（《历史档案》2019年第1期）一文利用中国第一历史档案馆馆藏“明清时期丝绸之路档案”，提出明清时期（1840年以前）以中国为中心的世界贸易网络，分为陆路与海路各若干条贸易路线，成为东、西方包括南亚、东南亚、美洲地区最为活跃而稳定的商贸区域，是前近代最为持久、广泛的世界贸易秩序。虽然明清时期的丝绸之路贸易还是传统形式，但中国与参与各国所秉承的平等互市、调剂有无、救助周济的贸易精神，具有更加丰富的内涵与历史意义。李娜的《明清时期海上西洋丝绸之路再探》（《历史档案》2019年第4期）一文利用中国第一历史档案馆馆藏档案，梳理明清海上西洋丝绸之路的历史沿革，探讨清代对外贸易政策、外交等方面在外力的冲击之下的被动嬗变，阐释清朝政府为适应时代需求所做出的艰难探索和转型。石云涛的《元代丝绸之路及其贸易往来》（《人民论坛》2019年第14期）一文指出，元代的驿道路网打通了元朝首都与亚欧各地的联系，使长期陷于停滞状态的沙漠绿洲路再次活跃了起来，草原丝绸之路因此得到了空前发展。元朝继承并完善了唐宋以来的对外开放政策，在政治上加强与海外诸国的联系，在经济上积极开展海外贸易，开拓了中西方交往和贸易的新局面。毛敏的《物质文化遗产视野下的海上丝绸之路》（《福建文博》2019年第1期）一文认为，海上丝绸之路是古代以中国为主导，东西方各民族、各国家、各地区共同参与的重要商路，其萌芽于先秦，形成于秦汉，发展于三国至唐五代，繁荣于宋元，转型于明清，在各个时期遗留下沉船、港口、窑址、碑刻、宫庙、瓷器、香料、丝绸、雕塑、艺术品等物质文化遗产，这些物质文化遗产是古代中国与海上丝绸之路沿线国家和地区人民友好往来的历史见证。王茹芹的《海上丝绸之路》（《时代经贸》2019年第10期）一文认为，海上丝绸之路，是指古代东西方海上贸易的交通路线。这一概念由陆上丝路衍生而来。与陆上丝路相比，经由海上丝路流通的商品种类更加多元化，除丝绸外，瓷器、香料、茶叶均是大宗货物，因而海上丝路有时又被称为瓷器之路、香料之路、茶叶之路。按航线方向的不同，海上丝路通常分为东西两条，东向航线又称为东海丝路，系指自中国东北部沿海，经渤海或黄海或东海到达朝鲜，再渡朝鲜海峡，最终抵达日本的贸易航线。西向航线又称为南海丝路，系指从中国东南沿海出发，经南海、印度洋至西亚、非洲的贸易航线。该文对海上丝路的历史沿革、历代海上贸易政策、贸易方式、主要贸易商品、海上丝路上的商人、主要贸易港口以及海上丝路的历史影响进行了全面论述。叶显恩的《中西角力“世界性海洋贸易圈”》(《中国经营报》2019 年 11 月 25 日)一文认为，16 世纪，随着葡萄牙、西班牙、荷兰等西方殖民海商的东来，传统南海水域的贸易网络，已经西越印度洋，延及大西洋，东通太平洋彼岸的美洲新大陆，初步形成世界性的海洋贸易圈。继葡、西、荷东来之后，自 17 世纪起，英、法、丹麦、瑞典以及美国等新旧大陆国家，也先后涉足南海水域进行商业扩张，18 世纪更是一个世界商业竞争趋向激烈的时代。李孝聪的《中外古地图与海上丝绸之路》(《思想战线》2019 年第 3 期)一文，通过对中外古地图的探析，展现了联系东西方的海上丝绸之路的路线及其演变和贸易往来。

学者们对具体的海上贸易线路进行了深入探析。李德霞的《16—17 世纪中拉海上丝绸之路的形成与发展》(《历史档案》2019 年第 2 期)一文依据中外文资料，尤其是西班牙殖民者遗留的档案资料，阐述了中拉海上丝绸之路形成的历史背景、蓬勃发展的原因、表现及其历史意义。作者指出，曾为古代海上丝绸之路重要组成部分的中拉海上丝绸之路，系 16 世纪侵占菲律宾的西班牙为维系其在菲岛的殖民统治而开辟的。这条海上丝绸之路一经形成，即呈现蓬勃发展之势。中拉海上丝绸之路不仅对当时的国际社会产生了巨大的影响，而且成为推动人类一体化进程和世界市场形成与发展的积极因素，其历史意义和地位不容忽视。

台湾是中西贸易的重要中转站，之前的研究更偏重于台湾在中外政治交往中的相关事件及影响，关于台湾地区在中西贸易中的地位与作用研究不多，2019 年度这方面的研究取得了很大的进展。常泽儒的《浅析中国台湾热兰遮城出土的陶瓷器背后的17世纪中西方贸易》(《中国民族博览》2019年第8期)一文通过此次出土的陶瓷器,简单探究中国台湾在荷西时代、明郑时代作为中外贸易中转站的角色和地位。作者指出,2003年,台南市政府委托台湾成功大学对台南安平古堡进行了一次考古发掘,此次考古发掘出土了大量的中外陶瓷器,来源涵盖了欧洲、东亚以及东南亚3个地区。通过考古资料可以看出,在荷据时代,由于西方殖民者的缘故,中国台湾同西方的贸易关联十分紧密。在明郑时代,由于明末清初的政治动乱,加上清初清政府对于明郑集团的严密封锁,明郑政权开始同日本及东南亚地区展开周边贸易,这一时期日本肥前窑生产的青花瓷开始取代原本中国生产青花瓷的外销地位。泰国和越南的陶瓷虽然不及中国生产的陶瓷精细,但是同样广泛应用在日常生活和海外贸易中。因此,无论是荷据时代还是明郑时期,台湾在中西方以及周边国家和地区的贸易中都扮演着一个中转站的角色。但是值得注意的是,在安平古堡遗址出土的大量陶瓷器中,还是中国生产的陶瓷占据多数地位。结合东南亚地区以及海上沉船的发掘,我们不仅可以大致勾画出这一时期的海上贸易路线,同样也可以思考台湾在这一贸易网络中的地位。黄丽生的《明清时期鸡笼的航路叙事与澎湖针路簿〈海不扬波〉》(《南海学刊》2019年第4期)一文指出,今基隆和平岛或包含其邻近山岭地区,在明清文献中称为“小琉球头”“鸡笼屿”“鸡笼山”,一向为东亚海洋网络的重要地标,为从福建出发经“东洋航路”向北到琉球、日本,向南到吕宋(菲律宾群岛),以及由吕宋及南海各国到日本的航线地标和中继站。相对于鸡笼偏属在东洋航路具有重要地位,位居台湾海峡的澎湖群岛则发挥联结台海、渤海、黄海、东海与南海的关键作用。该文一则探讨明清时期与“鸡笼”航路形势相关的叙事,二则以澎湖仅存的针路簿《海不扬波》为例,检视传统民间船家如何以澎湖为中心来往于各海域;并期透过二者的对比与联结,综论明清时期鸡笼和澎湖在两岸以及东亚航海网络的特殊性与连贯性。

2019年度学术界还对其他相关贸易路线进行了探析。宋国栋的《东印度公司初涉尼泊尔—中国西藏贸易路线问题》(《西藏研究》2019年第4期)一文指出,东印度公司最初将中国西藏视为一个可以通往中国内地市场的贸易后门,而尼泊尔是接触这个后门的最佳选择,所以,18 世纪下半期东印度公司通过派兵和遣使的方式试图控制尼泊尔路线。与此同时,黑斯廷斯对不丹与库赤·贝哈尔纷争的介入,既打开了不丹贸易路线的前景,又收获了与中国西藏第一次交往的惊喜,但这并没有打乱东印度公司对尼泊尔贸易路线的执着,然而廓尔喀之役打碎了英国的算盘。这一时期的尼泊尔贸易路线问题不再拘囿于地缘因素,而是更多地体现出政治算计:廓尔喀的最理想目标是凭借相对优势的中转身份完全垄断穿越喜马拉雅的贸易财富,而东印度公司认为必须控制廓尔喀这个中转才能打开通向中国内陆市场的西藏之门。

此外,李文增的《略论中西方丝路文化视野的差异性》(《世界文化》2019 年第 1 期),伏杰的《历史上的"海上丝绸之路"》(《中国税务》2019 年第 4 期),毛敏的《"海上丝绸之路"传入的异域珍宝》(《大众考古》2019 年第 5 期),徐宾、许大海的《运河输送视野下"海上丝绸之路"手工艺传播路径》(《南京艺术学院学报·美术与设计》2019 年第 6 期),张凝灏的《从出水文物讲述海上贸易故事》(《文物鉴定与鉴赏》2019 年第 8 期),张良群的《关于古海上丝绸之路的几点思考》(《大陆桥视野》2019 年第 10 期),万明的《文化共生:海上丝绸之路的真实图景》(《北京日报》2019 年 5 月 27 日)等文章,也从一定层面反映了海上丝绸之路的发展状况。

航海技术史研究

航海技术的发展是近代新航路开辟的前提条件之一,国内学术界一向非常重视航海技术史的研究,改革开放以来这方面的研究取得了不俗的成绩。陈晓珊的《近 40 年中国航海技术史研究回顾与展望》(《海交史研究》2019 年第 4 期)对近 40 年来中国航海技术史研究进行了总结。作者指出,中国航海技术史研究经过积累与发展,呈现了繁荣的景象。关于地文导航、天文导航等方面的问题得到了许多关注和讨论,一些有价值的文献资料被发现并陆续刊印共享,促生了新的研究主题。作者强调,近 40 年来,中国航海技术史研究取得了明显进步,这实际建立在时代发展与许多相关学科共同繁荣的基础之上。无论是考古学、科技史、文献学、历史学、地理学还是人类学等领域的成果，都可能为航海技术史研究提供不同角度的支持。而从技术视角出发，也可以解决航海史上一些其他领域中的问题，在讲述贸易、移民与文化交流的论著中，作为文明载体的航海造船技术也会成为其中的一部分。因此，在航海技术史的未来研究中，可以期待引入更多相关领域的知识，扩充研究的边界和基础，同时也可以关注国外研究者的同类论著，用更多视角和资料解读更宽广的领域，发掘出更多技术细节并加以讨论，以促成这个领域的进一步繁荣与进步。

2019 年度关于航海技术史的研究继续发展。陈平的《全球贸易枢纽下的澳门造船业与中西文化交流》（《地域文化研究》2019 年第 5 期）一文认为，在中国古代造船业达到顶峰的明朝，秉持着广船传统的澳门开埠，与世界性的造船技艺相互交融，形成了一种物质技术层面的中西文化互动现象。虽然澳门的传统造船业以渔船为主，但承袭了广船的造船传统，并将这种以造船业为代表的广府文化发扬光大。在世界范围内，随着海上贸易的开展和不断发展，来自欧洲、印度洋、亚洲的造船传统代表的不同的海洋文明，在澳门以及以澳门为枢纽的世界海洋中碰撞，以一个个具体的船只形成了独具特色的中西文化互动的澳门现象。

谭玉华的《汪鋐〈奏陈愚见以弥边患事〉疏蜈蚣船辨》（《海交史研究》2019 年第 1 期）一文认为，在蜈蚣船原型问题上，虽然学界形成了彼此对立的两种观点——“东南亚船说”和“葡萄牙船说”，但两说都采信嘉靖八年（1529 年）汪鋐《奏陈愚见以弥边患事》疏关于蜈蚣船的记载，认可奏疏记载蜈蚣船尺度，认为正德十六年（1521 年）的中葡屯门海战中，葡萄牙人装备佛郎机铳的蜈蚣船，威力巨大，刺激了明朝开展仿制活动。蜈蚣船的传入和仿制，被视为中葡文化交流事件。而经过中葡文献对读、船舶技术分析，可以确认：蜈蚣船并未来粤贸易或参与 1521 年中葡屯门海战，其尺度记载亦不准。汪鋐奏疏对蜈蚣船记载含糊其词，后世转录亦未加辨证，影响了今天学者对蜈蚣船的认识。相对而言，《南船纪》对蜈蚣船的记载，图文并茂，内容丰富准确，以之为参照，通过形态比较，确认蜈蚣船原型为东南亚兰卡（Lancaran）桨帆船，其经由马六甲华人引入中国。蜈蚣船的传入与仿制，是中国与东南亚之间的文化交流事件。

刘涛的《戴城改良的福船与大航海时代漳州月港发展考》(《闽商文化研究》2019 年第 1 期)一文考证,戴城(1580—1620),字利藩,福建漳州府长泰县人,军籍出身,水上人后裔,明代万历年间两广总督、太子少保、兵部尚书戴燿的次子,世界大航海时代中国著名的福船制造家,国子监生,获赠户部主事一职。其事迹在曹学佺与张燮文集、地方志、族谱、碑铭均有反映,却长期以来未得到学术界应有的关注。戴城根据白艚南海省亲的遭遇,在其挚友曹学佺、林古度、张燮等人的支持下,充分参考了白艚、福州产福船、广船,改造了"八下西洋"王景弘所乘漳州产福船,创造了影响深远的新型福船。戴城此举是福船发展史上的里程碑,促进了福船内部的转型与升级,推动了漳州月港的繁荣与发展。戴城虽然是出身闽南名门望族的贵公子,却心系海洋贸易,在隐居地长泰天柱山精心研发。以其巨大的贡献与重大影响,为张燮所称道,随着张燮《东西洋考》的传播闻名于世,由此为新形势下海上丝绸之路研究提供了新的路径。

贸易港口研究

贸易港口是中西贸易的连接点,也是中西贸易兴衰的见证,国内学术界重视对贸易港口的研究,每年都有较多的研究成果,2019 年度延续了这种研究趋势。陈洪波的《从文物考古资料看广西古代对外交流》(《广西民族研究》2019 年第 5 期)一文以文物考古资料为主要依据,结合文献记载,对古代广西与东南亚以及西方世界文化交流的特点进行探析。作者认为,广西处在东西南北文化交会的十字路口,地理环境和气候独特,族群构成复杂,形成了自己一系列的文化特征,对于古代对外交流产生了重要影响。史前稻作农业在广西二次创新,形成了发达的大石铲文化。瓯骆民族创造了以铜鼓为代表的青铜文化,开创了南海丝绸之路,秦汉之后进一步发展。宋明时期海上丝绸之路内容发生转变,贸易货物由以丝绸为主逐渐转变为以陶瓷为主。

福建的港口在海上丝绸之路上占有重要地位,其中泉州和漳州的地位尤其重要。朱嘉仑的《论宋元时期泉州港的兴起与衰落》(广东省社会科学院硕士学位论文,2019 年)一文重点关注唐至明中期泉州港的 700 多年历史，通过系统展现泉州港在唐代的积累发展、宋元时期的灿烂辉煌、元末战乱之后的萧条凋敝以及明中期萎缩成地方小港的兴衰历史，从地理环境、产业资源、海上人群、海洋政策、海外贸易等多角度，深入分析泉州港的兴衰同中国古代海上丝绸之路的总体进程与唐宋元明时期海上人群流动、海洋政策变动的互动关系。作者认为，在中国古代海上丝绸之路的历史上，泉州是一个无法绕开的重要港口。泉州港历史悠久。早在6世纪，泉州港就已经开始成为沿海人群开展海外贸易的港口。随着南方的社会经济全面发展，尤其是中原地区人口迁徙、泉州地方社会的经济开发，泉州港在唐代崭露头角。两宋时期，泉州港吸引大量海商，海外贸易日趋繁荣。到元代，泉州港臻于极盛，被誉为“东方第一大港”，是“梯航万国”的“东南巨镇”。元末战乱的破坏和明初贸易政策的改变，导致泉州港逐渐衰落，沦为地方性小港。戴冠青的《石狮姑嫂塔在海丝文化中的意义》(《盐城师范学院学报(人文社会科学版)》2019年第1期)一文指出，位于福建东南沿海的泉州港是古代海上丝绸之路的起点，石狮姑嫂塔见证了当年海丝之路的筚路蓝缕和艰辛悲壮。作为世界航海史上的独特航标，姑嫂塔默默地为无数进出泉州湾的中外船舶引航指路，阅尽海上丝绸之路的沧桑变幻，见证了泉州长达千年的海外交通发展历史。姑嫂塔的传说中，不仅饱含姑嫂盼不回出洋谋生的哥哥的凄苦，更蕴含古代海上丝绸之路特定背景下石狮人拼搏进取的文化精神。

还有一些文章对其他港口进行了探析。韩春鲜、光晓霞的《唐代扬州海上丝绸之路的商贸与文化交流》(《唐都学刊》2019年第2期)一文指出，唐代扬州是商业繁华的国际化都市，依托商贸交流成为对外文化交流中心，城区有外国商人集聚区。陶瓷和铜器是通过海路对外交流的大宗商品，大量陶瓷通过海路输送到沿海国家，同样具有他国文化特色的陶瓷日用品随着商人来往而传入扬州，铜器上的外国文化符号也是中外文化交流的印证。唐代扬州还是宗教文化交流中心，一方面，佛教东传对日本文化影响深远；另一方面，伊斯兰教文化随胡商传入扬州，对扬州当地文化产生了一定的影响。赵琪的《元至明初的刘家港与海上丝绸之路》(《苏州科技大学学报(社会科学版)》2019年第3期)一文指出，位于今天太仓市浏河镇的刘家港是元至明初江南地区一个非常重要的港口。刘家港在元朝建立、发展起来的直接原因是至元十九年起海漕的兴起，加之元朝政府采取鼓励海外贸易的政策，刘家港迅速发展成为兼具海漕和海外贸易双重功能的重要港口，时人称之为“六国码头”。至明朝初年，刘家港因水文条件好、港口配套设施完善等原因，成为郑和下西洋的始发港。在元至明初的海上丝绸之路中，刘家港发挥了重要的作用。毕旭玲的《明清以前古徐州港口群的历史重构——基于古代海上丝绸之路发展视野的考察》(《徐州工程学院学报(社会科学版)》2019 年第 4 期)一文认为，古徐州港口群在中国古代海上丝绸之路的发展中起到过重要作用。但因为地貌变动巨大，时间过于久远，缺乏相应的文献记录等原因，徐州港口群的文化记忆已大都被遗忘。文章试图重构明清以前古徐州港口群的历史。

(四)中西具体货物贸易

丝绸、茶叶和瓷器作为古代中国最重要的对外贸易货物，通过海上丝绸之路源源不断输送到西方各国，成为大航海时代早期“中国制造”走向全球的典范。关于中西货物贸易的研究一直是学术界关注的重点，2019 年度关于这方面的研究成果非常丰富，其中关于瓷器贸易的研究成果最为丰富，中西丝绸和茶叶贸易的研究成果相对较少，同时学者们也加强了对其他货物贸易的研究。

丝绸贸易

丝绸贸易是丝绸之路上最具典型性和代表性的贸易，2019 年度关于丝绸贸易的研究成果不多，但研究领域有所拓宽。王三三的《丝绸贸易：起源与特征》(《学术研究》2019 年第 6 期)一文考察了丝路初兴阶段丝绸贸易的起源和特征。作者认为，两汉时期丝绸外输的方式，大致有四：一是纳贡，二是赠赐，三是贩卖，四是被当作货币。借助这些方式，汉地的丝绸得以外输至西域，丝绸贸易亦由此渐兴。丝绸贸易时常受丝路自然环境的复杂性、沿途民族和语言的多样性、贸易路线的多线性、贩运的长时性与中转性、贸易货币的多样化等恒定因素以及参与国的政策、战争和民族迁徙、自然灾害与人为灾害和贸易运输体系等非恒定因素的影响。综合考察影响丝绸贸易的诸种因素，即可探知丝绸贸易的基本特征。张爽的《论 4—6 世纪拜占庭的丝绸贸易与查士丁尼开辟丝路的努力》(《海交史研究》2019 年第 3 期)一文认为,丝绸贸易是拜占庭帝国维护皇权、基督神权、等级身份差别以及处理国际政治关系的有力工具。这使丝绸在拜占庭帝国中成为具有极强政治属性的特殊商品,丝绸贸易处于拜占庭帝国国家力量的强力控制之下。查士丁尼时期,丝绸贸易彻底与拜占庭帝国政体结合在一起,拜占庭帝国出于统治需要彻底控制了丝绸贸易,丝绸贸易成为反映拜占庭帝国政治变化的线索。查士丁尼开辟黑海和红海新丝路的失败说明,波斯在欧亚丝路中的中枢地位和控制力很难撼动。欧亚丝路贸易路线一旦形成,各国各民族在丝路中的地位、作用及获利方式就将相对固定化,仅凭一国或少数民族的军事政治活动很难改变。张爽的另一篇文章《罗马社会没有形成丝绸贸易热潮》(《中国社会科学报》2019 年 11 月 25 日)则强调,丝绸贸易是连接古代欧亚大陆众多国家、农耕民族与游牧民族的重要纽带。以丝绸为代表的东方奢侈品,通过贸易被贩运到罗马,激发了罗马社会对东方丝路的不懈探索。丝绸贸易之所以能够植根于罗马社会,在于丝绸具有宣示皇权和区分等级高低的政治功能。徐靓雯、胡越的《古代丝绸之路对东西方丝瓷茶文化的影响》(《大众文艺》2019 年第 9 期)一文认为,自古代丝绸之路开通,丝瓷茶作为我国独有的商品在对外贸易和文化传播等方面一直拥有引领世界的地位,并在鼎盛时期一度达到了西方各国竞相向中国定制的程度。然而,随着西方列强的崛起和中国封建社会的落后,以及丝瓷茶生产制作工艺外泄等国际格局变化和不利因素发生之后,西方品牌化生产的丝瓷茶商品逐渐超越东方,不再依赖进口,导致我国丝瓷茶贸易全面落后。

茶叶贸易

茶叶是中西海上丝绸之路上的大宗货物,中国长期处于垄断地位。学术界一直很重视茶叶贸易的研究,2019 年度也有相关成果发表。张北晨的《十八世纪北欧和中国的茶叶贸易及影响》(《福建茶叶》2019 年第 5 期)一文指出,早期的欧洲强国和中国的茶叶贸易为其带来了巨大利益,到 18 世纪初,北欧国家欲打破这种垄断。在引植失败后,北欧加入到与中国的茶叶贸易中。由于出现了有利北欧茶叶贸易的国际环境,在 18 世纪中期北欧与中国的茶贸易达到了一个高峰。目前，国内鲜有北欧与中国茶叶贸易史的文献成果，该文对这一贸易发展情况进行发掘并探析它所产生的影响，填补了中国对外茶叶贸易历史的研究空白。首作帝的《传教士与茶文化的传播、演进和构建》(《广西职业技术学院学报》2019 年第 1 期)一文认为，传教士是推动茶文化东风西渐的主力军，他们积极探索和理解中国茶文化，身体力行为其正名，他们将饮茶习俗传播开来，促进了中西茶叶贸易的发展，极力拓展"地球茶村"的构建，最终使得茶文化被广为认知和接受。在这个过程中，茶文化成为协调各支力量的黏合剂，展示了自身追求天下和谐的宗旨，最终引发世界性构建，走进千国万郡。传教士是中西茶文化关联和交集的中介和载体。

杜丹的《"绿色黄金"与"纸质黄金"：1784—1815 年的中美茶叶贸易》(《南开史学》2019 年第 1 期)一文指出，1784 年 2 月 22 日，"中国皇后号"驶往广州，从而开启了中美间的直接茶叶贸易。自此以后，美国一跃成为中国的第二大茶叶进口国。将此"绿色黄金"运往美国与欧洲大陆的市场，美国商人不仅宣告了其新取得的文化与政治的独立，更成就了其经济的独立，因为此贸易为他们提供了来自荷兰与中国的商业贷款。英国的《减税法案》和欧洲的拿破仑战争(1803—1815)为美国的茶叶商人提供了无限商机；美国商人在荷兰的茶叶生意如火如荼，从而吸引了来自荷兰公司的商业信贷。而中国的本票，这一在英国汇票流通之前便已经存在的纸质金融工具，则成为中美债务的重要载体。通过赊账、代销以及本票作为可转让金融工具的特性，来自中国的金融资本流向美国。该文重点阐释 1815 年前中国商人此 3 种形式的商业贷款，亦即 3 种本票的流通方式，对"中国贸易为严格的现金交易"这一传统观点提出挑战，并强调了商业信贷在美国早期经济发展中的作用。作者指出，由于"绿色黄金"和"纸质黄金"的流通，美国北部的商人迅速积累了大量资本，从而促进了美国早期的经济发展，也联通了大西洋与太平洋两个商业世界。

彭庆中的《六堡茶外贸转口港的兴起与更替——以清代为考察中心》(《广西职业技术学院学报》2019 年第 5 期)一文认为，一直以来，业界对六堡茶外贸转口港的研究大多停留于清代"十三行"垄断贸易这个"辉煌"时期。其实，六堡茶外贸转口港在历史上经历了较多的变迁与更替。在六堡茶外贸转口的过程中，在不同历史时期，由于海禁、时局、鸦片战争条约、通商口岸以及出口关税等原因，先后出现了澳门、广州、香港三大转口港。作为中国茶叶最早外贸转口港的澳门，现在几乎被人遗忘。而在清代，曾经一度作为全国唯一通商口岸的广州，凭借着垄断经营的特殊优势，迅速崛起，却又在短短80多年后迅速陨落，令人唏嘘。后来被誉为“东方之珠”的香港在被确立为自由港之后，凭借自身发达的资讯、规范的市场、发达的物流吸引了大量茶叶经过其港转口，确立了它在近代茶叶外贸史上不可替代的地位。

夏东平的《从茶叶贸易视角解读鸦片战争的原因》(《福建茶叶》2019年第2期)一文认为，鸦片战争是中国近代史的开端，也是中西方贸易关系的转折点。古老的茶叶贸易在鸦片战争中扮演着何种角色，英国侵略者发动这场战争真实的目标是茶叶、鸦片，还是在正常贸易的名义下对中国长期有效的经济侵略？因此，从茶叶贸易的视角来解读鸦片战争爆发的原因，有助于我们理清鸦片战争更为真实的目的。索亮的《鸦片战争后中英茶叶贸易探析》(《福建茶叶》2019年第2期)一文介绍了鸦片战争前中英茶叶贸易的状况，然后分两个部分分别探究了鸦片战争之后中英茶叶贸易对中国和英国经济发展的影响。作者认为，中国茶叶由于物美价廉的特点在国外非常受欢迎。在鸦片战争前，中英茶叶贸易非常受限，仅中国广州这一个贸易港口。而鸦片战争之后随着中国国门的被迫开放，中英茶叶贸易迎来了新的发展，这不仅对中国的对外贸易产生深远影响，也对整个世界尤其是东南亚地区的发展产生影响。孙绍旭的《太平军战事与全球茶叶贸易体系的重构》(《江苏社会科学》2019年第3期)一文认为，经济全球化背景下爆发的太平军战事，其烽火肆虐中国外贸茶区，造成茶叶供需紧张的态势。战争导致茶区人口损失巨大，同时破坏冲击茶产业链，而且庞大的战争军费开支增加了茶叶生产成本。由于国际茶叶消费市场需求不断扩大带来了巨额利润，洋商对茶叶供应市场极为关注，而太平军战事则引发其对获得稳定持久茶叶供应源的巨大担忧。为获取茶叶并保证供应源的稳定，洋商除通过各种手段获取茶叶，还尽力在其殖民地如印度、锡兰等地培育茶树，试制茶叶，并获得巨大成功。在太平军战争期至战后中国经济恢复的时期，印度等茶叶外贸国迅速崛起，出口数额成倍增加；于是，茶叶供应由中国独家垄断之局向由中国、印度、日本、锡兰等共同供应的局面转变。因此，太平军战事开启了全球茶叶贸易体系的重构。

此外，王娟、王婷的《十三行外销茶叶漆盒的艺术特色》(《美与时代(上)》2019 年第 1 期)，高山的《史上最大的商业间谍——盗取中国茶叶机密的英国人福特尼》(《世界文化》2019 年第 5 期)，冯海波的《中国茶文化，从广州走向世界》(《同舟共进》2019 年第 10 期)，吕晨筱的《中英茶文化比较及中国茶文化传播》(《福建茶叶》2019 年第 11 期)，金毅、康藏元的《中英茶文化差异下文明的交流与互鉴》(《农业考古》2019 年第 5 期)，曹瑞臣的《茶与欧洲的文化相遇》(《中华读书报》2019 年 11 月 20 日)等文章，也从不同层面反映了中西茶叶贸易状况。

瓷器贸易

瓷器是丝绸之路上又一个重要商品，中西瓷器贸易也始终居于东西方文化交流的主体地位。改革开放以来，国内学术界关于瓷器贸易的研究取得了很大的进展。孟原召的《40 年来中国古外销陶瓷的发现与研究综述》(《海交史研究》2019 年第 4 期)一文，对 40 年来中国对古代外销陶瓷的研究状况进行系统总结。作者认为，20 世纪 60 年代及以前，在这些外销陶瓷资料的基础上，结合中国陶瓷器的海外贸易史料和早期考古发现，一些国外学者已对瓷器贸易、产地工艺等问题进行了较为系统的研究。自 70 年代末以来，随着国内外考古工作蓬勃开展，窑址考古、水下沉船、海外遗址的新发现不断涌现，以及考古材料与文物藏品资料的系统整理，为中国古外销陶瓷研究提供了类别丰富、翔实可靠的实物资料；同时，由于中外文化与学术交流活动频繁，大大拓宽了中外学者的研究视野，推动了古外销陶瓷研究不断深入。因此，这一时期的中国古外销陶瓷研究进入了一个快速、活跃的发展阶段，并取得了一系列学术成果。通过前述对中国古外销陶瓷的发现及研究史的回顾，大体可将其以世纪末为界分为两个发展阶段，其研究重点有了阶段性变化，主要体现在以下几个方面：第一，由外销陶瓷本身的个案研究趋向于制瓷业生产格局的整体性研究，由一窑一地之面貌特征扩展到一区域一体系之空间格局与时代变迁；第二，由侧重于外销陶瓷的产地辨识到关注制瓷技术及其传播的技术交流研究；第三，由外销陶瓷特点的整体性宏观认知趋向于关注以此为基础的微观考察，由呆板的器物类别和产品特征到生动的社会生活和艺术内涵探究，从器物史到文化史；第四，从外销陶瓷的单一商品研究逐渐延伸到以外销陶瓷为落脚点的全球贸易体系研究，可以说是从陶瓷之路的探索再次回归到了海上丝绸之路研究。近些年来，随着考古材料的增多，学界对一些外销陶瓷研究中的不明确问题的认识逐步清晰，或者问题得以解决。但仍有一些外销陶瓷的产地无法确认，这显然与窑址考古工作的薄弱环节息息相关，如岭南地区的瓷业面貌认识仍显欠缺；也有的外销陶瓷资料因时代晚近或无人研究而被束之高阁，缺乏学者和社会关注，学术资料刊布也颇为欠缺；中外学者之间的学术交流也颇受诸多因素限制。同时，随着更为精细的窑址区域系统调查和重点的考古发掘工作的开展，也出现了一些新的问题，主要体现在陶瓷器生产面貌显得愈加复杂多样上，特别是大的制瓷系统下又分若干存在差异的小窑场区，以往认识或有待进一步修正甚至改变。此外，生产窑场与贸易港口之间的联系，海外集散地和港口与具体消费群体之联系，贸易模式与社会生活、海外贸易与社会经济之关系，宏观视野与微观考察之间的有机结合等问题尚待进一步深入研究。

2019 年度关于中西瓷器贸易的研究有不少成果。陈闻娃的《16—19 世纪的中国贸易瓷》(《文物鉴定与鉴赏》2019 年第 6 期)一文认为，16—18 世纪是中国海上瓷器贸易历史上最为繁荣的时期。这一时期除了著名的外销青花瓷以外，还出现了各类彩瓷和纹章瓷。这些瓷器联通世界，对世界陶瓷业的影响深远。王侠的《宋元福建海路瓷器贸易对世界文明的贡献》(《厦门日报》2019 年 7 月 1 日)一文认为，从史料记载看，早在唐五代时期，作为中国对外贸易的重要港口地区之一，福建尤其是泉州的瓷器就成为当时海上丝绸之路的贸易商品，宋元时期福建瓷器外销更是盛况空前，远销海外。吴明娣的《十八世纪欧洲的中国瓷器收藏及其对艺术市场的影响》(《文物天地》2019 年第 7 期)一文认为，欧洲人早在“地理大发现”之前，已接触到中国陶瓷，但数量十分有限，仅能从少量的历史文献中发现零星记载，存世的实物稀如星凤，且难以考证其确为传世藏品。15 世纪葡萄牙人开辟了欧洲与中国的贸易通道；16 世纪以来，特别是 1557 年之后，中国瓷器开始批量销往欧洲，供上层社会使用，中国瓷器收藏成为现实。陈宁的《明初朝贡贸易对中国青花瓷制作的影响》(《中国陶瓷》2019 年第 8 期)一文认为，明初，由于朝廷实行严厉的“海禁”政策，朝贡贸易成为当时唯一合法的对外贸易方式。中国青花瓷由于深受海外诸国的喜爱和崇尚，成为当时中外朝贡贸易中十分重要的商品货物。明廷为了“投其所好”，所生产的青花瓷必须考虑海外诸国的生活习惯、宗教习俗、文化审美等因素，而这些因素对当时中国青花瓷的器物造型、装饰风格、纹饰图案等产生了重要影响。同时，明初朝廷通过朝贡贸易，尤其是郑和下西洋活动，从海外获取了大量的青花钴料，这对当时中国青花瓷的生产发展具有良好的推动作用。

景德镇较早参与对外瓷器贸易，是中国出口瓷器大宗供货基地，16—18 世纪，大约有 3 亿件瓷器来到欧洲，还有巨额数量的瓷器销往东亚及东南亚各地，这些产品大多出自景德镇。2019 年度关于景德镇瓷器的外销与影响的研究比较突出。徐茂林、曾玉成的《明清景德镇陶瓷对欧洲陶瓷的影响》(《陶瓷研究》2019 年第 5 期)一文指出，明清时期的景德镇陶瓷大量外销欧洲，并对欧洲陶瓷形成了巨大影响。欧洲陶瓷在工艺方面模仿与学习景德镇陶瓷的高岭土工艺、装饰工艺等，在艺术方面模仿与学习景德镇陶瓷纹饰、器型、雕塑等。于梦霞的《论景德镇明清外销瓷分期》(《文物鉴定与鉴赏》2019 年第 1 期)一文指出，中国陶瓷在明代形成了景德镇一枝独秀的局面。明清两代，没有任何一个窑址的地位超过景德镇窑。外销瓷研究是景德镇明清瓷器研究的一大重点。由明至清，景德镇的外销瓷经历了一个从初始到发展，再到鼎盛，直至最后衰落的过程。这个变化过程与当时国内、国际环境有着密不可分的关系。曾晶、袁早华的《溯源景德镇青花瓷的海上丝绸之路》(《陶瓷研究》2019 年第 6 期)一文认为，通过海上丝绸之路，景德镇的青花瓷大量销往海外，让世界认识了中国以及中国的陶瓷文化，通过这条海路往来的不仅是商品，更是各国间的政治、经济、文化、技术。景德镇青花瓷不仅影响了交流带人们的生活习惯和审美方式，也促进了世界制瓷业的发展，还使得同一时期全球陶瓷工艺及艺术得到多元提升。杨璐、宋燕辉的《论景德镇在古代丝绸之路中的历史地位——景德镇外销瓷在中国陶瓷贸易史中的历史地位》(《景德镇学院学报》2019 年第 1 期)一文认为，16—18 世纪，大约有 3 亿件瓷器来到欧洲，还有大量瓷器销往世界其他地区。法国传教士殷弘绪说，“景德镇一地，独挑运瓷器到全世界之大梁”，这句评述客观地概括了景德镇外销瓷在中国陶瓷对外贸易中的历史地位。行销世界的中国瓷器，在丝绸之路上扮演了重要角色，造成了人类历史上早期的“全球化现象”。作为中国瓷器主要出口基地的景德镇，成为人类历史上早期“全球化现象”的重要推手。蔡锐的《大航海时代背景下从澳门散射的瓷之光芒》(《景德镇学院学报》2019 年第 4 期)一文，则从澳门这个国际贸易的中转站出发，探讨景德镇瓷器在东西方文化交流上的重要地位。

中国瓷器的大量外销，对欧洲的瓷器生产与使用产生深远影响，2019 年度这方面的研究也不少。孙晶的《青花里的中国风：17 世纪荷兰代尔夫特陶器的模仿与本土化之路》(《清华大学学报(哲学社会科学版)》2019 年第 2 期)一文指出，17 世纪荷兰代尔夫特陶器在欧洲中国风的发展过程中所扮演的角色，在很长一段时间里没有得到足够的重视和明确的阐释。相关资料表明，17 世纪荷兰东印度公司大量进口的中国外销瓷不仅为欧洲人想象中国提供了直观的视觉材料，而且在荷兰引发了追求东方异国情调的风尚。为满足市场需求，荷兰代尔夫特陶匠从技术和装饰方面借鉴和模仿中国瓷器。在模仿中国题材的过程中，荷兰代尔夫特陶器融合了本土艺术，并致力于表现想象中的以中国为主的东方形象，这实际上极大地推动了中国风的产生和发展。武东的《从参照到创造：17 世纪荷兰代尔夫特陶器里的“中国塔”》(《美术学报》2019 年第 4 期)一文就代尔夫特陶器之“中国塔”的表现形式和审美趣味等进行分析，探究“中国塔”形式嬗变背后的知识结构和社会情绪。作者认为，“中国塔”是 17 世纪荷兰代尔夫特陶器里一种非常典型且具重要影响力的文化符码，包括“塔图像”和“塔形器”两种表现形式。前者发轫于 17 世纪早期对中国外销瓷的仿制，后者以纽霍夫创作的中土风光图为起点，开启了荷兰代尔夫特陶器装饰风格本土化发展的道路。作为具有指示意义的文化符码，“中国塔”为荷兰代尔夫特陶器的发展提供了源源不断的创作源泉，并参与形塑了流行于欧洲近两百年的“中国风”装饰风格。顾年茂的《“东物西渐”：中国瓷器在德国——以18世纪初期德国迈森瓷器为中心》（《岭南文史》2019年第3期）一文指出，18世纪迈森瓷器发展初期，中国瓷器的釉料色彩、瓷绘工艺、款式等都是迈森瓷器的仿制对象；中国瓷器瓷绘的主题、人物、景物、瓷面布置等方面都是迈森瓷器早期模仿的主题。迈森瓷器初期还融合中国元素，创作出具有东西方文化融合的瓷绘作品。瓷器成为东西方文化不断交汇和相互融合发展的物质载体。通过海上丝绸之路，中国瓷器被大规模贩运到欧洲，在市场上深受欢迎。中国瓷器作为中国物质文化的优秀代表，一直成为欧洲人钟爱的物品和珍藏品。迈森瓷器等欧洲各个瓷器厂制造的瓷器，使得全欧洲共同使用源自中国的物品。作为欧洲社会日常使用和许多人家橱柜里珍藏的瓷器，瓷器所代表的中国普通劳动人民的技艺、瓷绘的艺术和文化，形成了立体的瓷器文化。500多年来，瓷器对欧洲人的社会生活和塑造欧洲人的中国印象、中国认知、中国感情有着重要影响。中国瓷器在海上丝绸之路文化发展史上占有重要的地位。刘朝晖、崔璨的《改装和重饰：18世纪法国对中国外销瓷的金属镶嵌》（《美成在久》2019年第5期）一文回顾了中国瓷器在欧洲的改装历史，并以法国为例，梳理了18世纪法国对中国瓷器进行金属镶嵌的方式和发展演变，探讨这些被改装的瓷器的功用，分析改装目的，并解析这些改装思路变化背后的文化意涵。作者认为，中国外销瓷深受欧洲人喜爱。为将异域的中国瓷器更好地融入欧洲审美风尚和社会生活，部分外销瓷会在当地被重新装饰和改造，类型多样，特色鲜明。这种再加工仿若一场极富创意的视觉改造游戏，将中西方文化完美地结合起来。明清时期大批中国外销瓷输入欧洲，其中部分瓷器在欧洲会被改造和重新加以装饰，成为一种复合器物。镶嵌金属附件是其中最常见的手段，这是一种将金属制成的附件加装嵌入另一器物（该文中是指中国瓷器）的特殊工艺。欧洲对中国瓷器的金属镶嵌，盛行于17—18世纪，尤以法国为盛，并在欧洲产生了辐射性影响。童心的《15—18世纪中国瓷器对欧洲酒文化的影响》（《景德镇学院学报》2019年第4期）一文从15—18世纪中国瓷器远销欧洲这一历史现象入手，比较深入地探讨了中国瓷器对欧洲酒文化的影响。作者认为，中国瓷器自15世纪进入欧洲，即以其十分稀有和优异的品质倍受欧洲人推崇，其中餐饮具更是对提升欧洲人的生活质量和健康水平起到积极作用。酒文化是饮食文化的重要方面，中国瓷器对欧洲酒文化的影响也十分明显。

中美瓷器贸易起步较晚，但发展迅速，2019年度也有相关研究成果发表。童心的《18—19世纪的中美贸易——以陶瓷贸易为例》(《景德镇陶瓷》2019年第1期）一文从1783年以前和1784年以后的中美陶瓷贸易入手，对中美陶瓷贸易状况进行探析。作者认为，中美两国间的直接贸易是在1784年“中国皇后号”首航中国广州成功后才真正开启。19世纪初期，纽约逐渐发展成为中国商品在美国的集散地，一些从美国其他港口出发驶往中国的船只，在返回美国时都会驶往纽约，将带回的中国商品在此卸下，然后经陆路分销到美洲各地，因此纽约也变成了中国商品的最大销售市场。纽约当地的报纸也会定期发布商业信息，以配合这些商品的销售。童心的另一篇论文《18—19世纪销美华瓷的装饰纹样特征》(《景德镇陶瓷》2019年第2期）认为，18世纪末到19世纪，美国在中国订制的那些绘有政治场景、纹章、鹰旗、美国商船、建筑物等富含美国特征图案的瓷器，既迎合了美国人的民主主义和自由独立的意愿，也表现出美国人的爱国主义情感。和一些欧洲国家相比，美国的瓷商很少订制以宗教故事、历史传说等题材装饰的瓷器，这固然与美国自身的历史不长、文化积淀相对不厚重直接有关，但也反映出了美国人轻虚幻、重科技和求实求真的文化特色。

2019年度其他与陶瓷贸易有关的领域也有学术成果发表。安丛的《明清销往欧洲宜兴紫砂的装饰工艺和艺术风格》(《中国陶瓷》2019年第9期)一文通过对欧洲各大博物馆馆藏明清外销至欧洲的代表性宜兴紫砂进行分析，着重阐述其工艺特色和艺术风格。文章指出，销往欧洲的宜兴紫砂大部分针对欧洲市场，在造型和装饰上追求繁复新巧，有很浓厚的异国风情，罕见于内销市场。许晓东的《清代外销广东金属胎画珐琅》(《中国国家博物馆馆刊》2019年第8期）一文认为，广东金属胎画珐琅器虽非广东外销商品的大宗，但足迹远布欧洲、北美、西亚和东南亚地区。因应目的地不同的市场需求、文化习惯，销往上述地区的广珐琅从造型、纹饰、功能、使用方式等方面都呈现不同面貌。销往欧美及伊斯兰世界的广珐琅多作为日用品使用。其中销往欧美者，造型、纹饰显示出更多的变化。18世纪早中期特别流行家族徽章、西式图案，珐琅绘画技法高超。18 世纪晚期特别是 19 世纪，随着消费群体的拓展，广珐琅绘画日益粗率，色彩俗艳，且纹饰繁缛。销往泰国者，部分与宗教相关，其黄、红二色珐琅以及帕农神、迦陵频伽图案的普遍使用，体现浓郁的本土特色。销往伊斯兰世界的广珐琅，造型明显借鉴伊斯兰金属器，深蓝色及金色的配合使用，具有伊斯兰艺术的显著特征。

此外，王泽丰的《从广州西村窑陶埙看宋代外销瓷贸易中的乐器出口和音乐传播》(《歌海》2019 年第 1 期)，周真真的《海上丝绸之路背景下中欧五彩瓷艺术交融研究》(《新疆艺术学院学报》2019 年第 2 期)，李岩、朱宗侠的《龙泉青瓷参与开拓古代"海上丝绸之路"史迹探寻》(《丽水学院学报》2019 年第 3 期)，新竹的《了不起的中国外销瓷》(《中国拍卖》2019 年第 4 期)，王才勇的《17—18 世纪欧洲中国风上釉陶器》(《艺术设计研究》2019 年第 4 期)，魏建钢的《唐代"海上丝绸之路"兴起的原因分析——以越窑"秘色瓷"出口为例》(《世界地理研究》2019 年第 5 期)，张润平的《丝路外销高峰时期的元代龙泉窑青瓷》(《收藏家》2019 年第 5 期)，宁钢的《瓷器——中英文化交流的使者》(《中国陶瓷工业》2019 年第 5 期)，李笑影的《17 世纪荷兰静物画中的中国瓷器》(《艺术市场》2019 年 11 期)，焦流的《从明清外销瓷看中西文化互动模式》(《西部皮革》2019 年第 18 期)，张弛、刘小奇和陈洁的《早期广彩瓷中的中英设计交流》(《设计》2019 年第 22 期)，焦天龙、王磊璞的《深海遗珍:古代沉船上的中国外销瓷》(《美成在久》2019 年第 5 期)，陈克伦的《印尼"黑石号"沉船及其文物综合研究》(《文物保护与考古科学》2019 年第 4 期)，辛光灿的《9—10 世纪东南亚海洋贸易沉船研究——以"黑石号"沉船和"井里汶"沉船为例》(《自然与文化遗产研究》2019 年第 10 期)，刘冬媚的《"南海Ⅰ号"船载龙泉窑青瓷探析》(《文物天地》2019 年第 12 期)等，也从一定层面反映了中西陶瓷贸易状况。

其他货物贸易状况

除了对海上丝绸之路上丝绸、茶叶和瓷器等大宗货物交易情况的探析外，近年来学术界也越来越多地关注中西其他货物贸易状况，2019 年度这方面的研究成果不少，对外销画、外销扇、外销屏风以及西药、葡萄酒及肉桂等物品的贸易状况进行研究，拓宽了海上丝绸之路货物贸易研究领域。

清代外销商品中，有一种在广州制作的兼具浓厚文化输出及商业性质的特殊绘画，即外销画。乾隆年间广州一口通商后，广州出现的职业外销画匠以西方商人为客户，采用商业的生产模式绘制出以对外销售获利为目的的绘画作品。外销画艺术表现形式呈现多样化特征，其中通草画是外销数量较多的画种，它指的是一种用通草木茎髓制成的薄片，由于画匠在其上作画，故称通草画。清代经广州口岸销往西方的外销画是中西文化交流的重要媒介，也是中西文化往来变迁的重要见证，加强对外销画的研究，既拓宽了海上丝绸之路的研究领域，也有助于进一步理解该时期中西文化交流的发展脉络和特点，对当代异质文化交流带来一些有益的启发。近年来关于外销画的研究持续发展，取得了不少进展。肖朋彦的《清代广州外销通草画的制作与销售》(《客家文博》2019 年第 1 期)一文通过分析广州一口通商的优势、外销画的制作与推销，还原当时繁盛的外销通草画行业。外销画在广州的盛行具有良好的政策和地理条件，而通草纸获取的便捷和利于作画等优势，让外销通草画成为热门的外销画品种。通过把握市场动态和流水线式的大量产出，画店老板为扩大销量而不断促销宣传，说明外销通草画是艺术商品，画家绘制它们的目的并非得到精神上的满足。清代广州的外销通草画行当，从画料选材、题材选择、制作流程等，都流露出商业气息，以逐利为目的，使画作商业性优于艺术性，让外销通草画逐渐成为面向西洋人的热销品。叶洁纯、向前的《国内外 18—19 世纪广州外销画收藏概况》(《东方收藏》2019 年第 3 期)一文通过分析广州一口通商的优势、外销画的制作与推销，还原当时繁盛的外销通草画行业。黄蓓的《论清代外销通草纸画中“海西体”的文化特征》(《美术大观》2019 年第 9 期)一文从当时的“海西体”风格论述通草纸画的文化特征，分析风格影响下的艺术表现，并列举图片进行梳理分析，揭示其形成的特定历史缘由，向世人展示其“中西合璧”的多样性特质并指出保护的重要性，提出在文化交流中应用的展望。罗睿的《19 世纪海上丝绸之路上的中西文化交流——清代广州外销通草画的历史性考察》(《中国美术研究》2019 年第 4 期)一文也对 19 世纪外销通草画的兴衰进行了考察。

玻璃画也是重要的外销画，但研究相对匮乏，2019 年度这方面的研究有所发展。李瑛的《为何明清玻璃画外销西方？——基于西画东瞻的视角》（《文化艺术研究》2019 年第 2 期）一文认为，明清时期玻璃画远销欧美，是中西文化交流史上比较引人瞩目的现象，它在一定程度上颠覆了我们对近代艺术领域“西学东渐”的刻板印象，表明中国传统艺术经验对西方绘画的影响并非微不足道。明清玻璃画远销西方，主要是因为它融合了中西绘画理念和技法，添加了丰富的中国元素。中国传统审美经验对近代西方艺术的反哺，也令欧美艺术界对明清玻璃画日渐重视。作者强调，必须重估明清玻璃画在近代中西艺术交流史上的局限性与贡献。除了中国绘画作品西传外，西洋绘画作品作为特殊商品，也在东传。陈娟的《明清社会的审美趣味与西画东渐》（《才智》2019 年第 33 期）一文认为，明清社会的统治阶层以及上流社会人士均对西洋绘画较为关注，其审美趣味大多受西洋绘画的影响，大多数人随着西洋绘画的传入而吸收并借鉴其绘画艺术，并应用于日常绘画中，使其绘画沾染西方绘画的色彩与文化底蕴。

外销扇是在清代中西海上贸易背景下应运而生的外销工艺品，18—20 世纪广州以十三行为贸易平台，大量出口外销漆扇。王金玲的《清代广产外销扇髹漆图像析解》（《中国生漆》2019 年第 4 期）一文结合相关案例分析外销折扇髹漆图像的 3 种类型：一是常见主题，如植物、动物、中国山水、人物故事；二是中国特色题材，如清装官员人物、唐宋文人形象等；三是中外意趣兼具的图案，如盾形开光、徽章纹样等，以期勾勒出清代广产外销漆扇图像内容的多元形态。清代广产外销成扇中的髹漆图像浓缩了当时中国的文化景观，又迎合了西方人的趣味，凝练了中西结合的镜像。白芳的《风·尚：18 至 20 世纪中国外销扇》（《收藏家》2019 年第 5 期 ）一文认为，广州省博物馆原创展览“风尚—18 至 20 世纪中国外销扇”精选了 163 件（套）华美精致的外销扇展品，时间跨越了两个多世纪，这些外销扇材质名贵、工艺奇巧、纹饰华美、色彩绚丽，凝聚了东西方工匠的精湛技艺，也再现了西方市场当时的审美意趣，相信也打开了一幅 18—20 世纪东西方贸易与文化交融的历史画卷。

除了外销画和外销扇，海上丝绸之路上其他特殊商品的贸易状况也得到了学术界的关注，取得了新的进展。西药是特殊的货物，伴随着中西交往的深入而进入中国市场，之前关于西药进入中国市场的研究匮乏，近年来也逐渐受到学术界的重视，有相关成果发表。崔军锋、郭蒙蒙的《明清之际西洋药物入华之途径》(《医疗社会史研究》2019 年第 2 期)一文指出，明朝中后期，西洋药物开始传入中国。西人远洋航海事业的开展及其随之而来的医疗需求，客观上成为早期西药入华的原因。新航路开辟以后，西洋诸国借航海之便，将大批货物运至中国，西药也作为商品之一被贩卖入华。出于对中国国情的考虑，早期的西方传教士为了传教事业的顺利开展，采取医疗传教的手段，传教士行医施药的行为成为早期西药入华的主要途径之一。西方各国包括宗教势力为维持在华各项事业的开展，经常遣使往返于中西之间，这些使团携带大量包括西药在内的礼物，以进贡的方式献给中国的统治者，西药由此进入中国的上层社会。17 世纪，荷兰占据台湾达 38 年之久，他们在台的殖民活动也使得西药传入当地。

葡萄酒是古代欧洲特产，随着新航路的开辟及中西交流的日渐频繁，随之传入中国。刘勃俊的《明清之际西洋葡萄酒传入山西述略》(《国际汉学》2019 年第 2 期)一文指出，葡萄是舶来品，约汉代经丝绸之路入华，唐初用以酿酒，酒品以山西为佳。及至明末，天主教入华，发现中土葡萄种植、酿酒技术已逊于西洋，产酒品质更劣，不能满足宗教礼仪的需求。若从欧洲大量运输不切实际，是而传教士开始寻求西洋葡萄酒本地化。太原葡萄以其出众的质与量，受到马可·波罗夸赞，这成为耶稣会士入晋成功酿酒的缘起。优质葡萄酒不仅解决了传教难题，也为山西民众所接受，客观上促进了中西文化交流。

此外，外销的屏风、肉桂等物品的贸易状况，也有相关成果发表。田春的《墨西哥屏风的来源：日本还是“中国”》(《美术学报》2019 年第 3 期)一文指出，西方学者基本上都认为墨西哥屏风来源于日本，理由主要有三：一是作为外交礼物的日本屏风 1614 年到达墨西哥，引发了高层统治者的兴趣与需求；二是在墨西哥的日本移民开始或指导了它的制作；三是日本元素如“金云”很明显。但这些理由并不充分。其一，墨西哥屏风可能在 1614 年之前就已经出现；如否，日本礼物屏风、中国或日本外销屏风究竟谁是模仿的范本，尚难确定，而且高层统治者有限的需求，并不必然催生出模仿物。其二，目前既乏资料也无实物证明日本移民与其制作有关。其三，“金云”只是细节上的影响，而中国外销屏风数量更多，影响的痕迹也很明显，如图像叙事从右到左的顺序、中国题材、画出来的边饰等等。17 世纪末 18 世纪初中日外销屏风都被模仿，显示它同受两个方面的影响，其来源更可能是“中国”（中国和日本），而不单是日本。李丹、王元林的《清代肉桂产地变迁与国内外贸易探析》（《中国农史》2019 年第 3 期）一文认为，清代肉桂作为岭南道地药材与珍贵香料，因其经济价值高和市场需求广，国内外贸易趋于兴盛。依托珠江与长江四通八达的水运网络，肉桂内销于广州、北海、厦门、上海等沿海开埠港口与中西部内陆偏远地区。随着新兴航线开辟与来华商船增多，肉桂远销至英国、美国、欧洲大陆等国家与地区。受消费方式、供求关系、口岸开放及安南、锡兰肉桂市场影响，肉桂出口国的国家结构，肉桂出口贸易方式与性质发生极大变化。清代肉桂垄断贸易与政府反垄断措施，亦反映了其“便民怀远”的贸易观。

（五）中西海上丝绸之路人物研究

海上丝绸之路绵延万里，存续千年，活跃着各种群体与个人，他们是中西交流的纽带，在他们的努力下，促使世界市场的形成和发展，促进了中西之间的物质和文化交流，推动了全球化进程。

商人集团是海上丝绸之路上的主体，刘建生、贾瑞的《近代中国对外贸易式微的制度诱因与治理审视——以清代恰克图晋商和广州十三行行商为参照》（《河南师范大学学报（哲学社会科学版）》2019 年第 3 期）一文认为，恰克图晋商和广州十三行行商是有清一代从事对外贸易的主要商人团体，他们在清代前期的外贸中都发挥了重要作用，但是在 19 世纪末趋向衰落。具体来看，商人利益共同体的解构与政府整合力量弱化的双重张力造成了贸易法则失效与交易秩序失序。“重农抑商”政策与“剩余索取者”角色的双重推力，造成了国家合法性暴力的治理悖论。晋商与行商对外贸易的多方博弈与互动是衡量交易费用边界风向标，商人们所面临的不同交易费用以及行商垄断地位的过早废除，又使他们的衰落存在明显的时间差异。王锡伦的《东方帝国最后的世界首富》(《世界文化》2019 年第 7 期)一文对著名的十三行行商伍秉鉴进行研究。作者认为,伍秉鉴是朝廷允许与外国人交易丝绸和瓷器的少数中国商人之一。正是靠着朝廷批准的具有垄断地位的对外通商特权,伍秉鉴和他的怡和行迅速成为财力雄厚的世界级跨国财团。伍秉鉴是个商业奇才,既是中国专制社会的官商,又懂得依靠西方商人的贸易发财致富。怡和行主要经营丝织品、茶叶和瓷器,同欧美各国的重要客户都建立了紧密的联系。他立足广州是英国东印度公司最大的债权人,主要是跟英国人做贸易,同时又把产业放大到国外,甚至放债到国外。东印度公司有时资金周转不灵,常向伍家借贷。他的商行在当时同外商联系最为紧密,可以在东印度公司、散商和美商中左右逢源。1834 年以前,伍家与英商和美商每年贸易额达数百万两白银。正因为如此,伍秉鉴在当时西方商界享有极高的知名度,成了洋人眼中的世界首富,曾被一些西方学者称为“天下第一大富翁”。

明清时期海洋政策在禁海和开海之间转换,但沿海地区与海外的联系日益加强是时代发展的大趋势,海商和海盗正是这个特殊历史时期的重要群体。学术界一直非常重视对这两个群体的研究,2019 年度相关研究成果也不少。王华锋的《冲突抑或媾和:乾嘉时期海盗与海商关系析论》(《西南大学学报(社会科学版)》2019 年第 3 期)一文认为,乾嘉时期,海商下海为盗以及海盗涉足商业的“亦商亦盗”行为渐趋消失,然而海商与海盗关系仍颇为复杂。就海商而言,海盗即是海商海洋贸易的长久威胁,海商通常通过联合官府剿杀海盗以维护其海洋贸易利益;当海盗活动失控或政府盘剥行为超出海商承受能力之时,海商则会选择与海盗媾和,结成同盟以对抗政府。就海盗而言,海商既是海盗抢劫的主要对象,又是其船只、米粮等物资支持的主要来源。海商与海盗之间发生冲突抑或媾和,不过是海商在权衡利弊后的无奈选择而已。付永杰的《嘉庆时期琼州海盗探析》(《华中师范大学研究生学报》2019 年第 2 期)一文指出,安南阮光平通过藏匿、收编中国海盗,从中获利,以实现统一安南的目的,此举使得粤海不宁,海盗频扰。嘉庆七年以前,琼州只是海盗往返的必经之地,但不在其劫掳的目标内。即使出现劫掳也颇有顺手牵羊之意,因为海盗志在广东本土及闽浙。嘉庆七年后，大量海盗退入粤海，琼州遭海盗劫掳的频率增加。嘉庆十四年（1809年）后琼州成为以乌石二为首的海盗生存下去的最后依托，故海盗对琼州进行疯狂的劫掳。乾隆末年至嘉庆时期，海盗猖獗的20年间，琼州不可避免地遭到海盗的劫掳，但琼州匪情是否严重，则一直取决于外部因素，所以琼州对海盗而言仅充当备选角色，是广东本土乃至闽浙的从属品。马亚辉、陈逸飞的《清朝前期海南的海患——兼论杨彦迪的身份界定》（《海南师范大学学报（社会科学版）》2019年第3期）一文指出，清朝前期海南的海患主要来自明朝残余势力，而杨彦迪威胁最大。杨彦迪本为明朝将领邓耀手下，后依附台湾郑氏集团，不断率军攻打海南，与台湾郑氏集团一起反清复明。杨彦迪漂泊海上，通过补充军粮和兵力来维持生存，在攻打海南时带有海盗的劫掠特点。直至康熙二十年（1681年），杨彦迪始终未能攻占海南。随着郑氏集团的覆灭，杨彦迪反清复明彻底失去希望，遁走越南等地。学界对杨彦迪的身份存在争议，除认其是反叛者、英雄外，更多学者认其为海盗，但从杨彦迪的政治立场与军事行动的性质来看，杨彦迪为明朝残余势力无疑。何圳泳的《"一时之功"与"长久之计"："坚壁清野"治盗方略的解析——以嘉庆十年（1805）两广总督那彦成的海盗治理为例》（《汕头大学学报（人文社会科学版）》2019年第9期）一文认为，嘉庆年间广东海盗势力大炽及对广东沿海地区的频繁骚扰，使得朝廷逐渐意识到东南海盗问题的严重性。嘉庆皇帝将曾是平息川楚白莲教动乱的得力干将那彦成任命为两广总督，期待那彦成在治理海盗问题上有所建树。到任后的那彦成将曾在平息川楚白莲教动乱中发挥过重要作用的"坚壁清野"方略应用在治理广东海盗的问题上，使得"坚壁清野"治盗方略得以在广东地区推广、实施。"坚壁清野"治盗方略作为缓解清代统治危机的一时应对之策，固然可收一时之功，但绝非是解决问题的长久之计。

王永历的《清代海南岛海盗研究》（海南师范大学硕士学位论文，2019年）一文力图通过梳理海南地方志丛刊中涉及海南岛海盗的内容，勾勒出整个清代海南岛海盗活动的发展脉络，并从海盗来源、活动特征、海盗性质、海防建设等角度对比明清海南岛海盗及清代海南岛不同海域海盗分布的异同，对清代海南岛海盗形成相对系统的认知。作者认为，随着沿海贸易的繁荣和社会矛盾的尖锐，海盗问题在明清两代日渐突出，一度成为威胁东南海防安全的重要隐患。海南岛海盗作为整个东南沿海社会具体而微的代表之一，又呈现出不同的特点。清代，海南岛海盗问题愈加复杂化，本土海盗势力大不如明代，以杨二、谢昌、乌石二等为代表的周边海盗和陈加海等越南海盗如日中天，其势锐不可挡；政局的变化使海盗的合作对象也不断发生变化，由前期的黎酋到越南"奸民"再到后期的会匪，合作对象不再局限于岛民，活动范围扩大至整个南海海域；越南西山政权倒台以后，各大海盗帮派订立海上公约，流窜岛上和周边洋面；其走私活动虽增添了新的内容，但寇舶贸易却日渐萎缩，劫掠特质更加突出；"亦盗亦商"的社会性质加剧了社会的动荡。海盗的频繁活动除了对岛上生产力的破坏外，对海南地方社会、海洋贸易和清代海防建设都产生了重要影响。这一时期，清政府的基层控制弱化，大批琼侨南下，地方会党活跃，私人贸易夹缝中生存以及岛上海防被迫重建等都是海盗活跃的结果。为应对这一复杂的局面，清政府在加强自身陆海防御力量的基础上，购置轮船，并借助外国力量围剿海盗；地方社会则加强监督下层的力度，实施奖惩机制，发展练兵，招募勇兵，积极御敌。然而海盗问题在清末并未彻底根除，清政府的海防策略虽然失败了，但一些应对举措对我国现代海防建设和世界海盗问题的解决仍有借鉴意义。

刘通的《南宋东南沿海地区海盗研究》(温州大学硕士学位论文，2019年)一文指出，降及两宋，伴随着经济重心的南移，东南沿海地区的社会经济得到长足发展，加之南宋朝廷偏安东南，背海立国，尤其重视海外贸易。在海上商业经济繁荣发展的同时，这一地区海盗活动也愈加猖獗，进入一个新的发展阶段，成为威胁东南沿海地区安全的重大问题。这一时期，东南沿海地区海盗活动的范围之广、规模之大、历时之久，为前朝所未见。海盗活动的足迹遍及整个东南沿海地区，其团伙人员构成也更加复杂，主要有因无力生计而入海为盗的沿海普通居民，这是海盗团伙的主体组成部分；还有为躲避政府刑法而入海为盗的"暴力"之徒和逃亡军人；除此之外，一部分商人群体也加入到海盗活动中来，并且海盗活动也呈现出亦商亦盗的新特点，这是前代所未有的。猖獗的海盗活动给东南沿海地区和南宋政权带来极大的威胁，为此南宋朝廷采取了一系列的缉盗措施，主要是剿辅并用，并加强海防建设和实施相应的海禁，与此同时也更加注重对地方社会的管控，任用地方有影响力的社会精英，采取保伍法，期望从根本上杜绝海盗的产生。在政府严厉的打击之下，海盗活动却并没有因之而消弭，反有愈演愈烈之势，一方面是政府缉盗招安策之弊端而致，另一方面也因海盗和沿海居民之间的联系愈加紧密，以及海盗亦商活动的开展。与此同时，这一时期的海盗活动也有其积极的一面，在面对金、元两国进攻南宋之时，部分海盗团伙也会和南宋政府展开合作，与南宋军民共同抗击少数民族的入侵。海盗团伙活跃于海洋之上，对当时造船业的发展、贸易港口的开辟以及海上航道的拓展，都起到很大的作用。南宋东南沿海地区海盗活动，是南宋社会历史发展进程中的重要一环，从海盗视角出发，研究其活动规律与特点，探究海盗团伙与当时社会各阶层之关系，有利于更好地了解当时南宋社会发展动态。

海外华人是海上丝绸之路上的重要群体，关于这方面的研究成果不胜枚举，近年来相关研究更加细化，2019 年度也取得了新的进展。传教士也是中西交往的重要群体，本书另有一章阐述其在中西文化交流史上的地位和作用，这里不再赘述。学术界对于传教士在中西政治、经济交往中的地位和作用研究不多，2019 年度有学者在这方面进行了探析。康志杰的《利玛窦在华经济活动及其经济伦理观分析》（《北京行政学院学报》2019 年第 3 期）一文对利玛窦在华经济活动及其经济伦理观进行了探析。作者认为，利玛窦作为第一批进入中国的耶稣会士，其生活状况、经济活动与世俗社会有着千丝万缕的联系，他秉持“量入为出”“谨慎地消费每一个铜板”的原则，探索出适合中国教会发展的支出原则。他“受俸不做官”，开传教士供职朝廷之先河，体现了“以出世之精神，做入世之事业”的传教理念。

三、中西物种交流研究

丝绸之路既是中西政治、经济和文化交流的主要渠道，也是中外物种交流的主要通道。外来作物传入中国，中国的作物流传海外，这是一个双向互动的过程，其结果是互利共赢的，极大地丰富了中外的物种，促进了双方生活水平的提高。中外物种交流主要通过使臣遣返、商旅贸易、多边战争等途径进行，具有不稳定性和传入途径多变性。总体来看，早期物种交流主要依靠陆上丝绸之路进行，之后随着海上丝绸之路的发展，也有大量物种通过海路进行传播。

改革开放前中国学术界已经关注丝绸之路上的物种交流，关于外来作物的研究主要以译介国外相关研究为主，中国物种如水稻等外传的研究成果不多，总体上相关研究比较薄弱，学科归属不清，研究边缘化。改革开放后，随着学术环境的开放、学术队伍的建设，关于外来物种史的研究取得了一系列研究成果。随着海上丝绸之路研究的发展，关于海上丝绸之路上物种交流的研究越来越受到重视，其研究获得进一步的发展。李昕升的《近40年以来外来作物来华海路传播研究的回顾与前瞻》(《海交史研究》2019年第4期)一文对改革开放以来外来作物来华海路传播研究进行了回顾，作者指出，近40年以来关于外来作物来华海路传播研究日渐成熟，以2000年为界可分为两个阶段，2000年以前为奠基时期，虽然研究不精深，但胜在填补了空白。2000年之后，研究频率、力度、广度远超从前，呈现出整体性与专业化两大趋势，其中明清以来美洲作物的研究特别引人注目，这与历史时期海路越发重要的态势是相匹配的。东南沿海地区，特别是福建、广东被给予更多的关注，研究旨趣、内容、视角、方法、史料、学科都在不断地融合与创新。

2019年度关于海上丝绸之路上中西物种交流的研究延续了之前的发展趋势，获得了一些研究成果，但囿于原始资料的匮乏与研究人员数量的稀少，数量不多，与海上丝绸之路其他领域的研究相比，还是相对薄弱，需要进一步加强。李庆的《16—17世纪梅毒良药土茯苓在海外的流播》(《世界历史》2019年第4期)一文是2019年度关于中西物种交流的重要成果，探析了土茯苓在海外的流播情况。作者指出，土茯苓在15世纪之前或许也曾偶有输往印度波斯，但数量极少，影响也很小。然而，15世纪后的地理大发现和新航路的开辟，开启了影响至今的全球化，全球各大洲之间新的接触范围开始出现革命性的扩大。伴随之，动物植物以及疾病也开始长距离和高频率的迁徙、传播与交互影响，克罗斯比(Alfred W. Crosby)所谓的哥伦布大交换或物种大交换由此揭开。伴随地理大发现的深入展开，梅毒作为一种新疾病于16世纪初期传入中国沿海。因应其传入，晚明医家袭用古代医学理论以土茯苓治疗梅毒并取得良效，随后土茯苓便反向流播到印度、非洲、欧洲乃至美洲等地区。土茯苓在16世纪中后期迅速完成了从物种到商品，再到大宗商品的属性演变。至17世纪，它不仅堪称日本市场上的药材之冠，甚至还流通于荷兰东印度公司贸易网的各个链条之中，与其他重要商品一同参与了塑造早期世界市场的历史进程。物种大交换及其关联的全球史观，强调的是社会空间之间的交互关系，而非传统中外关系史研究中强调的单向关系，在此种视野下就可以发现，土茯苓向海外的流播与梅毒传入中国之间构成了互动关系：正因为梅毒的传入，才挖掘出中药土茯苓更多的治疗功能，促成土茯苓反向流播至全球各地。另外，由于土茯苓是中国传统医学中的一种药物，其向海外的流播也就自然带动中医的西传，使得中药的传统炮制方法也为欧洲各地医师所接纳、采用，频繁地载入葡萄牙文、西班牙文、拉丁文等西文医学经典，为世界范围内的流行疾病治疗做出了贡献。与玉米、甘薯等物种在流播过程中很快实现本土化不同，全球各地的市场长期高度依赖中国生产的土茯苓，这使得土茯苓具有了国际商品的属性，流转于澳门、马六甲、果阿、里斯本等亚欧港口之间，得益于日趋完善的葡属东印度贸易网，土茯苓的外销数量逐渐上升，销售价格随之下跌，在16世纪末从奢侈品演化为大宗流通的货物；随后又在17世纪成为诸多市场上不可或缺之物。由此可见，土茯苓海外流播史这一案例，较为完整地反映出近代早期区域性物种进入全球视野，而后成为重要国际商品的历史进程。而其作为生丝瓷器之外又一种东西方贸易中的中国商品，对其流播史的考察，亦有助于我们更为全面地认识中国商品在塑造世界市场雏形中所扮演的历史角色。

辣椒是外来作物，学术界关于辣椒的研究已取得一些成果，2019年度也有相关成果发表。达白安、董建中的《辣椒西来：一种美洲作物的中国化》（《中国经营报》2019年8月26日，第E01版）一文指出，辣椒原产于中南美洲，见诸中文最早始于明万历十九年（1591年），强调的是它的审美功用。19世纪后，辣椒在中国广泛应用于烹饪、医药，成为中餐重要的食材和调味品。明清时期中国内地接受辣椒大致有4种情况（当然它们有着交叉）：审美作用、调味品、药材、食物。辣椒引入中国，与大约同期到达中国的其他美洲重要作物如玉米、红薯、花生、烟草不同。人们接受红薯、玉米、花生，是由于它们热值高，能适应水稻、小麦不能生存的环境，并且耐储存。此外，政府积极推广这些作物，作为防止饥荒的重要手段。相比之下，明清时期关于辣椒的史料特别少，也没有人明确主张种植辣椒。作者强调，欧洲人的探险、扩张和贸易，是美洲作物向世界其他地区传播的最初动力。16 世纪初，西班牙最先使用辣椒，通常是在寺院花园中作为装饰植物，辣椒在那里自我再生。不可能确切知道辣椒到达亚洲的时间，没有任何证据表明，西班牙或葡萄牙将辣椒作为贸易商品，大量运至亚洲或欧洲。16 世纪 60 年代辣椒可能已由马六甲、菲律宾引入中国，或通过澳门的贸易引入了中国。辣椒很可能是从 3 个主要路线进入中国的：从东南亚到中部沿海，从朝鲜进入东北，以及通过荷兰人带入台湾。从东南亚引入中部沿海地区几乎可以肯定是最早发生的。中国最早的已知记载来自这一地区（浙江），时间为 1591 年，见于以戏曲和养生闻名的明人高濂的养生著作《遵生八笺》。此外，禾刀的《小胡椒的大历史》（《中国纪检监察报》，2019 年 10 月 15 日）一文比较通俗地介绍了小胡椒传入中国的历史。不过，由于资料匮乏，还有很多问题有待于进一步探究。

邱妤玥、邱波彤的《英国最早的茶叶标本自浙东海岛采集并传入》（《中国茶叶》2019 年第 6 期）一文探析了茶叶西传的相关问题。作者认为，英国最早的茶叶标本现藏于伦敦自然历史博物馆，于 1700 年从浙江省舟山盘峙岛采集并传入，它与同时从舟山传入的茶椅以及种植技术、加工工艺等，一起构成了英国相对完整的早期茶文化，消除了社会对茶的诸多误解并回答了包括茶的植物学特征等一系列人们关心的问题，对英国各阶层认识茶的历史、社会目的、文化意义起到了积极的作用。这一事件也表明，中英两国早期贸易关系不仅仅限于商品本身，还形成了知识和文化交流的渠道。

邹振环的《“化外之地”的珍禽异兽：“外典”与“古典”“今典”的互动——〈澳门纪略·澳蕃篇〉中的动物知识》（《安徽大学学报（哲学社会科学版）》2019 年第 4 期）一文重点讨论了《澳门纪略·澳蕃篇》中的“禽之属”“兽之属”“虫之属”和“鳞介之属”几个部分。作者通过对其中若干外来动物的分析，指出在清中期“内诸夏而外夷狄”的观念占学界主流的风气下，该书编者注意选择运用西方来华耶稣会士撰写的汉文西书作为基本资料，以“外典”与“古典”“今典”沟通和互动，致力于寻找中西知识谱系的相通之处。《澳门纪略》首次以传统方志的形式著录动物的分类方法，建构了对西方动物的认识谱系，对于国人理解西方文化的统一性和多样性具有积极的意义。《澳门纪略·澳蕃篇》提供了在澳门多元文化背景下的若干外来动物知识大交会的历史叙述，印证了澳门作为一种多样化和多元性的复合意象。该文试图通过一种开放性的叙述，拉开一个跨国动物交流的大竞技场，以若干珍禽异兽的形象重新建构了澳门孕育的全球化文化机制。尽管该文主要从文化层面探析中西对动物知识的叙述特点，也从一定层面反映了中西动物知识交流情况。

谭清华的《明清时期中外农学的交流与融会》(《自然辩证法研究》2019年第12期)一文认为，明清时期，随着世界新航路的开通、贸易往来和文化交流的日益频繁，中国传统农学也随之东传西渐。中国传统农学不仅对日本、朝鲜、欧洲国家的农学产生重要影响，而且也积极借鉴和吸收西方国家农学的有益成果。作者认为，中国农学对西方的影响是通过来华耶稣会士反馈到西方的。从16世纪开始，利玛窦等耶稣会士东来，他们在中国传播西学的同时，也把中国的农学介绍到了西方，对法国重农学派产生了重要的影响。西方的农学也被传教士们介绍到中国，他们在中国兴农会、刊农报、译农书、办农校，广泛传播农学思想和农学知识，有力地促进了当时中国农学的发展。

总之，2019年度学术界对海上丝绸之路的研究进一步发展，成果斐然，在中西政治交往、中西海洋政策与海疆史、中西贸易政策与制度、中西贸易、港口及航线、人员往来和中西物种交流等方面的研究都有很大的发展，研究领域进一步拓展，在原始档案资料的运用以及研究方法上都有所突破，促进了中国海上丝绸之路研究的进一步发展。不过，2019年度中西政治交往、中西贸易来往研究中的重量级研究成果不多，关于中西物种流通的研究也依然薄弱，期待学术界在未来研究中，可以进行多学科交叉研究，拓展研究的边界和基础，同时关注国外同行的研究成果，挖掘更多的原始资料，在研究视角和方法上有更多的拓展，以促成这个领域的进一步繁荣与进步。

2019年以来国际关系风云变幻，中外关系经受严峻考验，中国作为崛起中的政治经济大国，更需要在历史的经验教训中汲取营养，进一步加强对中西政治、经济与文化交流的研究，为中国的发展提供有益的借鉴。

（本章作者：周莉萍，宁波大学人文与传媒学院副教授；罗培佳，宁波大学人文与传媒学院历史系硕士研究生）

第五章　海上丝绸之路与中西文化交流

2019 年海上丝绸之路与中西文化交流研究有了进一步的推进，相关的研究成果集中于中西语言、文字交流研究，“西学东渐”研究，“中学西传”研究，“中国观”研究等方面。下面将进一步介绍相关研究成果情况。

一、中西语言、文字交流研究

在东西方相互接触的历史进程中，明末至清是一个非常重要的时期，大批天主教士进入中国，对于他们而言，学习掌握中国的语言文字是他们踏上中国土地的第一项任务，也是他们了解认识中国的重要前提。通过传教士所撰书籍文章，欧洲本土学者对汉语也产生了极大兴趣，并在 17—18 世纪掀起了一股汉语研究的热潮。陈晨、邵则遂的《16 至 19 世纪西方人汉语研究与汉语观：以来华传教士为中心》(《河北师范大学学报(哲学社会科学版)》2019 年第 1 期)一文认为，在汉语研究上，18 世纪末至 19 世纪初法兰西学院汉语教授席位的设立标志着汉学学科的成立。欧洲的汉语研究进入了科学化、体系化的新阶段。文艺复兴时期的神秘主义思想对于语言起源问题的迷恋和词源探索的执着在 19 世纪逐渐式微，无论是传教士还是世俗的西方人，在汉语的研究和探索上都采取了更加理性与科学的方式。来华西方人对于汉语的评价也更加客观、积极。然而可惜的是，传教士们在中国所著的书籍大多在中国及周边地区出版发行，并没有在当时的西方广泛传播，也没有得到西方知识界足够的重视。除了少数的汉学家外，欧美的许多学者继承了早期对汉语的偏见与刻板印象，对汉语还存在着普遍的贬低态度。尽管未能“走出去”，但以传教士为主的来华西方人在汉语研究方面所做的贡献是不可否认的。他们的研究成果和对汉语的思考，为中国的知识分子打开了一条新的思路，对国人的汉语语音、文字和语法研究都产生了深远影响。

《汉语札记》是康熙年间来华法国耶稣会士马若瑟(Joseph de Prémare, 1666—1736)汉语研究的代表作之一，是世界上第一部明确区分汉语白话和文言语体并分别加以论述其语法特点的著作，也是第一部使用带汉字的中文例句的语法著作。全书例句多达 1.2 万余个，印刷的汉字超过 5 万个。《汉语札记》除了语法外，还兼论汉字、音韵、修辞、俗谚、文学、礼仪等内容，因此成为明清时期西方传教士对中国语言文字研究的扛鼎之作。马若瑟在华 30 余年精研汉语和中国典籍，1728 年他在广州完成该书，全书以拉丁文写成，例句用中文表述，并附有罗马字母注音。此前面世的有收藏在法国国家图书馆和大英图书馆的两部原始手稿和一个抄本。李真的《德国巴伐利亚公立图书馆藏〈汉语札记〉抄本述略》(《国际汉学》2019 年第 1 期)一文立足于文本史的研究，从德国巴伐利亚公立图书馆所藏的《汉语札记》新抄本入手，对该抄本与马若瑟原始手稿、其他抄本、刊本之间的关系和彼此间的传承流变进行了考察，确立了该本的抄写者、抄写时间和地点，理清了巴伐利亚抄本的一些基本史实。该文认为抄本的作者为法国汉学家儒莲，他于 1825 年 10 月 7 日在巴黎完成抄写工作。该抄本所用底本为雷慕沙的抄本。《汉语札记》从 1728 年完稿到 1831 年正式刊行的曲折过程，成为欧洲早期汉学发展史上的典型案例。

马士曼(Joshua Marshman)是英国浸礼会的一名传教士，他 1768 年生于英国威尔特郡的韦斯特伯里，1799 年受教会派遣赴东方传教，定居印度塞兰坡，学习汉语。1809 年，马士曼出版了英译本的《孔子著作》，虽然终身未进入中国，但由于其卓有成效的工作促进了东西方文化的交流，因此伟烈亚力(Alexander Wylie)的专著《基督教新教传教士在华名录》把他排到了来华新教传教士的第一位。李焱、孟繁杰的《马士曼〈中国言法〉(1814)拼音系统研究》(《古汉语研究》2019 年第 3 期)一文认为 1814 年出版的《中国言法》在汉语研究史上占有重要的一席之地。马士曼对《孔子著作》《汉语的汉字与语音专论》《中国言法》中使用的汉字进行了注音，其中《孔子著作》主要是按粤语注音，《汉语的汉字与语音专论》同时夹有粤语和官话的注音，《中国言法》是按官话注音。与以往西人对汉字的注音以拉丁语、葡萄牙语、意大利语、法语等为基础不同，马士曼的拼写是以英语为基础的一个拼音系统，这个系统与马礼逊的拼音方案几乎同时出现，要早于同为以英语为基础的威妥玛—翟里斯方案，表现出马士曼注音体系具有的独特历史价值。

从明朝万历年间起，中国与欧洲的接触突破了器物层面的交流，拉开文化与思想碰撞的序幕。来华传教士进行大量的著述与翻译活动。据统计，相关中文著书达700余部，相应的西文翻译、著书出版机构超过100家。这些丰富的笔记、辞书、译著等文献资料，既成为研究教会发展、中西交流、明清历史等方面的重要参考，也为近代汉语研究提供了新材料、新思路。来华传教士的母语与汉语的接触为汉语输入了丰富的外来词汇，促成了大量汉语新词的产生。1607年，利玛窦(Mathew Ricci，1552—1610)和徐光启在合译《几何原本》时便创制出许多新词以对译外语词汇。林佳的《基于来华传教士所著文献的汉语词汇研究概说》(《哈尔滨师范大学社会科学学报》2019年第2期)一文认为，利用来华传教士所著文献资料开展的汉语词汇研究主要集中于4个方面：外来词与新词研究、西源学科名称研究、专书词汇研究和西汉对译词典研究。研究成果丰硕，同时也存在薄弱环节，如基于词汇学理论的分析不足，缺乏阶段性的范式总结。此外，研究者的双语素养、西汉文化素养也需要提升。

马礼逊作为晚清第一位来华的基督教新教传教士，其编著的《华英字典》成为历史上第一部英汉字典。这部外向型字典内容丰富、包罗万象，不仅有著者对某个具体概念的翻译和诠释，还有对汉语本体、传统文化、社会思想等的认知和感悟，是我们研究早期中西文化交流不容忽视的一部分。杨琳的《马礼逊〈华英字典〉编纂及启示》(《南昌师院学报(社会科学版)》2019年第4期)一文认为，马礼逊编纂的《华英字典》可谓开创了先河，他对汉语、汉字的思考针砭时弊，驳斥语言优劣论，其学说发人深省。整部《华英字典》从汉字出发，据字组词，以字析词，并给出语境，这样的方法非常值得当下对外汉语教学思考、借鉴。

马礼逊的《华英字典》其内容对此后的外向型二语习得词典有着重要的奠基及启发性作用。相较当今释义以简洁为主的汉外词典而言,《华英字典》释例中多引用《诗经》《论语》《礼记》等中国古代经典文献作为书证以对词目进行解释或作为例句,充分体现了外向型二语习得词典的教学意义和文化交际功能。王维麒的《〈华英字典〉所引书证研究》(《绥化学院学报》2019 年第 8 期)一文认为,从词典学角度出发对《华英字典》释例中所引经典文献的数量、来源和分布特点进行考察,能对汉外词典中以经典文献中的句子作为例句或进行释义的方法有更加深入的了解。因为经典文献除了具有语言解释与教学的作用以外,还具有文化传播的意义。不管对于二语学习者语言能力的提高,或是汉语的国际推广都有着举足轻重的意义。若能在马礼逊的基础上加以改进,选择出更加符合今天学习者需求和中国国情的文献及例句,那么汉外词典一定可以突破仅仅重视口语而忽略了学习者对书面语的需求这一困境,培养出更多高水平的将汉语作为第二语言的学习者。夏晨的《译介视角下的马礼逊与〈华英字典〉》(《铜陵学院学报》2019 年第 1 期)一文通过对马氏译介策略的研究,发现其针对源语和目标语的转换采取了直译、音译、意译、回译、格义的手段,不仅重视源语传达的准确性,也关注其文化内涵的呈现与表达。作者认为,在译介中,马礼逊采用的方式有归化、异化,也有归化与异化的融合与再创造;其本源都是力图在源语和目标语中找到一个融合点,使持源语或目标语的语言习得者可以知其义,更知其意。在源语和目标语的转换中,存在语言与文化表意的可译性和不可译性。具有可译性的释例,一般是源语和目标语可以直接贴合或者可以延展其意的。

1828 年,马礼逊的《广东省土话字汇》出版,可以说他的《华英字典》和《广东省土话字汇》,奠定了他在语言学方面的贡献地位。马礼逊的《广东省土话字汇》是由外国人编成的世界上第一部粤方言字典。据《马礼逊回忆录》可知,他在来中国前和到粤、澳两地后,对汉语的学习热情都是很高的,先后读过大量的汉语典籍,也很认真地学习并掌握了粤语,在较短时间内不但成为中国通,也成为粤语通。陈康宁的《马礼逊的〈广东省土话字汇〉:第一部粤方言字典》(《五邑大学学报(社会科学版)》2019 年第 3 期)一文认为,《广东省土话字汇》主要有三方面的成就:其一,它是第一部根据意义分类的粤方言字典,具有开创性;其二,它较全面地对粤语词汇乃至熟语进行搜集和整理,编排分为 24 大类别,一定程度上构成了粤方言书面语的系统性词汇,方便人们学习、使用和掌握;其三,它较好地将英、粤两语进行对照,在注音和词类条目等方面形成了自己的特点,给后来者提供了有价值的借鉴,在粤方言研究的历史进程中它具有开拓的意义。1841 年在澳门出版的《广东方言读本》,是美国第一位来华传教士裨治文(E. C. Bridgman)编写的。在汉语官话和粤语学习方面,裨治文是马礼逊的学生。他的《广东方言读本》可以说是《广东省土话字汇》第三部分的扩大和补充。《广东省土话字汇》在近现代中西文化交流开端的节点上,起到了承前启后和双向文化媒介与向导的作用。

闽南语有一套完整的语音符号系统,蕴含着一个地区特有的思想观念、地区特征、生活习惯等,是中华文化的重要组成部分。在海外,东南亚的大部分华人社群平时也用闽南语等方言进行交流。周秀杰、彭雨晴的《海上丝绸之路的闽南语出版物:溯源、传承、流播》(《出版发行研究》2019 年第 4 期)一文按照时空顺序梳理了海上丝绸之路的闽南语出版物,探寻中华文化与海外文化在我国东南沿海以及东南亚等地交汇融合的历史。作者认为,闽南语出版物在海上丝绸之路的传播,跨越了欧亚版图,见证了东西方文明交流汇聚的历史;从传教士编撰到华人学者著述,历经了他者书写到自我构建的过程。

汉语作为第二语言(外语)教育的历史悠久,但对世界汉语教学史的研究开展得却相对较晚。早期汉语读本的研究,由于文献获得等方面的原因,主要集中在朝鲜时代和日本明治时期汉语教学及教材的研究。明末以来,进入中国的西方传教士、商人和外交家日益增多,贸易、宗教和政治活动使中西语言文化的接触日益频繁,进而产生了一批将汉语作为第二语言学习的珍贵文献。周小兵、张惠芬的《明清以来外国人编写汉语读本的时间、空间、认知三域分析》(《学术交流》2019 年第 6 期)一文根据时间域,将明清以来外国人编写的汉语读本划分为了 4 个阶段,即 1800 年以前、1800 年至

1840 年、1840 年至清末(1911 年前)、1911 年至 1949 年;在空间域,将外国人编写的汉语读本划分为不同的使用区域,即韩国、日本、欧洲本土、侨居地;从认知域出发,不同的语言观、语法观、习得观,制约着读本的编写理念和教学模式。

明清时期来华的西方传教士在西学中译过程中进行了大量汉语词汇的译创工作。明末的耶稣会士打下了词汇翻译的基础,清末的来华传教士则把这一工作推向新的高度。在译介西学过程中,近代中西方之间存在巨大的概念鸿沟,为此首先是要把西方的核心概念、术语转换成中文的概念或者术语。持续 4 个多世纪的术语翻译,为现代汉语创造出一套新的词汇体系,也为现代中国输送了一套新的思想体系。如,利玛窦与徐光启合译的《几何原本》(1607 年)、利玛窦与李之藻合译的《同文算指》(1614 年)中,点、线、直线、平面、曲线、对角线、平行线、直角、钝角、三角形、面积、体积、平方、立方、开方、乘方、约分、通分等沿用至今的数学术语得以译创。在利玛窦的《西字奇迹》(1605 年)、艾儒略的《西学凡》(1623 年)和《职方外纪》(1623 年)等书中,也出现了天主、圣徒、欧罗巴、救世、圣经、天国、文明、原罪、救世主、造物主、公法、文科、理科、法科、法学、地球、西洋、热带等最基础的宗教、地理、文化类术语。董方峰、傅利华的《明清时期来华传教士的词汇翻译及其影响研究》(《深圳信息职业技术学院学报》2019 年第 3 期)一文通过回顾传教士汉语词汇翻译的历史进程,研究他们在翻译过程中如何一方面顺应中国文化及语言特征,另一方面努力从意义和形式上进行创新,最终丰富了现代汉语的词汇体系,并推动汉语的现代化转型。胡卫伟的《明末清初传教士科学翻译之社会学考察——布迪厄"场域"理论视角》(《上海翻译》2019 年第 1 期)一文以法国著名社会学家布迪厄的"场域"理论为视角,结合其中的场域、资本和惯习概念,考察了明末清初时期来华传教士科学翻译实践活动,揭示了其背后的各种权力关系。作者认为科学翻译是传教士进入宗教场域的手段以及和中国传统儒释道争夺宗教场域内资本的工具,源文本选择是外在场域力量和传教士内在资本惯习相互适配的结果,归化和顺应策略是其"再结构化"了的惯习的外化,对源文本的操纵是传教士在科学翻译场域中权力的表征,传教士科学翻译活动至少在学术和思想两个层面对明末清初时期社会重构施加了影响，也为明末清初传教士科学翻译研究提供了一个新视角。

《中国丛报》(*Chinese Repositcry*)是19世纪前期西方传教士在华创办的第一份英文报纸。该报旨在向西方读者全面介绍中国的政治、经济、军事、文化、时事、地理、宗教等内容。这份报纸对中国文化特色词的翻译主要采用了意译和直译的方法，《中国丛报》中国文化特色词译介无论对思想界、新闻界还是翻译界都具有积极的意义。陈顺意的《〈中国丛报〉的文化特色词译介》(《中国科技翻译》2019年第3期)一文通过《中国丛报》收集了大量的中国文化特色词英译文，探讨其翻译方法及影响。文章认为，透过《中国丛报》这一媒介和渠道，西方世界开始关注中国、思考中国，这一过程无疑对近代中国"开眼看世界"的开明绅士寻求救国之道提供了新的视角和启示。《中国丛报》中国文化特色词译介促进了中西文化的交流与融合，也为译界提供了方法论上的思考，许多出自《中国丛报》的中国文化特色词为后人广泛使用，对翻译理论和译学发展也做出了积极的贡献。

二、"西学东渐"研究

明清之际天主教传教士来华，是"西学东渐"的起点，也是中西方文化传统相碰撞的开端。利玛窦是天主教来华事业的奠基者、开拓者。1600年5月19日利玛窦一行从南京出发北上，1601年1月24日抵达北京，历时8个多月，中间颇多波折。令人遗憾的是，利玛窦本人关于此行的书信遗失殆尽，学界所知唯有其晚年回忆录中的相关记载。罗马耶稣会档案馆所藏《1600年利玛窦神父进京报告》，未署作者。德礼贤(Pasquale d'Elia, 1890—1963)曾予以关注并使用，并称之为"1601年一封中国来信的抄本"，但没有说明其作者，显然没有将之当作利玛窦的作品；事实上，在其所列参考书目中，德礼贤将该报告排除在利玛窦著述之外。宋黎明的《〈1600年利玛窦神父进京报告〉——利玛窦一篇轶文之考证与研究》(《国际汉学》2019年第4期)一文首次全文转录、翻译并注释该手稿，作者认为该文不是利玛窦手迹，而是改编自利玛窦的一封信函。利玛窦1601年给上司写信时，用的还是通常的第一人称，但因为1600年进京如此重要，耶稣会当局对此书信进行加工，删除了那些带有书信特征的内容，如收件人、寄信人、寄信日期和地点等，并对书信进行了改写，包括将原先的第一人称改为第三人称，从而使之成为一份名副其实的报告，其目的或为在更大的范围内流通，以扩大影响。同时，作者认为《1600年利玛窦神父进京报告》具有非常重要的史料价值，在很大程度上比利玛窦的晚年回忆录更加重要。当然，这并不意味着这一报告无懈可击，它并不能取代利玛窦晚年回忆录，两者可互证互补。

明清之际中西思想文化首次发生全面而直接的对话，其中的重要产物之一是“中国哲学”之名的最初建立。利玛窦是第一个明确提出了“中国哲学”这一概念的人。利玛窦早年在罗马学院攻读法律、哲学、神学和数学，同时学习希腊文、拉丁文、葡萄牙文和西班牙文，这为他在中国传播所谓“天学”打下了坚实的基础。他认为中国哲学与希腊哲学一样，即都属于philosophia（爱智学）。张允熠的《利玛窦与西方哲学的中传及对中国哲学的发现》（《北京行政学院学报》2019年第5期）一文认为，以利玛窦为代表的耶稣会士来华传教时，正是亚里士多德在西方如日中天的时代，他们所传来的西学，主要是文艺复兴之后在西方盛行的希腊哲学，而非西方近代哲学。利玛窦是第一个以西方哲学为标准发现中国有哲学的欧洲人，也是第一个明确提出了“中国哲学”这一概念的人。利玛窦所指称的“真正的哲学”不可能脱离经院哲学的底本。“真正的哲学”在17世纪之后的欧洲产生了分化，即形而上学与数学和自然科学分化、哲学与神学分化、逻辑学与形而上学分化，等等。欧洲知识界在经历了对中国哲学的认定、理解和研究之后，1752年，狄德罗在《百科全书》中写进“Chinois Pholosophie des”（即“中国哲学”）条目，因此，“中国哲学”的正当性在16—18世纪的欧洲知识界已经毋庸置疑。西方人为“中国哲学”正名的目的，不仅在于理解异域思想文化，更在于将“中国”带入西方人对“哲学”的讨论研究中。事实上，自16世纪全球时代开启，中国文本就开始源源不断地为西方的哲学讨论提供新的思想资源和问题视野。正如张岱年先生所说，“‘哲学’术语源于西方，但‘哲学’不等于‘西方哲学’”，他把“哲学”视为一个“共名”，在此“共名”之下，西方哲学、中国哲学和印度哲学都是它的一个“属”。换言之，中国古代思想中具有哲学的实质性内容，这是“中国哲学”之“实”；而“中国哲学”之“名”，则是中西思想文化相遇、建构与反思的产物，它是对中国哲学之“实”的肯定。明清之际的西方人最早认定“中国有哲学”，进而寻求哲学的理解和解释，并逐渐尝试开启对中国哲学的学术研究。这3个进程依次展开，彼此紧密相连，不可截然分开，它们共同构成了对中国哲学正当性的强有力证言。王格的《“中国哲学”何以正当的最早论说——明清之际西人之证言》（《哲学研究》2019年第7期）一文认为，从“中国哲学家”到“中国哲学”，是耶稣会士学问的推进，并凸显出“人文”和“理性”的面向；从“中国哲学”到“中国哲学史”，则开始有自觉的方法论反思，进而开启了成为一门学科之可能性。这是西方知识界对“中国哲学”的认定、理解和研究之最初历程，也就构成了对中国哲学正当性最早的充足证言。作者认为，作为一门现代学科，今天的“中国哲学”还要面对“专业性”的根本考验。概括地讲，“中国哲学”在当代既面临知识的普遍性与地方性问题，又游走在“哲学”本身“家族相似”的诸特征之间，还一直都在对“哲学”的不同定义中面临相邻不同学科“规范”的挑战。而且，在很大程度上，这门学科里诸多广为流传的叙事和论断可能还过于扁平甚至线性，尚未经过认识论的深层结构性批判，尤其是针对这些知识背后所承载的功能、作用和机制等。面对这些纷繁复杂的困难和挑战，“中国哲学”的研究必须寻求一种“原创性叙事”，这是一门现代学科得以成立的根本。

利玛窦在《天主实义》第六篇中，与中士围绕“为善”问题，展开了一场以“利”与“仁义”、“正意”与“无意”为核心的争论。任一超的《利玛窦〈天主实义〉中“为善”的生存张力》（《国际汉学》2019年第4期）一文通过追踪“为善”问题的生存意识，将双方关于“利”与“仁义”、“有意”与“无意”的争论还原为一种关于生存悖论的生存出发点之争。文中指出，中士强调对善观念的解构，利玛窦坚持对生存出发点的建构。但由于双方都对辩证性的生存张力缺乏足够的体会，因此各自的生存主张难免顾此失彼。与此同时，作者还通过对原始文本的分析，指出孟子的“仁义”和张载的“无意”都源于对生存悖论的深刻体会，他们在提供一种必要的解构力量的同时，也试图努力重构一种内在于人性本身的生存出发点。高胜兵、王娟的《利玛窦的文化身份与其翻译策略和效果》（《中国翻译》2019年第3期）一文立足于利玛窦的文化身份，通过他在《天主实义》中对 deus、anima 和 diligere/caritas 的翻译，探讨译者的文化身份与其翻译的紧密关系。“文化身份”也常被称为“文化认同”，这一概念在翻译研究中的使用可以追溯到韦努蒂，早在 1995 年韦努蒂就发表论文，探讨“翻译与文化身份的形成”问题，其在 1998 年出版的《翻译丑闻：差异伦理探索》一书中，以《文化身份的形成》为题专章讨论了这一问题。作者认为，利玛窦使用明显有别于罗明坚使用的中文词汇其实与利玛窦的文化身份有紧密关系。译者的文化身份是多层面的，就利玛窦而言，他有三重文化身份，即“西儒”身份、天主教传教士身份和中国文化的“他者”身份。对比“西僧”罗明坚的《天主实录》中大量的佛教和道教词汇，“西儒”的文化身份决定了利玛窦在《天主实义》中的用词大都是类比或选择儒家的概念或词汇；利玛窦异化翻译的倾向更为明显，从而使构建天主教中文话语体系的努力更为有效。

日晷是利用太阳投影来测定时间的一种计时仪器。至少在公元前 16 世纪，古代埃及人就已经在使用日晷了。中国古代何时开始使用日晷，目前尚无定论。从文献记载及出土文物来看，西汉可能已有日晷了。在不同的文明中，由于自然环境及文化传统的差异，日晷的类型也各不相同。中国古代的特色日晷是赤道式日晷，欧洲则是地平式日晷。欧洲的地平式日晷于明朝末年传入中国后，迅速流行，从此，“中国日晷的发展深深地刻上西方科学的烙印”。而第一个将地平式日晷引入中国内地的，则是来华传教士利玛窦。宁波大学历史系龚缨晏教授的《利玛窦在南昌期间制作的日晷》(《清华大学学报(哲学社会科学版)》2019 年第 2 期)一文详细考察了这一历史过程，1595 年 6 月至 1598 年 6 月，利玛窦一直在南昌生活。其间，他制作了许多日晷，作为礼物赠送给当地的名流显宦，其中包括南昌知府王佐。不过，利玛窦在南昌制作的日晷并没有保存下来。幸运的是，利玛窦的朋友章潢在其著作中保存了一幅利玛窦的日晷图，这就是《图书编》中的“画因北极之度以定日晷图”。这是现存最早的利玛窦所制日晷图，也是中国现存最早的欧洲式日晷图。此外，文章还指出章潢《图书编》中的《昊天浑元图》，实际上是罗萨利(Girolamo Rucselli) 著作中的《世界地图》摹本。

关于明清时期望远镜在中国的传播，以往研究者利用中西文献档案已将望远镜在中国传播的大致情况做了初步的介绍。但是，对于望远镜传华问题的某些认识仍有误区。利玛窦不仅携带望远镜来华，而且他将欧洲望远镜的制作技术也传进了中国。龚缨晏在浙江省图书馆发现《开成纪要》抄本，该书署名为“太西利玛窦传，松江徐光启校”。该抄本以条目的形式，介绍了众多技术及工艺，全书共有条目 60 多条。在这部署名为“太西利玛窦传”的《开成纪要》一书中，有专门对望远镜的介绍。其中比较详细地介绍了望远镜的制作方法及过程。汤开建的《欧洲望远镜在明代中国社会的早期传播》(《北京行政学院学报》2019 年第 2 期）一文认为，从利玛窦开始，一批又一批的欧洲传教士将望远镜带进中国，与此同时也将望远镜的制造技术传入中国，在明代社会产生了重大影响。利玛窦去世以后，从万历末到崇祯初，望远镜进中国已绝非一架两架的偶然传入，它已经像自鸣钟一样广泛流播于明代社会各阶层中。澳门首先成为望远镜流入中国的集散地，然后传教士将澳门的望远镜一架又一架带入中国内地，而且他们还在中国内地开始生产和制造望远镜。故此，到崇祯时，望远镜不仅成为“近日西洋陪臣贡献御前”的宝物，而且成为当时国内市场重要的贸易商品(“间有鬻者，直四五十金”)。望远镜不仅已经成为耶稣会士敲开中国传教大门最为重要的宝器，而且已经开始有人将它投入科学研究、军事战争及国内的商品市场中。

明朝末期，中国历史上发生了一次重大的科学改革运动，这就是在徐光启和李天经等人领导下，由在华耶稣会士和历局官生共同参与的崇祯改历。这次改历是明末西方天文学东渐的高潮，在中国历史上首次较为系统地引入了当时欧洲的天文学知识，完成了《崇祯历书》这部专业性的天文学丛书，实现了中国传统天文学向西方的转轨。崇祯改历的目的是通过引进西方先进的天文学知识，提高官方对日月交食等天象的预测精度。虽然日食和月食预测的改进是改革的重点，但其涉及的内容却包括天文学理论、仪器制造、天象观测、历法推算，甚至旁通众务等诸多方面。崇祯改历期间，耶稣会士曾绘制多种新式星图，这些星图大都采用了西方的投影及绘图技术，借用并调整了中国传统的星官体系，具有中西合璧的特征。其中又以 1634 年进呈给崇祯皇帝的《赤道南北两总星图》屏风最为突出。该图具有较高的科学和艺术价值，据德国传教士汤若望书信记载，星图绘制完成后，颇得崇祯的喜爱，一直将其留在身边。入清后，该星图又被重新刊印，收藏于宫中。李亮的《皇帝的星图——崇祯改历与〈赤道南北两总星图〉的绘制》(《科学文化评论》2019年第1期)一文通过考察《赤道南北两总星图》屏风的绘制，讨论中西科学与文化的差异造成的星图绘制中的各种困难，以及在崇祯"务求画一"之旨下，历局对此做出的会通和调适工作，并由此产生的争论和冲突。作者认为这些问题中，有一些并不是通过简单的精度比较就能作为衡量和取舍标准，众多的非科学的因素夹杂其中。这也就导致了崇祯改历陷入了各方无休止的争论，有的争论甚至超出了天文学自身改革的范畴，以至于崇祯多次下旨"治历求准天行，岂容偏辞攻诋"。改历中"务求折中画一，以归至当"的要求和"不一者能一，不正者可正"的高标准，使得"一代之良法""一朝之巨典"的目标迟迟无法实现，而关于星图绘制的争论也是改历过程中众多难以调和的方面之一。

清入关后采用西洋新法定《时宪历》，从清廷自身的角度看来，确定《时宪历》之重要目的，是要在改朝换代之际体现自身的正统地位，以示"正朔"之所在。从具体操作上说，需要官方天文学家据《时宪历》编制成历书，颁行天下。清廷在入关之前，皇太极政权就曾通过某种途径获得明朝官方历法《大统历》，据之推步造历，1637年，以满、汉、蒙三种文字颁发不同族群的臣属，并成为崇德朝定制。1643年，皇太极崩，爱新觉罗·福临在沈阳即位，改元顺治，睿亲王多尔衮摄政。虽然《清世祖实录》未记该年颁历之事，但按惯例，新主应该在岁末颁新历，改用顺治年号，采用西法定《时宪历》，编制历书颁行天下。汪小虎的《清顺治元年之造历活动——从山东省图书馆馆藏顺治年间〈时宪历〉出发的考察》(《中国科技史杂志》2019年第1期)一文介绍了山东省图书馆藏顺治朝《时宪历》历书实物，并在此基础上阐述了《大清顺治二年时宪历》与《大清顺治元年时宪历》的编制过程及其意义，前者是清廷的当务之急，后者属锦上添花。文章指出了清初《时宪历》一个被前人忽视的形式变革——造历职官表，最后还揭示《时宪历》使用者的身份——亲王。

西方流星、彗星观念在中国的传播是明末西学东渐的一个案例，由此可以观察到晚明来华传教士对西学的传播模式和中国学者对西学的接收模式。1583年来华的利玛窦，以传教为目的，向中国介绍了亚里士多德的四元素说（即四元行论），其中，认为流星、彗星“非星乃气”的西方古典流星、彗星观念也在介绍之列。利玛窦之后，于17世纪初期陆续抵华的高一志、熊三拔、汤若望、罗雅谷等人，也先后在自己的著作中介绍了在当时属于西方气象学知识范畴的流星、彗星观念。但不论是从中国传统流星观念出发，还是以近现代天文学史中的流星、彗星知识为准，流星、彗星观念都应属天文学史的研究范畴。但对于近现代的气象学来说，流星、彗星又实在和气象学并无关系，因而西方气象学入华的相关研究也很难关注到这一部分。不仅如此，尽管“科学”与“正确”不能等同的看法已经逐渐被科学史界的诸多学者们纳为共识，但不够“正确”的知识在科学史的研究中还是会被有意无意地忽略。胡晗、关增建的《明末西方流星、彗星观念在中国的传播及其影响》（《自然辩证法通讯》2019年第5期）一文梳理和解析了相关著述文献，认为西方流星、彗星观念最初是作为气象学知识被引入中国的，但第谷大彗星的发现使得西方天文界对彗星的理解发生了巨大的变化，传教士们的传播内容也随之发生了改变。明末学者熊明遇等人在融合中西传统自然哲学的基础上接受了作为气象学知识的西方古典流星、彗星观念，建立了一套独特的解释自然的方式；而重归天文学领域的西方彗星观念却并未在中国学者中产生很大的影响。

2018年12月，由生活·读书·新知三联书店出版的韩琦所著的《通天之学：耶稣会士和天文学在中国的传播》，通过详密考证，揭示崇祯至道光约200年间，特别是康熙时代，欧洲天文学传入中国的复杂过程与相关社会、宗教因素。基于诸多个案，该著作探讨天文学与传教士、皇帝、大臣、士人的关系，以及不同国籍传教士发挥的作用。从科学社会史的视角，考察科学、政治、宗教、权术如何深深地纠缠在一起。全书包括序章、正文9章、结语、附录，以及参考文献、人名书名索引、后记。2019年10月25日《中国科学报》刊载的李芸的《从“科学学霸”康熙看西学东渐》一文认为，此著作是学者韩琦30余年对明清时期西学东渐研究的集大成者，而在该书之中，他最得意的一点就是以日影观测为切入点，对清廷开展的一系列日影观测与历法改革的关系做了深入研究，从而重现了传教士和天文学在清廷传播的历史图景，并从科学社会史的视角揭示了科学和权力交织的复杂关系。郑诚的《欧洲天文学与清朝帝王术介绍〈通天之学：耶稣会士和天文学在中国的传播〉》(《科学文化评论》2019 年第 1 期)一文认为《通天之学》汇集大量中西一手文献，探讨了清代前期西学东渐的核心课题——康熙朝皇权控制下传华欧洲天文学之兴衰，指出该著作立论坚实，细节丰富，不仅提供新知，也具有思想层面的启发。作为康熙朝最大的科学工程，大地测量和舆图绘制最为史家所关注。一般认为，这一工作始自康熙四十七年(1708 年)，至康熙五十七年(1718 年)告成。然而，康熙帝此前已陆续派员开展测量活动，耶稣会士和皇子都参与其中，为后续全国范围的大规模舆地测绘奠定了基础。韩琦、潘澍原的《康熙朝经线每度弧长标准的奠立——兼论耶稣会士安多与欧洲测量学在宫廷的传播》(《中国科技史杂志》2019 年第 3 期)一文基于中西文献，详细考证了康熙御用教师、耶稣会士安多(Antoine Thomas，1644—1709)在地图制作、河道测量，特别是在康熙四十一年(1702 年)大地经线 1 度弧长的测定中做出的重要贡献。作者认为，此项工作为之后的全国舆地测绘工作奠定了基础。为配合大地测量，安多还曾编纂《测量高远仪器用法》，所述测量方法较明季同类著述多有更新，体现出康熙时代宫廷数学的实用取向。

陈垣的《陈白沙画像与天主教士》一文便描绘了精通天算、音律、绘画的 3 位西方传教士——山遥瞻(Guillaume Fabre Bonjour)、德理格(Teodorico Pedrini)、马国贤(Matteo Ripa)在“礼仪之争”的背景下赴华效力的图景。山遥瞻、德理格、马国贤等 3 人进京效力于清廷，分别在天算、音律、绘画等领域取得成就。陈垣《陈白沙画像与天主教士》一文对山遥瞻的记载很少，只说他“精天算”，“出差云南，病卒”。这里的“天算”，指的是天文历算。吴珺的《陈垣〈陈白沙画像与天主教士〉与中西文化交流》(《五邑大学学报(社会科学版)》2019 年第 3 期)一文认为，精通天算的山遥瞻为《皇舆全图》的制成贡献了力量，他运用了西方先进的天文观测技术、星象三角测量法与梯形投影法对地形进行勘测并对地图进行制作；精通音律的德理格与中国官员共同编修《律吕正义》，在清廷广泛地传播了欧洲音乐文化；精通绘画的马国贤让康熙皇帝看到西方精美的铜版画，他利用硝酸腐蚀制版的工艺制作铜版画，并改良了铜版画制作工艺，刻印了中国山河的图景。

明末西方数学的传入是中国数学史研究的重要议题，它最先发生在天文历算领域。1607 年，意大利传教士利玛窦与徐光启合作翻译了欧几里得《几何原本》的前 6 卷，将欧洲几何学介绍到中国。利玛窦又与李之藻(1565—1630)合作编译《同文算指》，介绍欧洲笔算的方法，并于 1613 年出版。1629 年，明廷启动了《崇祯历书》的编撰工作，从官方层面引入欧洲天文学。近年来学术界在这一方向的研究丰富了西学东渐的具体细节。《几何原本》把黄金分割介绍到中国，其公理化的逻辑推理体系，使得中算家在耳目一新的同时，又不甚理解。基于文化背景的差异，中国与西方对黄金分割的理解、推理与研究风格迥异。董杰的《清初中算家对黄金分割的推理论证》(《内蒙古师范大学学报(自然科学汉文版)》2019 年第 6 期)一文认为，由于中国传统数学注重算法而忽视算理，造成明代数学家对以前数学知识的不了解，故明末以降，中算家更多关注数学原理，黄金分割也不例外。徐光启将黄金分割翻译为“理分中末线”，较之西方，尤为强调“理”字，体现了中算家对数学原理的迫切需要。然而基于东、西方数学传统、文化风格，全盘接受西方逻辑推理体系在有着悠久数学传统的中国行不通，李子金、梅文鼎和杨作枚皆弃西法而不用，另创新法。李子金、梅文鼎、杨作枚的证明各有特点：李子金的论证另辟蹊径，从连比例入手解决黄金分割，观察、归纳的成分更多；梅文鼎始终坚信“几何即勾股”，通过类比将黄金分割纳入勾股理论之中；杨作枚没有强调“几何即勾股”的论调，而是将传统中算方法引入逻辑推理之中，直观性更强，推理也更具逻辑性，其方法可谓中西合璧。三人的工作，一方面给出黄金分割多种推理模式，赋予了多样化阐述；另一方面也显现出对西方演绎体系的逐渐接受过程。东、西方数学传统相互碰撞，相互交融，使得黄金分割在清初呈现出与西方不同的道路，展现出中西数学会通颇具特点的一面。

詹嘉玲(Catherine Jami)是法国知名汉学家和科学史家，她的主要研究领域为明末清初中欧科技交流史，并侧重于中国数学史研究。1990 年，其著作《三角速算法与精确圆周率(1774)：中国数学传统与西方的贡献》在巴黎出版，2012 年，牛津大学出版社出版了她的《皇帝的新数学：康熙朝的西学与皇权》一书。此外，她还主编了《中国晚明时期的治国方略与思想变革：徐光启的跨文化汇通》和《个人行迹与知识的空间流动：17—20世纪中国的科学技术与医学》等书籍。赵静一、王淼的《“过去即异国”——詹嘉玲博士访谈录》（《中国科技史杂志》2019年第4期）一文讲述了詹嘉玲与中国数学史结缘的过程，以及她开展国际交流合作的经历。对康熙与耶稣会传教士之间的交往，以及知识传播与交流的研究方法等问题，他们也分享了自己的观点和见解。关于康熙和耶稣会传教士，詹嘉玲认为和众多历代皇帝一样，康熙师从中国最杰出的学者，学习经典典籍，这种学习模式为他学习科学提供了一个范例。康熙帝出于个人爱好和权术考量，躬身向耶稣会士学习，数学、天文、地理、物理、乐律、医药等知识因而得以传入宫廷。除了历法外，还有像火炮这样的技术。他要求耶稣会士为他铸造火炮，当然在那个时期火炮是很重要的。中国的历法改革始于明代，这是徐光启的成就。17世纪30年代，有大量的书籍描述如何计算历法常数，清入关后就开始照此实施了，汤若望毛遂自荐担任朝廷钦天监监正，他在北京待了20年，顺治皇帝去世后，他因树敌众多，结果被弹劾和审判。继汤若望之后，杨光先成为钦天监监正，从一开始他便说，自己并非天文学家。在他看来，主要问题并非汤若望的历法不准确，而是让不懂中国文化的人来制定历法不成体统。此外，该文还认为，历史文献本身应在我们的研究中起到引导性的作用，即便是新的历史研究趋势，也应注重历史文献本身的主导地位。

朱一文的《明清之际的数学、儒学与西学——以黄宗羲的数学实作为中心》（《内蒙古师范大学学报（自然科学汉文版）》2019年第6期）一文认为数学与儒学关系的历史演进十分复杂，宋代大儒朱熹（1130—1200年）接纳和排斥数学的两种看法在明代影响深远。通过分析黄宗羲（1610—1695年）的相关著述可见：他引传统算学入原先属于儒家算法传统部分的经学研究，并将西方三角学纳入传统算学之勾股类。这折射出黄宗羲认识与理解的数学、儒学与西学之关系。因此，明清之际学者对待西学的不同态度与做法，实际可能与其所持之传统算学与儒学关系的看法相关。黄河清的《阿拉伯数字传入中国的历史及其名称的产生和演变》（《中国科技术语》2019年第5期）一文考察了阿拉伯数字从传入到全面推行，经历的370多年的漫长历程。阿拉伯数字,也叫印度—阿拉伯数字。它最先是公元6世纪在印度发明的。后来传到了阿拉伯,在那里这种数字的字体有了变化,成为东阿拉伯数字。虽然东阿拉伯数字于元代已经传入中国,但有关它的名称在当时是否已经产生,现在还不清楚。一直要到明末,我们才在方以智的《通雅》上见到它的名称,即“太西氏十字”,这是迄今所见最早的有关阿拉伯数字的汉语名称。后来随着阿拉伯数字的不断被介绍和使用,各种名称也相继出现。到了13世纪初,东阿拉伯数字经北非传入欧洲。在欧洲,这种数字又发生了变化,其印刷体也逐渐改成了拉丁字体,最后发展成西阿拉伯数字。西阿拉伯数字基本上就是现在我们所使用的阿拉伯数字:1、2、3、4、5、6、7、8、9、0。

16世纪以前西方还没有一幅完整的中国地图,那时的西方地图绘制学建立在托勒密的宇宙观基础上,而对东方和中国的认识,中世纪以后大多还停留在《马可·波罗游记》的影响之下。罗明坚(Michele Ruggieri,1543—1607)是第一个入华的耶稣会士,他于1579年到达澳门,1588年离开中国返回欧洲。他是近代中西文化交流及西方汉学的奠基人。受他的影响,利玛窦来到中国,并在生活和传教方面得到他的照顾。但很长时间以来,学术界对于罗明坚在中西文化交流史上的贡献所知甚少,研究甚少。近年来国内外学术界对罗明坚的研究有了重大的突破。1989年意大利国家档案馆馆长罗萨多(Eugenio Lo Sardo)通过对意大利罗马国家档案馆所存中国地图手稿的研究,判断手稿的作者为罗明坚,并在意大利国家地理学会杂志上发表了论文《有关明代中国的第一地图集——罗明坚未刊手稿》,随后组织了一批学者继续研究。1993年意大利国家出版社出版了由他主编的《中国地图集》,全书共137页,其中有罗萨多撰写的导言和毕戴克(Luciano Petech)教授等学者的研究成果,还有按照原尺寸复制的79页手稿,包括28幅地图和37页文字说明。张西平的《罗明坚〈中国地图集〉在西方汉学史上的重要贡献》(《北京行政学院学报》2019年第1期)一文将罗明坚所绘制的《中国地图集》放入西方的中国地图绘制历史中加以评价,阐明其学术贡献,认为罗明坚和利玛窦各自做出了自己的贡献。正如宋黎明所说:“如果说利玛窦是用中文绘制世界地图的第一人,那么罗明坚则是用西文制作中国地图集的第一人。”

1602年，利玛窦在北京绘制出《坤舆万国全图》，比较全面地介绍了欧洲人在地理大发现中获得的世界地理新知识。这幅地图不仅猛烈地冲击了中国人，而且还影响到日本、朝鲜等周边国家。即使在今天出版的中文世界地图上，仍然可以看到利玛窦世界地图的痕迹。利玛窦本人在中外文著述中都说《坤舆万国全图》是他亲手绘制的，李之藻、陈民志、杨景淳、祁光宗在《坤舆万国全图》的序文中也有同样的说法，阮泰元的《两仪玄览图》序文中亦提及此事。19世纪末以来，中外学者从未对此产生过怀疑。南怀仁的《坤舆全图》作为清初刊印的中文版彩色世界地图，既反映出16—17世纪中国经由来华传教士与西方科学文化知识的早期接触，又呈现出这个时期西欧对世界地理的认知。郭云艳的《从〈坤舆全图〉看16—18世纪关于中亚的地理认知》(《中国边疆史地研究》2019年第4期)一文以《坤舆全图》的中亚部分为出发点，结合中国在此前后所绘制刊印的其他世界地图，考察了16—18世纪关于中亚地区地理知识的发展变化，并探究其背后的成因。作者认为，在16—18世纪中国刊印的世界地图，体现着东西方科学技术的交流与传播。利玛窦与艾儒略将中国人关于西域的地理概念绘制到地图中来，仍延续西方以加纳利群岛为本初子午线的做法；南怀仁的《坤舆全图》以北京为本初子午线，在绘制中亚地图时则同时吸收东西方关于该地的地理知识，标志着西方现代知识进入中国人的话语体系当中；及至康雍乾三世，皇帝下令采用西方的测绘技术来绘制辖下各地的地图，客观上完善了世界范围内人们的地理知识。而后者之所以能产生如此大的影响，一方面是由于欧洲列强扩张的步伐此时刚刚进入中亚，尚未完全渗透；另一方面也是由于清初统治者们在遭遇以沙俄为代表的西方冲击时，认识到东方传统的政治地理体系的不足，遂利用西方科技做出主动应对，勘定边界，其关于新疆、中亚地区的勘测不仅完善了世界范围内人们的地理知识，而且明确了相关地区的归属与表述，对后世产生深远影响。

中外学者公认利玛窦《坤舆万国全图》是中西文化交流的结晶，是东西方共同的文化遗产。但近年来，美洲郑和学会会长李兆良在一系列论著中提出，《坤舆万国全图》并不是利玛窦的作品，而是郑和为了“准备第七次”下西洋绘制的,成图时间为1428—1430年,该图“证明明代中国人比哥伦布先抵美洲”①。龚缨晏的《〈坤舆万国全图〉与“郑和发现美洲”——驳李兆良的相关观点兼论历史研究的科学性》(《历史研究》2019年第5期)一文认真分析了李兆良所依据的中外文资料,指出其观点在史实上是错误的,在逻辑上是乖谬的,完全违背了历史研究的科学性,因而根本不能成立。作者认为,历史学的目的是要通过可靠的史料来探求已经发生过的事实,而不是凭空臆想出虚妄无稽的昔日荣光。中华民族的自豪感,是建立在无数个历史事实之上的,而不是通过穿凿附会的谰言谎语构筑起来的。

龚缨晏的另外一篇文章《遥远的北方:利玛窦世界地图上的冰岛》(《世界历史评论》2019年第4期)则考察了从利玛窦开始,包括冰岛在内的欧洲偏远地区逐渐进入中国人的知识体系的过程。位于大西洋北部的冰岛,不仅对于古代中国人来说是完全陌生的,而且对于古代西欧人来说也是模糊不清的。古希腊人认为,人类世界最北的边缘有个Thule岛。从中世纪开始直到现在,许多西方学者认为,这个Thule岛就是冰岛。中国人则是通过明末来华传教士利玛窦而获知冰岛的。利玛窦于1595—1598年在南昌期间绘制的世界地图上,将Thule翻译成“都力”,这也是第一个与冰岛有关的中文地名。在1602年绘制的《坤舆万国全图》上,利玛窦不仅把冰岛与想象中的“飞私得岛”(Frislanda)合为一体,而且还与“卧兰的亚大州”(格陵兰岛)连成了一片。“飞私得岛”上的“斯可何尔丁”一名,无疑是古代冰岛宗教中心Scalholdin的音译,而“卧兰的亚大州”上的“何令”乃是冰岛地名Holen的音译。利玛窦以16世纪世界地图的形式第一次向中国人介绍了冰岛,它扩大了中国人的地理视野,影响了中国人对世界的传统看法。

明清中国之“大西洋”是一个陆海兼具的涉外地理概念,其意既可指欧洲大洲或葡萄牙、意大利等具体欧洲国家,也可指今北大西洋局部海域或整

① 李兆良:《公元1430年前中国测绘美洲——〈坤舆万国全图〉探秘》,《测绘科学》2017年第7期;《明代中国人环球测绘〈坤舆万国全图〉——兼论〈坤舆万国全图〉的作者不是利玛窦》,《测绘科学》2016年第7期。李兆良的其他论著还有:《坤舆万国全图解密:明代测绘世界》,台北:联经出版事业股份有限公司,2012年,该书大陆版2017年由上海交通大学出版社出版,书名为《坤舆万国全图解密:明代中国与世界》);《黄河改道与地图断代:中国地图学西传辩证》,《测绘科学》2017年第4期;《〈坤舆万国全图〉与〈利玛窦中国札记〉中外译本考疑》,《测绘科学》2017年第5期;《谁先发现美洲新大陆——中国地理学西传考证》,《测绘科学》2017年第10期。

个大西洋。庞乃明的《明清中国“大西洋”概念的生成与演变》(《学术研究》2019 年第 11 期)一文认为,中文语境之大西洋概念最晚出现在明朝嘉靖时期,其意本指印度洋北部及其沿岸地区,特别是阿拉伯半岛一带。待到耶稣会士来华后,随着利玛窦等人对中国大西洋概念的巧妙借用,以及《坤舆万国全图》等中文世界地理图书的广泛传播,先前出现的大西洋概念开始发生明显变化。概言之,此后之大西洋概念已逐渐固化为 3 层内涵:一指欧洲大陆,二指今大西洋特别是伊比利亚半岛以西之北大西洋局部海域,三指葡萄牙或意大利。此一概念虽由明代中国人独自创造,但其由明到清的内涵演变却深受中西文化交流乃至中西政治关系的影响。因受传统的中国独尊观念制约,一些人对“西洋”之前加一“大”字,把大西洋当作与中国对等的政治实体的做法颇难接受。鉴于大西洋称谓的一定敏感性,“大西洋”一词在明清之际有被“西洋”所取代的趋势,“西洋”二字开始具有“大西洋”的某些内涵,这是中国古代西洋概念的又一重大转变。如徐光启的《辨学章疏》在言及欧洲诸国时,即以“西洋邻近三十余国”称之;体现清朝官方思想的《四库全书总目》提要,则全以“西洋”替代大西洋。而作为海洋称谓的大西洋概念却未受到任何影响,不仅西方世界的大西洋内涵完全被中国人吸纳,Atlantic Ocean 也被中国人翻译成了大西洋。

明末清初,西方力学知识随之以《泰西水法》《同文算指》《奇器图说》等译书及水铳、自鸣钟等机械为媒介传入中国。这一时期在中国传播的西方力学知识以静力学为主,较少提及开普勒、伽利略等人的动力学理论。在译著中,介绍西方力学为主的论著仅《奇器图说》一部,该书涉及的多为静力学理论;至清末《重学》《谈天》《物理学》等译著出版,经典力学才正式传入中国。张峰、陈玮的《论明清士大夫对西方力学的认知与传播》(《科学技术哲学研究》2019 年第 1 期)一文认为,明清时期中国的社会分工使士大夫在西方力学的传播过程中扮演重要角色,在明末兴起的实学思潮与清初日益加深的崇古意识作用下,他们对西方力学知识的评价反映出其认知的复杂性与矛盾心理。这些评价通过人际网络进一步扩散,形成了中国社会对西方力学不同时期的不同态度,继而影响了中国近代科学发展的进程。

在明清西文译著中,数学、天文学、工程学类著作占据着绝对的主流,伦理学和政治学类译著则仅有寥寥数本。《修身西学》是最早将源自亚里士多德的西方伦理学系统介绍到中国的伦理学著作。《修身西学》是高一志(Alfonso Vagnone,1566—1640)“义礼西学”系列 3 部译著——《修身西学》《齐家西学》《治平西学》中的一部,大概成书于 1637—1638 年,由高一志与数十位士人在山西绛州合作完成。高一志是意大利籍传教士,1605 年入南京,取汉文名王丰肃,字一元、泰稳,1616 年被逐至澳门。1624 年返回南京,改名高一志,字则圣,居于山西绛州(今运城市新绛县)至逝世。他毕生刊印汉文著作近 20 种,涵盖众多学科。谭杰的《西方伦理学的首次系统传入——高一志〈修身西学〉之来源再探》(《国际汉学》2019 年第 1 期)一文认为,高一志的《修身西学》采用了文艺复兴时期一部拉丁文大学教材《科因布拉伦理学评论》的基本结构,但舍弃了其中繁复的辩论,仅在前三卷依靠《天主实义》补充相关背景知识,简单介绍了若干基本概念,并在余下几卷详细陈述了 11 种感情和四枢德。其中后 4 卷关于四枢德的写作,高一志参考了莱修斯的拉丁文著作《论正义、法律及其他枢德》。《修身西学》所呈现的伦理学,是一种弱化了的理论,强调实践方面的感情控制和德性修习的伦理学。

高一志的另外一部教育学专著《童幼教育》被认为是“中西方在教育学领域交流的最早证明”,该书于 1632 年在山西绛州出版,但它极有可能是在高一志流亡澳门期间写成的。这本书介绍了欧洲古典和文艺复兴教育传统的核心原则,并巧妙地将它们与宋明教育中最相关的教义相结合,从教和学两个角度探讨儿童教育中的问题,其中第二卷第九章着重论述友谊问题。欧洲哲学和中国哲学都有关于友谊的论述,利玛窦的友谊观对高一志产生了重要影响,他也借用儒家经典表述自己的友谊观;高一志《交友篇》充分体现了他对中欧古代传统思想的吸收和借鉴。寒梅著、陈彦辉和杨雪樱的《高一志〈童幼教育〉中的友谊观》(《广东外语外贸大学学报》2019 年第 6 期)一文阐明高一志在《童幼教育》第九章《交友篇》中介绍的友谊观在多大程度上归因于中欧古典传统。作者从利玛窦第一次的“文学尝试”——《交友论》中借用了一些关键的词语,并从结构上参考了托雷斯的《王子伦理哲学》,从中引用了相关名言。利玛窦和他的同工“试图将儒家道德哲学作为充实基督徒的知识储备”，他们特别注意选择那些可以被分享，以及可以使他们的读者了解的信息。他们忽略了，或者更确切地说，“巧妙地介绍”了那些与中国人的心理相似程度不大的信息。使用儒家传统词汇和观点，是一种战略选择，为读者提供一些熟悉的语言坐标，帮助他们找到进入新的文化世界的途径。然而，正如外国人来华旅游一样，这也是耶稣会不得不接受文化适应的必然结果。正如钟鸣旦所言，“在文艺复兴时期的思想能够引起任何回应之前，他们必须与中国人沟通和交流。并且，他们只能通过中国人的语言文字和思维模式进行交流”。因此，在塑造关于友谊的观点时，利玛窦和高一志都精心挑选了儒家学说中的话题。

明朝末年，随着欧洲文化的渗入，出现了一批翻译西方科技文化的官僚群体。其中，以徐光启最为有名。明朝末年，徐光启（1562—1633）目睹国家陷于危难，怀着报国忧民之心，重新注解先秦古籍《考工记》，以“济时艰”。他“释注成编，手自删削，凡三易草”，终于著成《考工记解》上、下篇，并于1623年由门人茅兆海作跋付梓。徐光启的《考工记解》明刻本已毁，1978年后全国善本古籍清查，在复旦大学图书馆发现了明清之际的抄本。1983年上海市文物保管委员会将其编入《徐光启著译集》，由上海古籍出版社影印出版，徐光启的《考工记解》重新进入了人们的视野。闻人军的《徐光启〈考工记解〉成书年代和跋批作者考》（《咸阳师范学院学报》2019年第6期）一文认为茅兆海是茅元仪的堂侄，明刻本被毁的原因是国乱家难，眉批的作者可能是徐光启之子徐骥，文章还指出了《考工记解》点校本（2010版）的几处疏误。

在明末西学东渐中，李之藻对中西方文化与科技交流做出的杰出贡献应当可与徐光启相提并论。李之藻曾拜读于利玛窦门下，苦心钻研西方自然科学知识，对几何、天文、算数、地理等无所不精，翻译了大量西方科学技术著作，对当时社会产生了极大的影响。同时，在翻译西方科学技术著作的过程中，李之藻还获得了西方传教士的认可，被认为“是晚明中国知识线和外国知识线相接触背景下出现的优秀科学家”。在李之藻译介的大量西学著作中，产生巨大影响的译著主要包括《浑盖通宪图说》《同文算指》《圜容较义》《乾坤体义》《寰有诠》《名理探》等书，涉及西方数学、天文学、哲学、逻辑学等，尤其是在西方天文学和数学方面，其影响可谓是开创性的。季艳龙、方真的《明末翻译家李之藻对科学翻译的贡献研究》（《兰州教育学院学报》2019 年第 10 期）一文认为，在明末清初的西学东渐之中，无论是在数量上还是在质量上，李之藻对西方科学技术著作的译介都是具有开拓意义的，在中国科学技术著作翻译史中扮演着重要的角色。他不仅一心潜入对西方科学技术著作的译介，同时还大力推广西方科学技术在我国的传播，是西学东渐中，将西方科学技术引进我国的一位关键性人物。

明末清初，有关“海族”的知识主要见于《坤舆万国全图》《职方外纪》《坤舆全图》和《坤舆图说》，这其中既有文本资料，又有图像资料。“海族”文本资料主要见于《职方外纪》与《坤舆图说》，而后者中的“海族”资料大体承袭前者。《职方外纪》是艾儒略于 1623 年在杨廷筠的协助下完成的，此书有多种版本，1996 年中华书局出版的谢方校释本最为翔实可靠，该版本包括正文五卷，前四卷论述五大洲的国家、城市等信息，末卷即第五卷以海洋为主题，包括“四海总说”“海名”“海岛”“海族”“海产”“海状”“海舶”及“海道”等节。《坤舆图说》由比利时耶稣会士南怀仁完成于 1674 年，分上下两卷。《四库全书总目提要》说：“是书上卷自‘坤舆’至‘人物’，分十五条，皆言地之所生。下卷载海外诸国道里、山川、民风、物产，分为五大洲，而终之以‘西洋七奇图说’。大致与艾儒略《职方外纪》互相出入，而亦时有详略异同。”程方毅的《明末清初汉文西书中“海族”文本知识溯源——〈职方外纪〉〈坤舆图说〉为中心》（《安徽大学学报（哲学社会科学版）》2019 年第 6 期）一文认为，艾儒略《职方外纪》和南怀仁《坤舆图说》的“海族”文本，针对不同的内容，参考了欧洲不同类型的资料，其中包括地理学书籍，如 16 世纪中期马格努斯的《海图及对北域的描绘》《北方民族简史》、奥尔特利尤斯的《寰宇大观》等。为了使描述更为精准，当涉及具体论题时，相应研究著述也会成为艾儒略和南怀仁参考的对象。因此，尽管可能有主要的参考对象，但他们的作品可以被视为他们当时能够接触到的各类资料与信息的杂糅。这些“海族”文本知识，既有古希腊罗马自然史传统的印记，又受到神学和动物故事集文本传统的影响，还有大航海时代以来建立的“科学”的“新”知识，呈现了当时欧洲知识界的整体面貌。

东西文化中许许多多尚未定型的知识和思想，经常是通过把动物作为意象或符号来表达的。作为我国融会东西方多元文化摇篮的澳门，也是东西文化交流过程中光怪陆离的动物知识交流的汇聚地。由印光任、张汝霖于乾隆十六年(1751 年)编纂完成的《澳门纪略》或作《澳门记略》，同年有皖地“西阪草堂藏板”的原刊本，介绍了澳门历史、地理风貌、中西文化、风俗民情等，并附有 21 张插图和 400 多条中葡对照词语，是中国也是世界历史上第一部系统介绍澳门史地的汉籍。该书分上下两卷，是著者“历海岛，访民蕃，搜卷帙”，搜集大量有关澳门地方的第一手资料编成。《澳门纪略》一书是否属于地方志，学界有不同的看法。但是该书首次借鉴传统方志著录动物的分类方法，建构了西方动物的认识谱系。《澳门纪略・澳蕃篇》所载的西洋物产，包括禽兽、虫鱼等多达 70 余种，其中有些是依据传统古籍的资料，有的是根据实地观察属于第一次记载，而更多的内容则是依据西方传教士的汉文西书。邹振环的《“化外之地”的珍禽异兽：“外典”与“古典”“今典”的互动——〈澳门纪略・澳蕃篇〉中的动物知识》(《安徽大学学报(哲学社会科学版)》2019 年第 4 期)一文重点讨论了《澳门纪略・澳蕃篇》中的“禽之属”“兽之属”“虫之属”和“鳞介之属”几个部分。通过对其中若干外来动物的分析，指出该书在清中期“内诸夏而外夷狄”的观念占学界主流的风气下，编者注意选择运用西方来华耶稣会士撰写的汉文西书作为基本资料，以“外典”与“古典”“今典”沟通和互动，致力于寻找中西知识谱系的相通之处。作者认为，如果将西方耶稣会士编纂的汉文西书视作“外典”，将唐朝刘恂《岭表录异》视作“古典”，而将《古今图书集成》《广东新语》等视作“今典”，《澳门纪略・澳蕃篇》一书可以说形成了“外典”与“古典”“今典”的互动。《澳门纪略・澳蕃篇》中关于海外动物知识的记述，不仅取材于传统中国的古籍，也有材料来自《岭表录异》和郑和下西洋留下的航海旅行文字如《星槎胜览》等，但更多的是取材于“外典”，如艾儒略的《职方外纪》、南怀仁的《坤舆全图》和《坤舆图说》等。在清中期对西方各种知识还普遍认识模糊的情况下，《澳门纪略・澳蕃篇》介绍了不少不同于中国文化，属于异质性的西方动物知识，虽然其中不乏猎奇的色彩，但所介绍的不少西方博物学知识较之中国动物文化具有更多的接近近代科学的元素。并且，作者还特别指出，明末以来，绝大部分的中国士大夫没有学习域外文字的追求，即使像徐光启、李之藻这样一流的学者也没有专门学习过西方语言文字。特别是康熙后期开始禁教，到了乾嘉时代，研读西书不仅不像明末清初曾是学界治学的时髦，甚至已有触犯时忌的危险。因此，在清中期"内诸夏而外夷狄"的观念占据学界主流的风气下，两位清代地方官员不仅热心介绍西方的器物和技艺，也注意介绍西方的动物知识，且能选择运用西方来华耶稣会士撰写的汉文西书作为基本数据，实在算是当时学界治学的翘楚。

"西画东渐"就是一个东西方文化交流的历史现象，是西方艺术文化向东方渗透的过程。中国文化底蕴的强大内聚力让"西画东渐"的影响不仅仅是东方单方面的吸收，西方文化也融入了来自东方的意蕴。朗世宁的《百骏图》就是在东西方文化交流之际出现的精品，整幅画既有西方绘画中的写实，又有中国传统绘画的韵味，而不仅仅是描绘物体的表象。郎世宁创造的新体画影响了清代宫廷绘画一派的风格，对中国绘画之后的发展起到了一定的作用。孙孟珂的《"西画东渐"下郎世宁的〈百骏图〉》(《美术教育研究》2019 年第 22 期)一文认为，郎世宁的《百骏图》推动了清代宫廷画的发展，中西结合带有折中的色彩，让宫廷绘画不仅仅是模仿或者运用规定的色彩，而有了一股不一样的气息。同时，《百骏图》中的色彩也是雅俗共赏的，虽然是为当时统治者画的，但受到了民间的喜爱，从民间的年画中可以看到这类画的影子，清末民国初期的月份牌中也有这种色彩。"西画东渐"，一方面，是西方绘画"流"向中国画的过程；另一方面，是中国画中的意趣反"流"向西方，这其实是"西画东渐"双向影响的结果。

明末清初，岭南美术界仍然播行"书画同源""诗画同体"等中原传统的绘画观念，岭南地区艺术家们除了专攻书法之外，也热衷于绘制文人画。在这一时期，岭南地区绘画的原生特征多以传统文人画为主，在画面重点、形神取向、色彩运用及题材选取等多个方面与中原地区的绘画几乎完全趋同。但到了十三行时期，随着"变革"思想的冲击、西方绘画技法的引入，岭南绘画风格出现了明显的嬗变，呈现出与中原地区传统绘画风格不同的新特点，形成了以"居派"绘画风格为代表的早期岭南画派。陈天的《十三行时期中西文化交流与岭南画派的形成》(《广东社会科学》2019 年第 3 期)一文认为，十三行时期岭南绘画风格之所以出现明显“折中中西”的特征，与以下4种因素密切相关，即传教士的东来与西洋画的引入、西洋人的文化需求及外销画的市场交易、岭南文化对外来文化的包容性和融合力，以及十三行商对艺术事业的热衷与推动。文章指出，十三行时期特殊的外贸体制和行商的独特作用对岭南画派的形成产生了重要的影响，而岭南艺术家们开放接纳、学习借鉴的创新精神在岭南绘画风格嬗变和岭南画派形成过程中则起到了关键性的作用。

西学以何种方式和渠道输入中国，以及对中国传统学问体系造成了怎样的影响一直是令学界持续瞩目的大问题，要洞悉其中之隐秘幽微之处，不仅须对观念传输、旧体改制、身份变迁等等因素做全面的考察，还须仔细辨析中西思维碰撞或抵牾或交融之程度背后的各种历史隐形要素。杨念群的《反思西学东渐史的若干议题——从“单向文化传播论”到知识类型转变的现代性分析》(《华东师范大学学报(哲学社会科学版)》2019年第3期)一文认为，西学东渐史研究经历了一个从早期崇尚“单向文化传播论”到注重中西文化双向选择，再到运用概念史与后现代方法对西学引介过程进行更为细腻分析的过程。西学东渐研究有一个从简单地关注西方文化的“单向文化传播”对中国知识体系转型的影响，到通过阅读史、概念史等新方法的运用，兼顾探寻中国内部在接受其渗透过程中所采取的复杂应对策略，重新寻究传统的内在活力，再到通过跨语际的动态观察，深究文明冲突构成的全球化多元图景，展示了近年来的西学东渐研究已不满足于仅仅论证西方现代化要素如何支配了中国的知识转型进程，以及这种支配性具有多么不容置疑的合理性，而是在不断尝试寻找重建中国传统文明体系的新途径。

三、“中学西传”研究

明代末年，中国文化源源不断地传入欧洲，“中学西传”推动着僵化保守的欧洲封建神学自我革新，刺激着西方思想界的启蒙运动，加速了西方文明的演化进程。

孟子是中国第一位从哲学上来谈论“人性”的思想家。以“性善论”作为其理论的基础,孟子提出了“善与人同”“与民同乐”等“共享”的思想。正如《诗经》所说:“天生烝民,有物有则。”(《诗经·大雅·烝民》)天生人类及万物,人受命于天而产生性。有了“性善”就可以达到“尽心、知性、知天”的“天人合一”境界。旷剑敏的《孟子思想对西方伦理思想的挑战》(《海南大学学报(人文社会版)》2019年第2期)一文认为,从孟子的“人性论”在西方引起的争论,可以看出其“性善说”对西方哲学的“性恶论”的挑战。孟子的“性善说”不仅是人异于禽兽的根本,而且是人能以群分的奠基石。以民为本,实现全民共享、全面共享并以制度来保障共享,建立和谐的大同世界才是实现个体自由之道。孟子的“性善说”对“性恶论”的挑战、“率性说”对“个人主义”的挑战及“民本说”对“自由主义”的挑战,表明中国儒学不仅属于中国,而且属于世界。

朱熹是儒家孔孟之后的大思想家、哲学家,其学说被称作朱子学,从明清时起就受到东亚及西方的关注。虽然有不少学者对朱子学在国外的传播和影响进行论述和探讨,然而,其译介在英语世界受到的关注和讨论相对比较滞后。其思想学说很早就被译介和传遍东亚诸国。然而,朱子学在英语世界的传播则推迟到19世纪。赖文斌、温湘频的《19世纪朱子学在英语世界的译介考略》(《中国文化研究》2019年冬之卷)一文认为,朱子学从19世纪初由传教士马士曼在语言学习中首次由汉语直接翻译成英语,并由此实现了在英语世界从无到有的传播。其译介贯穿整个世纪,而且内容越来越丰富,数量越来越多。在一定意义上说,这表明朱子学已经引起了英语世界的关注和重视。首先,译介的方式呈现多元发展。最初的译介,无论是马士曼还是马礼逊,主要都是在语言学习中通过使用朱熹集注的教材进行,相对简单。然而,随着马礼逊在中国的时间的推移,他的译介方式开始转向,有意识地在字典和期刊上进行,这也影响到整个19世纪的一些期刊,它们都或多或少地翻译了朱子学相关内容。

中国文化通过典籍外译的方式传向西方,历史悠久而又曲折。传教士们对儒家思想与文化,特别是对以孔孟为代表的先秦儒家的态度非常谨慎。为了揭开这个庞大而复杂的东方思想体系的神秘面纱,许多传教士在学习中文的同时,对儒家经典进行了研读,并开始了中国典籍的翻译工作,将中学经典传至欧洲，成为“中学西传”的先声。对“四书”进行翻译的传教士有意大利人罗明坚、利玛窦、殷铎泽及比利时人柏应理（Philippe Couplet，1622—1693）等。在“五经”的翻译方面，仅法国传教士就有李明、白晋、刘应、马若瑟、雷孝思、宋君荣等。在中学西传方面，传教士译介的重点——“四书”“五经”也包含了大量中国道德智慧。

作为第一部《大学》中拉双语全译本，《中国的智慧》（*Sapientia Sinica*）一书1662年刊刻于江西建昌。该书封面上标注其译者是耶稣会士郭纳爵（Inácio da Costa，1603—1666）和殷铎泽（Prospero Intorcetta，1626—1696）。该书出版时，殷氏来华才两年多，此前他一直师从郭氏学习汉语，学界普遍认为书中7页《大学》译文为郭纳爵口述、殷铎泽笔录。作为儒学西传的开山之作，该书的特别之处还在于：第一，书中刊载了首部西文孔子传记——篇幅仅2页的《中国智慧之王孔子的生平》；第二，书中收录了《论语》一书前五部分（即前十章）译文，共计38页；第三，书中的《大学》《论语》译文采取中拉双语对照刻印的方式。罗莹的《儒学西传的开山之作：〈中国的智慧〉初探》（《国际汉学》2019年第4期）一文认为，尽管因其印本数量少长期不为学界所关注，但作为儒学西传的开山之作，在其身上已开始呈现16—18世纪来华耶稣会士在儒学西译中擅用的一系列译介手法，如采用不同的情景化译词来翻译同一个儒学概念（一词多译），擅用“以史注经”“以经注经”的释经学手法来践行归化式译介，译文中遍布中西文化意象的比附等。这一切使得经由耶稣会士译介、过滤的中国文化形象显得奇特却不突兀，尽管其中不乏文化信息的缺失和扭曲，却易为欧洲读者所接受。由它进一步补充完善而成的《中国哲学家孔子》一书，更是成为欧洲启蒙时代的“东方圣经”，对莱布尼茨、伏尔泰、魁奈、沃尔夫等启蒙思想家产生极大的思想冲击，堪称东西方思想相互启蒙的历史见证者。

“四书”作为儒家道德哲学思想的集中体现，自朱熹编定后，便在中国思想史上占据统治地位。道德哲学是《中庸》思想的重要内容，其中蕴含了道德本体、道德主体、道德伦理等方面内容，与西方哲学、神学有较大的公共讨论空间。王慧宇的《罗明坚对〈中庸〉道德哲学概念的释译》（《中国哲学》2019年第1期）一文通过集中考察罗明坚的《中庸》译本情况，特别对其中儒家道德哲学"仁""诚""君子"等概念展开分析，以此讨论了罗明坚等人对儒家道德哲学体系的理解。作者认为，通过对全文的整体性考察，罗明坚的《中庸》译本是在朱熹的《中庸章句集注》基础上，理解文本内容，后翻译《中庸》原文而成，而在概念的诠释译介上也有大量参考朱子注解的痕迹。罗明坚在《中庸》手稿中极力凸显伦理道德在儒家思想中的地位。他的拉丁文《中庸》一直将美德、美德的修炼贯穿整篇译稿，如将"道"译为"iter virtutis"(美德之路)以及"virtutis exercitatio"(美德的修炼)等。他也在译本中特别注重彰显儒家的理性因素，赋予"礼"以"理性""自然法"的含义。在罗明坚的《中庸》译本中，"礼"不仅有"ritus"(礼仪)、"ceremonia"(仪式)的意思，还有"lex"(法)的含义。作者认为，罗明坚对儒学、对"中庸"道德哲学诸问题的讨论，实际上是在先秦儒学君子修身的范畴内，他并未像利玛窦一样对"古儒"与"今儒"有明确的取舍判断，但他对儒家经典的肯定、对儒家道德哲学的肯定，恰恰为其后百余年东西文化交流开拓了一条光明道路。

《书经》最早的外文译本为明清之际的耶稣会士所译，译本有马若瑟法语《书经》节译本、刘应《书经》拉丁文译本、蒋友仁(Michel Benoist，1715—1774) 拉丁文译本、宋君荣(Antoine Gaubil，1689—1759)《书经》法文译本。法国耶稣会士宋君荣的法译本大概是诸译本中流传较广、影响较大的一个译本。最早的《书经》英文全译本则是由伦敦会传教士麦都思于 1846 年所译。麦氏译本以蔡沈《书集传》为底本，全译了《古文尚书》58 篇。此译本为其后的理雅各译本做出了重要的铺垫。刘立壹的《经学·史学·汉学：麦都思〈书经〉英译研究》(《国际汉学》2019 年第 2 期)一文认为，麦都思译本以蔡沈《书集传》为底本，力图把对中国历史文化的考证杂糅进译文注释之中，呈现出厚重翻译的学术取向。麦氏在译文中采用增译法、减译法等翻译策略，把汉语话语系统中之儒家经学典籍《书经》，建构成一部中国古代编年体史书，开启了近代以西方历史方法研究经学的路向。译者持较为公允的态度译释《书经》，但受基督教史观影响，译本也有着局限性。

老子所著的《道德经》是中国古代自然自发产生的一种宗教即道教的经典文本，体现了中国古代圣贤对自然界和人类社会发展规律的探索，体现了中国古人的原创思想和精神追求，是人类文明和智慧的结晶。时宇娇的

《〈道德经〉在海外译介的原因、历史和启示》(《出版发行研究》2019 年第 3 期)一文全面梳理了《道德经》所蕴含的思想价值及其在海外不断被译介、阐释和传播的原因。作者认为《道德经》在海外的译介经历了以西方在中国的传教士为译介主体,并呈现宗教特色的萌芽时期;然后经历了兼有传教士和学者双重身份的编译者为译介主体,并呈现宗教和文化双重特色的发展时期;再经历了西方汉学家以及精通外文的中国学者为译介主体,并呈现"借鉴、现实和拿来主义"特色的繁荣时期;最后经历了以精通中国传统文化的中国学者和西方学者联合为译介主体,试图展示以中国古代思想家的原创思想和精神智慧为宗旨和特色的成熟时期。作者指出,"《道德经》是中华优秀传统文化的精髓,不仅哺育和滋养了中华民族的心灵,也在漫长的历史中不断被翻译、介绍、传播到世界各地,历久弥新"。

自 17 世纪起,西方传教士便开始对中国文化典籍《易经》进行了研究和译介。但在卫礼贤译本出现之前,西方的各语种《易经》译本主要都是面向知识阶层,而卫礼贤翻译和解读的《易经》才真正使这一中国典籍获得了最广泛的关注。卫礼贤的《易经》译本被公认是最出色的西语译本之一,出版后在德国乃至整个西方世界产生了广泛而持久的影响。邓舒的《卫礼贤〈易经〉译本初探》(《文化学刊》2019 年第 10 期)一文通过对卫礼贤《易经》译本体例、翻译特点和影响等方面的研究,揭示了卫礼贤对《易经》乃至中国历史文化的认识及其向西方传播中国文化、促进中西文化交流的努力。作者认为卫礼贤的《易经》译本直接译自中文原文,对《易经》的解读也具有独到之处,在中国文化典籍译介史上占有重要的地位。尽管《易经》此前有其他多个译本,但卫礼贤的译本显然是影响力最大、最著名的版本,在东西方文化交流史上具有里程碑式的意义。同时,这部译本的目标人群并不限于知识阶层,而是面对西方的普罗大众,成为西方社会了解认识中国古典文化的主要来源之一,也为思想界的相关研究提供了便利。邓舒的另外一篇文章《重释卫礼贤对〈论语〉"道"和"仁"的译读》(《文化学刊》2019 年第 11 期)对卫礼贤在《论语》德译本中对"道""仁"等重点词语的翻译和解读进行了分析,并指出他的传教士身份对他翻译的影响以及他通过翻译所传达的对《论语》和儒家思想的理解。

在1713—1715年,康熙皇帝授意大学士李光地编纂御制《周易折中》,在《周易折中》所附"启蒙附论"中包含了许多象数知识,与以往的《易经》研究迥异。而在此前不久,法国耶稣会士白晋等人受命研究《易经》,角度相当新颖,那么在《周易折中》编写过程中,白晋的易学象数研究产生过怎样的影响?韩琦的《易学与科学:康熙、耶稣会士白晋与〈周易折中〉的编纂》(《自然辩证法研究》2019年第7期)一文根据中西文献,通过对欧洲所藏白晋《易经》手稿的分析,指出白晋延续了利玛窦的适应策略,他不仅向康熙传授西方科学,还把《易经》和《圣经》相比附,同时着意发掘《易经》中所含的数学原理;通过对《周易折中》编纂过程的梳理,揭示康熙、李光地和耶稣会士的来往和互动,指出白晋对此书的编纂起到了一定作用;并认为康熙对《算法统宗》的兴趣与白晋易学象数研究有密切的关系。作者认为,白晋之所以选择《易经》,是出于对中国上古典籍的偏好,也受康熙时代学术氛围的影响,他个人的研究和宫廷的《易经》研究密不可分。白晋通过对《易经》的解读,证明了古代中国和欧洲的关系,而其对易学象数论的阐释则引起了康熙的兴趣。《易经》研究不是一个孤立的事件,而是中西文化交织的反映。

张西平的著作《儒学西传欧洲研究导论:16—18世纪中学西传的轨迹与影响》于2016年由北京大学出版社出版,该书以人物、机构和刊物为抓手,对16—18世纪儒学西传欧洲进行了全面的梳理和总结,对中国古代文化经典外译的数量和时段做了初步的划分,也对我国中学西传研究滞后的原因做了分析,是国内学术界第一部系统研究中国古代文化经典在西方的传播和影响的著作。张西平先生的《儒学西传欧洲研究导论》是一部学术含量极高的作品,它不仅理清了儒学西传欧洲史上的一些基本史实,还以清晰的章节结构和深入的论述分析,彰显了儒学西传欧洲史上里程碑式的著作——《中国哲学家孔子》的价值和意义。蒋向艳的《往者可鉴——读张西平先生著〈儒学西传欧洲研究导论:16—18世纪中学西传的轨迹与影响〉》(《国际汉学》2019年第1期)一文认为,这部著作不仅细致地勾勒出了这一段极其重要的历史,颇具新意的是,它还把长期掩盖于这一段历史幕后的意大利传教士罗明坚推到了历史的舞台,还原了罗明坚在中西文化交流史上应有的地位。

17、18世纪，耶稣会士的信札和著述之中，关于中国的知识引起了欧洲学界的兴趣，其中也包括中国历史。对此，法国学者毕诺(Virgile Pinot)在《中国对法国哲学思想形成的影响》一书中，已经有了较为充分的研究。毕诺了解近代早期欧洲的思想文化背景，可惜不通汉语。吴莉苇的《当诺亚方舟遭遇神农伏羲:启蒙时代欧洲的中国上古史论争》(中国人民大学出版社，2005年)一书，对耶稣会士向西方介绍中国上古历史时所参考的文献进行了细致的考证和梳理。吴莉苇的这部著作弥补了毕诺在汉语文献考证方面的不足，但在材料和思路上依然倚重毕诺提供的信息。毕诺留意到了学术、信仰与政治和权力之间的复杂关系，但其重点主要落在宗教和哲学思想层面。从16世纪晚期开始，年代学逐渐兴盛。至17世纪晚期，随着公元纪年的普遍采用，学者们已习惯于将不同文明的历史整合进一套以儒略历计算一年起讫的公元纪年体系当中。恰在此时，耶稣会士将中国的历史介绍到欧洲，并以公元纪年为准进行了年代计算。自此中西方的历史可以在一个共同的时间序列中进行比较，而年代学问题也由此凸显出来。因此，近代早期欧洲学界关于中国上古史的争议，根本问题仍在年代学上。从卫匡国到冯秉正，耶稣会士们不断强调中国文明的古老和稳定。他们向欧洲人介绍中国历史的唯一目的似乎就是要说明中国文献中所记载的上古历史是真实的。当18世纪中叶年代学在西方走向没落之后，中国历史的其他部分并未引起人们的兴趣。热衷于探讨人类文明初始阶段状况的学者们，争论的焦点集中在宗教、神学和后来被归入人类学及语言学等领域的问题上，例如偶像崇拜究竟是人类社会早期阶段的特征还是后来堕落的结果，人类最初的语言是否和汉语一样是单音节的，人类最初的文字是不是和汉字一样是象形文等。既然中国是稳定不变的，那么它的过去和现在就没有区别。没有变化，自然也就没有历史，因此更不需要去追溯和分析。陈喆、丁妍的《从年代学到通史:17—18世纪耶稣会士的中国史撰述》(《世界历史评论》2019年第4期)一文认为，17世纪中叶，当中国历史被耶稣会士介绍到西方时，欧洲学界正专注于对年代学问题的研究。由于耶稣会士所撰写的中国历史，不论详略，始终停留在编年史的状态，欧洲学者们对中国历史的兴趣也因此长期局限于和年代学问题相关的上古部分。新的史学思想要求从复杂的网络中考察历史事件之间的联系，揭示思想和制度的演变过程并解释原因。耶稣会士关于中国历史的著述显然不能回应这些需要，而他们对中国社会稳定性的强调，更使欧洲人误以为中国在制度和文化上都僵化在了人类文明早期阶段。

如果说16世纪的探险家开启了西方人认识中国的大门，那么18世纪的来华传教士则从更加专业的角度来研究中国文化。从18世纪起，中国与欧洲进入思想接触的时代，此前物质的、艺术的显性文化交流，发展至更深层次的思想的、智识的对话，而传教士在其中扮演了关键角色。进入中国的耶稣会士整理有关中国各方面的信息，以书信、报道、著作等形式传回欧洲，在他们的参与和引导下，欧洲不断完善着有关中国的知识。法国耶稣会士杜赫德(Jean-Baptiste du Halde，1674—1743)收集了百余年间耶稣会士有关中国的报告、信札，编纂了巨著《中华帝国全志》。该书记载了中国从夏至清23朝的历史大事，是当时欧洲中国史研究的集大成者。《中华帝国全志》对欧洲近代思想的发展影响深远，孙健的《试论杜赫德对宋代历史的诠释方式》(《国际汉学》2019年第2期)一文认为，杜赫德在《中华帝国全志》先验性地设置了体系完善的结构框架和观点明确的主题，继而在中国历史中寻找合适的素材，将其改编为饱含训诫色彩的宗教、道德故事，分门别类地归入各个主题之下，这导致了中国历史的碎片化。尽管他声称在书中只扮演一位"历史学家"的角色，但人们仍可发现他对中国历史的解读是在宗教因素的主导下完成的。杜赫德观察中国历史的视角是宗教性的而非历史性的，他对宋代历史的叙述，大多偏离了事件真正的历史意义，在他笔下的宋朝影像因而显示出一种似是而非的变形。

戈特弗里的《文献与学术：宋代典籍海外流传与欧美学界宋史研究》于2018年3月由学苑出版社出版。此书以"文献与学术"为主题，探求宋代典籍在西方的译介与欧美学界宋代历史研究二者之间的关系。作者以法国杜赫德的《中华帝国全志》、荷兰高罗佩(Robert Hans van Gulik，1910—1967)的《棠阴比事》译本以及马伯良(Brian E. McKnight)的《名公叔判清明集》译本为研究个案，详细考察了宋代典籍在海外的翻译、流传、研究情况，并"借助文献对学术研究的牵动力，进而对欧美学界宋史研究状况展开学术史整理，探究西方学术在其社会、历史、文化语境中，如何形塑出有关宋代历史研究的学术观念与方法”。

对“中国近代史”相关问题的论述无疑是从鸦片战争前后开始的。当鸦片战争及其前后的事件发生之时，少数中国官员和士大夫敏锐地觉察到这种时势的变化，但统治阶层开始正视这种“三千年未有之变局”，却要待数十年之后。故最先论述其意义和影响的是推动了这一系列事变的西方人，特别是来华西方人士。吴义雄的《时势、史观与西人对早期中国近代史的论述》(《近代史研究》2019 年第 6 期)一文认为，1830 年，西人中的对华激进派通过对清朝排外政策及其弊害的强调，为武力侵华政策提供正当性证明，并在此基础上进行早期中西关系史的建构。西人这种政策论辩还导向对国际法与自然法、中西文明地位与价值的论述，同时鸦片问题也触及道德层面的思考，这些因素共同影响了西人对鸦片战争及其意义的阐释。与此相联系，他们将相关论述延伸到对清代社会形态与中国历史分期等问题的讨论，并以进步史观为依托，形成对中国历史未来走向的认识，中国近代早期以清朝“自强新政”为中心的变动在此种观念背景下得到评论与书写。

张志刚的《史料、史实与史证——重估“传教士所撰中国文献”的价值》(《世界宗教文化》2019 年第 5 期)一文着眼于跨文化的比较研究，从“史料、史实与史证”三个关键词入手，重估“传教士所撰中国文献”的性质与价值。作者认为，这一时期，来华传教士，特别是耶稣会士所撰的大量关于中国的文献资料，颇具重要的史料价值。以往的海内外研究者大多重视其中的“非宗教性史料”，如科学技术的、文学艺术的、社会制度的、思想文化的等，却相对忽视这部分史料所内含的“西方宗教观”的复杂影响。只有客观且全面地重估明末清初传教士，特别是耶稣会士所撰大量中国文献的性质与价值，我们方能真正利用这部分重要史料。暨南大学叶农教授整理的《耶稣会士庞迪我著述集》，于 2019 年由广东人民出版社出版。此书共收录西班牙籍耶稣会士庞迪我(Diego de Pantoja，1571—1618)中西文著作 11 种。中文著作包括《七克》《天主实义续篇》《庞子遗诠》《人类原始》《具揭》《天主耶稣受难始末》《日晷图法》。西文部分则包括《数位耶稣会神父入华、奇遇及珍闻纪实》等庞迪我用西班牙文所写信件 4 种，每种先列西文，后附中文译稿。

附录部分收录了《1618年中国传教团年札》《耶稣会西来诸位先生姓氏》等中西文材料中有关庞迪我之传记以及《七克》之清代删节本《七克真训》。该书首次对庞迪我的著作进行了全面系统的整理，公布了流传较罕的《日晷图法》及多种西文文献，为明清中西文化交流史研究提供了新资料。

欧洲国家藏有的大量满文文献，涉及清代中国政治、经济、历史、语言、宗教、文学、民俗、文化、法律等诸多方面，其中不乏孤本、珍本和善本，它们均由来华传教士、汉学家或商人搜集购置。据目前的研究，欧洲最早的满文文献收藏始于17世纪末期的德国或奥地利。1683年，德国国家图书馆入藏了欧洲历史上有据可考的第一批满文文献，其中一部分包括顺治八年(1651年)清朝敕封德国传教士汤若望为通议大夫、太仆寺卿和太常寺卿的谕旨，另一部为康熙八年(1669年)的日食记录。根据奥地利国家图书馆前馆长奈瑟尔编撰目录中的一条注释，该馆早在1690年前就藏有满文文献。王敌非的《欧洲满文文献与中西文化交流考述》(《满族研究》2019年第2期)认为，这批文献是清代中国与欧洲国家交流的媒介，对于了解中欧学术、文化交流史具有重要的参考价值。

中原出版集团出版的耿相新所著《汉籍西传行记》一书，是以汉籍西传尤其是在欧洲的传播视角，勾勒出的一部中国古代书籍的"西行漫记"。全书由"欧藏中文文献记""汉籍英伦行记""《三字经》与西方传教士"三章组成。2019年1月4日《河南日报》刊载了张彩红的《汉籍西传的"西行漫记"》一文，该文认为此书最具启示意义、最有价值之处，至少有3点：首先，史料钩沉极显功力。除书中第一章对罗马耶稣会档案馆、米兰昂布罗修图书馆、德国柏林国家图书馆、慕尼黑巴伐利亚国家图书馆、克虏伯档案馆等馆藏的汉籍所做的一般性知识普及性介绍外，其他如对梵蒂冈图书馆中的"蒙突奇旧藏"，则从两个方面进行详细陈述：一是对蒙突奇(18世纪后期至19世纪早期意大利汉学家)所购48种汉文书籍，都给予了列序编号，明确书名、分类、出处、附录、注释、刻本、版次等，信息丰富；二是对蒙突奇为编写辞书所购的西文辞书手写本，也从著者、装帧版本、来源等进行列项，信息翔实。其次，出版情怀心系志在。作者之于出版的热忱、痴心、志念和情不自已。最后，治学从业互为精进。

18—19世纪期间，欧洲学者围绕《本草纲目》开展了大量研究，这与《中华帝国全志》将《本草纲目》介绍到欧洲有着密不可分的关联。《中华帝国全志》是由27位传教士集体供稿，并由法国传教士杜赫德主编的百科全书式的综合性著作。《中华帝国全志》于1735年在巴黎首次刊行，并在1736年以盗版形式在荷兰刊行。在整个18世纪中《中华帝国全志》先后被节译或全译为英文、德文及俄文。仅仅在英国就出现了两种通行的版本体系：一种是1736年由出版商瓦茨(John Watts)出版、布鲁克斯(R. Brookes)节译的《中国通史》，又称“瓦茨版”；另一种是1738年由出版商凯夫(Edward Cave)刊行的《中华帝国及华属鞑靼全志》，又作“凯夫版”。在1735年出版的法文版《中华帝国全志》第3卷中，详细介绍了中国明代本草学家李时珍编纂的《本草纲目》一书，并且摘译了《本草纲目》的部分内容，包括对“历代诸家本草”“神农本经名例”“陶隐居名医别录合药分剂法则”“七方”以及16种药物的摘译。根据学者蓝莉对供稿者译文手稿的研究发现，其中“神农本经名例”“陶隐居名医别录合药分剂法则”两部分，以及茶、茶籽、海马、石蟹、麝香5种药物的翻译，来自法国传教士白晋的手稿；有关象、骆驼、虫白蜡、乌桕木的翻译，源于法国传教士刘应的手稿；而对五倍子的翻译，或出自法国传教士殷弘绪。付璐、肖永芝的《浅谈〈中华帝国全志〉对〈本草纲目〉的翻译与传播》(《中医杂志》2019年第15期)一文选取英文版《中华帝国全志》与金陵版《本草纲目》进行内容对照，还对比了“凯夫版”以及“瓦茨版”两种英译版本后，发现“凯夫版”的译文较之“瓦茨版”更为全面。作者认为，《中华帝国全志》摘译了《本草纲目》中关于中药药性理论以及16种药物的介绍，一方面让欧洲学者更加了解中国的药物及中医学所特有的药性理论；另一方面也将《本草纲目》第一次如此全面、系统地展现于欧洲学者面前。可以说，《中华帝国全志》的成书是《本草纲目》在欧洲传播的一个重要标志性事件。对许多既不懂汉文、也无法接触到《本草纲目》的欧洲学者来说，阅读《中华帝国全志》是当时最好、也是唯一可以了解《本草纲目》的方式。

《佛国记》，又称《法显传》《历游天竺记传》等，是东晋高僧法显(约342—423)所著的游记。公元399年，法显以近60岁的高龄，与慧景、道整、慧应、慧嵬等僧人，从长安出发，西渡流沙，到天竺寻求戒律。412年，他们归抵山东崂山,次年到达建康,前后历时15年之久。游历了"天竺30余国,取回大批佛经,历尽艰辛,归国后又孜孜不倦地从事翻译。法显是我国历史上第一位由陆路向天竺,然后由海路归国的取经者,也是第一个用文字记述天竺见闻的人。他所撰写的《历游天竺记传》对研究中印交通及中印佛教、地理、民俗、文化等,是不可多得的宝贵史料文献"。《佛国记》撰写于416年,"全书记述的地域范围除中国汉地和边疆外,还包括印度、阿富汗、斯里兰卡、印度尼西亚、尼泊尔、巴基斯坦等国在内的中亚、南亚和东南亚等地"。该书是关于佛教史与中外文化交流史的重要文献,对研究上述这些地区的历史起到了很大的作用。1836年,雷慕沙(Jean Pierre Abel Rémusat,1788—1832)、克拉普洛特(Klaproth)与兰德瑞瑟(Landresse)在巴黎出版了《佛国记》法文译本,该书开始进入西方世界。此后,《佛国记》陆续出版了多种外文译本,英文全译本也先后出现7个。郑建宁的《法显〈佛国记〉英语译介及译本比较》(《天津中德应用技术大学学报》2019年第4期)一文基于副文本对每位译者的翻译缘起、翻译目的、读者对象、翻译策略等进行了探讨,进而深入译本内部,从译本整体特征、中国文化特有词汇、佛教文化特有词汇、佛教神话传说故事、文学艺术表达手法等5个方面对7个译本进行了对比和分析。作者认为《佛国记》的价值"被当时西方以及在印度与中亚活动的西方考古学家所认识到,并给予很高的评价"。然而遗憾的是,部分学者却将《佛国记》误认为是《西游记》,将两者英译史混为一谈,对读者产生了误导。

雷慕沙的《佛国记》应是西方汉学史上第一篇关于佛教典籍的翻译。1814年11月26日,法兰西学院决定设立一个汉学教授席位,年轻的法国汉学家雷慕沙担任了这个"汉、鞑靼—满语言与文学教授席位"。1837年俄罗斯喀山大学设立了汉语教席,1855年这一教席转到彼得堡,第一位教席是由瓦西里耶夫(Vasillii Vasilev,1818—1900)担任。1837年伦敦大学学院在马礼逊的促使下设立了中国语言与文学教授一职,基德(Rev. Samuel Kidd,1799—1834)作为首位汉学教授虽然合同仅为5年,但仍开创了英国专业汉学的历史。雷慕沙一生著作等身,他是19世纪西方对中国典籍翻译的最早推动者。1815年1月16日开始在法兰西学院开课,此时他使用的汉语教材主要是来华耶稣会士马若瑟的《汉语札记》。在他编写的《汉语启蒙》一书中也收入了不少中国典籍的例句，这实际是开始了19世纪中国典籍西译的第一步。此外，他更加关注对中国文学作品的翻译，所翻译的《玉娇梨》开启了19世纪中国古代小说西传的历程。张西平的《雷慕沙：西方专业汉学第一人》（《世界历史评论》2019年第4期）一文认为，从雷慕沙的汉语学习及其后的研究里可以看出，传教士汉学对其影响甚深，也反映出传教士汉学向专业汉学的过渡。中国典籍翻译是雷慕沙重要的学术成就，也形成了其后法兰西学院的汉学传统。

中国神话是中华文化宝库中一颗璀璨的明珠，带着鲜明的民族性，是中国古代人民在长期的劳动及生活中创造出来的一种文学样式。神话既能够体现民族精神，又能够体现民族文化的本质特征。《山海经》堪称是中国神话之源，其内容广博宏富，承载着中华民族沧桑而美丽的历史记忆。程丽英、陈宋洪的《从神话典籍〈山海经〉看中学西传的坎坷路》（《莆田学院学报》2019年第2期）一文论述了西方学者对神话典籍《山海经》的研究从最初的地理专著角度转变为神话学巨著的视角，态度也经历了从怀疑、鄙视甚至排斥到关注、研究进而大力翻译宣传的转变。作者认为《山海经》西传之路坎坷与书籍本身的特点有一定的关系。其语言含蓄蕴藉，流传过程中又有删改，再加上各家注疏观点差异较大，使得翻译困难重重。20世纪之后，《山海经》吸引了越来越多国内外学者的注意，对其研究也如火如荼。

《聊斋志异》作为中国古典小说中的杰作，早于19世纪便引发了西人的关注。德国传教士郭实猎(Charles Gützlaff，1803—1851)、美国传教士卫三畏(Samuel Wells Williams，1812—1884)、英国外交官梅辉立(William Frederick Mayers，1831—1878)相继关注和评论它，谁当属聊斋西传第一人之问题，目前学界在郭实猎与卫三畏之间颇有争议，任增强的《〈聊斋志异〉西传研究中的两个问题再探》（《国际汉学》2019年第1期）一文认为郭实猎对中国小说进行了广泛涉猎。在当时其他汉学家看来，郭实猎鹤立鸡群，因为他“熟悉人们实际读到的那些文学作品”。而在郭实猎关于聊斋的文章中，他就曾指出聊斋“被广为传阅”。1838—1842年，郭实猎开始在《中国丛报》撰文评论中国小说时，卫三畏才开始总结自己汉语习得的经验，编写《拾级大成》。从对他国语言习得、尝试用外语写作小说，再至评论他国文学名著，综合各种因素似可断定卫三畏不会早于郭实猎接触到《聊斋志异》，郭实猎应是聊斋西传第一人。

马礼逊从1807年来华到1823年回国述职，16年间收藏了近万册中文图书。1823年马礼逊中途回国述职时，带回近万册中文书籍，对汉学研究产生深远影响。赵东旭的《马礼逊藏书的社会启示意义研究——以中国古典小说为中心》(《绵阳师范学院学报》2019年第1期)一文对马礼逊所收藏的中国古典小说进行了研究。马礼逊费尽周折，通过多种渠道收藏近万册中文书籍，并千辛万苦地将这些书籍运回英国，最后几经流转，现今保存在伦敦大学亚非学院，该学院也由此成为汉学研究重镇。马礼逊收藏的中文书籍中，有很多珍本，甚至孤本，为汉学研究提供了很多宝贵文献，吸引着越来越多的国内外学者对其进行研究。作者认为，马礼逊藏书极大地传播了中国文化，也对促进中西文化交流具有重要的现实意义。邓联健的《翻译家马礼逊汉籍英译事业述评》(《外语教学》2019年第6期)一文总结统计了马礼逊的汉籍英译成就，参考了4个重要书目，即卫三畏的《中国研究著作目录》、伟烈亚力的《1867年以前来华新教传教士列传及著作目录》、王尔敏的《中国文献西译书目》、考狄的《中国书目》。统计过程中比对了以上几个主要书目，并在全面搜索《印中搜闻》《中国丛报》等报刊的基础上对书目信息进行补充、订正。文章认为，马礼逊的英译作品包括两部成册译作、大量报刊文章以及《华英字典》等工具书和教材中极其丰富的词、句、段、篇译文，内容涵盖儒家典籍、官府文件、通俗作品和时事报道等。马礼逊的翻译基本坚持直译策略，综合运用直译、意译、逐字译以及翻译加注释等多种方法，为中国文化在英语世界的传播做出了开创性贡献。

在戏剧方面，以马若瑟翻译的《赵氏孤儿》为典范，在中西文化交流史上产生了深远的影响。1698年法国传教士马若瑟来华后，被白晋介绍给康熙，他在京城生活，潜心研究汉学，1735年翻译了元杂剧经典剧目《赵氏孤儿》，开创了把中国戏剧介绍到西方的先河。有关马若瑟《赵氏孤儿》的国内外研究多围绕18世纪欧洲掀起的"中国热"，探讨《赵氏孤儿》远涉重洋来到欧洲传播的过程，此类研究多从历史的角度，梳理《赵氏孤儿》传入各国的历程以及各国戏剧家塑造悲剧人物的特点。唐果的《18世纪法国翻译理念框架下元杂剧〈赵氏孤儿〉法译本研究》(《法语国家与地区研究》2019年第3期)一文通过梳理18世纪法国翻译理念,重点考证了马若瑟对源语言文体风格的改动、源文化内涵的保留,还原翻译所处的时代语境以及历史表现。文章通过检验《赵氏孤儿》法译本在译入语环境中的接受度和影响力,总结出马若瑟对源文本翻译采取了以下原则:第一,对文本形式的修改;第二,对戏剧精神的尊重。具体策略分为两方面:首先,在戏剧文学文本与舞台演出过程两个维度之间,马若瑟选择了前者,放弃了对视觉、听觉符号系统的翻译,将《赵氏孤儿》当作如小说、诗歌等以意义的转换为特征的文学翻译。其次,马若瑟忠实于原作的文化内涵和精髓,通过强调《赵氏孤儿》惩恶扬善的主题与忠信义的儒家思想实现在法国人文主义语境中传播中国思想的抱负与使命。作者认为,马若瑟灵活的翻译策略消解了文本布局差异带来的不适,引导法国读者寻找《赵氏孤儿》文本中的精神密码,最终促成《赵氏孤儿》在欧洲的广泛传播与经典化的实现,吸引法国剧作家伏尔泰、英国作家墨菲、德国作家歌德、意大利作家梅达斯泰斯纷纷改写。这些改编在形式和内涵上都发生了极大的变化,源文本中的中国古典悲剧精神也发生了裂变。裂变背后,蕴藏的是不同民族文化心理的碰撞与火花,标志着欧洲文学界以中证西的比较视野初步形成。

韩国学者林惠彬(Hyebin Lim)的《华南及南洋地区所刊西人早期汉文小说初探》(《国际汉学》2019年第1期)一文在介绍早期西人汉文小说的基础上,着重探讨其编撰方式与题材特征以及这些小说和广东、福建等华南一带地域文化之间的联系。1807年到第二次鸦片战争结束之前,华南和南洋地区成为基督新教传教士的传道根据地,并在这些地区出版了一批为布道所用的汉文小说。据统计,其间广东、南洋所刊的西人汉文小说有17种,根据编撰方式,这些小说可分成3类:创作小说、翻译小说以及改编自《圣经》的小说。作者认为,这类小说作为文学作品,兼具西方传教士学习中文的教育功能和向华人传播教义的传道功能。其中教育功能突出表现为它可以作为西方传教士学习汉语的语言材料。基督新教汉文小说中的汉语是一种“日常生活传教式”语言,这些简单的汉语无疑对来华不久的西方传教士有很大的帮助。

明清时期，广东作为中外海上交通的重要港口，不仅在中西贸易往来中发挥举足轻重的作用，还促成了广东地区音乐在大洋彼岸的传播、发展。来自西方各国的商队、艺术家、传教士、使臣，因贸易、外交及宗教活动等原因越洋而来，他们不仅接触到广东地区的音乐，还学习了解当地的音乐习俗，并将这些见闻通过文字形式记写下来，传回西方，成为当时西方人了解中国广东地区音乐的主要媒介。吴明微的《明清时期广东地区音乐的西方传播述略——以海洋交通路线为例》(《沈阳音乐学院学报》2019 年第 2 期)一文以明清时期海洋交通路线上广东地区音乐西传为研究对象，以文字、乐谱、乐物及人等媒介为线索，对音乐传播内容、途径、特征等问题进行阐述。作者认为，广东地区音乐西传史的研究不仅丰富了中国海洋音乐的研究成果，其作为中国音乐走出去的早期代表，成功的传播经验对当下中华民族音乐文化海外传播也具有启示意义。

在中国的西藏地区，自蒙元时代即已有西人涉足，并留下著述。早期进入藏区的西人主要为天主教神职人员。特别是 17 世纪初至 18 世纪中叶，先后有 10 多批罗马天主教传教士至阿里、日喀则和拉萨等藏区布道。从 18 世纪 70 年代始，英人即以各种理由派使节进入日喀则藏区活动。早期入藏西人的书信和论著中都或多或少提及藏族音乐和歌舞习俗，特别是仪式歌舞与乐器。宫宏宇的《清代进藏西人著述中的藏族音乐》(《中央音乐学院学报》2019 年第 1 期)一文以清代进入过卫藏、康藏和安多方言区的几位西人的通信、日记、考察报告及研究论著为例，检索他们对藏族音乐歌舞活动的描述。这些描述虽非民族音乐学意义上的研究，但亦可弥补中文藏族音乐研究史料之不足，而且可为学界了解域外对西藏音乐的认知过程提供佐证。作者认为，清代进入过藏区的无论是传教士、外交官还是藏学家都毫无例外地注意到藏族的宗教仪式、乐舞、乐器和唱咏。这些西人在其著述中亦均已提及藏族的各种音乐歌舞习俗及宗教仪式用乐。到 18 世纪下半叶，涉藏西人中有关藏区，特别是卫藏方言区的阿里、拉萨、日喀则等地藏族宗教仪式及世俗音乐活动的描述已常见。这些描述的重心虽然不在藏族音乐本身，但已涉及藏族乐器本身及其宗教功能和社会背景。

对于16世纪后期中西会通以来西方所开启的高速世界化进程，学界已从哲学史、宗教史、文化交流史等角度对其缘起、过程、内容、本质及其影响进行了分阶段的多视角分析。吴礼明的《17—19世纪中西文化的融合与分裂》(《中州学刊》2019年第1期)一文把中西交往历史放在中西文化300年来兴衰更替的大背景下进行长时段分析，试图探寻中西近代“话语权”易势的内在逻辑。作者认为明代末年，中国文化经传教士之手源源不断地输入欧洲，它推动着僵化保守的欧洲封建神学自我革新，刺激着西方思想界的启蒙运动，加速了西方文明的演化进程，西方实现了对中国文化的享有。与之相对的是，中国在中西文化的交往中，并没有实现对西方文化的充分享有。中华文化反而在基督教“中华归主”的共同理想下，在以传教士为主体的西方文化征服者一以贯之的“纳中入西”策略实施中，不可避免地出现了深重的历史危机。这一切与中、西社会在彼此文化的交流竞争中，对主动与被动交往方式的不同抉择是密切相关的。

郑云艳的《中西文明互鉴中的三种知识汇通模式》(《北京行政学院学报》2019年第4期)一文认为明末清初耶稣会士来华所引发的知识汇通，是中西文明互鉴的客观需求和重要表现。中西文化交流过程中形成了3种知识汇通模式:“中学为本”“西学为本”和“中西学并举”。它们分别以“西学东源”“中学西源”和“中西学异源”学说为理论依据，在不同历史时期都曾发挥了主流作用。明末清初以来形成的3种中西知识汇通模式或可提供一些借鉴。作者认为，中西文明互鉴的3种汇通模式各有优劣，这也是它们之所以能在不同历史时期发挥主流作用的原因。“中学为本”模式在西学传入中国的早期发挥了主要作用，原因在于当时传入中国的西学知识尚十分有限，只能以“中学为本”模式进行汇通;“中西学并举”模式在近代中国发挥了重要作用，这是由于当时虽有大量西学知识传入中国，但其尚未为中国人完全理解和接受，不得不以“中西学并举”模式进行汇通;“西学为本”模式流行时间更晚，因为只有到了西学逐渐为大量中国人接受和认可之时，学者才能以西学为线索，反观中学，从事“西学为本”汇通。同时，3种汇通模式之功能也不可相互取代，这是它们能够长期并行发展的原因。

四、"中国观"研究

13—14世纪,由于蒙古人对世界的征略行动,此疆彼域的政权障碍被最大限度地打破,而蒙古人对驿站建设的重视以及对丝绸之路商贸的平和态度,使得当时以中国为中心的世界互联互通情形非常活跃。邱江宁的《论13—14世纪"中国形象"的西方表达维度》(《浙江师范大学学报(社会科学版)》2019年第3期)一文立足于13—14世纪世界的互联互通背景,讨论西方人笔底"中国形象"的传达、传达维度及其影响。文章认为,西方传教士以及商人借助海、陆丝绸之路,大规模地进入蒙古人统治的区域,"中国形象"亦由此被传递到西方世界。值得注意的是,西方人笔下的"中国形象"有"以我观物""以物观物"和"物我两合"三个维度的不同,这使得他们所传达的"中国形象"由主观写实到客观写实,再到主体与客体相融,从宗教层面走向世俗层面,"中国形象"最终由于《马可·波罗游记》对"中国形象"丰富立体且生动传奇的描述而对西方世界产生振聋发聩的影响,从而改变了包括东西方在内的世界文明格局。

《中华大帝国史》由西班牙学者门多萨用西班牙文撰写而成,其汉译书名应该是《中华大帝国奇闻要事、礼仪和习俗——根据到访过中国的教士和其他人士的记述编撰》,可以再凝练为《中华大帝国奇闻要事、礼仪和习俗史及教士等前人旅华见闻》。门多萨的《中华大帝国史》一经出版,立即取得了成功,16世纪、17世纪的版本和翻译数量非同寻常。它于1585年首次在罗马出版,但该书的最终版本是1586年马德里的西班牙语版。然而,在这短短的一年里,罗马已有两个版本,到19世纪已达到了令人难以置信的57个版本,并被翻译成欧洲主要语言的多个版本,从而可以广泛传播。这是一份在文化、政治、经济与军事方面向16世纪的西班牙国王提供对华策略的国情报告;同时,这也是一部向欧洲学者及大众读者全面且详细介绍中国的百科全书。特别是,该书还详细地记述了明朝万历年间西班牙传教士的三次来华见闻,为西班牙王室乃至整个欧洲社会描述了中国形象。门多萨的这部著作虽然是在5个世纪以前就出版刊印,但一直没有被翻译成汉语,其被介绍到汉语语境下是1998年由何高济先生从英语版翻译而来的，版本选用混乱是这一读本自1940年首次译介到中国至今的近80年来一直困扰中国学界的难题。高博的《〈中华大帝国史〉首版、善本和中译本源流考述》(《图书馆杂志》2019年第2期)一文通过对欧洲各大图书馆的一手文献进行考证，对《中华大帝国史》这一古老的西班牙文读本的首版、善本和中译本分别进行了考辨，作者最终确证：1585年罗马版是《中华大帝国史》首版，但其纰漏颇多，除做比较研究之用外，学术参考价值恐有限；1586年马德里的克林诺·赫拉尔多版(Querino Gerardo)为门多萨允诺的最终修订本，这亦是目前西方学界普遍认定的最具学术研究价值的善本；何高济译本和孙家堃译本是《中华大帝国史》自1585年首版问世500年来仅有的两个中译本，从翻译参照源本和信息传递完整性上看，孙家堃译本更贴近1586年的马德里克林诺·赫拉尔多版善本，为《中华大帝国史》及西班牙汉学研究者提供了新的中西文献参考。作者认为《中华大帝国史》把16世纪东方中国的形象做了较为客观且真实的描述与评价，在一定程度上遏制了西方殖民主义者武装入侵中国的企图，并且为西班牙王室乃至整个欧洲学界和社会描述了中国形象，为国际学界研究早期欧洲汉学、晚明史及16世纪中西交通史提供了崭新且详尽的文献参考。

门多萨写的《中华大帝国史》在欧洲引起轰动，但鲜为人知的是门多萨本人却未曾踏足中国，门多萨又如何能写成《中华大帝国史》这样以中国历史为主题的巨著呢？这是因为门多萨是站在“巨人的肩膀上”完成这项传世之作的。这位“巨人”就是马丁·德·拉达——一位多栖学者，中西文化交流的使者，汉学在西方世界的传播者。明万历二年(1575年)，明朝把总王望高追剿海盗林凤至菲律宾，并与西班牙殖民者达成了相关协议，王望高则在回国时与西班牙使节一同回福建商议传教与通商事宜。明万历三年(1574年)6月12日，拉达和同伴赫罗尼莫·马林等人搭乘王望高的战舰前往福建，经厦门、同安、泉州，到达福州，谒见福建巡抚，请求获准进行传教与通商，但遭到拒绝。拉达一行先后在福建活动了2个月零9天，这次福建之行，使拉达有机会对中国进行实地考察，而且他买了100余本中文书籍，返回菲律宾。拉达就其所闻所见，写了一部《菲律宾群岛奥斯定修道会神甫马丁·德·拉达与其同伴赫罗尼莫·马林以及与他们随行的士兵在中国观察与体验到的事物》,英文译本简称《马丁·德·拉达札记》。《中国札记》是该书的习用简称。吴琳的《马丁·德·拉达的〈中国札记〉及其对中西文化交流的贡献》(《广西民族大学学报(自然科学版)》2019年第2期)一文认为拉达的中国之行促进了西方人对中国的了解。这体现在以下几个方面:《中国札记》传播了有关中国的知识,创造了这种文化的正面形象,被视为科学和技术发展的典范(至少在某种程度上),最重要的是,给这位纳瓦拉修士之后的其他传教士传播了进步观念的概念。该著作是16—18世纪西班牙乃至欧洲了解中国并做出各种决策的基本依据,且产生了深远的影响。

17世纪的法国在国王路易十四的统治下国力蒸蒸日上,为了打破葡系传教团对中国教务的垄断并打通法国与中国的联系,1685年,路易十四向中国派遣了首支由耶稣会士组成的传教团,包括洪若翰(Jeande Fontaney,1643—1710)、张诚(Jean-François Gerbillon,1654—1707)、白晋(Joachim Bouvet,1656—1730)、李明(Louis Le Comte,1655—1728)和刘应(Claude de Visdelou,1656—1737)。"国王数学家"传教团于1687年抵达中国,张诚、白晋被康熙皇帝留在宫中供职,而李明、洪若翰、刘应则到各地传教。李明等来华之时,正好是礼仪之争不断激化之时。李明回到欧洲,于1696年在巴黎以法文出版了其以书信形式写的《中国近事报道(1687—1692)》一书,为耶稣会士的传教政策辩护。由于该书的大胆言论,特别是对古代中国人长期保持的"纯正信仰"的赞扬,于1700年受到巴黎索邦神学院的严厉批评,并被列为禁书。《中国近事报道(1687—1692)》一书由14封信组成,其中第7封是写给"法国第一重臣、大主教兰斯公爵"的信,专门介绍"中国人的语言、文字、书籍和道德"。该信很长,中文版有28页之多,其中约2/3的篇幅专门介绍儒家创始人孔子及儒家"四书五经"方面的情况,其中尤以对孔子一生的介绍最为详细。加拿大学者李晟文的《从〈中国近事报道〉看法国耶稣会士李明对儒家思想与文化的认识与评介》(《国际汉学》2019年第2期)一文认为,从总体上看,李明对儒家创始人孔子赞不绝口,认为他无论在个人践行还是在道德修养方面都堪称楷模,完全可以与欧洲的古代哲人相媲美,在某些方面甚至还要胜过欧洲的哲人。李明对于儒家奉为经典的“四书”与“五经”的介绍相对而言非常简单，有的甚至谈不上真正的介绍，同时语气大多平实，少有评说，此与他介绍孔子时充满激情的文字迥然有别。对于中国古代政治制度，李明也大加赞扬，认为这是人类政治史上的完美制度。李明对儒家治国理念和伦理道德与中国君主制的关系的观察应该说是比较深刻的，他在这方面的诠释与分析也有较强的逻辑性。虽然李明对中国政治制度的完美以及中国社会和谐状况的描述带有浓重的理想化色彩，与实际情况有很大的差距，不过这也正好反映了他对儒家思想与文化多方面认可、认同的态度，因而值得关注。在到达北京之前，5 位教士就做好了科学工作的分工，以使他们的中国研究更加深入。法国“国王数学家”来华，在西方汉学史上具有里程碑式的意义。从 17 世纪下半叶起，“欧洲汉学的牛耳从意大利人那里落入法国人手中”，这个转变的标志便是该传教团的来华。该传教团成员有明确的科学考察任务，他们的研究有明显的学术型特点，已经具备了专业汉学研究的雏形。

吕颖的《法国“国王数学家”科学分工与中国考察的对比研究》(《国际汉学》2019 年第 1 期)一文通过对比传教士们的科学分工以及他们各自的研究成果，考察该传教团科学使命的完成情况。作者认为，虽然 5 位传教士的研究看似很分散，其实这正是传教团成员精心设计和严格遵守指导方针的结果。他们每个人的研究领域各不相同，但从整体上看，他们正是互为补充地对中国展开了多方位、多层次、多角度的研究，给当年获得的那份问题清单交上了一份满意的答卷。张诚的《对大鞑靼的历史考察概述》《张诚日记》、李明的《中国近事报道(1687—1692)》、刘应的《大鞑靼史》等是 17、18 世纪西方传教士有关中国著作中最具代表性的作品，也是 18 世纪欧洲启蒙思想家和学者们的案头必备之作。5 位法国传教士通过他们的研究，成为东学西传中最为热心的宣传者，对 18 世纪那场席卷欧洲的“中国热”起到了巨大的推动作用。

德・威廉・莱布尼茨(1646—1716)堪称 17—18 世纪德国最为博学的人，其学识涉及哲学、历史、语言、数学、生物、地质、物理、机械、神学、法学、外交等数十个领域，且在每个领域中都有杰出成就。他终身关注着中国，那时中国正处于清初，莱布尼茨看到在华传教士寄给他的太极卦图后，怀着仰慕之情写信给康熙皇帝，请求加入中国籍，并建议在北京建立科学院，其实从元代开始，就有外国人来中国做官或做生意，促进了中国经济的发展。到了明清特别是康乾时代，来华的外国人已远远不止传教士，他们受到皇帝的重视和礼遇，不少成为清朝官员，其中包括有名的南怀仁、白晋、汤若望、郎世宁等。那些对中国有贡献的外国人，清政府在重用的同时，也希望他们主动融入中国的生活方式，进而入籍变成地道的中国人。然而意外的是，这次对莱布尼茨的入籍申请，康熙帝居然婉转拒绝了。裘伟廷的《17 世纪德国"百科全书式"学者的中国情结》(《世界文化》2019 年第 4 期)一文对此进行了分析，作者认为，可能当时的中国正处于政治上的全盛时期，对欧洲科学(如符号代数、透视理论、对数、数论、解析几何、微积分等)的发展和先进水平知之甚少的治国者以为，西方科学于博大精深的中国文化而言不过是点缀而已；而莱布尼茨建议的那个特殊机构——科学院，更是如同双刃剑一样具有潜在的风险。于是，康熙帝认为最妥善的处理方式就是对这个来自"蛮夷之地"的声音不多加理会。而这件事情却被莱布尼茨视为终生憾事，将其写进日记中，由此我们今日才得以了解此事之概貌。

晚明时期，欧洲耶稣会传教士在中国创造了制图的经典案例，而在欧洲出版的中国地图也在图示中增加了前所未有的内容，尤其是欧洲人眼中的明朝社会文化、风俗场景、人物形象以及地理风景，它们与地图集的文本描述、观察和描绘方式之间建立起一种有趣的图像关联。关注世界图景的人已由艺术家扩展至学者、科学家甚至传教士，他们深知图像所具有的力量和它们会带来的影响。荷兰出版的卫匡国的《中国新地图集》是典型的佛兰芒地图学派风格，地图生动地呈现出具有仪式感的明朝风俗场景，将大范围的地理空间与固定视角的写实主义图绘并置在一起，试图在欧洲绘画与地图的鉴赏传统、"异国情调"、明朝社会风貌与绘画之间谋求微妙的平衡。郭亮的《耶稣会士地图中的晚明社会与风俗》(《国际汉学》2019 年第 2 期)一文认为，卫匡国地图是欧洲对明代中国深入了解的开始，它的描绘方式与地图文本叙述相得益彰，深刻影响了后来欧洲人在文本中描绘中国的方式。

在 18 世纪，描绘中国宫廷及其军事实力的两个大型图画项目显示了西欧与东亚之间强大的跨文化交流。这些项目引起了人们对以下事物的关

注：在跨文化交流下双方接受和适应对方艺术、科技的特殊方式；在丝绸之路两端，虽不同但具有同样影响力的产地在交流中所产生的混合品。其中，一套由弗朗索瓦·布歇（François Boucher，1703—1770）在1742年设计并在随后30年间由法国皇家博韦（Beanvais）工坊编织而成的、以中国皇帝为主题的挂毯，描绘了想象中的中国皇宫；另一组由乾隆皇帝委托耶稣会画家在北京皇宫的绘画室里完成的版画，则描绘了清代军队和他们平定境内西部地区的故事。由德国学者罗诺德（Florian Knothe）著、陈剑翻译的《完美图景：向世界展现中国的皇帝》（《国际汉学》2019年第4期）一文以数幅描绘乾隆皇帝的中国主题挂毯为主题。这些挂毯保存良好、尺寸巨大，由法国国王路易十五（1710—1774，在位于1715—1774）赞助，弗朗索瓦·布歇设计图案，博韦工坊在1758—1760年间编制，并于1766年献给乾隆皇帝。挂毯上的法国洛可可风格风俗景观描绘了想象中的乾隆皇帝在宫廷内游乐的情景。这些挂毯备受珍视，在文化交流上影响深远。"中国皇帝征战"组图为乾隆下令制作，由耶稣会画家们在北京宫廷绘制，于1769—1774年在巴黎印刷。这批版画受到法国国王路易十四《国王的历史》的影响，将乾隆描绘为战争英雄及18世纪中期中国的天子。作者认为，通过这些艺术交流和其他的肖像绘制，东方和西方得以更了解对方；中法交流的日益频繁，亦确保了他们对彼此艺术创作持续不断的兴趣。

文学译本，尤其是古典文学译本的注释是中西方文化交流碰撞、比较互鉴的活跃场。与文学作品的注释相比，译本注释最突出的特点是具有重塑功能，译者在进行文化解读的同时，也在以"自我"的视角构建文化他者形象。王晔的《〈聊斋志异〉英俄译本注释中的形象建构》（《国际汉学》2019年第1期）一文通过对《聊斋志异》英俄译本注释的对比分析，运用比较文学形象学原理，考察翟理斯（Herbert Allen Giles，1845—1935）和阿理克两位汉学家建构的中国文化形象之异同，揭示形象塑造背后"自我"与"他者"之间的微妙互动关系。

艾蒂安·皮维尔·德·瑟南古（Étienne Pivert de Senancour，1770—1846）是19世纪法国浪漫主义运动先驱。他首次发表的论著是《对人的原始性质的沉思》，该书根据卢梭的观点，指出人类已走上堕落的歧途，工业发展给自然带来破坏，流露出悲观主义思想。1804年，他的小说《奥贝曼》出版，影响巨大。1824—1827年，瑟南古相继发表了两本“历史概述”，分别是《中国历史概述》与《不同民族的道德与宗教传统史概述》。当时，出版这两部书的勒关特杜雷出版社正试图推出一系列的“历史概述”书籍，其目的是借此抨击专制王权与教会统治。在《不同民族的道德与宗教传统史概述》一书中，中国与埃及、迦勒底及印度等其他东方国家有完全不同的形象。“中国形象”多以“理性”“包容”与“文明”的代表形象出现，而其他东方国家往往是与“神权”“迷信”“停滞”相联系。柴庆友、钱林森的《诉说“他者”反思“自我”——瑟南古笔下的“东方”与“中国”形象》(《华文文学》2019年第1期)一文结合时代背景，从“形象学”的角度入手，通过对瑟南古作品的分析，进一步探讨“东方他者形象”在西方文化“自我反思”与“自我审视”中的作用。作者认为，瑟南古笔下的“东方”与“中国”都不是对异国情况的真实再现，对这二者形象的塑造既是出于现实的需要，也是作者本人思想的体现。作为启蒙思想的继承者，瑟南古对宗教信仰持怀疑态度，认为人从事正当行为是出于道德法则而不是出于宗教信仰，因而应该靠道德来维系德行而不应靠宗教迷信。通过塑造“幽暗的东方”，瑟南古找到了用来影射波旁王朝复辟时期宗教神秘主义与教权主义思潮的“借镜”，而中国儒家文化作为一种道德文化、伦理文化与政治文化，劝人向善且独立于宗教之外，与瑟南古的道德价值观恰好相符，所以，在他的笔下，中国自然就成为道德上的“乌托邦”。我们不应忽视“社会集体想象物”所起到的作用，但这种作用在具体的作者身上有不同反映。通过对瑟南古作品的分析，我们可以看到“东方文化他者形象”在西方“自我反思”“自我审视”中所起到的例证与反衬作用，其生成过程也是历史背景、作者思想及“集体想象物”等共同作用的结果。

晚清域外游记中出现了很多“华物”，除了家庭陈设和商铺货物中不时出现外，集中展示的场所是各种宫殿别苑和博物馆。位列其中的中国物品是经过挑选、受到承认的，这也是一种塑造，它们首先是“他塑形象”，是“被看者”，是西方人眼中的中国形象。张萍的《“他塑形象”与“自塑形象”：晚清域外游记中的“华物”》(《国际汉学》2019年第1期)一文借助比较文学形象学这一跨文化研究方法，研究晚清域外游记中的“华物”。文章认为，通过形形色色脱离了历史进程的物品，中国形象化约为一种文化符号。在异域显示出与本土不同意蕴的中国意象、中国情境等，都可视为自塑形象。作为自塑形象的“华物”是一种容易被忽视，然而却相当重要的中国形象，表面上看来“如其所是”的中国物品，连同它们所栖身的时空，构成了一种微妙的存在。“华物”其实是“他塑形象”和“自塑形象”的复合体。“华物”与新时空的冲突，促使游记作者在西方文明主导的世界格局中重新思考中华帝国的方向和前景，更新和重建自己的文化身份。

19 世纪，溺婴现象是西人观照、认识和评判中国的“热点”之一。有大量西人作品力图说明，中国的溺婴状况非常严重；溺婴与吸鸦片、缠足一样，成为近代基督教对中国最集中批判的三大对象之一。普拉特用“反征服”这个词语来表述“欧洲资产阶级主体在维护欧洲霸权时，用来试图保护其天真无辜的表征策略”。如她指出，18 世纪西人在讲述非洲探险的故事时，会通过各种方式——包括把非洲自然化（从而把当地人及其文化抹杀），将西人和非洲人之交往描绘成是互惠的，等等——令西人对非洲的入侵、掠夺和奴役显得合理而无害。19 世纪西人对中国溺婴现象的多元观照和文化建构则提供了一个很好的例子，揭示出这种“反征服”在中国同样存在，以及是如何运作和实现的。李俊丰的《多元观照和文化建构——19 世纪西人眼中的中国溺婴现象》（《北京社会科学》2019 年第 1 期）一文认为，考察 19 世纪西人眼中的中国溺婴现象可知，以这一模式涵盖并不全面。作者认为，当时西人对中国溺婴现象的观照具有一定多元性：不少西人的确持有负面评价中国的立场，但也有部分西人带着客观认识中国的意图，甚至给出具有正面色彩的意见——后者虽仍立于西方立场，但并未出于各种功利目的而主观地批判中国。只不过，这种客观认识中国的意图，最终还是沦为了西方对中国文化殖民的一部分，沦为了一种“反征服”。具体言之，溺婴的隐匿性，让 19 世纪的西人（包括那些意欲客观认识中国的西人）欲通过溺婴现象来评价中国和中国文化并向西方世界做出呈现时，会有意或无意地借助各种策略，如借助“科学”的统计方法、用西方话语去“覆盖”中国人本身的话语、对溺婴现象扩大化和再阐释等，并最终在一系列文化权力运作基础上建构起一个想象中的中国。

作为中西文化交流史上的艺术现象,"中国风"艺术盛行于17世纪中叶至18世纪晚期的欧洲社会。它反映了当时欧洲的社会审美风尚,体现在诸如美术、音乐、舞蹈等多个艺术领域,生成风靡一时的艺术风格。18世纪,法国时尚领域第一次出现"中国风"一词,即中国风格。然而,学术界对"中国风"艺术的理解一直存在分歧:有的认为,"中国风"是一种欧洲风格,而不是"对中国艺术力不从心的拙劣模仿"。张春华、方辉的《混合式生成:"中国风"艺术的文化属性演变及现代性价值重估》(《山东大学学报(哲学社会科学版)》2019年第3期)一文认为,中西文化交流史上的"中国风"艺术具有特殊地位,它既突破了艺术品作为物质存在的民族归属,也打破了西方传统对艺术分类的清晰界限,因而常常引起文化属性方面的困惑乃至争议。正是在流变过程中所具有的杂糅性、动态性和生成性,使它具有了跨文化及多文化融合的品质。从"自我"与"他者"相互耦合的视角来看,"中国风"艺术并不能简单归属于欧洲文化或中国文化,其跨文化的融杂与生成特质决定了它的现代性价值和全球化属性。为此,应当以开放的视野看待"中国风"艺术的跨文化混合特征,并主动担当跨文化交流与新文化生成中的主体作为。

欧洲的园林大多源自文艺复兴时期的意大利。这类园林随后在法国得到完善与发展,被视为西方古典主义园林的代表。中国园林进入欧洲最初通过两条途径:文本与图像。文本主要来自游历中国的耶稣会士及出访中国的欧洲政府官员。这些早期文本都成为日后欧洲从理论与设计两方面阐释、模仿中国园林美学特征的重要依据。园林的图像则主要通过旅行游记中的版画与出口瓷器、漆器上承载的装饰图样进入欧洲视野。不过这些图像提供的大抵只是中国建筑与园林的碎片化样式,而非全景式图景,其主要作用在于向欧洲园林设计提供景点建筑的具体造型样板。耿钧、周维楠的《论英国园林"自然"观理论与实践中的中国园林基因与元素》(《中国园林》2019年第7期)一文首先认为中国园林对18世纪英国园林的影响与英国国内美学思潮变迁密切相关,且该影响并不是直接的,"中国风"的影响只是外围的辅助,英国本土的需求才是导致中国园林理论与实践被吸收与融合的根本。文章认为,中国园林是在英国自然观审美的理论与实践的实际需求的发展中被引入,并对英国园林艺术产生影响的。其影响首先表现在理论领域，坦普尔将中国园林理论与自然审美相结合，夏夫兹博里通过阐释令其进一步合法化，而安迪生则论证了自然风格园林的想象性要素。此后，肯特从设计领域展开了初次尝试。英国自然风格园林自此从初现进入成熟，而中国基因也由此从隐性走向显性，邱园则成为成熟园林的代表与巅峰。

自中欧直航以来，进入欧洲的中国形象种类繁多，其中宝塔脱颖而出，成为代表中国的重要符号。大量的欧洲旅行游记、小说故事，瓷器、挂毯的装饰以及实景建筑中都曾出现过中国宝塔的身影。17 世纪末至 18 世纪初，宝塔在成为正式的中国符号之后，通过欧洲受众在文本写作与视觉设计中的不断重复与强调，与中国之间的意指关系得以继续维持。18 世纪中期，"中国风"进入高峰之后，宝塔的形象更大范围地出现在欧洲的装饰器皿与日常生活之中。这首先在瓷器领域得到最集中的体现。在这些瓷器外部的图案中，宝塔成为欧洲匠人常用的形象，将其置于近景或远景中，以此作为对主题的暗示与呼应。耿钧的《成为中国符号：论 16 世纪至 19 世纪欧洲宝塔的造型利用与意义建构》(《美术与设计》2019 年第 3 期)一文以美术史为视角，结合文化社会学的研究方法，从符号形成、形态赋予与意义塑造 3 个方面探寻 17—19 世纪欧洲对中国宝塔的接受进程与接受形态。作者认为，无论是宝塔成为中国的符号代表，还是宝塔在欧洲的形象与意义的生成都离不开欧洲受众的建构，都是宝塔根据自身特质、欧洲社会背景、欧洲受众等要素互动的产物。其中，宝塔作为中国的表征这一合法化意义的生成经历了滥觞、正式确认与维持 3 个阶段，在这 3 个阶段之中，宝塔与中国的联系这一观念由文字记录与艺术作品不断强化与固化。与此同时，欧洲也尝试着根据已获得的素材与社会潮流、受众偏爱来创作宝塔的形象。于是，一系列变形或忠于原始形态的宝塔开始出现。最后，宝塔在欧洲的流传与接受过程中还被赋予了诸多全新的意义。最为常见的，是欧洲将宝塔定义为流行风尚的重要标志，通过对宝塔的获取与展示呈现自身对潮流与审美的认同。

（本章作者：谷雪梅，宁波大学人文与传媒学院副教授）

论著索引

说明：

1. 本索引主要收录以下三个方面的研究成果：①关于 1840 年之前古代海上丝绸之路的论著；②关于 1840 年之后中外海上交通的部分论著；③关于 21 世纪海上丝绸之路的主要论著，以及关于丝绸之路经济带的部分论著。

2. 本索引以中国大陆的出版物为主，兼收我国香港、澳门、台湾地区的部分论著，同时也收录一些重要的外文论著。

3. 本索引所收录的著作，包括 2019 年首次出版的中文著作和外文译著，以及在 2019 年再次出版、修订的著作。

4. 本索引按作者姓名音序排列。

著　作

拜根兴. 石刻墓志与唐代东亚交流研究. 北京：科学出版社，2019.

陈东有. 走向海洋贸易带：近代世界市场互动中的中国东南商人行为研究. 南昌：江西高校出版社，2019.

陈晓珊. 沧海云帆. 北京：社会科学文献出版社，2019.

冯立君. 唐朝与东亚. 北京：社会科学文献出版社，2019.

冯丽红，刘海玲. 清代海外贸易制度研究. 北京：北京工业大学出版社，2019.

宫凌海，郑微微. 浙东传统海商家谱研究：东海西岸传统海商家谱文献整理与研究. 上海：上海交通大学出版社，2019.

古龙高，周一云. 连云港传：结缘丝路两千年. 北京：新星出版社，2019.

关剑平. 荣西《吃茶养生记》研究. 北京：中国农业出版社，2019.

黄婕. 文化妈祖研究. 北京：中国文史出版社，2019.

李浩白. 万历二十年：抗日援朝. 北京：北京联合出版公司，2019.

李杰玲. 日本所藏中日交流汉诗文写本. 合肥：黄山书社，2019.

李庆新. “南海 1 号”与海上丝绸之路. 北京：北京语言大学出版社，2019.

李玉昆，叶明生，林蔚文. 闽台民间信俗. 厦门：鹭江出版社，2019.

刘晓东，祁山. 妈祖文化与明末朝鲜使臣. 青岛：中国海洋大学出版社，2019.

[朝鲜]柳成龙. 惩毖录. 上海：上海交通大学出版社，2019.

宁波市文物考古研究所. “小白礁Ⅰ号”清代沉船遗址发掘报告. 北京：科学出版社，2019.

[加]塞缪尔·霍利. 壬辰战争. 方宇，译. 北京：民主与建设出版社，2019.

苏智良. 海洋文明研究：第 4 辑. 上海：中西书局，2019.

王新天. 中国东南海洋性瓷业的历史进程. 天津：天津古籍出版社，2019.

王英础，朴现圭，孙连忠. 抗倭援朝的名将——季金. 杭州：浙江工商大学出版社，2019.

王煜焜. 万历援朝与十六世纪末的东亚世界. 上海：上海大学出版社，2019.

吴明浩. 日本天智朝与东亚. 北京：社会科学文献出版社，2019.

[新加坡]吴振强. 厦门的兴起. 厦门：厦门大学出版社，2019.

肖宪. 海上丝绸之路的千年兴衰. 北京：中国书籍出版社，2019.

谢忱，林燕喜. 万国津梁：福建与琉球. 福州：福建教育出版社，2019.

谢明良. 贸易陶瓷与文化史. 上海：上海三联书店，2019.

谢秀琼.浙江渔民俗文化研究.北京:海洋出版社,2019.

徐晓望.大航海时代的台湾海峡与周边世界.北京:九州出版社,2019.

叶明生.第二届贤良港妈祖文化论坛.北京:宗教文化出版社,2019.

曾少聪.东洋航路移民——明清海洋移民台湾与菲律宾的比较研究.南昌:江西高校出版社,2019.

张晓欢,李竞生.天妃文化在宁波.北京:知识产权出版社,2019.

赵逵.福建会馆与天后宫.南京:东南大学出版社,2019.

中国佛学院.古代中外佛教文化交流资料汇编.北京:社会科学文献出版社,2019.

中国航海博物馆.器成走天下:“碗礁一号”沉船出水文物大展图录.北京:文物出版社,2019.

钟林姣.宝船沉海.大连:大连出版社,2019.

论　文

Sally K Church.13—14世纪西方纪行者呈给蒙古可汗的泥金装饰手抄本.浙江师范大学学报(社会科学版),2019(3):12-23.

安丛.明清销往欧洲宜兴紫砂的装饰工艺和艺术风格.中国陶瓷,2019(9):78-85.

白芳.风·尚:18至20世纪中国外销扇.收藏家,2019(5):162.

白璐.儒学典籍在韩传播及接受研究文献综述——以《论语》为例.文化创新比较研究,2019(32):37-38.

白颖,陈涛.南宋时期日本木材进口与翠寒堂.建筑师,2019(2):99-102.

白玉萍.唐宋时明州海上丝绸之路贸易的参与主体和活跃因素研究.新丝路(中旬),2019(8):11-14.

拜根兴.入唐高句丽移民研究的现状及其问题.社会科学战线,2019(8):180-194.

本性.空海入唐隐元渡日——由两位高僧事迹看中日文化交流互鉴.法

音,2019(2):68-71.

毕旭玲.明清以前古徐州港口群的历史重构——基于古代海上丝绸之路发展视野的考察.徐州工程学院学报(社会科学版),2019(4):14-20.

卞东波.日藏《重广草木虫鱼杂咏诗集》钞本考论.文学遗产,2019(3):80-91.

卞梁,连晨曦.妈祖传播与泉州海上丝绸之路枢纽作用的联动——基于双核心驱动模式的视角.妈祖文化研究,2019(2):23-31.

蔡凤林.日本早期国家的形成与古代东亚社会.日本问题研究,2019(1):70-80.

蔡凤林.试论4—7世纪的朝鲜半岛与古代东亚国际政治.中央民族大学学报(哲学社会科学版),2019(2):80-91.

蔡立辉,梁钢华."一带一路"与广东地缘经济功能重塑.暨南学报(哲学社会科学版),2019(6):97-106.

蔡立辉,梁钢华."一带一路"与广东东盟经贸合作的深化研究.学术研究,2019(6):43-51.

蔡锐.大航海时代背景下从澳门散射的瓷之光芒.景德镇学院学报,2019(4):107-112.

曹瑞臣.茶与欧洲的文化相遇.中华读书报,2019-11-20.

曹忠祥.对海上丝绸之路国内沿海区域布局的思考.中国发展观察,2019(8):36-40.

岑丽君.明代中后期官员群体的开海思想探讨.南昌:南昌大学硕士学位论文,2019.

柴庆友,钱林森.诉说"他者"反思"自我"——瑟南古笔下的"东方"与"中国"形象.华文文学,2019(1):49-55.

柴旭林.近代出洋的先行者——斌椿使团的文化旅程.绍兴文理学院学报(人文社会科学版),2019(3):74-81.

常净.弘愿西渡求经典 孤帆劈浪传文明 纪念海上丝绸之路使者、译经巨擘义净大师.中国宗教,2019(11):38-39.

常泽儒.浅析中国台湾热兰遮城出土的陶瓷器背后的17世纪中西方贸

易.中国民族博览,2019(8):81-84.

陈柄臣."一带一路"下的广西北部湾经济区:机遇、风险及其法律对策.沿海企业与科技,2019(5):3-7.

陈晨,邵则遂.16至19世纪西方人汉语研究与汉语观:以来华传教士为中心.河北师范大学学报(哲学社会科学版),2019(1):94-99.

陈冬梅.全球史观下的宋元泉州港与蒲寿庚.复旦学报(社会科学版),2019(6):52-57,138.

陈广汉."一带一路"建设中香港和澳门的独特优势.人民论坛,2019(4):31-33.

陈国灿,潘世达."窑口"与清道光前期的鸦片走私.浙江师范大学学报(社会科学版),2019(4):100-106.

陈国威.明代郑若曾《万里海防图》中"两家滩"考析——兼论雷州半岛南海海域十七、十八世纪域外交往史.海交史研究,2019(1):45-57.

陈和,李立城.基于"一带一路"视角的澳门经济高质量发展.中国发展,2019(5):33-39.

陈洪波.从文物考古资料看广西古代对外交流.广西民族研究,2019(5):94-101.

陈坚雄,冼绍祥,黄可儿.岭南医学与海上丝绸之路的历史回顾与思考.中医杂志,2019(22):1975-1977.

陈娟.明清社会的审美趣味与西画东渐.才智,2019(33):201.

陈康宁.马礼逊的《广东省土话字汇》:第一部粤方言字典.五邑大学学报(社会科学版),2019(3):84-88.

陈克伦.印尼"黑石号"沉船及其文物综合研究.文物保护与考古科学,2019(4):10-17.

陈立生."一带一路"视域下文化"走出去"的逻辑理路——基于广西文化"走东盟"的实践思考.学术论坛,2019(6):1-7.

陈丽碧,黄醒佳.洪氏卷轴:广州十三行的历史图像.美成在久,2019(2):62-69.

陈琳.元与高丽的诗词交往研究.芜湖:安徽师范大学硕士学位论文,2019.

陈敏.朝鲜时代和韵《秋兴八首》研究.成都:四川师范大学硕士学位论文,2019.

陈宁.明初朝贡贸易对中国青花瓷制作的影响.中国陶瓷,2019(8):87-92.

陈宁.明代前期“海禁”背景下的民间走私瓷器贸易.陶瓷研究,2019(1):17-20.

陈平.全球贸易枢纽下的澳门造船业与中西文化交流.地域文化研究,2019(5):6-16,153.

陈平平,孙美姝.郑和墓葬地十一说考析与北京恩济庄真墓钩沉.南通航运职业技术学院学报,2019(2):56-63.

陈尚胜,赵彦民,孙成旭,等.地区性历史与国别性认识——日本、韩国、中国有关壬辰战争史研究述评.海交史研究,2019(4):96-124.

陈少丰.宋代秀州华亭市舶沿革小史.史志学刊,2019(3):53-56.

陈松洲,陈腾鹏.汕头建设“21世纪海上丝绸之路”重要门户的路径选择.东莞理工学院学报,2019(2):77-82.

陈天.十三行时期中西文化交流与岭南画派的形成.广东社会科学,2019(3):80-87.

陈文华.近40年中俄茶叶之路研究与展望.中国史研究动态,2019(4):41-49.

陈闻娃.16—19世纪的中国贸易瓷.文物鉴定与鉴赏,2019(6):44-45.

陈晓珊.近40年中国航海技术史研究回顾与展望.海交史研究,2019(4):53-68.

陈晓珊.郑和下西洋前后中国航海指南的变迁.中原文化研究,2019(1):63-68.

陈新凤,吴明微.明朝“朝贡”制度下中国与朝鲜半岛音乐文化交流研究.中国音乐学,2019(1):56-63,113.

陈新海.张家口:清代中俄与中亚商道的枢纽.廊坊师范学院学报(社会科学版),2019(4):86-90,98.

陈绪石.士大夫的海洋书写与近代国民的观念转变.学术探索,2019

(4):124-130.

陈逸飞.清代海南海患的防御措施.昆明学院学报,2019(2):32-37.

陈甬军."一带一路"与浙江发展.中共宁波市委党校学报,2019(1):106-112.

陈苑琼.论客家海上丝绸之路文献的搜集与整理.嘉应学院学报,2019(5):27-31.

陈喆,丁妍.从年代学到通史:17—18 世纪耶稣会士的中国史撰述.世界历史评论,2019(4):93-107.

陈支平,林东杰.明代市舶司与提督市舶太监.东南学术,2019(2):187-202.

陈支平.明代"海上丝绸之路"发展模式的历史反思.中国史研究,2019(1):191-198.

陈支平.明清时中国海上丝绸之路的两种路径.文史知识,2019(4):12-17.

陈忠海.宋朝的市舶司.中国发展观察,2019(13):63-64.

陈祖芬.论建设"妈祖海洋文化"的重要意义.妈祖文化研究,2019(1):10-15.

程方毅.明末清初汉文西书中"海族"文本知识溯源——以《职方外纪》《坤舆图说》为中心.安徽大学学报(哲学社会科学版),2019(6):88-96.

程继红,阙膺和.明清东亚汉诗圈互动场域的三种空间形态及其特征——以 15—19 世纪中朝诗歌接触为中心分析.浙江海洋大学学报(人文科学版),2019(2):13-19.

程丽英,陈宋洪.从神话典籍《山海经》看中学西传的坎坷路.莆田学院学报,2019(2):47-50.

程梦稷.从蛮夷想象到妖魔建构——近世中国的西人食人传说谫论.民族文学研究,2019(6):28-37.

迟福林.海南探索建设中国特色自由贸易港的初步设想.改革,2019(4):27-38.

崔勇."南海Ⅰ号"沉船发掘纪略.自然与文化遗产研究,2019(10):14-20.

达白安，董建中. 辣椒西来：一种美洲作物的中国化. 中国经营报，2019-08-26.

戴冠青. 石狮姑嫂塔在海丝文化中的意义. 盐城师范学院学报(人文社会科学版)，2019(1)：60-63.

戴昇. 商人·盟主·倭寇：王直不同形象分析. 经济社会史评论，2019(1)：69-82，128.

单蓉. 试论万历朝鲜战争中的陈璘. 天津：天津师范大学硕士学位论文，2019.

党斌. 朝鲜王朝时期《择里志》述略——兼谈中国方志编纂对朝鲜半岛的影响. 中国地方志，2019(2)：66-71，125-126.

邓丽萍，邓纯旭. 清代国际关系中语言问题研究. 吉林师范大学学报(人文社会科学版)，2019(2)：9-14.

邓联健. 翻译家马礼逊汉籍英译事业述评. 外语教学，2019(6)：92-97.

丁亮亮. 周煌琉球诗文研究. 杭州：浙江工商大学硕士学位论文，2019.

丁菱，黄凤志. 南亚"一带一路"建设的地缘政治第三方掣肘因素. 国际研究参考，2019(1)：1-6.

丁雁南. 1808 年西沙测绘的中国元素暨对比尔·海顿的回应. 复旦学报(社会科学版)，2019(2)：77-84.

董健菲，息琦，韩东洙，高英志. 明代朝鲜使臣驿路及馆驿研究. 建筑学报，2019(S1)：183-187.

董杰. 清初中算家对黄金分割的推理论证. 内蒙古师范大学学报(自然科学汉文版)，2019(6)：523-527.

杜立鹏. 陶瓷艺术丝路宗教文化交流的历史见证. 中国宗教，2019(6)：68-69.

杜晓伟. 明清时期海防同知研究. 昆明：云南大学硕士学位论文，2019.

段巍. 晚明与江户时代风俗人物画的审美比较研究. 昆明：昆明理工大学硕士学位论文，2019.

樊世豪. 从俄使觐见看清朝宾礼到礼宾的转变——读尤淑君著《宾礼到礼宾》札记. 学周刊，2019(19)：190-191.

樊婷婷.试论朝鲜对穆克登查边的反应及对策.延吉:延边大学硕士学位论文,2019.

范佳楠.新安沉船与14世纪的中日海上贸易.自然与文化遗产研究,2019(10):21-27.

方炳星.十世纪中期的东亚佛教交流——以吴越国为中心.济南:山东大学硕士学位论文,2019.

房钥地.关于中俄《尼布楚条约》待议地区研究.理论观察,2019(7):125-127.

费帆.建构"冰上丝绸之路"——国家"一带一路"倡议的深化与延展.湖北社会科学,2019(5):34-39.

冯海波.中国茶文化,从广州走向世界.同舟共进,2019(10):19-21.

冯立君.东亚抑或东部欧亚——隋唐东亚关系史研究的理论、范式与成果.江海学刊,2019(2):181-188.

冯青.宋代尚意书风影响下的日本镰仓时代书法研究.艺术百家,2019(1):144-148.

冯相磊.唐代海上丝绸之路上的高僧义净西行求法研究.德州学院学报,2019(5):18-23.

伏杰.历史上的"海上丝绸之路".中国税务,2019(4):60-61.

付璐,肖永芝.浅谈《中华帝国全志》对《本草纲目》的翻译与传播.中医杂志,2019(15):1256-1276.

付永杰.嘉庆时期琼州海盗探析.华中师范大学研究生学报,2019(2):110-115.

傅晋华.新时代海南自贸区(港)区域创新发展的SWOT分析及战略判断.科技中国,2019(8):60-63.

傅远佳.广西全面参与建设21世纪海上丝绸之路的战略研究.产业创新研究,2019(5):30-32,38.

盖星霓.明代朝鲜崔溥的慕华情结及其创作.石家庄:河北大学硕士学位论文,2019.

高慧琳.16—17世纪中英两国的经济政策比较研究.科技经济导刊,

2019(14):179.

高佩文.明代中朝对于两国封贡关系书写的比较研究——以1435到1464年的中朝实录为中心.天津:天津师范大学硕士学位论文,2019.

高山.史上最大的商业间谍——盗取中国茶叶机密的英国人福特尼.世界文化,2019(5):41-43.

高山.他看穿了中国古代史上的盛世危机.世界文化,2019(10):38-39.

高腾.元代海道都漕运万户府研究.金华:浙江师范大学硕士学位论文,2019.

高悦.近世日本徂徕学的"礼乐"思想研究.长春:东北师范大学博士学位论文,2019.

葛晓音."苏莫遮"与日本唐乐舞"苏莫者"的关系.文艺研究,2019(1):86-96.

耿钧,周维楠.论英国园林"自然"观理论与实践中的中国园林基因与元素.中国园林,2019(7):130-134.

耿钧.成为中国符号:论16世纪至19世纪欧洲宝塔的造型利用与意义建构.美术与设计,2019(3):154-159.

耿苗."南海Ⅰ号"出水瓷器传统制瓷工艺辨析及在修复中的指导意义——以龙泉窑、景德镇窑青白瓷为例.文物鉴定与鉴赏,2019(13):92-94.

耿苗."南海Ⅰ号"出水陶瓷的主要病害及稳定性处理.文物世界,2019(3):74-77.

宫宏宇.清代进藏西人著述中的藏族音乐.中央音乐学院学报,2019(1):100-109.

龚缨晏.利玛窦在南昌期间制作的日晷.清华大学学报(哲学社会科学版),2019(2):95-100.

巩树蓉.小斯当东与阿美士德使团访华.长沙:湖南师范大学硕士学位论文,2019.

顾年茂."东物西渐":中国瓷器在德国——以18世纪初期德国迈森瓷器为中心.岭南文史,2019(3):17-27.

广西壮族自治区东南亚经济与政治研究院课题组.广西与东盟产业合

作创新研究.改革与战略,2019(1):109-124.

桂涛.论"胡无百年之运"——17、18世纪朝鲜士人认识清朝的基本框架及其瓦解.史林,2019(1):79-88,219.

郭超.明清销往欧美的中国外销纹章瓷的艺术研究.杭州:中国美术学院硕士学位论文,2019.

郭尔雅.陈舜臣《战国海商传》中的倭寇描写及明代史观析论.海交史研究,2019(2):55-67.

郭福祥.马戛尔尼使团送乾隆英国科技文物的近代史意义.中国国家博物馆馆刊,2019(2):116-131.

郭亮.耶稣会士地图中的晚明社会与风俗.国际汉学,2019(2):67-77.

韩春鲜,光晓霞.唐代扬州海上丝绸之路的商贸与文化交流.唐都学刊,2019(2):51-55.

韩毅,潘洪岩.利益集团与明代海禁政策变迁(1508—1567).辽宁师范大学学报(社会科学版),2019(4):115-120.

韩永勋.中国古代摔跤在朝鲜半岛及日本的传播与影响研究.延吉:延边大学硕士学位论文,2019.

寒梅.高一志《童幼教育》中的友谊观.陈彦辉,杨雪樱,译.广东外语外贸大学学报,2019(6):127-134.

郝洪熠.日本10—13世纪宋代渡来钱流通情况研究.北京:中央民族大学硕士学位论文,2019.

禾刀.小胡椒的大历史.中国纪检监察报,2019-10-15.

何炳华.一带一路背景下宁波港口物流波兰腹地拓展策略研究.浙江工商职业技术学院学报,2019(3):1-6.

何国卫."南海一号"与"海上丝绸之路".中国船检,2019(10):112-116.

何国卫.郑和宝船尺度之谜.中国船检,2019(7):102-107.

何孝荣.抑商、恤商与通商:明代商业政策简论.人民论坛,2019(25):142-144.

何雨田.清代外销银器研究.长沙:湖南师范大学硕士学位论文,2019.

何圳泳."一时之功"与"长久之计":"坚壁清野"治盗方略的解析——

以嘉庆十年(1805)两广总督那彦成的海盗治理为例.汕头大学学报(人文社会科学版),2019(9):34-41,96.

贺鉴,堵泽西.新时期中埃蓝色伙伴关系构建——基于SWOT-APH分析法.中国海洋大学学报,2019(4):68-78.

侯毅,项琦.中国海疆史研究评述(1998—2018年).中国边疆史地研究,2019(2):77-87.

侯毅.图理琛《异域录》在西方世界的传播.历史档案,2019(2):117-121.

胡方.唐宋沿海港口城市空间形态的演变——以广州、泉州、明州、登州为中心.管子学刊,2019(2):95-101.

胡晗,关增建.明末西方流星、彗星观念在中国的传播及其影响.自然辩证法通讯,2019(5):80-87.

胡可先.天台山:浙东唐诗之路与海上丝绸之路的交汇.浙江社会科学,2019(12):131-141,160.

胡卫伟.明末清初传教士科学翻译之社会学考察——布迪厄"场域"理论视角.上海翻译,2019(1):44-50.

胡梧挺."南海之昆布":唐代东亚昆布的产地、传播及应用.中国历史地理论丛,2019(3):114-125.

胡月娇.朝贡与互市:明代华夷秩序的盛衰演变——以明朝与东南亚关系为中心.济南:山东师范大学硕士学位论文,2019.

华瑛,蔡勤禹.中国历史视域下海洋命运共同体考察.中共青岛市委党校(青岛行政学院学报),2019(6):69-83.

荒木浩,李佼俐.11世纪日本对谢灵运的认识及评价差异——以源隆国《安养集》为例.日语学习与研究,2019(5):110-117.

黄蓓.论清代外销通草纸画中"海西体"的文化特征.美术大观,2019(9):76-78.

黄驰.福州加快建设海丝战略支点城市路径研究——基于海上合作视域.福建商学院学报,2019(6):57-65.

黄河清.阿拉伯数字传入中国的历史及其名称的产生和演变.中国科技

术语,2019(5):68-73.

黄河清.阿拉伯数字传入中国的历史及其名称的产生和演变.中国科技术语,2019(5):68-74.

黄婕,黄瑞国.郑和下西洋与妈祖文化传播.妈祖文化研究,2019(2):8-22.

黄丽生.明清时期鸡笼的航路叙事与澎湖针路簿《海不扬波》.南海学刊,2019(4):84-98.

黄群慧,王健.粤港澳大湾区:对接"一带一路"的全球科技创新中心.经济体制改革,2019(1):53-60.

黄荣春.闽越国都城与东冶港.福建史志,2019(2):1-6,63.

黄瑞国.世界妈祖文化论坛可持续良性发展的探讨——兼论精耕两岸心灵契合的精神原野.妈祖文化研究,2019(4):62-68.

黄少强.论妈祖文化对漕运影响及在"海上新丝路"建设中的价值.妈祖文化研究,2019(3):10-17.

黄伟新."一带一路"建设中广西国际物流大通道建设探析.钦州学院学报,2019(2):94-100.

黄文波.19世纪暹罗陶瓷代币的解读——兼论其折射的华工形象.中国钱币,2019(3):34-39.

黄霞.海上丝绸之路华侨华人的音乐文化认同探析.文化创新比较研究,2019(34):48-50.

黄修志.双冀创立高丽科举与朝鲜"小中华"思想的根基.史学月刊,2019(11):21-35,43.

黄毅青.东印度公司对华贸易探析.知识经济,2019(7):58-59.

黄忠杰.城市地景与寰宇贸易:阿姆斯特丹国立博物馆藏《福州城图》考识.装饰,2019(5):84-87.

惠男.俄罗斯逃人与18世纪后期的清朝边疆.清史研究,2019(3):77-94.

磯部彰.朝鲜燕行使节所见清朝宫廷大戏——以乾隆时期《升平宝筏》为中心.文学遗产,2019(1):161-168.

季晨阳.明中期海外贸易研究(1491—1572).昆明:云南师范大学硕士学位论文,2019.

季南,苏嘉琦.朝鲜朝政治家金允植与清朝人士的尺牍交流.黑河学刊,2019(4):111-113.

季士强."一带一路"中的岭南文化传播:优势与阻力.五邑大学学报(社会科学版),2019(3):21-23,93.

贾慕枫.纳哈出与北元、高丽、明朝关系变迁研究.呼和浩特:内蒙古师范大学硕士学位论文,2019.

贾瑞.清代恰克图和广州对外贸易比较研究.太原:山西大学博士学位论文,2019.

姜聪颖,张巍真.郑和下西洋与中医药文化传播.中医药文化,2019(2):58-64.

姜天裁.明代福建海疆防卫述略(上).福建史志,2019(1):1-5.

姜晔,茹蕾."一带一路"倡议下中国与东盟农业投资合作特点与展望.世界农业,2019(6):12-16,118.

焦流.从明清外销瓷看中西文化互动模式.西部皮革,2019(18):133.

金成俊,崔云峰.对圆仁《入唐求法巡礼行记》中所记载的船舶部件摒(摒栿)的批判性考察.海交史研究,2019(3):103-119.

金欣.泉州在"海上丝绸之路"扮演的角色及其发展.经济研究导刊,2019(28):147-154.

金毅,康藏元.中英茶文化差异下文明的交流与互鉴.农业考古,2019(5):251—255.

康海玲.丝路戏路:海上丝绸之路上的马来西亚华语戏曲.云南艺术学院学报,2019(1):93-98.

康健.晚清西商假道恰克图贸易研究.中国经济史研究,2019(4):150-164.

康志杰.利玛窦在华经济活动及其经济伦理观分析.北京行政学院学报,2019(3):123-128.

旷剑敏.孟子思想对西方伦理思想的挑战.海南大学学报(人文社会

版),2019(2):124-129.

赖晨.长乐是郑和下西洋的驻泊地与开洋起点.闽南风,2019(10):20-22.

赖文斌,温湘频.19世纪朱子学在英语世界的译介考略.中国文化研究,2019年(冬之卷):160-171.

雷希.海上丝绸之路上的"广西合浦山歌".戏剧之家,2019(26):46-47,57.

雷耀先.明代中朝医学交流管窥——以《医学疑问》与《答朝鲜医问》为例.哈尔滨:黑龙江省社会科学院硕士学位论文,2019.

李彩霞.《顺风相送》南海存疑地名及针路考.海交史研究,2019(2):68-79.

李春兰.《丙申皇华集》研究.延吉:延边大学硕士学位论文,2019.

李丹丹,王元林.清代肉桂产地变迁与国内外贸易探析.中国农史,2019(3):114-122.

李德霞.16—17世纪中拉海上丝绸之路的形成与发展.历史档案,2019(2):59-66.

李东枭.万历中后期明朝辽东战略的调整.长春:东北师范大学硕士学位论文,2019.

李郭俊浩,方宝川.明代琉球"伪使臣"事件与琉朝关系探析.福州大学学报(哲学社会科学版),2019(6):11-16,28.

李涵闻."融"抑或"容":中西宗教在澳门的相遇——以"天后圣母像"为切入点.民俗研究,2019(6):144-152.

李建武,臧艺兵.鼓浪屿音乐文化与海上丝绸之路.集美大学学报(哲学社会科学版),2019(2):144-152.

李健,刘晓东.洪武十六年明朝往琉球"市马"的目的探析.海交史研究,2019(1):58-74.

李京花.高丽瓷枕——兼谈高丽与唐宋制瓷业的交流.文物天地,2019(9):27-31.

李京礼.忠烈王时期丽元两国政治关系研究.延吉:延边大学硕士学位

论文，2019.

李靓. 茶叶通过海路传入东南亚地区的历史梳理. 农业考古，2019(2)：103-107.

李俊丰. 多元观照和文化建构——19 世纪西人眼中的中国溺婴现象. 北京社会科学，2019(1)：13-23.

李立明. 郑和精神与"一带一路"建设发展研究——以云南省晋宁区为例. 中共太原市委党校学报，2019(4)：59-62.

李亮. 皇帝的星图崇祯改历与《赤道南北两总星图》的绘制. 科学文化评论，2019(1)：44-62.

李旻. 朝鲜半岛的对外观念演变路径："敌友"和"文明"的视角——从三国时代到朝鲜王朝. 当代韩国，2019(4)：83-94.

李旼静. 朴趾源《热河日记》的"笔谈"研究. 济南：山东大学博士学位论文，2019.

李娜. 陆王心学的韩国本土化进程及特征研究. 延吉：延边大学硕士学位论文，2019.

李娜. 明清时期海上西洋丝绸之路再探. 历史档案，2019(4)：53-56.

李宁. 日本律令制下的国家佛教研究. 长春：吉林大学硕士学位论文，2019.

李琪. 穆克登勘界与乙酉、丁亥勘界之比较. 延吉：延边大学硕士学位论，2019.

李倩. 古代朝鲜辞赋对苏轼《赤壁赋》的接受研究. 延吉：延边大学硕士学位论，2019.

李庆. 16—17 世纪梅毒良药土茯苓在海外的流播. 世界历史，2019(4)：136-151.

[加]李晟文. 从《中国近事报道》看法国耶稣会士李明对儒家思想与文化的认识与评介. 国际汉学，2019(2)：86-93.

李盛虎. 刍论东南沿海港口城市伊斯兰陵墓建筑. 文物建筑，2019(1)：99-105.

李思辰. 宋代外销瓷的历史语境——以斯里兰卡与"南海Ⅰ号"出土的

宋瓷为例.北京:中国艺术研究院硕士学位论文,2019.

李文增.略论中西方丝路文化视野的差异性.世界文化,2019(1):4-9.

李孝聪.中外古地图与海上丝绸之路.思想战线,2019(3):110-124.

李笑影.17 世纪荷兰静物画中的中国瓷器.艺术市场,2019(11):72-75.

李效杰.唐代东亚海上交通网中的“德物岛”海域.烟台大学学报(哲学社会科学版),2019(2):82-93.

李昕升.近 40 年以来外来作物来华海路传播研究的回顾与前瞻.海交史研究,2019(4):69-83.

李性辅,毛峰.海上丝绸之路开拓者——徐福.大陆桥视野,2019(12):98-99.

李学东.陆运还是海运:隋唐征高丽粮运方略嬗变探讨.西安文理学院学报(社会科学版),2019(2):47-54.

李岩,朱宗侠.龙泉青瓷参与开拓古代“海上丝绸之路”史迹探寻.丽水学院学报,2019(3):72-76.

李焱,孟繁杰.马士曼《中国言法》(1814)拼音系统研究.古汉语研究,2019(3):49-63.

李瑛.为何明清玻璃画外销西方?——基于西画东瞻的视角.文化艺术研究,2019(2):142-149.

李迎旭.潮州对“一带一路”亚洲沿线国家贸易发展潜力分析.经济研究导刊,2019(27):170-172,174.

李宇玲.中唐视域下的平安朝汉诗流变考.日语学习与研究,2019(4):78-86.

李宇思.磁灶窑文化对古代“海丝”贡献初探.东方收藏,2019(17):65-69.

李真.德国巴伐利亚公立图书馆藏《汉语札记》抄本述略.国际汉学,2019(1):178-184.

李振林.壬辰战争初期(1592—1593)援朝南北兵关系探析.济南:山东大学硕士学位论文,2019.

李智君.天地之气交逆——明清时的风信理论与航海避风.海交史研

究,2019(3):11-39.

李忠辉.明代中央机构朝鲜通事设置考.辽东学院学报(社会科学版),2019(6):33-39.

李忠辉.清代朝鲜通事家族的形成、更迭与衰落——政治与语言的抉择.民族翻译,2019(4):38-45.

李壮.壬辰战争时期明朝与朝鲜的粮饷矛盾.沈阳:辽宁大学硕士学位论文,2019.

李子贤.明清中琉贸易中的勘合文书.浙江海洋大学学报(人文科学版),2019(3):35-44.

栗建安.海上丝绸之路的中国水下考古概述.文物保护与考古科学,2019(4):128-133.

连晨曦,卞梁.调查、觊觎与记录:台湾矿产资源与近代西人"台湾印象"的形成.太原理工大学学报(社会科学版),2019(4):62-68.

连心豪.明清海上丝绸之路上的妈祖信仰.妈祖文化研究,2019(2):1-7.

梁淦明.南宋禅宗文化影响下的日本寺庙建筑及其园林研究.济南:山东大学硕士学位论文,2019.

梁源.海上丝绸之路背景下中国与太平洋岛国合作的前景.南海学刊,2019(4):110-118.

廖佳,许祥云.中国与丝路沿线国家的贸易结构特征及贸易效率研究.国际商务研究,2019(2):26-34.

廖萌.海外华侨华人与"海丝"核心区互动研究.经济视角,2019(1):99-108.

廖迅乔.国书与表文背后的话语权力——马戛尔尼使团国书翻译的批评话语分析.外国语文,2019(2):126-132.

廖钟源,余嘉容.海丝文化的阐释与表现:重塑泉州城市国际形象.福建江夏学院学报,2019(6) :77-84.

林春虹.明朝海禁政策与闽海士大夫的商贸思想.福建商学院学报,2019(6):66-71.

林枫.明清福建商帮的形成与海上丝绸之路.文史知识,2019(9):87-95.

林瀚."航海文献与中外交流互鉴"学术研讨会综述.海交史研究,2019(2):126-132.

[韩]林惠彬(Hyebin Lim).华南及南洋地区所刊西人早期汉文小说初探.国际汉学,2019(1):102-110.

林佳.基于来华传教士所著文献的汉语词汇研究概说.哈尔滨师范大学社会科学学报,2019(2):80-83.

林晶.互动与共生:妈祖文化在海上丝绸之路沿线国家的传播.黄河科技学院学报,2019(6):17-25.

林敏.郑成功和施琅对收复台湾的贡献.兰台内外,2019(8):75-76.

林明太,连晨曦.妈祖文化在日本的传播与发展研究.太平洋学报,2019(11):89-99.

林炫羽.从争贡之役到设立巡抚:明嘉靖年间浙江海防改革.西南大学学报(社会科学版),2019(3):149-156,192.

林志森,吴正鹏,吴智鑫,等.海洋文化视角下的明代福建海防所城聚落形态研究.新建筑,2019(5):118-122.

刘柏言.《尼布楚条约》的签订对早期中俄边境贸易的影响.时代经贸,2019(3):100-101.

刘冰.晋商万里茶道沿线文献整理.福建茶叶,2019(6):29.

刘勃俊.明清之际西洋葡萄酒传入山西述略.国际汉学,2019(2):127-133,206.

刘朝晖,崔璨.改装和重饰:18世纪法国对中国外销瓷的金属镶嵌.美成在久,2019(5):6-21.

刘成文.以改革开放为引擎打造连云港"一带一路"强支点战略研究.大陆桥视野,2019(12):41-47.

刘冬媚."南海Ⅰ号"船载龙泉窑青瓷探析.文物天地,2019(12):44-49.

刘国良.论中国的南海海疆意识.海南大学学报(人文社会科学版),2019(6):23-29.

刘建生，贾瑞.近代中国对外贸易式微的制度诱因与治理审视——以清代恰克图晋商和广州十三行行商为参照.河南师范大学学报(哲学社会科学版)，2019(3):84-89.

刘娇.高丽教育与高丽汉诗关系研究.温州:温州大学硕士学位论文,2019.

刘晶.水军、海盗与跨境贸易:17世纪初期的中朝海域交涉研究.海交史研究,2019(1):75-91.

刘黎.中英早期交涉文书翻译审查研究.东方翻译,2019(5):16-22.

刘立壹.经学·史学·汉学:麦都思《书经》英译研究.国际汉学,2019(2):170-174.

刘丽敏.17—18世纪中外边务交涉研究——以中俄、中朝、中越边务交涉为中心.济南:山东师范大学博士学位论文,2019.

刘利民，王敏杰.建设宁波自由贸易港服务"一带一路"的对策研究.物流科技,2019(4):100-102.

刘璐.秦汉水运交通研究.湘谭:湘潭大学硕士学位论文,2019.

刘淑霞.中国文化对日本飞鸟奈良时期审美观的影响.石家庄学院学报,2019(4):99-105.

刘淑玉.南海水下文物遗址建档保护探讨.兰台内外,2019(23):75-76.

刘松，吕良波，熊昭明.岭南汉墓出土玻璃珠饰与汉代海上丝绸之路中外交流.文物保护与考古科学,2019(4):18-29.

刘涛.戴城改良的福船与大航海时代漳州月港发展考.闽商文化研究,2019(1):55-63.

刘田野.隋唐时期中日舞蹈的演变及异同——以手为例.哈尔滨:哈尔滨师范大学硕士学位论文,2019.

刘通.南宋东南沿海地区海盗研究.温州:温州大学硕士学位论文,2019.

刘文华.国家社会科学基金重大项目《广州十三行中外档案文献整理与研究》开题会在广州召开.历史档案,2019(2): 145.

刘喜涛.明代朝鲜赴京使臣的异国记忆与国家观认知.社会科学战线,

2019(3):140-147.

刘晓东,年旭.明袁琎“被掳”像的形成与中日朝交涉.历史研究,2019(1):72-85,190-191.

刘晓航.晋商与中俄万里茶道的起源.广西职业技术学院学报,2019(4):22-23,41.

刘旭康.1419—1570年琉球与东南亚贸易交往分期探析.浙江海洋大学学报(人文科学版),2019(4):20-26.

刘旭康.明代琉球转运贸易兴衰探因.惠州学院学报,2019(2):101-105,115.

刘旭阳.室町幕府前中期的对明外交姿态及变化——以《善邻国宝记》中收录的外交文书为中心.北京:北京外国语大学硕士学位论文,2019.

刘洋.向西方遣使的首次尝试:晚清斌椿使团评析.历史档案,2019(3):100-109.

刘云霄.从百济遗址中的中原陶瓷器看百济与中原文化交融.延吉:延边大学硕士学位论文,2019.

刘铮.朝鲜朝使臣所见清代东北盛京——以“燕行录”资料为中心.东疆学刊,2019(3):16-22.

刘正刚.明成化时期海洋走私贸易研究——基于条例考察.暨南学报(哲学社会科学版),2019(8):66-78.

卢晶.福州涉海文物史迹综述.福建文博,2019(2):33-38.

卢伟.宝钞崩坏、“白银时代”与明清时期的持续贸易顺差.经济资料译丛,2019(4):29-41.

陆芸.21世纪海上丝绸之路在东南亚的实践和探索——兼论郑和下西洋对东南亚的影响.闽商文化研究,2019(1):19-26.

吕晨筱.中英茶文化比较及中国茶文化传播.福建茶叶,2019(11):275.

吕伟涛.图画中的妈祖文化与海上丝绸之路——中国国家博物馆藏《天后圣母事迹图志册》研究.博物院,2019(1):85-91.

吕颖.法国“国王数学家”科学分工与中国考察的对比研究.国际汉学,2019(2):105-114.

[德]罗诺德(Florian Knothe),完美图景:向世界展现中国的皇帝.陈剑,译.国际汉学,2019(4):78-87.

罗昕宇.鉴古烁今——论福州海丝之路的重要地位.文物鉴定与鉴赏,2019(11):58-59.

罗莹.儒学西传的开山之作:《中国的智慧》初探.国际汉学,2019(4):164-173.

马光.面子与里子:明洪武时期中日“倭寇外交”考论.文史哲,2019(5):41-55,166.

马欢.明代浙派绘画对日本室町时代绘画影响——以雪舟为例.美术大观,2019(6):50-52.

马建春,徐虹.文化互动与广东“21世纪海上丝绸之路”建设.暨南学报(哲学社会科学版),2019(5):72-83.

马建春.公元7—15世纪“海上丝绸之路”的中东商旅.中国史研究,2019(1):183-189.

马君红.郑和在印尼研究回顾与分析.文化月刊,2019(5):153-155.

马敏.马士曼与近代最早的铅印中文书籍.近代史研究,2019(6):4-22.

马文婷,史春林.21世纪海上丝绸之路航道安全保障共生系统构建研究.广西社会科学,2019(9):50-55.

马业杰.10—12世纪女真“海寇”问题研究.沈阳:辽宁大学硕士学位论文,2019.

马越.隋唐时期扬州佛教文化沿海上丝绸之路的传播.文化学刊,2019(3):223-228.

马重奇.海上丝绸之路与汉语闽南方言在东南亚一带的传播——新加坡和马来西亚闽南方言音系个案研究.西南民族大学学报(人文社会科学版),2019(1):177-188.

毛丽.明后期的漳州与对日贸易.闽南师范大学学报(哲学社会科学版),2019(1):84-88.

毛敏.“海上丝绸之路”传入的异域珍宝.大众考古,2019(5):36-41.

毛敏.物质文化遗产视野下的海上丝绸之路.福建文博,2019(1):27-34.

毛一帆.朝鲜三国时代佛教造像风格研究.沈阳:鲁迅美术学院硕士学位论文,2019.

孟东丽.义净:穿行海上丝绸之路的求法僧.中国民族报,2019-11-26.

孟亮.唐代初中印文化交流图景——以义净代表作为中心考察.重庆交通大学学报(社会科学版),2019(1):45-51.

孟原召.40年来中国古外销陶瓷的发现与研究综述.海交史研究,2019(4):16-52.

年猛.21世纪海上丝绸之路建设:广州的地位、发展思路与战略定位.城市,2019(11):13-24.

聂德宁.近40年来中国与东南亚海上交流史研究回顾与展望.海交史研究,2019(4):1-15.

宁波市发展规划研究院课题组.全力建设"一带一路"战略枢纽城市.浙江经济,2019(10):24-25.

宁钢.瓷器——中英文化交流的使者.中国陶瓷工业,2019(5):68-71.

欧芮.唐宋时铜钱对印尼巴厘岛经济和文化的影响.广西教育学院学报,2019(5):34-38.

潘彪,李军,田志宏.茶叶出口萎缩对近代中国贸易条件的影响——基于历史计量的视角.古今农业,2019(2):91-101.

潘洪岩.利益集团与明代海禁政策变迁研究(1508—1567).沈阳:辽宁大学博士学位论文,2019.

潘金娥.广西建设自由贸易试验区背景下的中越跨境经济合作:机遇、挑战与对策.东南亚纵横,2019(6):14-21.

潘茹红.晚明至清中叶民间游记视野下的海洋历史记忆.闽台文化研究,2019(4):25-29.

潘伟.明代海上丝绸之路对景德镇青花瓷纹饰的影响.景德镇:景德镇陶瓷大学硕士学位论文,2019.

潘洵.论万历年间的通倭案.苏州科技大学学报(社会科学版),2019(6):62-67.

潘圆圆.澳门对接"一带一路"和粤港澳大湾区的机遇及建议.宏观经济

管理,2019(10):79-83,90.

庞乃明.明清中国"大西洋"概念的生成与演变.学术研究,2019(11):127-136,178.

庞乃明.明清中国"大西洋"概念的生成与演变.学术研究,2019(11):127-136,178.

庞乃明.明清中国负面西方印象的初步生成——以汉语语境中的三个佛郎机国为中心.史学集刊,2019(5):13-25.

裴长洪.海上丝绸之路亮点:中国柬埔寨经济贸易关系发展分析.财经智库,2019(4):5-17,140.

彭崇超.清初广东海禁时期的"海上丝绸之路"——以平南王统御的走私贸易为中心.新经济,2019(6):24-30.

彭庆中.六堡茶外贸转口港的兴起与更替——以清代为考察中心.广西职业技术学院学报,2019(5):23-27,96.

朴性日.儒家诗学在朝鲜王朝前期的发展——以"文道论"为中心.燕山大学学报(哲学社会科学版),2019(3):37-42.

朴艺丹.朝鲜时期使行译官贸易活动的兴起与衰落.辽东学院学报(社会科学版),2019(2):7-12.

戚兆坤,朱芳阳,隋博文.中国与"21世纪海上丝绸之路"沿线国家农产品产业内贸易及国别分析.北部湾大学学报,2019(12):52-60.

亓冠华.明代白银货币化与瓷器贸易关系探析.文物鉴定与鉴赏,2019(11):70-71.

钱晨.科教能否增进"一带一路"国家城市经济联系?——基于浙江及其国际友城数据的实证分析.浙江学刊,2019(5):65-72.

钱立胜,胡一民.汉唐盛世之"海上丝绸之路".航海,2019(1):18-20.

秦焕梅.上海国际金融中心建设与"一带一路"倡议.科学发展,2019(1):52-62.

秦丽.宋元明普及性史书的东传朝鲜——以《少微通鉴节要》与《十八史略》为中心.古代文明,2019(2):116-124,128.

邱江宁.论13—14世纪"中国形象"的西方表达维度.浙江师范大学学

报(社会科学版),2019(3):24-32.

邱妤玥,邱波彤.英国最早的茶叶标本自浙东海岛采集并传入.中国茶叶,2019(6):73-76.

邱煜,潘攀."一带一路"倡议与沿线国家债务风险:效应及作用机制.财贸经济,2019(12):96-111.

全毅,高军行."一带一路"倡议与中国沿海开放发展新战略.福建论坛(人文社会科学版),2019(12):106-114.

任世江.郑和下西洋与明中期倭患再认识.历史教学(上半月),2019(3):24-31.

任一超.利玛窦《天主实义》中"为善"的生存张力.国际汉学,2019(4):58-63.

荣振华,肖玮.西学在海南岛传播的开端(16—17 世纪).国际汉学,2019(2):94-104.

芮赵凯.嘉靖"大倭寇"与浙江海防建设考论.长春:东北师范大学博士学位论文,2019.

尚利强,王智庆,连东.海上丝绸之路体现的中国海洋文化精神.闽商文化研究,2019(1):9-14.

邵奇,曾锦.明清时期中朝数学文化交流研究.兰台世界,2019(11):145-147.

邵沁,宋欣阳.明清中日医学交流对汉方医流派形成的影响.医学与哲学,2019(1):77-80.

沈红芳.徐浩修《燕行纪》中的清朝中期中国形象研究.延吉:延边大学硕士学位论文,2019.

施扬慧,杨山鸽."一带一路"背景下的中越经贸合作:优势、挑战与对策.东北亚经济研究,2019(1):43-52.

石建国,曹静文."一带一路"建设背景下青岛外向型经济发展研究.青岛科技大学学报(社会科学版),2019(2):11-16.

石云涛.沧海虽然阔 诗情接扶桑——中日关系与交流在唐诗中的反映.武汉科技大学学报(社会科学版),2019(5):566-573.

释本性.圆珍法师入唐之行对中日文化交流的意义.法音,2019(11):64-67.

首作帝.传教士与茶文化的传播、演进和构建.广西职业技术学院学报,2019(1):11-18.

司晓明.壬辰之役初期明朝援朝与朝鲜请援问题再析.济南:山东大学硕士学位论文,2019.

斯普拉巴哈·巴尼亚,纳蒂亚·罗查,米歇尔·鲁塔引.新丝绸之路对贸易产生的影响——引力模型分析.大陆桥视野,2019(3):51-55.

松浦章,马成芬.乾隆年间棉花进口危机.中国经济史研究,2019(6):99-108.

宋国栋.东印度公司初涉尼泊尔——中国西藏贸易路线问题.西藏研究,2019(4):35-39.

宋建晓.明代海外贸易政策对"一带一路"建设的启示.中国海洋大学学报(社会科学版),2019(1):15-21.

宋黎明.罗文炤还是罗文藻?——为中国首位国籍主教罗主教正名.海交史研究,2019(3):40-51.

宋周莺,韩梦瑶."一带一路"背景下的中印贸易关系分析.世界地理研究,2019(5):24-34.

孙光圻.徐福东渡在古海上丝绸之路中的历史地位.大陆桥视野,2019(10):109-111.

孙健.试论杜赫德对宋代历史的诠释方式.国际汉学,2019(2):45-52.

孙晶.青花里的中国风:17世纪荷兰代尔夫特陶器的模仿与本土化之路.清华大学学报(哲学社会科学版),2019(2):38-46,198.

孙靖国.《山东至朝鲜运粮图》与明清中朝海上通道.历史档案,2019(3):61-65.

孙军."一带一路"倡议下的连云港自由贸易片区建设路径探析.大陆桥视野,2019(9):50-53.

孙娜.沈一贯与万历东征之役.宁波:宁波大学硕士学位论文,2019.

孙绍旭.太平军战事与全球茶叶贸易体系的重构.江苏社会科学,2019

(3):238-248.

孙卫国.谷应泰《明史纪事本末》对万历朝鲜之役的历史书写.史学集刊,2019(2):15-23.

索亮.鸦片战争后中英茶叶贸易探析.福建茶叶,2019(2):16-17.

谭菲.广东海上丝绸之路研究论述.国际公关,2019(6):7-8.

谭清华.明清时期中外农学的交流与融会.自然辩证法研究,2019(12):76-81.

谭宇静.当荷兰遇见中土——当代荷兰博物馆如何再生产"中国形象".上海艺术评论,2019(1):86-88.

谭玉华.明朝海防战船欧化变革的历史考察.中山大学学报(社会科学版),2019(5):15-23.

谭玉华.汪鋐《奏陈愚见以弥边患事》疏蜈蚣船辨.海交史研究,2019(1):8-44.

汤开建.欧洲望远镜在明代中国社会的早期传播.北京行政学院学报,2019(2):117-128.

唐果.18世纪法国翻译理念框架下元杂剧《赵氏孤儿》法译本研究.法语国家与地区研究,2019(3):54-61.

陶斌智."一带一路"倡议背景下中国与东盟贸易发展研究.河南社会科学,2019(4):28-34.

田春.墨西哥屏风的来源:日本还是"中国".美术学报,2019(3):31-41.

田国敏.试论自然环境因素对海洋沉船考古的影响.自然与文化遗产研究,2019(9):76-80.

田素美,谢清果.论妈祖女神符号传播对"21世纪海上丝绸之路"构建的积极作用.中华文化与传播研究,2019(1):390-401.

童心.15—18世纪中国瓷器对欧洲酒文化的影响.景德镇学院学报,2019(4):113-117.

童心.18—19世纪的中美贸易——以陶瓷贸易为例.景德镇陶瓷,2019(1):5-8.

童心.18—19世纪销美华瓷的装饰纹样特征.景德镇陶瓷,2019(2):4-8.

屠希亮，于鑫洋."一带一路"背景下斯里兰卡投资现状、问题及对策.南亚研究季刊，2019(2)：5，44-49.

屠幼英，杨雅琴，释志祥.中国禅茶文化的起源与日、韩传播交流.中国茶叶，2019(11)：56-59.

万朝林，范金民.清代开海初期中西贸易探微.中国经济史研究，2019(4)：15-25.

万明.从印度洋时代向太平洋时代的转型：基于明代中国与海上丝绸之路的考察.新丝路学刊，2019(1)：1-16.

万明.古代印尼的历史记忆——中国旅行者的书写.中华文化论坛，2019(2)：4-13，154.

万明.明代白银货币化研究20年——学术历程的梳理.中国经济史研究，2019(6)：6-17.

万明.明代白银货币化与"千古奇人"徐霞客的诞生.金融博览，2019(3)：23-24.

万明.明代永宁寺碑新探——基于整体丝绸之路的思考.史学集刊，2019(1)：85-92，102.

万明.全球史视野下的郑和下西洋.中国史研究动态，2019(2)：46-51.

万明.全球史视野下的郑和下西洋.中国史研究动态，2019(2)：46-51.

万明.文化共生：海上丝绸之路的真实图景.北京日报，2019-05-27.

万明.西来之乐筚篥的古今传承：从壁画石雕到民间音乐会.河北学刊，2019(4)：79-86.

万明.郑和下西洋的若干问题.文史知识，2019(4)：27-33.

万明.中国与非洲海上丝绸之路的故事——伊本·白图泰与郑和的航海记忆.海交史研究，2019(3)：1-10.

汪小虎.清顺治元年之造历活动——从山东省图书馆藏顺治年间《时宪历》出发的考察.中国科技史杂志，2019(1)：10-18.

王才勇.17—18世纪欧洲中国风上釉陶器.艺术设计研究，2019(4)：89-96.

王澈.明清档案中的中朝交流.历史档案，2019(4)：47-52.

王晨光. 台湾参与"一带一路":内外环境与优化路径. 中国海洋大学学报,2019(1) :1-7.

王敌非. 欧洲满文文献与中西文化交流考述. 满族研究,2019(2):59-62.

王凤婷,田园,程宝栋. 中国与"21 世纪海上丝绸之路"沿线国家农产品出口贸易研究. 国际经济合作,2019(2):80-90.

王桂东. 明代中朝边疆地带与两国的使行往来. 北京社会科学,2019(2):41-49.

王桂东. 前沿与枢纽:明代中朝交涉与两国边疆地带. 社会科学辑刊,2019(5):160-168.

王海峰. 新时期福建 21 世纪海上丝绸之路核心区建设思路探析. 国际贸易,2019(5):76-81.

王洪伟. 明清时期中国药业对外交流与贸易——以朝鲜、日本及东南亚各国为考察对象. 中国农史,2019(5):79-85.

王华锋. 冲突抑或媾和:乾嘉时期海盗与海商关系析论. 西南大学学报(社会科学版),2019(3):157-163,192.

王慧宇. 罗明坚对《中庸》道德哲学概念的释译. 中国哲学,2019(1):156-160.

王杰. 叙事学视角下中日两国所传阿倍仲麻吕形象的"虚实"研究. 苏州:苏州大学硕士学位论文,2019.

王金玲. 清代广产外销扇髹漆图像析解. 中国生漆,2019(4):6-12.

王婧泽. 明清时期朝鲜使臣笔下的北京东岳庙及其文化心理. 中国道教,2019(6):67-73.

王娟,王婷. 十三行外销茶叶漆盒的艺术特色. 美与时代(上),2019(1):103-105.

王军锋,戴媛. 宁波舟山港打造国际强港的机遇与对策. 宁波经济(三江论坛),2019(4):41-44.

王琨. 唐朝时期中日音乐文化因缘研究. 济南:山东大学硕士学位论文,2019.

王来特. 来而不往的“互市”：德川初期中日贸易模式的构建. 清华大学学报(哲学社会科学版)，2019(2)：114-130，201.

王玲，孔凡栋. 唐代与统一新罗时期的女子发型发饰比较. 东疆学刊，2019(2)：21-27.

王诺，田玺环，赵伟杰. 基于“海上丝绸之路”通道安全的海外港口战略布局研究. 世界地理研究，2019(5)：74-82.

王鹏. 信仰与乡愁：历史人类学视域下的东南亚郑和清真寺与华人穆斯林. 东南亚研究，2019(4)：124-152.

王秋蕾. 郑氏集团与荷兰东印度公司的商业竞争——以日本市场生丝贸易为例(1600—1683). 大连：东北财经大学硕士学位论文，2019.

王茹芹. 海上丝绸之路. 时代经贸，2019(10)：64-83.

王三三. 丝绸贸易：起源与特征. 学术研究，2019(6)：127-137.

王晚霞. 日本镰仓、室町时代的濂溪学. 福州大学学报(哲学社会科学版)，2019(3)：30-36.

王锡伦. 东方帝国最后的世界首富. 世界文化，2019(7)：36-37.

王侠. 宋元福建海路瓷器贸易对世界文明的贡献. 厦门日报，2019-07-01.

王小蕾. 女神信仰·海洋社会·性别伦理——对水尾圣娘信仰的性别文化考释. 海交史研究，2019(1)：106-118.

王昕宇. 明末黄檗宗及书风传入日本的原因探析. 艺苑，2019(3)：88-89.

王翊语. 论明清画谱对江户时代日本绘画书籍出版的影响. 出版广角，2019(23)：58-60.

王永历. 清代海南岛海盗研究. 海口：海南师范大学硕士学位论文，2019 年.

王源斐. 论明清易代后东亚地区的华夷之辨——以《大日本史》及其《诸蕃传》为视角. 桂林：广西师范大学硕士学位论文，2019.

王媛媛. 对日本藏“江南摩尼教绘画”的一点思考. 海交史研究，2019(3)：52-65.

王泽丰. 从广州西村窑陶埙看宋代外销瓷贸易中的乐器出口和音乐传播. 歌海,2019(1):80-84.

王志红. 伊比利亚联合王国东方贸易中的西葡竞争与合作(1580—1642年). 古代文明,2019(3):114-128.

王志习. 海上丝绸之路视野下妈祖文化的历史作用和现实作用. 文物鉴定与鉴赏,2019(13):152-153.

王子今.《论衡》的海洋论议与王充的海洋情结. 武汉大学学报(哲学社会科学版),2019(5):83-95.

魏建钢. 唐代"海上丝绸之路"兴起的原因分析——以越窑"秘色瓷"出口为例. 世界地理研究,2019(5):172-180.

魏俊. 清代对外贸易外债偿还法探析——基于对十三行行欠的考察. 兰台世界,2019(6):138-142.

魏俊. 清代十三行公行制度研究. 兰台世界,2019(1):156-160.

吴崇伯,张媛. "一带一路"对接"全球海洋支点"——新时代中国与印度尼西亚合作进展及前景透视. 厦门大学学报(哲学社会科学版),2019(5):98-108.

吴春明. 中国早期文明的"南海". 海交史研究,2019(2):21-30.

吴春燕. 日本中世禅僧对中华道教文化的认同与传播. 郑州大学学报(哲学社会科学版),2019(4):134-139.

吴东铭. 朝鲜王朝中期算学中人及其家族研究(1657—1868)——以清州庆氏、南阳洪氏、陕川李氏家族为中心. 呼和浩特:内蒙古师范大学硕士学位论文,2019.

吴珺. 陈垣《陈白沙画像与天主教士》与中西文化交流. 五邑大学学报(社会科学版),2019(3):38-42.

吴礼明. 17—19 世纪中西文化的融合与分裂. 中州学刊,2019(1):132-135.

吴琳. 马丁・德・拉达的《中国札记》及其西文化交流的贡献. 广西民族大学学报(自然科学版),2019(2):22-28.

吴敏超. 新西兰华人与海上丝绸之路——以陈达枝为中心的探讨. 广东

社会科学,2019(2):135-143.

吴明娣.十八世纪欧洲的中国瓷器收藏及其对艺术市场的影响.文物天地,2019(7):114-121.

吴明微.明清时期广东地区音乐的西方传播述略——以海洋交通路线为例.沈阳音乐学院学报,2019(2):46-53.

吴楠.明初海防研究.哈尔滨:黑龙江省社会科学院硕士学位论文,2019.

吴启健.广西北部湾地区海歌研究综述——以北海咸水歌为例.民族音乐,2019(2):4-5.

吴天跃.韩国出土的吴越国钱俶造铜塔和石造阿育王塔研究.美术学报,2019(5):25-30.

吴潼,詹嘉.14—17世纪中国陶瓷对越南文化的影响——以制瓷、饮食和社会民俗等为例.美术大观,2019(12):127-129.

吴义雄.时势、史观与西人对早期中国近代史的论述.近代史研究,2019(6):79-101.

吴正岚.试论朝鲜赵斗淳对司马光易学的接受及其途径.周易研究,2019(5):49-57.

武东.从参照到创造:17世纪荷兰代尔夫特陶器里的"中国塔".美术学报,2019(4):106-110.

夏晨.译介视角下的马礼逊与《华英字典》.铜陵学院学报,2019(1):90-93.

夏佳.日本汉籍净土宗文献研究.长春:吉林大学硕士学位论文,2019.

夏维中,陈波.从郑和印造大藏经论明初两部南藏的雕刻时间及相互关系.清华大学学报(哲学社会科学版),2019(4):184-190.

仙辑.海上丝绸之路的起锚地:登州古港.走向世界,2019(22):84-85.

肖朋彦.清代广州外销通草画的制作与销售.客家文博,2019(1):38-41.

肖伟,于凡,肖培根.海上丝绸之路上的重要资源——辣木叶茶.中国现代中药,2019(7):851-854.

肖宪. 古代从海上丝绸之路来华的西亚人. 群言,2019(12):41-44.

肖雄,石雨. 古代岭南地区外来香药的输入及其中医临证运用. 中医药文化,2019(4):50-56.

肖洋. 中欧共建“冰上丝绸之路”:机遇、挑战与路径. 德国研究,2019(3):58-69.

谢瑞隆. 妈祖传说在海上丝绸之路的传衍、变异及其海洋文化质素. 妈祖文化研究,2019(3):18-24.

辛光灿. 9—10 世纪东南亚海洋贸易沉船研究——以“黑石号”沉船和“井里汶”沉船为例. 自然与文化遗产研究,2019(10):28-32.

新竹. 了不起的中国外销瓷. 中国拍卖,2019(4):42-47.

徐宾,许大海. 运河输送视野下“海上丝绸之路”手工艺传播路径. 南京艺术学院学报(美术与设计),2019(6):114-121.

徐斌. 使琉球行人陈晟考释——基于地方志史料的分析. 中国地方志,2019(5):97-103,127.

徐丹. 朝鲜《备边司誊录》中清代泉州商民海上活动初探. 泉州师范学院学报,2019(5):76-82.

徐靓雯,胡越. 古代丝绸之路对东西方丝瓷茶文化的影响. 大众文艺,2019(9):246-247.

徐礼媛,郑重. 广州十三行的商业文化特质. 商业文化,2019(31):9-19.

徐茂林,曾玉成. 明清景德镇陶瓷对欧洲陶瓷的影响. 陶瓷研究,2019(5):55-56.

徐晓望. 论明万历二年福建水师的台湾新港之战. 福建论坛(人文社会科学版),2019(11):109-115.

许贵杰. 清崇德年间朝鲜世子归国省亲与清鲜关系探析. 天津:天津师范大学硕士学位论文,2019.

许钧. 浙江文化“走出去”源流及新时期对外传播路径剖析. 湖南科技大学学报(社会科学版),2019(6):128-133.

许晓东. 清代外销广东金属胎画珐琅. 中国国家博物馆馆刊,2019(8):110-122.

宣昌勇.以“一带一路”节点城市群建设为引领协力推进江苏“一带一路”交汇点建设.大陆桥视野,2019(12):48-51.

薛广平.文物考古视野下的青岛“海上丝绸之路”文化遗产.中国港口,2019(S1):107-113.

薛克翘.评近年“郑和布施锡兰山佛寺碑”的研究.宝鸡文理学院学报(社会科学版),2019(2):5-10.

薛克翘.郑和下西洋二事考.海交史研究,2019(2):15-20.

闫兴.人类命运共同体视阈下闽籍华人华侨参与海丝核心区建设研究.中共福建省委党校学报,2019(4):163-168.

闫兴.推进华侨华人参与海丝核心区建设研究.亚太经济,2019(3):125-128,152.

闫铮.试析海上音乐“丝绸之路”.黄河之声,2019(8):12-13,15.

杨家宁.壬辰战争后东亚国际秩序的演变与重构.延吉:延边大学硕士学位论文,2019.

杨晶晶.宋代景德镇青白瓷外销研究——以“南海Ⅰ号”沉船为例.景德镇:景德镇陶瓷大学硕士学位论文,2019.

杨军.论中俄恰克图贸易与晋商发展的关系.哈尔滨:黑龙江省社会科学院硕士学位论文,2019.

杨琳.马礼逊《华英字典》编纂及启示.南昌师院学报(社会科学版),2019(4):64-67.

杨璐,宋燕辉.论景德镇在古代丝绸之路中的历史地位——景德镇外销瓷在中国陶瓷贸易史中的历史地位.景德镇学院学报,2019(1):107-111.

杨露露.汪楫及其诗歌研究.淮北:淮北师范大学硕士学位论文,2019.

杨念群.反思西学东渐史的若干议题——从“单向文化传播论”到知识类型转变的现代性分析.华东师范大学学报(哲学社会科学版),2019(3):19-34.

杨培娜.从“籍民入所”到“以舟系人”:明清华南沿海渔民管理机制的演变.历史研究,2019(3):23-40,189.

杨晓杰.东南亚在21世纪“海上丝绸之路”建设中特殊战略地位总体分

析.长江论坛,2019(3):30-35.

杨晓杰.建设21世纪"海上丝绸之路":时代背景、突出特点及战略价值.探求,2019(6):32-36.

杨晓旗.十三行时期广绣艺术语言的"西化"转向.艺海,2019(8):14-16.

杨雅琪.高丽诗人李齐贤对苏轼诗学的接受.延吉:延边大学硕士学位论文,2019.

杨园章,谢继帅.《答郡邑大夫问海上事宜状》所见陈让海防策略述论.海交史研究,2019(2):45-54.

杨泽伟.21世纪海上丝绸之路建设重要节点地区的法律问题研究.法学杂志,2019(8):67-75.

杨竹青.王在晋海防思想研究——以《海防纂要》为中心.呼和浩特:内蒙古大学硕士学位论文,2019.

叶道阳."南海Ⅰ号"沉船反映的宋代海上生活辨析.中国文化遗产,2019(4):99-104.

叶道阳.沉船考古中的凝结物问题.博物院,2019(4):24-30.

叶洁纯,向前.国内外18—19世纪广州外销画收藏概况.东方收藏,2019(3):86-90.

叶康铧,徐成钰,陈屾淼.海上丝绸之路贸易重镇"勘府"的考证.产业与科技论坛,2019(23):90-91.

叶显恩.中西角力"世界性海洋贸易圈".中国经营报,2019-11-25.

易锐.清前期边界观念与《尼布楚条约》再探,四川师范大学学报(社会科学版),2019(2):27-34.

易鑫磊.中俄共建"冰上丝绸之路":概念、目标、原则与路径.欧亚经济,2019(4):60-75,127-128.

殷洁.明代南京海上丝绸之路史迹研究综述.学海,2019(6):157-161.

尹晨.上海自由贸易港功能与"一带一路"建设联动发展研究.科学发展,2019(8):47-58.

尹允镇,金基永.域外汉诗:新罗新生代诗人崔匡裕的汉诗研究.延边大学学报(社会科学版),2019(2):30-35,140.

尤珉.马礼逊汉语教学贡献研究.北京:中央民族大学博士学位论文,2019.

于京东.传播“空间”:近代早期欧洲的地图与知识社会转型.国际新闻界,2019(11):70-88.

于梦霞.论景德镇明清外销瓷分期.文物鉴定与鉴赏,2019(1):77-79.

于莹,刘大海,安晨星.21世纪海上丝绸之路合作评价体系构建与应用——基于中国与海丝路沿线国家指数分析.南海学刊,2019(2):90-99.

于子浩.明代的贡物、蕃货及其流通.济南:山东师范大学硕士学位论文,2019.

鱼宏亮.明清丝绸之路与世界贸易网络——重视明清时代的中国与世界.历史档案,2019(1):51-56.

於燕燕,李洋,刘学超.中西汇流:18、19世纪的海上丝绸之路.大众考古,2019(5):22-28.

曾晶,袁早华.溯源景德镇青花瓷的海上丝绸之路.陶瓷研究,2019(6):41-43.

曾绍龙.浙江与江苏“一带一路”建设比较分析.南通大学学报(社会科学版),2019(4):38-44.

张北晨.十八世纪北欧和中国的茶叶贸易及影响.福建茶叶,2019(5):34-35.

张博闻,过伟敏.18世纪中国亭在本土与欧洲的“西化”研究——以卡桑公园亭与万花阵亭为例.装饰,2019(3):98-101.

张程.1656年郑成功对大员贸易禁令之探析.海南热带海洋学院学报,2019(6):91-95.

张弛,刘小奇,陈洁.早期广彩瓷中的中英设计交流.设计,2019(22):114-116.

张春海.通往大都之路——高丽后期文集中的“中国”认同.外国文学评论,2019(1):35-61.

张春华,方辉.混合式生成:“中国风”艺术的文化属性演变及现代性价值重估.山东大学学报(哲学社会科学版),2019(3):178-184.

张峰,陈玮.论明清士大夫对西方力学的认知与传播.科学技术哲学研究,2019(1):106-110.

张杭.清嘉庆五年出使琉球诗歌研究.温州:温州大学硕士学位论文,2019.

张宏利.宋代沿海地方社会控制与涉海群体的应对.温州大学学报(社会科学版),2019(2):93-101.

张家寿.广西参与推进"一带一路"建设研究.桂海论丛,2019(1):45-50.

张家寿.打造西部陆海新通道　提升广西服务"一带一路"能力研究.桂海论坛,2019(6):104-111.

张家寿.广西参与"一带一路"建设的未来规划思考.广西经济,2019(5):31-33.

张剑光.宋元之际青龙镇衰落原因探析——兼论宋元时期上海地区对外贸易的变迁.社会科学,2019(3):136-148.

张杰.从全球史视野考察明代中国与海洋关系.中国社会科学报,2019-01-18.

张丽,李坤.《乾隆皇帝致英王乔治三世敕书》的另类解读.广义虚拟经济研究,2019(4):5-27.

张良群.关于古海上丝绸之路的几点思考.大陆桥视野,2019(10):95-98,103.

张乃禹."朝天""燕行"与文化博弈——兼论明清与朝鲜半岛间的"书籍之路".社会科学,2019(12):175-185.

张楠.蒙古族饮茶习俗的传播与近代俄国饮茶习俗.前沿,2019(5):103-107.

张凝灏.从出水文物讲述海上贸易故事.文物鉴定与鉴赏,2019(8):38-39.

张然,翟毅.古代中国与伊朗南部地区陶瓷贸易管窥——以安德鲁·乔治·威廉姆森的调查为中心.故宫博物院院刊,2019(7):13-23,109.

张然. 晚明海外白银内流研究. 西宁：青海师范大学硕士学位论文，2019.

张润平. 丝路外销高峰时期的元代龙泉窑青瓷. 收藏家，2019(5)：47-50.

张若溪. 江户时代日本对中国的海产品输出贸易. 济南：山东大学硕士学位论文，2019.

张士尊. 明清朝鲜使团“下马宴”和“上马宴”考释. 鞍山师范学院学报，2019(5)：33-40.

张澍. 元末明初中朝关系演变研究. 长春：东北师范大学博士学位论文，2019.

张爽. 论4—6世纪拜占庭的丝绸贸易与查士丁尼开辟丝路的努力. 海交史研究，2019(3)：66-79.

张爽. 罗马社会没有形成丝绸贸易热潮. 中国社会科学报，2019-11-25.

张西平. 雷慕沙：西方专业汉学第一人. 世界历史评论，2019(4)：3-14.

张西平. 罗明坚《中国地图集》在西方汉学史上的重要贡献. 北京行政学院学报，2019(1)：120-128.

张溪南. 郑成功与荷兰在台湾台南的战争始末及评析. 外国问题研究，2019(2)：7-13，118.

张小敏.《诗经》在古代日本的三次角色转换. 东北师大学报（哲学社会科学版），2019(2)：67-71.

张晓斌，郑君雷. 广东海上丝绸之路史迹的类型及其文化遗产价值. 文化遗产，2019(3)：141-148.

张新放，吕靖. 21世纪海上丝绸之路港口体系时空格局演变. 经济地理，2019(11)：33-40.

张星. 宋元时期中国货币域外流通研究及当代启示. 南方金融，2019(3)：91-98.

张秀明. 华侨华人参与“一带一路”建设的优势与路径. 中央社会主义学院学报，2019(4)：155-164.

张玄微.“南海Ⅰ号”沉船船体病害调查. 文物世界，2019(3)：78-80.

张玄微."南海Ⅰ号"发掘现场船体的稳定性保护.博物院,2019(4):31-44.

张璇.郑和下西洋与"麒麟"神兽.文史知识,2019(4):34-42.

张雪霞.袁黄朝鲜行迹研究.长春:吉林大学硕士学位论文,2019.

张循,李玥.明代朝鲜使节对永平府夷齐庙的认知——以《燕行录全集》为中心.渤海大学学报(哲学社会科学版),2019(5):63-68.

张翼.从鉴真东渡看唐代货币的流通特征及在海上丝绸之路贸易中发挥的经济价值——基于《唐大和上东征传》货币史料的研究.江苏钱币,2019(1):1-4.

张英."网上丝绸之路"建设视角下中国与"一带一路"沿线国家跨境电商发展路径选择.大陆桥视野,2019(3):51-55.

张颖.试论"一带一路"倡议在南太平洋岛国的实施路径.太平洋学报,2019(1):93-104.

张永钦.论明代漳州月港在海内外贸易交流中的地位.齐齐哈尔大学学报(哲学社会科学版),2019(1):122-124.

张远鹏,汪红薇,房爱坤.江苏借力港澳平台参与"一带一路"建设的思考.港澳研究,2019(3):66-72,95-99.

张允熠.利玛窦与西方哲学的中传及对中国哲学的发现.北京行政学院学报,2019(5):121-128.

张志刚.史料、史实与史证——重估"传教士所撰中国文献"的价值.世界宗教文化,2019(5):19-25.

赵晨光."一带一路"建设与中非合作:互构进程、合作路径及关注重点.辽宁大学学报(哲学社会科学版),2019(5):145-154.

赵红艳,胡荒静琳,刘安定.海上丝绸之路视域下中国南路棉花传播研究.丝绸,2019(8):99-105.

赵鸣.海上丝绸之路与徐福东渡的意义.大陆桥视野,2019(11):91-96,99.

赵琪.元至明初的刘家港与海上丝绸之路.苏州科技大学学报(社会科学版),2019(3):56-62.

赵沈亭.正仓院藏长柄香炉所见之唐日文化交流.陇东学院学报,2019(1):95-100.

赵现海.中国古代的“天下秩序”与“差序疆域”.江海学刊,2019(3):163-173,255.

赵学美.论后金兴起与壬辰战争的关系.济南:山东大学硕士学位论文,2019.

赵业新.论海上丝绸之路背景下中国与太平洋岛国深海采矿合作.太平洋学报,2019(10):31-46.

赵轶峰.清前期中朝关系与“东亚”秩序格局.古代文明,2019(1):113-124,128.

赵志刚,林一宏,滕春霞.中国古代海洋安全意识管窥.军事历史,2019(3):82-87.

郑诚.欧洲天文学与清朝帝王术　介绍《通天之学:耶稣会士和天文学在中国的传播》.科学文化评论,2019(1):117-121.

郑海麟.郑和拓展的海上丝绸之路及其国际意义再认识.中国海洋大学学报(社会科学版),2019(3):1-3.

郑建宁.法显《佛国记》英语译介及译本比较.天津中德应用技术大学学报,2019(4):103-111.

郑宇.天津市融入“一带一路”建设推进国际产能合作研究.产业创新研究,2019(6):9-13.

郑云艳.中西文明互鉴中的三种知识汇通模式.北京行政学院学报,2019(4):121-128.

仲伟民.道光帝的“关门”外交.读书,2019(10):147-154.

周方冶.中泰合作对接“一带一路”的机遇与挑战.当代世界,2019(7):69-74.

周建标.提高“海丝泉州”旅游品牌知名度的路径选择.经济视角,2019(4):63-68.

周明军.徐福东渡与海上丝绸之路.大陆桥视野,2019(12):90-91,94.

周润杰.朱克简福建治理与海防策略研究.长春:东北师范大学硕士学

位论文,2019.

周喜峰.中俄雅克萨之战与《尼布楚条约》.奋斗,2019(17):71-72.

周小兵,张惠芬.明清以来外国人编写汉语读本的时间、空间、认知三域分析.学术交流,2019(6):152-161.

周秀杰,彭雨晴.海上丝绸之路的闽南语出版物:溯源、传承、流播.出版发行研究,2019(4):68-73.

周运中.汉代道士航海史钩沉.中国港口,2019(S1):50-60.

周真真.海上丝绸之路背景下中欧五彩瓷艺术交融研究.新疆艺术学院学报,2019(2):13-19.

朱嘉仑.论宋元时期泉州港的兴起与衰落.广州:广东省社会科学院硕士学位论文,2019.

朱腾伟.清朝广州十三行法制研究.广州:华南理工大学博士学位论文,2019.

朱亚非.论古代北方海上丝绸之路兴衰变化.山东师范大学学报(人文社会科学版),2019(6):66-76.

朱一文.明清之际的数学、儒学与西学——以黄宗羲的数学实作为中心.内蒙古师范大学学报(自然科学汉文版),2019(6):538-547.

诸贤模(Jae Hyeonmo).仿古:朝鲜时代的山水画家与中国.杭州:中国美术学院硕士学位论文,2019.

宗艳霞.大连加强与"海上丝路"沿线国家贸易合作的政策建议——基于中美贸易摩擦升级背景.大连海事大学学报(社会科学版),2019(5):58-63.